한국 가스공사

고졸/별정직

NCS + 최종점검 모의고사 4회

시대에듀

2024 최신판 시대에듀 한국가스공사 고졸/별정직 NCS + 최종점검 모의고사 4회 + 무료NCS특강

Always **with you**

사람의 인연은 길에서 우연하게 만나거나 함께 살아가는 것만을 의미하지는 않습니다.
책을 펴내는 출판사와 그 책을 읽는 독자의 만남도 소중한 인연입니다.
시대에듀는 항상 독자의 마음을 헤아리기 위해 노력하고 있습니다. 늘 독자와 함께하겠습니다.

12대 전략과제

- 안정적 수급 관리
- 고객만족 에너지 공급
- 설비경쟁력 확보

- 해외사업 성과 극대화
- 사업 간 연계로 시너지 창출
- 수소사업 기반 조성

- 선진 안전관리 체계 확립
- 재무건전성 강화
- 성과창출형 경영시스템 구축

- 환경 중시 경영 강화(E)
- 대국민 서비스 향상(S)
- 공정 · 소통의 기업문화 정착(G)

인재상

가치창조인

혁신적인 아이디어로 신사업을 발굴하고, 사업성과를 통해 미래 가치를 창출해 내는 인재

책임실천인

주인의식을 가지고 자신의 일을 완수하며, 조직 지향적인 사고를 바탕으로 안전사회 구현을 책임감 있게 실천하는 인재

융합전문인

전문성을 통해 조직 내 시너지를 일으키며, 학습을 통해 사무와 기술을 관통하는 융합형 인재

협력소통인

청렴과 윤리의식을 바탕으로 협력 소통하며 ESG를 실천하기 위해, 더 넓은 세계로의 사회적 가치를 창출해 내는 인재

CI

한국가스공사의 심볼마크는 글로벌한 거대 기업의 이미지로서, 좋은 에너지로 좋은 세상을 만드는 세계 일류의 종합 에너지 기업임을 상징적으로 표현하였다. 중심축의 백색 조형은 에너지의 핵을 의미하고, 청색 그라데이션과 백색 대비는 청정한 에너지를 의미하며, 외곽의 둥근 형태는 온누리, 온세상을 의미한다.

신입 채용 안내 INFORMATION

지원자격(공통)

❶ 연령 제한 없음

※ 단, 공사 임금피크제도에 따라 만 58세 미만인 자

❷ 학력 및 전공 모집단위별 지원자격 有

❸ 병역법 제76조에서 정한 병역의무 불이행 사실이 없는 자

❹ 한국가스공사 인사규정 제5조의 결격사유에 해당하지 않는 자

필기전형

구분	과목	세부 영역
고졸	인성검사 + NCS 직업기초능력 + 직무수행능력	[NCS 직업기초능력] 의사소통능력, 수리능력, 문제해결능력, 자원관리능력, 정보능력 [직무수행능력] 직무수행 시 필요한 전공 관련 지식(기계/전기)
별정직	인성검사 + NCS 직업기초능력	[NCS 직업기초능력] 의사소통능력, 수리능력, 문제해결능력, 자원관리능력, 정보능력

면접전형

구분	평가내용
직무면접	직무 관련 제시된 주제에 대해 응시자 개인별 일정시간(약 20~30분) 동안 사전준비 후 직무에 대한 지식 평가
직업기초면접	공사 핵심가치, 인성검사 결과 및 입사지원서(자기소개서 포함) 기반으로 개인별 직무를 수행하는 데 필요한 기초적인 역량을 평가

❖ 위 채용 안내는 2024년 채용공고를 기준으로 작성하였으나 세부사항은 확정된 채용공고를 확인하기 바랍니다.

2023년 기출분석 ANALYSIS

총평

2023년 한국가스공사 고졸 · 별정직 필기전형은 피듈형으로 진행되었다. 영역별 10문항씩 총 50문항을 60분 안에 풀어야 했기에 시간이 촉박했다는 후기가 많았다. 또한 전반적으로 모듈 기반 지식을 필요로 하거나 복잡한 계산식이 요구되는 문제도 출제되었기 때문에 기초부터 탄탄히 학습해 두는 것이 좋겠다.

의사소통능력

출제 특징	• 샌드위치 화법 문제가 출제됨 • 어휘선택 문제가 출제됨 • 탄소 절감, 신재생에너지 등과 관련된 제시문이 출제됨

수리능력

출제 특징	• 할인율을 구하는 문제가 출제됨 • 경우의 수를 구하는 문제가 출제됨

문제해결능력

출제 특징	• 맥킨지의 문제해결방법 4단계를 묻는 문제가 출제됨 • 모듈형 문제가 다수 출제됨

정보능력

출제 특징	• 정보 이해 문제가 다수 출제됨

PSAT형

※ 다음은 K공단의 국내 출장비 지급 기준에 대한 자료이다. 이어지는 질문에 답하시오. [15~16]

〈국내 출장비 지급 기준〉

① 근무지로부터 편도 100km 미만의 출장은 공단 차량 이용을 원칙으로 하며, 다음 각호에 따라 "별표 1"에 해당하는 여비를 지급한다.
㉠ 일비
ⓐ 근무시간 4시간 이상 : 전액
ⓑ 근무시간 4시간 미만 : 1일분의 2분의 1
㉡ 식비 : 명령권자가 근무시간이 모두 소요되는 1일 출장으로 인정한 경우에는 1일분의 3분의 1 범위 내에서 지급
㉢ 숙박비 : 편도 50km 이상의 출장 중 출장일수가 2일 이상으로 숙박이 필요할 경우, 증빙자료 제출 시 숙박비 지급
② 제1항에도 불구하고 공단 차량을 이용할 수 없어 개인 소유 차량으로 업무를 수행한 경우에는 일비를 지급하지 않고 이사장이 따로 정하는 바에 따라 교통비를 지급한다.
③ 근무지로부터 100km 이상의 출장은 "별표 1"에 따라 교통비 및 일비는 전액을, 식비는 1일분의 3분의 2 해당액을 지급한다. 다만, 업무 형편상 숙박이 필요하다고 인정할 경우에는 출장기간에 대하여 숙박비, 일비, 식비 전액을 지급할 수 있다.

〈별표 1〉

구분	교통비				일비 (1일)	숙박비 (1박)	식비 (1일)
	철도임	선임	항공임	자동차임			
임원 및 본부장	1등급	1등급	실비	실비	30,000원	실비	45,000원
1, 2급 부서장	1등급	2등급	실비	실비	25,000원	실비	35,000원
2, 3, 4급 부장	1등급	2등급	실비	실비	20,000원	실비	30,000원
4급 이하 팀원	2등급	2등급	실비	실비	20,000원	실비	30,000원

1. 교통비는 실비를 기준으로 하되, 실비 정산은 국토해양부장관 또는 특별시장・광역시장・도지사・특별자치도지사 등이 인허한 요금을 기준으로 한다.
2. 선임 구분표 중 1등급 해당자는 특등, 2등급 해당자는 1등을 적용한다.
3. 철도임 구분표 중 1등급은 고속철도 특실, 2등급은 고속철도 일반실을 적용한다.
4. 임원 및 본부장의 식비가 위 정액을 초과하였을 경우 실비를 지급할 수 있다.
5. 운임 및 숙박비의 할인이 가능한 경우에는 할인 요금으로 지급한다.
6. 자동차임 실비 지급은 연료비와 실제 통행료를 지급한다.
(연료비)=[여행거리(km)]×(유가)÷(연비)
7. 임원 및 본부장을 제외한 직원의 숙박비는 70,000원을 한도로 실비를 정산할 수 있다.

특징
▸ 대부분 의사소통능력, 수리능력, 문제해결능력을 중심으로 출제(일부 기업의 경우 자원관리능력, 조직이해능력을 출제)
▸ 자료에 대한 추론 및 해석 능력을 요구

대행사
▸ 엑스퍼트컨설팅, 커리어넷, 태드솔루션, 한국행동과학연구소(행과연), 휴노 등

모듈형

| 대인관계능력

60 다음 자료는 갈등해결을 위한 6단계 프로세스이다. 3단계에 해당하는 대화의 예로 가장 적절한 것은?

1단계 사전 준비하기	⇨	2단계 긍정적인 분위기에서 대화 시작하기	⇨	3단계 상대방의 입장 파악하기
				⇩
6단계 최종적으로 해결책 선택 및 실행하기	⇦	5단계 해결책 평가하기	⇦	4단계 상대방의 입장에서 해결책 생각해보기

① 그럼 A씨의 생각대로 진행해 보시죠.

특징
- ▸ 이론 및 개념을 활용하여 푸는 유형
- ▸ 채용 기업 및 직무에 따라 NCS 직업기초능력평가 10개 영역 중 선발하여 출제
- ▸ 기업의 특성을 고려한 직무 관련 문제를 출제
- ▸ 주어진 상황에 대한 판단 및 이론 적용을 요구

대행사
- ▸ 인트로맨, 휴스테이션, ORP연구소 등

피듈형(PSAT형 + 모듈형)

| 문제해결능력

60 P회사는 직원 20명에게 나눠 줄 추석 선물 품목을 조사하였다. 다음은 유통업체별 품목 가격과 직원들의 품목 선호도를 나타낸 자료이다. 이를 참고하여 P회사에서 구매하는 물품과 업체를 바르게 연결한 것은?

〈업체별 품목 금액〉

구분		1세트당 가격	혜택
A업체	돼지고기	37,000원	10세트 이상 주문 시 배송 무료
	건어물	25,000원	
B업체	소고기	62,000원	20세트 주문 시 10% 할인
	참치	31,000원	
C업체	스팸	47,000원	50만 원 이상 주문 시 배송 무료
	김	15,000원	

〈구성원 품목 선호도〉

특징
- ▸ 기초 및 응용 모듈을 구분하여 푸는 유형
- ▸ 기초인지모듈과 응용업무모듈로 구분하여 출제
- ▸ PSAT형보다 난도가 낮은 편
- ▸ 유형이 정형화되어 있고, 유사한 유형의 문제를 세트로 출제

대행사
- ▸ 사람인, 스카우트, 인크루트, 커리어케어, 트리피, 한국사회능력개발원 등

한국가스공사

2023년 적중

사각형 길이 ▶ 유형

03 가로, 세로의 길이가 각각 30cm, 20cm인 직사각형이 있다. 가로의 길이를 줄여서 직사각형의 넓이를 $\frac{1}{3}$ 이하로 줄이고자 할 때, 몇 cm 이상 줄여야 하는가?

① 5cm
② 10cm
③ 15cm
④ 20cm
⑤ 25cm

2023년 적중

인구 추이 ▶ 유형

※ 다음은 인구 고령화 추이를 나타낸 자료이다. 이어지는 질문에 답하시오. **[2~4]**

〈인구 고령화 추이〉

(단위 : %)

구분	2002년	2007년	2012년	2017년	2022년
노인부양비	5.2	7.0	11.3	15.6	22.1
고령화지수	19.7	27.6	43.1	69.9	107.1

※ [노인부양비(%)]=(65세 이상 인구)÷(15 ~ 64세 인구)×100
※ [고령화지수(%)]=(65세 이상 인구)÷(0 ~ 14세 인구)×100

02 2002년 0 ~ 14세 인구가 50,000명이었을 때, 2002년 65세 이상 인구는 몇 명인가?

① 8,650명
② 8,750명
③ 9,850명
④ 9,950명
⑤ 10,650명

한국가스기술공사

참·거짓 유형

2023년 적중

03 G회사의 마케팅 부서 직원 A ~ H가 원탁에 앉아서 회의를 하려고 한다. 다음 〈조건〉을 참고했을 때, 항상 참인 것은?(단, 서로 이웃해 있는 직원 간의 사이는 모두 동일하다)

조건
- A와 C는 가장 멀리 떨어져 있다.
- A 옆에는 G가 앉는다.
- B와 F는 서로 마주보고 있다.
- D는 E 옆에 앉는다.
- H는 B 옆에 앉지 않는다.

① 총 경우의 수는 네 가지이다.
② A와 B 사이에는 항상 누군가 앉아 있다.
③ C 옆에는 항상 E가 있다.
④ E와 G는 항상 마주 본다.
⑤ G의 오른쪽 옆에는 항상 H가 있다.

확률 계산 유형

2023년 적중

12 매일의 날씨 자료를 수집 및 분석한 결과, 전날의 날씨를 기준으로 그 다음 날의 날씨가 변할 확률은 다음과 같았다. 만약 내일 날씨가 화창하다면, 사흘 뒤에 비가 올 확률은?

전날 날씨	다음 날 날씨	확률
화창	화창	25%
화창	비	30%
비	화창	40%
비	비	15%

※ 날씨는 '화창'과 '비'로만 구분하여 분석함

① 12% ② 13%
③ 14% ④ 15%
⑤ 16%

한국전기안전공사

글의 제목 ▶ 유형

2023년 적중

05 다음 기사의 제목으로 가장 적절한 것은?

> K공사는 7～8월 두 달간 주택용 전기요금 누진제를 한시적으로 완화하기로 했다. 금액으로 치면 모두 2,761억 원가량으로, 가구당 평균 19.5%의 인하 효과가 기대된다. 이를 위해 K공사는 현행 3단계인 누진 구간 중 1단계와 2단계 구간을 확대하는 내용이 담긴 누진제 완화 방안을 발표했다. 사상 유례 없는 폭염 상황에서 7월과 8월 두 달간 누진제를 한시적으로 완화하기로 한 것이다. 누진제 완화는 현재 3단계인 누진 구간 중 1단계와 2단계 구간을 확대하는 방식으로 진행된다. 각 구간별 상한선을 높이게 되면 평소보다 시간당 100kW 정도씩 전기를 더 사용해도 상급 구간으로 이동하지 않기 때문에 누진제로 인해 높은 전기요금이 적용되는 걸 피할 수 있다.
> K공사는 누진제 완화와는 별도로 사회적 배려계층을 위한 여름철 냉방 지원 대책도 마련했다. 기초 생활수급자와 장애인, 사회복지시설 등에 적용되는 K공사의 전기요금 복지할인 규모를 7～8월 두 달간 추가로 30% 확대하기로 한 것이다. 또한, 냉방 복지 지원 대상을 출생 1년 이하 영아에서 3년 이하 영·유아 가구로 늘려 모두 46만 가구에 매년 250억 원을 추가 지원하기로 했다.
> K공사는 "폭염이 장기간 지속되면서 사회적 배려계층이 가장 큰 영향을 받기 때문에 특별히 기존 복지할인제도에 더해 추가 보완대책을 마련했다."고 설명했다. 누진제 한시 완화와 사회적 배려계층 지원 대책에 소요되는 재원에 대해서는 재난안전법 개정과 함께 재해대책 예비비 등을 활용해 정부 재정으로 지원하는 방안을 적극 강구하기로 했다.

① 사상 유례없이 장기간 지속되는 폭염
② 1단계와 2단계의 누진 구간 확대
③ 폭염에 대비한 전기요금 대책
④ 주택용 전기요금 누진제 한시적 완화

암호 ▶ 키워드

2023년 적중

01 귀하는 최근 회사 내 업무용 개인 컴퓨터의 보안을 강화하기 위하여 다음과 같은 메일을 받았다. 메일 내용을 토대로 귀하가 취해야 할 행동으로 옳지 않은 것은?

> 발신 : 전산보안팀
> 수신 : 전 임직원
>
> 제목 : 업무용 개인 컴퓨터 보안대책 공유
>
> 내용 :
> 안녕하십니까. 전산팀 ○○○ 팀장입니다.
> 최근 개인정보 유출 등 전산보안 사고가 자주 발생하고 있어 각별한 주의가 필요한 상황입니다. 이에 따라 자사에서도 업무상 주요 정보가 유출되지 않도록 보안프로그램을 업그레이드하는 등 전산보안을 더욱 강화하고 있습니다. 무엇보다 업무용 개인 컴퓨터를 사용하는 분들이 특히 신경을 많이 써주셔야 철저한 보안이 실천됩니다. 번거로우시더라도 아래와 같은 사항을 따라주시길 바랍니다.
>
> • 인터넷 익스플로러를 종료할 때마다 검색기록이 삭제되도록 설정해주세요.
> • 외출 또는 외근으로 장시간 컴퓨터를 켜두어야 하는 경우에는 인터넷 검색기록을 직접 삭제해주세요.
> • 인터넷 검색기록 삭제 시, 기본 설정되어 있는 항목 외에도 '다운로드 기록', '양식 데이터', '암호', '추적방지, ActiveX 필터링 및 Do Not Track 데이터'를 모두 체크하여 삭제해주세요(단, 즐겨찾기 웹 사이트 데이터 보존 부분은 체크 해제할 것).

한국동서발전

신재생 ▶ 키워드

2023년 적중

17 다음 중 스마트미터에 대한 내용으로 올바르지 않은 것은?

스마트미터는 소비자가 사용한 전력량을 일방적으로 보고하는 것이 아니라, 발전사로부터 전력 공급 현황을 받을 수 있는 양방향 통신, AMI(AMbient Intelligence)로 나아간다. 때문에 부가적인 설비를 더하지 않고 소프트웨어 설치만으로 집안의 통신이 가능한 각종 전자기기를 제어하는 기능까지 더할 수 있어 에너지를 더욱 효율적으로 관리하게 해주는 전력 시스템이다.
스마트미터는 신재생에너지가 보급되기 위해 필요한 스마트그리드의 기초가 되는 부분으로 그 시작은 자원 고갈에 대한 걱정과 환경 보호 협약 때문이었다. 하지만 스마트미터가 촉구되었던 더 큰 이유는 안정적으로 전기를 이용할 수 있느냐 하는 두려움 때문이었다. 사회는 끊임없는 발전을 이뤄왔지만 천재지변으로 인한 시설 훼손이나 전력 과부하로 인한 블랙아웃 앞에서는 어쩔 도리가 없었다. 태풍과 홍수, 산사태 등으로 막대한 피해를 보았던 2000년대 초반 미국을 기점으로, 전력 정보의 신뢰도를 위해 스마트미터 산업은 크게 주목받기 시작했다. 대중은 비상시 전력 보급 현황을 알기 원했고, 미 정부는 전력 사용 현황을 파악함은 물론, 소비자가 전력 사용량을 확인할 수 있도록 제공하여 소비자 스스로 전력 사용을 줄이길 바랐다.
한편, 스마트미터는 기존의 전력 계량기를 교체해야 하는 수고와 비용이 들지만, 실시간으로 에너지 사용량을 알 수 있기 때문에 이용하는 순간부터 공급자인 발전사와 소비자 모두가 전력 정보를 편이하게 접할 수 있을 뿐만 아니라 효율적으로 관리가 가능해진다. 앞으로는 소비처로부터 멀리 떨어진 대규모 발전 시설에서 생산하는 전기뿐만 아니라, 스마트 그린시티에 설치된 발전설비를 통한 소량의 전기들까지 전기 가격을 하나의 정보로 규합하여 소비자가 필요에 맞게 전기를 소비할 수 있게 하였다. 또한, 소형 설비로 생산하거나 에너지 저장 시스템에 사용하다 남은 소량의 전기는 전력 시장에 역으로 제공해 보상을 받을 수도 있게 된다.
미래 에너지는 신재생에너지로의 완전한 전환이 중요하지만, 산업체는 물론 개개인이 에너지를 절약하는 것 역시

한국중부발전

글의 수정 ▶ 유형

2023년 적중

11 다음 ㉠~㉣의 수정사항으로 적절하지 않은 것은?

오늘날 인류가 왼손보다 오른손을 ㉠ <u>더 선호하는</u> 경향은 어디서 비롯되었을까? 오른손을 귀하게 여기고 왼손을 천대하는 현상은 어쩌면 산업화 이전 사회에서 배변 후 사용할 휴지가 없었다는 사실과 관련이 있을 법하다. 맨손으로 배변 뒤처리를 하는 것은 ㉡ <u>불쾌할 뿐더러</u> 병균을 옮길 위험을 수반하는 일이었다. 이런 위험의 가능성을 낮추는 간단한 방법은 음식을 먹거나 인사할 때 다른 손을 사용하는 것이었다. 기술 발달 이전의 사회는 대개 왼손을 배변 뒤처리에, 오른손을 먹고 인사하는 일에 사용했다.
나는 이런 배경이 인간 사회에 널리 나타나는 '오른쪽'에 대한 긍정과 '왼쪽'에 대한 ㉢ <u>반감</u>을 어느 정도 설명해 줄 수 있으리라고 생각한다. 그러나 이 설명은 왜 애초에 오른손이 먹는 일에, 그리고 왼손이 배변 처리에 사용되었는지 설명해주지 못한다. 동서양을 막론하고, 왼손잡이 사회는 확인된 바가 없기 때문이다. ㉣ <u>하지만 왼손잡이 사회가 존재할 가능성도 있으므로 만약 왼손잡이를 선호하는 사회가 발견된다면 이러한 논란은 종결되고 왼손잡이와 오른손잡이에 대한 새로운 이론이 등장할 것이다.</u> 그러므로 근본적인 설명은 다른 곳에서 찾아야 할 것 같다.
한쪽 손을 주로 쓰는 경향은 뇌의 좌우반구의 기능 분화와 관련되어 있는 것으로 보인다. 보고된 증거에 따르면, 왼손잡이는 읽기와 쓰기, 개념적·논리적 사고 같은 좌반구 기능에서 오른손잡이보다 상대적으로 미약한 대신 상상력, 패턴 인식, 창의력 등 전형적인 우반구 기능에서는 상대적으로 기민한 경우가 많다.
나는 이성 대 직관의 힘겨루기, 뇌의 두 반구 사이의 힘겨루기가 오른손과 왼손의 힘겨루기로 표면화된 것이 아닐까 생각한다. 즉, 오른손이 원래 왼손보다 더 능숙했기 때문이 아니라 뇌의 좌반구가

도서 200% 활용하기 STRUCTURES

1 기출복원문제로 출제경향 파악

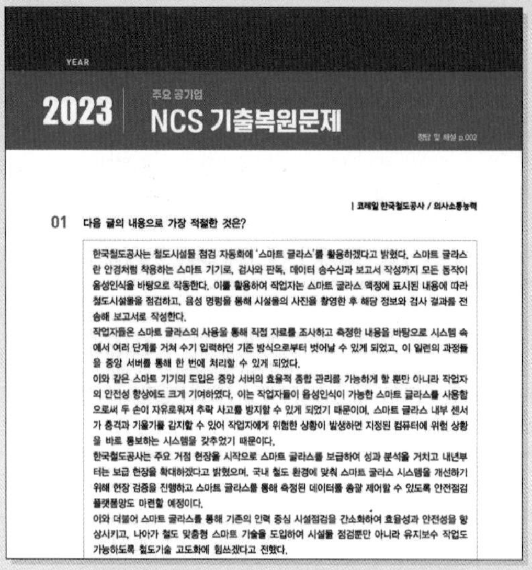
YEAR

2023 주요 공기업 NCS 기출복원문제

정답 및 해설 p.002

| 코레일 한국철도공사 / 의사소통능력

01 다음 글의 내용으로 가장 적절한 것은?

한국철도공사는 철도시설물 점검 자동화에 '스마트 글라스'를 활용하겠다고 밝혔다. 스마트 글라스란 안경처럼 착용하는 스마트 기기로, 검사와 판독, 데이터 송수신과 보고서 작성까지 모든 동작이 음성인식을 바탕으로 작동한다. 이를 활용하여 작업자는 스마트 글라스 액정에 표시된 내용에 따라 철도시설물을 점검하고, 음성 명령을 통해 시설물의 사진을 촬영한 후 해당 정보와 검사 결과를 전송해 보고서로 작성한다.

작업자들은 스마트 글라스의 사용을 통해 직접 자료를 조사하고 측정한 내용을 바탕으로 시스템 속에서 여러 단계를 거쳐 수기 입력하던 기존 방식으로부터 벗어날 수 있게 되었고, 이 일련의 과정들을 중앙 서버를 통해 한 번에 처리할 수 있게 되었다.

이와 같은 스마트 기기의 도입은 중앙 서버의 효율적 종합 관리를 가능하게 할 뿐만 아니라 작업자의 안전성 향상에도 크게 기여하였다. 이는 작업자들이 음성인식이 가능한 스마트 글라스를 사용함으로써 두 손이 자유로워져 추락 사고를 방지할 수 있게 되었기 때문이며, 스마트 글라스 내부 센서가 충격과 기울기를 감지할 수 있어 작업자에게 위험한 상황이 발생하면 지정된 컴퓨터에 위험 상황을 바로 통보하는 시스템을 갖추었기 때문이다.

한국철도공사는 주요 거점 현장을 시작으로 스마트 글라스를 보급하여 성과 분석을 거치고 내년부터는 보급 현장을 확대하겠다고 밝혔으며, 국내 철도 환경에 맞춰 스마트 글라스 시스템을 개선하기 위해 현장 검증을 진행하고 스마트 글라스를 통해 측정된 데이터를 총괄 제어할 수 있도록 안전점검 플랫폼망도 마련할 예정이다.

이와 더불어 스마트 글라스를 통해 기존의 인력 중심 시설점검을 간소화하여 효율성과 안전성을 향상시키고, 나아가 철도 맞춤형 스마트 기술을 도입하여 시설물 점검뿐만 아니라 유지보수 작업도 가능하도록 철도기술 고도화에 힘쓰겠다고 전했다.

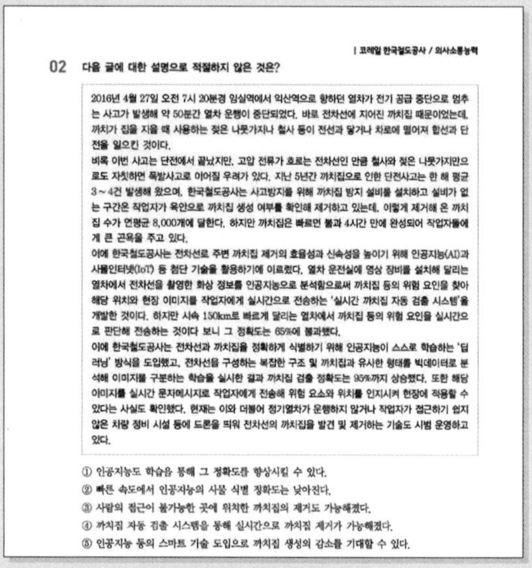
| 코레일 한국철도공사 / 의사소통능력

02 다음 글에 대한 설명으로 적절하지 않은 것은?

2016년 4월 27일 오전 7시 20분경 임실역에서 익산역으로 향하던 열차가 전기 공급 중단으로 멈추는 사고가 발생해 약 50분간 열차 운행이 중단되었다. 바로 전차선에 지어진 까치집 때문이었는데, 까치가 집을 지을 때 사용하는 젖은 나뭇가지나 철사 등이 전선과 닿거나 차로에 떨어져 합선과 단전을 일으킨 것이다.

비록 이번 사고는 단전에서 끝났지만, 고압 전류가 흐르는 전차선인 만큼 철사와 젖은 나뭇가지만으로도 자칫하면 폭발사고로 이어질 우려가 있다. 지난 5년간 까치집으로 인한 단전사고는 한 해 평균 3 ~ 4건 발생해 왔으며, 한국철도공사는 사고방지를 위해 까치집 방지 설비를 설치하고 설비가 없는 구간은 작업자가 육안으로 까치집 생성 여부를 확인해 제거하고 있는데, 이렇게 제거해 온 까치집 수가 연평균 8,000개에 달한다. 하지만 까치집은 빠르면 불과 4시간 만에 완성되어 작업자들에게 큰 곤욕을 주고 있다.

이에 한국철도공사는 전차선로 주변 까치집 제거의 효율성과 신속성을 높이기 위해 인공지능(AI)과 사물인터넷(IoT) 등 첨단 기술을 활용하기에 이르렀다. 열차 운전실에 영상 장비를 설치해 달리는 열차에서 전차선을 촬영한 화상 정보를 인공지능으로 분석함으로써 까치집 등의 위험 요인을 찾아 해당 위치와 현장 이미지를 작업자에게 실시간으로 전송하는 '실시간 까치집 자동 검출 시스템'을 개발한 것이다. 하지만 시속 150km로 빠르게 달리는 열차에서 까치집 등의 위험 요인을 실시간으로 판단해 전송하는 것이다 보니 그 정확도는 65%에 불과했다.

이에 한국철도공사는 전차선과 까치집을 정확하게 식별하기 위해 인공지능이 스스로 학습하는 '딥러닝' 방식을 도입했고, 전차선을 구성하는 복잡한 구조 및 까치집과 유사한 형태를 빅데이터로 분석해 이미지를 구분하는 학습을 실시한 결과 까치집 검출 정확도는 95%까지 상승했다. 또한 해당 이미지를 실시간 문자메시지로 작업자에게 전송해 위험 요소와 위치를 인지시켜 현장에 적용할 수 있다는 사실도 확인했다. 현재는 이와 더불어 정기열차가 운행하지 않거나 작업자가 접근하기 쉽지 않은 차량 정비 시설 등에 드론을 띄워 전차선의 까치집을 발견 및 제거하는 기술도 시범 운영하고 있다.

① 인공지능도 학습을 통해 그 정확도를 향상시킬 수 있다.

② 빠른 속도에서 인공지능의 사물 식별 정확도는 낮아진다.

③ 사람의 접근이 불가능한 곳에 위치한 까치집의 제거도 가능해졌다.

④ 까치집 자동 검출 시스템을 통해 실시간으로 까치집 제거가 가능해졌다.

⑤ 인공지능 등의 스마트 기술 도입으로 까치집 생성의 감소를 기대할 수 있다.

▸ 2023년 주요 공기업 NCS 기출복원문제를 수록하여 공기업별 출제경향을 파악할 수 있도록 하였다.

2 출제유형분석 + 실전예제로 필기전형 완벽 대비

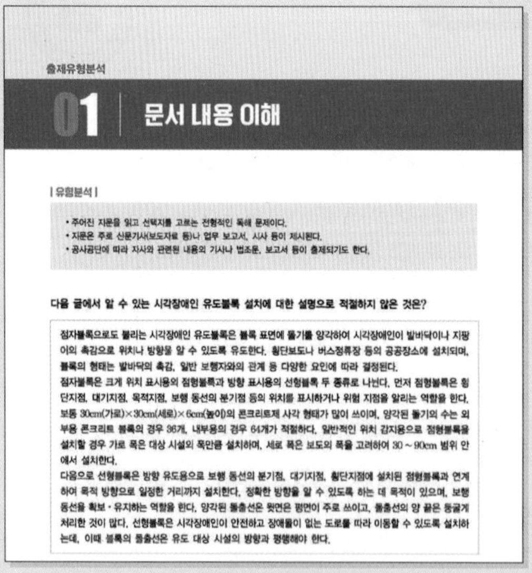
출제유형분석

01 문서 내용 이해

| 유형분석 |

• 주어진 지문을 읽고 선택지를 고르는 전형적인 독해 문제이다.
• 지문은 주로 신문기사(보도자료 등)나 업무 보고서, 시사 등이 제시된다.
• 공사공단에 따라 자사와 관련된 내용의 기사나 법조문, 보고서 등이 출제되기도 한다.

다음 글에서 알 수 있는 시각장애인 유도블록 설치에 대한 설명으로 적절하지 않은 것은?

점자블록으로도 불리는 시각장애인 유도블록은 블록 표면에 돌기를 양각하여 시각장애인이 발바닥이나 지팡이의 촉감으로 위치나 방향을 알 수 있도록 유도한다. 횡단보도나 버스정류장 등의 공공장소에 설치되며, 블록의 형태는 발바닥의 촉감, 일반 보행자와의 관계 등 다양한 요인에 따라 결정된다.

점자블록은 크게 위치 표시용의 점형블록과 방향 표시용의 선형블록 두 종류로 나뉜다. 먼저 점형블록은 횡단지점, 대기지점, 목적지점, 보행 동선의 분기점 등의 위치를 표시하거나 위험 지점을 알리는 역할을 한다. 보통 30cm(가로)×30cm(세로)×6cm(높이)의 콘크리트 제 사각 형태가 많이 쓰이며, 양각된 돌기의 수는 외부용 콘크리트 블록의 경우 36개, 내부용의 경우 64개가 적절하다. 일반적인 위치 감지용으로 점형블록을 설치할 경우 가로 폭은 대상 시설의 폭만큼 설치하며, 세로 폭은 보도의 폭을 고려하여 30 ~ 90cm 범위 안에서 설치한다.

다음으로 선형블록은 방향 유도용으로 보행 동선의 분기점, 대기지점, 횡단지점에 설치된 점형블록과 연계하여 목적 방향으로 일정한 거리까지 설치한다. 정확한 방향을 알 수 있도록 하는 데 목적이 있으며, 보행동선을 확보·유지하는 역할을 한다. 양각된 돌출선은 윗면은 평면이 주로 쓰이고, 돌출선의 양 끝은 둥글게 처리한 것이 많다. 선형블록은 시각장애인이 안전하고 장애물이 없는 도로를 따라 이동할 수 있도록 설치하는데, 이때 블록의 돌출선은 유도 대상 시설의 방향과 평행해야 한다.

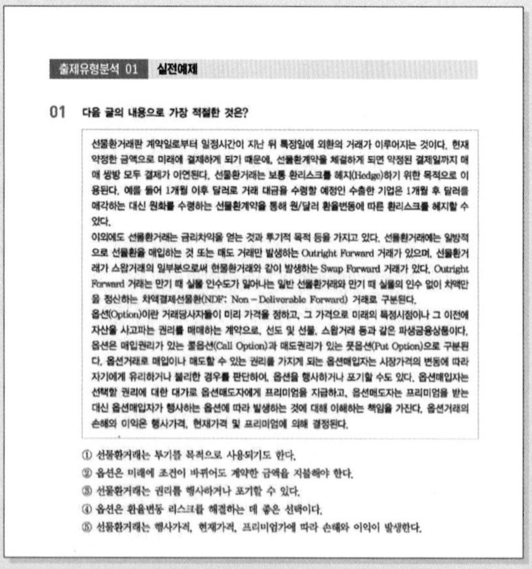
출제유형분석 01 실전예제

01 다음 글의 내용으로 가장 적절한 것은?

선물환거래란 계약일로부터 일정시간이 지난 뒤 특정일에 외환의 거래가 이루어지는 것이다. 현재 약정한 금액으로 미래에 결제하게 되기 때문에, 선물환계약을 체결하게 되면 약정된 결제일까지 매매 쌍방 모두 결제가 이연된다. 선물환거래는 보통 환리스크를 헤지(Hedge)하기 위한 목적으로 이용된다. 예를 들어 1개월 이후 달러로 거래 대금을 수령할 예정인 수출한 기업은 1개월 후 달러를 매각하는 대신 원화를 수령하는 선물환계약을 통해 원/달러 환율변동에 따른 환리스크를 헤지할 수 있다.

이외에도 선물환거래는 금리차익을 얻는 것과 투기적 목적 등을 가지고 있다. 선물환거래에는 일방적으로 선물환을 매입하는 것 또는 매도 거래만 발생하는 Outright Forward 거래가 있으며, 선물거래가 스왑거래의 일부분으로써 현물환거래와 같이 발생하는 Swap Forward 거래가 있다. Outright Forward 거래는 만기 때 실물 인수도가 일어나는 일반 선물환거래와 만기 때 실물의 인수 없이 차액만을 정산하는 차액결제선물환(NDF: Non - Deliverable Forward) 거래로 구분된다.

옵션(Option)이란 거래당사자들이 미리 가격을 정하고, 그 가격으로 미래의 특정시점이나 그 이전에 자산을 사고파는 권리를 매매하는 계약으로, 선도 및 선물, 스왑거래 등과 같은 파생금융상품이다. 옵션은 매입권리가 있는 콜옵션(Call Option)과 매도권리가 있는 풋옵션(Put Option)으로 구분된다. 옵션거래로 매입이나 매도할 수 있는 권리를 가지게 되는 옵션매입자는 시장가격의 변동에 따라 자기에게 유리하거나 불리한 경우를 판단하여, 옵션을 행사하거나 포기할 수도 있다. 옵션매입자는 선택할 권리에 대한 대가로 옵션매도자에게 프리미엄을 지급하고, 옵션매도자는 프리미엄을 받는 대신 옵션매입자가 행사하는 옵션에 따라 발생하는 것에 대해 이해하는 책임을 가진다. 옵션거래의 손해와 이익은 행사가격, 현재가격 및 프리미엄에 의해 결정된다.

① 선물환거래는 투기를 목적으로 사용되기도 한다.

② 옵션은 미래에 조건이 바뀌어도 계약한 금액을 지불해야 한다.

③ 선물환거래는 권리를 행사하거나 포기할 수 있다.

④ 옵션은 환율변동 리스크를 해결하는 데 좋은 선택이다.

⑤ 선물환거래는 행사가격, 현재가격, 프리미엄가에 따라 손해와 이익이 발생한다.

▸ 한국가스공사 고졸·별정직 NCS 직업기초능력 출제유형분석&실전예제를 수록하여 유형별로 꼼꼼히 대비할 수 있도록 하였다.

3 최종점검 모의고사 + OMR을 활용한 실전 연습

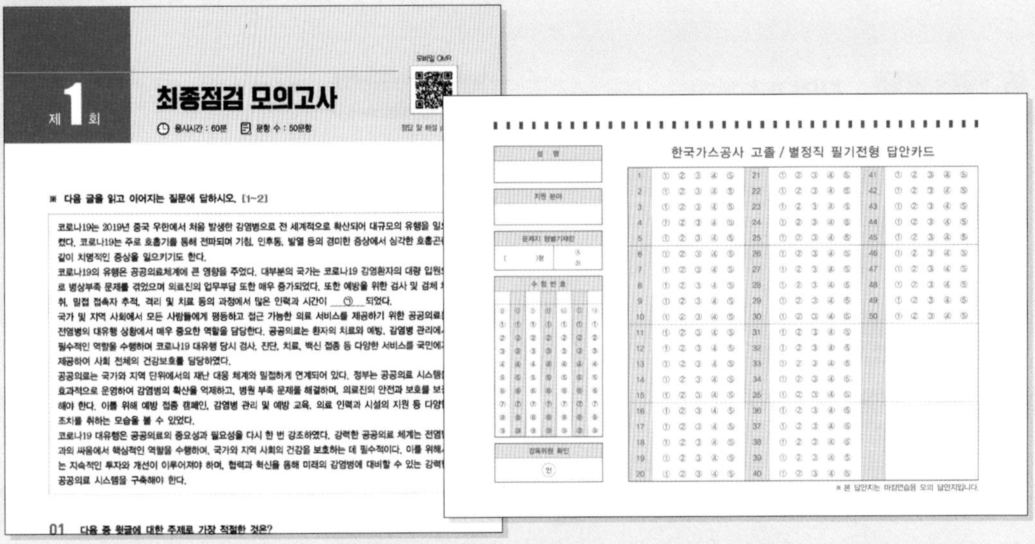

▸ 철저한 분석을 통해 실제 시험과 유사한 최종점검 모의고사를 2회분 수록하여 실력을 높일 수 있도록 하였다.
▸ 모바일 OMR 답안채점/성적분석 서비스를 통해 필기전형에 대비할 수 있도록 하였다.

4 인성검사부터 면접까지 한 권으로 최종 마무리

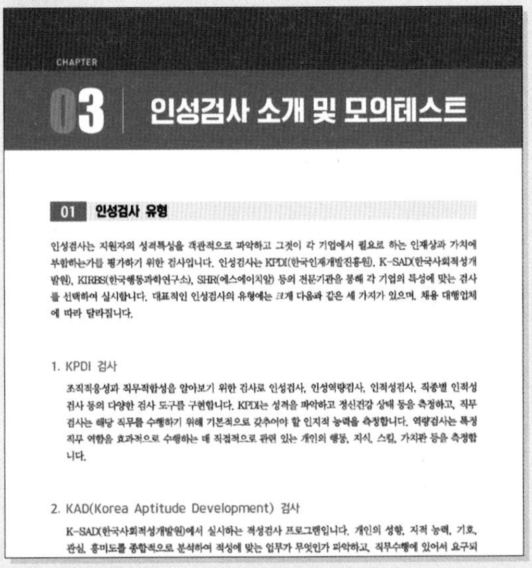

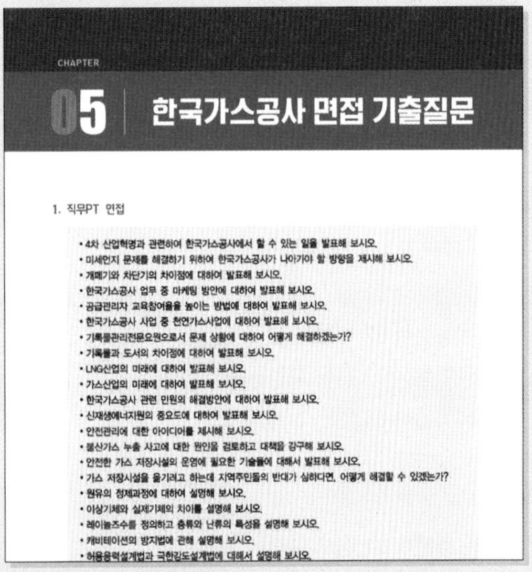

▸ 인성검사 모의테스트를 수록하여 인성검사 유형 및 문항을 확인할 수 있도록 하였다.
▸ 한국가스공사 면접 기출질문을 수록하여 면접에서 나오는 질문을 미리 파악하고 면접에 대비할 수 있도록 하였다.

이 책의 차례 CONTENTS

Add+

2023년 주요 공기업 NCS 기출복원문제

2023 주요 공기업 NCS 기출복원문제

정답 및 해설 p.002

| 코레일 한국철도공사 / 의사소통능력

01 다음 글의 내용으로 가장 적절한 것은?

> 한국철도공사는 철도시설물 점검 자동화에 '스마트 글라스'를 활용하겠다고 밝혔다. 스마트 글라스란 안경처럼 착용하는 스마트 기기로, 검사와 판독, 데이터 송수신과 보고서 작성까지 모든 동작이 음성인식을 바탕으로 작동한다. 이를 활용하여 작업자는 스마트 글라스 액정에 표시된 내용에 따라 철도시설물을 점검하고, 음성 명령을 통해 시설물의 사진을 촬영한 후 해당 정보와 검사 결과를 전송해 보고서로 작성한다.
> 작업자들은 스마트 글라스의 사용을 통해 직접 자료를 조사하고 측정한 내용을 바탕으로 시스템 속에서 여러 단계를 거쳐 수기 입력하던 기존 방식으로부터 벗어날 수 있게 되었고, 이 일련의 과정들을 중앙 서버를 통해 한 번에 처리할 수 있게 되었다.
> 이와 같은 스마트 기기의 도입은 중앙 서버의 효율적 종합 관리를 가능하게 할 뿐만 아니라 작업자의 안전성 향상에도 크게 기여하였다. 이는 작업자들이 음성인식이 가능한 스마트 글라스를 사용함으로써 두 손이 자유로워져 추락 사고를 방지할 수 있게 되었기 때문이며, 스마트 글라스 내부 센서가 충격과 기울기를 감지할 수 있어 작업자에게 위험한 상황이 발생하면 지정된 컴퓨터에 위험 상황을 바로 통보하는 시스템을 갖추었기 때문이다.
> 한국철도공사는 주요 거점 현장을 시작으로 스마트 글라스를 보급하여 성과 분석을 거치고 내년부터는 보급 현장을 확대하겠다고 밝혔으며, 국내 철도 환경에 맞춰 스마트 글라스 시스템을 개선하기 위해 현장 검증을 진행하고 스마트 글라스를 통해 측정된 데이터를 총괄 제어할 수 있도록 안전점검 플랫폼망도 마련할 예정이다.
> 이와 더불어 스마트 글라스를 통해 기존의 인력 중심 시설점검을 간소화하여 효율성과 안전성을 향상시키고, 나아가 철도 맞춤형 스마트 기술을 도입하여 시설물 점검뿐만 아니라 유지보수 작업도 가능하도록 철도기술 고도화에 힘쓰겠다고 전했다.

① 작업자의 음성인식을 통해 철도시설물의 점검 및 보수 작업이 가능해졌다.
② 스마트 글라스의 도입으로 철도시설물 점검의 무인작업이 가능해졌다.
③ 스마트 글라스의 도입으로 철도시설물 점검 작업 시 안전사고 발생 횟수가 감소하였다.
④ 스마트 글라스의 도입으로 철도시설물 작업 시간 및 인력이 감소하고 있다.
⑤ 스마트 글라스의 도입으로 작업자의 안전사고 발생을 바로 파악할 수 있게 되었다.

02 다음 글에 대한 설명으로 적절하지 않은 것은?

2016년 4월 27일 오전 7시 20분경 임실역에서 익산역으로 향하던 열차가 전기 공급 중단으로 멈추는 사고가 발생해 약 50분간 열차 운행이 중단되었다. 바로 전차선에 지어진 까치집 때문이었는데, 까치가 집을 지을 때 사용하는 젖은 나뭇가지나 철사 등이 전선과 닿거나 차로에 떨어져 합선과 단전을 일으킨 것이다.

비록 이번 사고는 단전에서 끝났지만, 고압 전류가 흐르는 전차선인 만큼 철사와 젖은 나뭇가지만으로도 자칫하면 폭발사고로 이어질 우려가 있다. 지난 5년간 까치집으로 인한 단전사고는 한 해 평균 3 ~ 4건 발생해 왔으며, 한국철도공사는 사고방지를 위해 까치집 방지 설비를 설치하고 설비가 없는 구간은 작업자가 육안으로 까치집 생성 여부를 확인해 제거하고 있는데, 이렇게 제거해 온 까치집 수가 연평균 8,000개에 달한다. 하지만 까치집은 빠르면 불과 4시간 만에 완성되어 작업자들에게 큰 곤욕을 주고 있다.

이에 한국철도공사는 전차선로 주변 까치집 제거의 효율성과 신속성을 높이기 위해 인공지능(AI)과 사물인터넷(IoT) 등 첨단 기술을 활용하기에 이르렀다. 열차 운전실에 영상 장비를 설치해 달리는 열차에서 전차선을 촬영한 화상 정보를 인공지능으로 분석함으로써 까치집 등의 위험 요인을 찾아 해당 위치와 현장 이미지를 작업자에게 실시간으로 전송하는 '실시간 까치집 자동 검출 시스템'을 개발한 것이다. 하지만 시속 150km로 빠르게 달리는 열차에서 까치집 등의 위험 요인을 실시간으로 판단해 전송하는 것이다 보니 그 정확도는 65%에 불과했다.

이에 한국철도공사는 전차선과 까치집을 정확하게 식별하기 위해 인공지능이 스스로 학습하는 '딥러닝' 방식을 도입했고, 전차선을 구성하는 복잡한 구조 및 까치집과 유사한 형태를 빅데이터로 분석해 이미지를 구분하는 학습을 실시한 결과 까치집 검출 정확도는 95%까지 상승했다. 또한 해당 이미지를 실시간 문자메시지로 작업자에게 전송해 위험 요소와 위치를 인지시켜 현장에 적용할 수 있다는 사실도 확인했다. 현재는 이와 더불어 정기열차가 운행하지 않거나 작업자가 접근하기 쉽지 않은 차량 정비 시설 등에 드론을 띄워 전차선의 까치집을 발견 및 제거하는 기술도 시범 운영하고 있다.

① 인공지능도 학습을 통해 그 정확도를 향상시킬 수 있다.
② 빠른 속도에서 인공지능의 사물 식별 정확도는 낮아진다.
③ 사람의 접근이 불가능한 곳에 위치한 까치집의 제거도 가능해졌다.
④ 까치집 자동 검출 시스템을 통해 실시간으로 까치집 제거가 가능해졌다.
⑤ 인공지능 등의 스마트 기술 도입으로 까치집 생성의 감소를 기대할 수 있다.

| 코레일 한국철도공사 / 의사소통능력

03 다음 글을 이해한 내용으로 적절하지 않은 것은?

> 열차 내에서의 범죄가 급격하게 증가함에 따라 한국철도공사는 열차 내 범죄 예방과 안전 확보를 위해 2023년까지 현재 운행하고 있는 열차의 모든 객실에 CCTV를 설치하고, 모든 열차 승무원에게 바디캠을 지급하겠다고 밝혔다.
> CCTV는 열차 종류에 따라 운전실에서 비상시 실시간으로 상황을 파악할 수 있는 '네트워크 방식'과 각 객실에서의 영상을 저장하는 '개별 독립 방식'이라는 2가지 방식으로 사용 및 설치가 진행될 예정이며, 객실에는 사각지대를 없애기 위해 4대가량의 CCTV가 설치된다. 이 중 2대는 휴대 물품 도난 방지 등을 위해 휴대 물품 보관대 주변에 위치하게 된다.
> 이에 따라 한국철도공사는 CCTV 제품 품평회를 가져 제품의 형태와 색상, 재질 등에 대한 의견을 나누고 각 제품이 실제로 열차 운행 시 진동과 충격 등에 적합한지 시험을 거친 후 도입할 예정이다.

① 현재는 모든 열차의 객실 전부에 CCTV가 설치되어 있진 않을 것이다.
② 과거에 비해 승무원에 대한 승객의 범죄행위 증거 취득이 유리해질 것이다.
③ CCTV 설치를 통해 인적 피해와 물적 피해 모두 예방할 수 있을 것이다.
④ CCTV 설치를 통해 실시간으로 모든 객실을 모니터링할 수 있을 것이다.
⑤ CCTV의 내구성뿐만 아니라 외적인 디자인도 제품 선택에 영향을 줄 수 있을 것이다.

| 코레일 한국철도공사 / 수리능력

04 작년 K대학교에 재학 중인 학생 수는 6,800명이었고 남학생과 여학생의 비는 8 : 9였다. 올해 남학생 수와 여학생 수의 비가 12 : 13만큼 줄어들어 7 : 8이 되었다고 할 때, 올해 K대학교의 전체 재학생 수는?

① 4,440명
② 4,560명
③ 4,680명
④ 4,800명
⑤ 4,920명

05 다음 자료에 대한 설명으로 가장 적절한 것은?

• KTX 마일리지 적립
- KTX 이용 시 결제금액의 5%가 기본 마일리지로 적립됩니다.
- 더블적립(×2) 열차로 지정된 열차는 추가로 5%가 적립됩니다(결제금액의 총 10%).
  ※ 더블적립 열차는 홈페이지 및 코레일톡 애플리케이션에서만 승차권 구매 가능
- 선불형 교통카드 Rail+(레일플러스)로 승차권을 결제하는 경우 1% 보너스 적립도 제공되어 최대 11% 적립이 가능합니다.
- 마일리지를 적립받고자 하는 회원은 승차권을 발급받기 전에 코레일 멤버십카드 제시 또는 회원번호 및 비밀번호 등을 입력해야 합니다.
- 해당 열차 출발 후에는 마일리지를 적립받을 수 없습니다.

• 회원 등급 구분

구분	등급 조건	제공 혜택
VVIP	• 반기별 승차권 구입 시 적립하는 마일리지가 8만 점 이상인 고객 또는 기준일부터 1년간 16만 점 이상 고객 중 매년 반기 익월 선정	• 비즈니스 회원 혜택 기본 제공 • KTX 특실 무료 업그레이드 쿠폰 6매 제공 • 승차권 나중에 결제하기 서비스 (열차 출발 3시간 전까지)
VIP	• 반기별 승차권 구입 시 적립하는 마일리지가 4만 점 이상인 고객 또는 기준일부터 1년간 8만 점 이상인 고객 중 매년 반기 익월 선정	• 비즈니스 회원 혜택 기본 제공 • KTX 특실 무료 업그레이드 쿠폰 2매 제공
비즈니스	• 철도 회원으로 가입한 고객 중 최근 1년간 온라인에서 로그인한 기록이 있거나, 회원으로 구매실적이 있는 고객	• 마일리지 적립 및 사용 가능 • 회원 전용 프로모션 참가 가능 • 열차 할인상품 이용 등 기본서비스와 멤버십 제휴서비스 등 부가서비스 이용
패밀리	• 철도 회원으로 가입한 고객 중 최근 1년간 온라인에서 로그인한 기록이 없거나, 회원으로 구매실적이 없는 고객	• 멤버십 제휴서비스 및 코레일 멤버십 라운지 이용 등의 부가서비스 이용 제한 • 휴면 회원으로 분류 시 별도 관리하며, 본인 인증 절차로 비즈니스 회원으로 전환 가능

- 마일리지는 열차 승차 다음 날 적립되며, 지연료를 마일리지로 적립하신 실적은 등급 산정에 포함되지 않습니다.
- KTX 특실 무료 업그레이드 쿠폰 유효기간은 6개월이며, 반기별 익월 10일 이내에 지급됩니다.
- 실적의 연간 적립 기준일은 7월 지급의 경우 전년도 7월 1일부터 당해 연도 6월 30일까지 실적이며, 1월 지급은 전년도 1월 1일부터 전년도 12월 31일까지의 실적입니다.
- 코레일에서 지정한 추석 및 설 명절 특별수송기간의 승차권은 실적 적립 대상에서 제외됩니다.
- 회원 등급 조건 및 제공 혜택은 사전 공지 없이 변경될 수 있습니다.
- 승차권 나중에 결제하기 서비스는 총 편도 2건 이내에서 제공되며, 3회 자동 취소 발생(열차 출발 전 3시간 내 미결제) 시 서비스가 중지됩니다. 리무진+승차권 결합 발권은 2건으로 간주되며, 정기권, 특가상품 등은 나중에 결제하기 서비스 대상에서 제외됩니다.

① 코레일에서 운행하는 모든 열차는 이용 때마다 결제금액의 최소 5%가 KTX 마일리지로 적립된다.
② 회원 등급이 높아져도 열차 탑승 시 적립되는 마일리지는 동일하다.
③ 비즈니스 등급은 기업회원을 구분하는 명칭이다.
④ 6개월간 마일리지 4만 점을 적립하더라도 VIP 등급을 부여받지 못할 수 있다.
⑤ 회원 등급이 높아도 승차권을 정가보다 저렴하게 구매할 수 있는 방법은 없다.

※ 다음 자료를 보고 이어지는 질문에 답하시오. **[6~8]**

〈2023년 **한국의 국립공원 기념주화 예약 접수**〉

- 우리나라 자연환경의 아름다움과 생태 보전의 중요성을 널리 알리기 위해 K공사는 한국의 국립공원 기념주화 3종(설악산, 치악산, 월출산)을 발행할 예정임
- 예약 접수일 : 3월 2일(목) ~ 3월 17일(금)
- 배부 시기 : 2023년 4월 28일(금)부터 예약자가 신청한 방법으로 배부
- 기념주화 상세

화종	앞면	뒷면
은화 I – 설악산		
은화 II – 치악산		
은화 III – 월출산		

- 발행량 : 화종별 10,000장씩 총 30,000장
- 신청 수량 : 단품 및 3종 세트로 구분되며 단품과 세트에 중복신청 가능
  - 단품 : 1인당 화종별 최대 3장
  - 3종 세트 : 1인당 최대 3세트
- 판매 가격 : 액면금액에 판매 부대비용(케이스, 포장비, 위탁판매수수료 등)을 부가한 가격
  - 단품 : 각 63,000원(액면가 50,000원+케이스 등 부대비용 13,000원)
  - 3종 세트 : 186,000원(액면가 150,000원+케이스 등 부대비용 36,000원)
- 접수 기관 : 우리은행, 농협은행, K공사
- 예약 방법 : 창구 및 인터넷 접수
  - 창구 접수
    신분증[주민등록증, 운전면허증, 여권(내국인), 외국인등록증(외국인)]을 지참하고 우리 · 농협은행 영업점을 방문하여 신청
  - 인터넷 접수
    ① 우리 · 농협은행의 계좌를 보유한 고객은 개시일 9시부터 마감일 23시까지 홈페이지에서 신청
    ② K공사 온라인 쇼핑몰에서는 가상계좌 방식으로 개시일 9시부터 마감일 23시까지 신청
- 구입 시 유의사항
  - 수령자 및 수령지 등 접수 정보가 중복될 경우 단품별 10장, 3종 세트 10세트만 추첨 명단에 등록
  - 비정상적인 경로나 방법으로 접수할 경우 당첨을 취소하거나 배송을 제한

| 코레일 한국철도공사 / 문제해결능력

06 **다음 중 한국의 국립공원 기념주화 발행 사업의 내용으로 옳은 것은?**

① 국민들을 대상으로 예약 판매를 실시하며, 외국인에게는 판매하지 않는다.

② 1인당 구매 가능한 최대 주화 수는 10장이다.

③ 기념주화를 구입하기 위해서는 우리·농협은행 계좌를 사전에 개설해 두어야 한다.

④ 사전예약을 받은 뒤, 예약 주문량에 맞추어 제한된 수량만 생산한다.

⑤ K공사를 통한 예약 접수는 온라인에서만 가능하다.

| 코레일 한국철도공사 / 문제해결능력

07 **외국인 A씨는 이번에 발행되는 기념주화를 예약 주문하려고 한다. 다음 상황을 참고했을 때 A씨가 기념주화 구매 예약을 할 수 있는 방법으로 옳은 것은?**

〈외국인 A씨의 상황〉

- A씨는 국내 거주 외국인으로 등록된 사람이다.
- A씨의 명의로 국내은행에 개설된 계좌는 총 2개로, 신한은행, 한국씨티은행에 1개씩이다.
- A씨는 우리은행이나 농협은행과는 거래이력이 없다.

① 여권을 지참하고 우리은행이나 농협은행 지점을 방문한다.

② K공사 온라인 쇼핑몰에서 신용카드를 사용한다.

③ 계좌를 보유한 신한은행이나 한국씨티은행의 홈페이지를 통해 신청한다.

④ 외국인등록증을 지참하고 우리은행이나 농협은행 지점을 방문한다.

⑤ 우리은행이나 농협은행의 홈페이지에서 신청한다.

| 코레일 한국철도공사 / 문제해결능력

08 **다음은 기념주화를 예약한 5명의 신청내역이다. 이 중 가장 많은 금액을 지불한 사람의 구매 금액은?**

(단위 : 세트, 장)

구매자	3종 세트	단품		
		은화 I - 설악산	은화 II - 치악산	은화 III - 월출산
A	2	1	-	-
B	-	2	3	3
C	2	1	1	-
D	3	-	-	-
E	1	-	2	2

① 558,000원　　② 561,000원

③ 563,000원　　④ 564,000원

⑤ 567,000원

※ 다음 글을 읽고 이어지는 질문에 답하시오. [9~10]

척추는 신체를 지탱하고, 뇌로부터 이어지는 중추신경인 척수를 보호하는 중요한 뼈 구조물이다. 보통 사람들은 허리에 심한 통증이 느껴지면 허리디스크(추간판탈출증)를 떠올리는데, 디스크 이외에도 통증을 유발하는 척추 질환은 다양하다. 특히 노인 인구가 증가하면서 척추관협착증(요추관협착증)의 발병 또한 늘어나고 있다. 허리디스크와 척추관협착증은 사람들이 혼동하기 쉬운 척추 질환으로, 발병 원인과 치료법이 다르기 때문에 두 질환의 차이를 이해하고 통증 발생 시 질환에 맞춰 적절하게 대응할 필요가 있다.

허리디스크는 척추 뼈 사이에 쿠션처럼 완충 역할을 해주는 디스크(추간판)에 문제가 생겨 발생한다. 디스크는 찐득찐득한 수핵과 이를 둘러싸는 섬유륜으로 구성되는데, 나이가 들어 탄력이 떨어지거나, 젊은 나이에도 급격한 충격에 의해서 섬유륜에 균열이 생기면 속의 수핵이 빠져나오면서 주변 신경을 압박하거나 염증을 유발한다. 허리디스크가 발병하면 초기에는 허리 통증으로 시작되어 점차 허벅지에서 발까지 찌릿하게 저리는 방사통을 유발하고, 디스크에서 수핵이 흘러나오는 상황이기 때문에 허리를 굽히거나 앉아 있으면 디스크에 가해지는 압력이 높아져 통증이 더욱 심해진다. 허리디스크는 통증이 심한 질환이지만, 흘러나온 수핵은 대부분 대식세포에 의해 제거되고, 자연치유가 가능하기 때문에 병원에서는 주로 통증을 줄이고, 안정을 취하는 방법으로 보존치료를 진행한다. 하지만 염증이 심해져 중앙 척수를 건드리게 되면 하반신 마비 등의 증세가 나타날 수 있는데, 이러한 경우에는 탈출된 디스크 조각을 물리적으로 제거하는 수술이 필요하다.

반면, 척추관협착증은 대표적인 척추 퇴행성 질환으로 주변 인대(황색 인대)가 척추관을 압박하여 발생한다. 척추관은 척추 가운데 신경 다발이 지나갈 수 있도록 속이 빈 공간인데, 나이가 들면서 척추가 흔들리게 되면 흔들리는 척추를 붙들기 위해 인대가 점차 두꺼워지고, 척추 뼈에 변형이 생겨 결과적으로 척추관이 좁아지게 된다. 이렇게 오랜 기간 동안 변형된 척추 뼈와 인대가 척추관 속의 신경을 눌러 발생하는 것이 척추관협착증이다. 척추관 속의 신경이 눌리게 되면 통증과 함께 저리거나 당기게 되어 보행이 힘들어지며, 지속적으로 압박받을 경우 척추 신경이 경색되어 하반신 마비 증세로 악화될 수 있다. 일반적으로 서 있을 경우보다 허리를 구부렸을 때 척추관이 더 넓어지므로 허리디스크 환자와 달리 앉아 있을 때 통증이 완화된다. 척추관협착증은 자연치유가 되지 않고 척추관이 다시 넓어지지 않으므로 발병 초기를 제외하면 일반적으로 변형된 부분을 제거하는 수술을 하게 된다.

이와 같이 허리디스크와 척추관협착증은 똑같이 허리 통증을 유발하지만 원인과 증상, 치료법이 상이하다. 비교적 고령인 60대 이상의 사람이 만성적으로 서 있을 때 통증이 나타난다면 ___㉠___을/를 의심해야 하며, 비교적 젊은 20 ~ 50대의 사람이 앉아 있을 때 통증이 급작스럽게 나타날 때는 ___㉡___을/를 의심해야 한다. 척추는 우리의 몸을 지탱하는 중요한 골격이며, 신경계와 밀접한 관련이 있으므로 통증이 발생한다면 자신의 몸 상태를 잘 파악하고, 초기에 치료를 받는 것이 중요하다.

| 국민건강보험공단 / 의사소통능력

09 다음 중 윗글의 내용으로 적절하지 않은 것은?

① 일반적으로 허리디스크는 척추관협착증에 비해 급작스럽게 증상이 나타난다.

② 허리디스크는 서 있을 때 통증이 더 심해진다.

③ 허리디스크에 비해 척추관협착증은 외과적 수술 빈도가 높다.

④ 허리디스크와 척추관협착증 모두 증세가 심해지면 하반신 마비의 가능성이 있다.

10 다음 중 빈칸 ㉠과 ㉡에 들어갈 단어가 바르게 연결된 것은?

	㉠	㉡
①	허리디스크	추간판탈출증
②	허리디스크	척추관협착증
③	척추관협착증	요추관협착증
④	척추관협착증	허리디스크

11 다음 문단을 논리적 순서대로 바르게 나열한 것은?

(가) 주장애관리는 장애정도가 심한 장애인이 의원뿐만 아니라 병원 및 종합병원급에서 장애 유형별 전문의에게 전문적인 장애관리를 받을 수 있는 서비스이다. 이전에는 대상 관리 유형이 지체장애, 시각장애, 뇌병변장애로 제한되어 있었으나, 3단계부터는 지적장애, 정신장애, 자폐성 장애까지 확대되어 더 많은 중증장애인들이 장애관리를 받을 수 있게 되었다.

(나) 이와 같이 3단계 장애인 건강주치의 시범사업은 기존 1・2단계 시범사업보다 더욱 확대되어 많은 중증장애인들의 참여를 예상하고 있다. 장애인 건강주치의 시범사업에 신청하기 위해서는 국민건강보험공단 홈페이지의 건강IN에서 장애인 건강주치의 의료기관을 찾은 후 해당 의료기관에 방문하여 장애인 건강주치의 이용 신청사실 통지서를 작성하면 신청할 수 있다.

(다) 장애인 건강주치의 제도가 제공하는 서비스는 일반건강관리, 주(主)장애관리, 통합관리로 나누어진다. 일반건강관리 서비스는 모든 유형의 중증장애인이 만성질환 등 전반적인 건강관리를 받을 수 있는 서비스로, 의원급에서 원하는 의사를 선택하여 참여할 수 있다. 1・2단계까지의 사업에서는 만성질환관리를 위해 장애인 본인이 검사비용의 30%를 부담해야 했지만, 3단계부터는 본인부담금 없이 질환별 검사바우처로 제공한다.

(라) 마지막으로 통합관리는 일반건강관리와 주장애관리를 동시에 받을 수 있는 서비스로, 동네에 있는 의원급 의료기관에 속한 지체・뇌병변・시각・지적・정신・자폐성 장애를 진단하는 전문의가 주장애관리와 만성질환관리를 모두 제공한다. 이 3가지 서비스들은 거동이 불편한 환자를 위해 의사나 간호사가 직접 집으로 방문하는 방문 서비스를 제공하고 있으며 기존까지는 연 12회였으나, 3단계 시범사업부터 연 18회로 증대되었다.

(마) 보건복지부와 국민건강보험공단은 2021년 9월부터 3단계 장애인 건강주치의 시범사업을 진행하였다. 장애인 건강주치의 제도는 중증장애인이 인근 지역에서 주치의로 등록 신청한 의사 중 원하는 의사를 선택하여 장애로 인한 건강문제, 만성질환 등 건강상태를 포괄적이고 지속적으로 관리받을 수 있는 제도로, 2018년 5월 1단계 시범사업을 시작으로 2단계 시범사업까지 완료되었다.

① (다) – (가) – (마) – (나) – (라)
② (다) – (마) – (라) – (가) – (나)
③ (마) – (가) – (라) – (나) – (다)
④ (마) – (다) – (가) – (라) – (나)

| 국민건강보험공단 / 수리능력

12 다음은 K지역의 연도별 건강보험금 부과액 및 징수액에 대한 자료이다. 직장가입자 건강보험금 징수율이 가장 높은 해와 지역가입자의 건강보험금 징수율이 가장 높은 해를 바르게 짝지은 것은?

〈건강보험금 부과액 및 징수액〉

(단위 : 백만 원)

구분		2019년	2020년	2021년	2022년
직장가입자	부과액	6,706,712	5,087,163	7,763,135	8,376,138
	징수액	6,698,187	4,898,775	7,536,187	8,368,972
지역가입자	부과액	923,663	1,003,637	1,256,137	1,178,572
	징수액	886,396	973,681	1,138,763	1,058,943

※ $[\text{징수율}(\%)]=\frac{(\text{징수액})}{(\text{부과액})}\times 100$

	직장가입자	지역가입자
①	2022년	2020년
②	2022년	2019년
③	2021년	2020년
④	2021년	2019년

| 국민건강보험공단 / 수리능력

13 다음은 K병원의 하루 평균 이뇨제, 지사제, 진통제 사용량에 대한 자료이다. 이에 대한 설명으로 옳지 않은 것은?

〈하루 평균 이뇨제, 지사제, 진통제 사용량〉

구분	2018년	2019년	2020년	2021년	2022년	1인 1일 투여량
이뇨제	3,000mL	3,480mL	3,360mL	4,200mL	3,720mL	60mL/일
지사제	30정	42정	48정	40정	44정	2정/일
진통제	6,720mg	6,960mg	6,840mg	7,200mg	7,080mg	60mg/일

※ 모든 의약품은 1인 1일 투여량을 준수하여 투여했다.

① 전년 대비 2022년 사용량 감소율이 가장 큰 의약품은 이뇨제이다.
② 5년 동안 지사제를 투여한 환자 수의 평균은 18명 이상이다.
③ 이뇨제 사용량은 증가와 감소를 반복하였다.
④ 매년 진통제를 투여한 환자 수는 이뇨제를 투여한 환자 수의 2배 이하이다.

14 다음은 분기별 상급병원, 종합병원, 요양병원의 보건인력 현황에 대한 자료이다. 분기별 전체 보건인력 중 전체 사회복지사 인력의 비율로 옳지 않은 것은?

〈상급병원, 종합병원, 요양병원의 보건인력 현황〉

(단위 : 명)

구분		2022년 3분기	2022년 4분기	2023년 1분기	2023년 2분기
상급병원	의사	20,002	21,073	22,735	24,871
	약사	2,351	2,468	2,526	2,280
	사회복지사	391	385	370	375
종합병원	의사	32,765	33,084	34,778	33,071
	약사	1,941	1,988	2,001	2,006
	사회복지사	670	695	700	720
요양병원	의사	19,382	19,503	19,761	19,982
	약사	1,439	1,484	1,501	1,540
	사회복지사	1,887	1,902	1,864	1,862
합계		80,828	82,582	86,236	86,707

※ 보건인력은 의사, 약사, 사회복지사 인력 모두를 포함한다.

① 2022년 3분기 : 약 3.65%

② 2022년 4분기 : 약 3.61%

③ 2023년 1분기 : 약 3.88%

④ 2023년 2분기 : 약 3.41%

15 다음은 건강생활실천지원금제에 대한 자료이다. 〈보기〉의 신청자 중 예방형과 관리형에 해당하는 사람을 바르게 분류한 것은?

〈건강생활실천지원금제〉

- 사업설명 : 참여자 스스로 실천한 건강생활 노력 및 건강개선 결과에 따라 지원금을 지급하는 제도
- 시범지역

지역	예방형	관리형
서울	노원구	중랑구
경기·인천	안산시, 부천시	인천 부평구, 남양주시, 고양일산(동구, 서구)
충청권	대전 대덕구, 충주시, 충남 청양군(부여군)	대전 동구
전라권	광주 광산구, 전남 완도군, 전주시(완주군)	광주 서구, 순천시
경상권	부산 중구, 대구 남구, 김해시, 대구 달성군	대구 동구, 부산 북구
강원·제주권	원주시, 제주시	원주시

- 참여대상 : 주민등록상 주소지가 시범지역에 해당되는 사람 중 아래에 해당하는 사람

구분	조건
예방형	만 20 ~ 64세인 건강보험 가입자(피부양자 포함) 중 국민건강보험공단에서 주관하는 일반건강검진 결과 건강관리가 필요한 사람*
관리형	고혈압·당뇨병 환자

*건강관리가 필요한 사람 : 다음에 모두 해당하거나 ①, ② 또는 ①, ③에 해당하는 사람

① 체질량지수(BMI) 25kg/m^2 이상

② 수축기 혈압 120mmHg 이상 또는 이완기 혈압 80mmHg 이상

③ 공복혈당 100mg/dL 이상

보기

신청자	주민등록상 주소지	체질량지수	수축기 혈압 / 이완기 혈압	공복혈당	기저질환
A	서울 강북구	22kg/m^2	117mmHg / 78mmHg	128mg/dL	–
B	서울 중랑구	28kg/m^2	125mmHg / 85mmHg	95mg/dL	–
C	경기 안산시	26kg/m^2	142mmHg / 92mmHg	99mg/dL	고혈압
D	인천 부평구	23kg/m^2	145mmHg / 95mmHg	107mg/dL	고혈압
E	광주 광산구	28kg/m^2	119mmHg / 78mmHg	135mg/dL	당뇨병
F	광주 북구	26kg/m^2	116mmHg / 89mmHg	144mg/dL	당뇨병
G	부산 북구	27kg/m^2	118mmHg / 75mmHg	132mg/dL	당뇨병
H	강원 철원군	28kg/m^2	143mmHg / 96mmHg	115mg/dL	고혈압
I	제주 제주시	24kg/m^2	129mmHg / 83mmHg	108mg/dL	–

※ 단, 모든 신청자는 만 20 ~ 64세이며, 건강보험에 가입하였다.

	예방형	관리형
①	A, E	C, D
②	B, E	F, I
③	C, E	D, G
④	F, I	C, H

16 **K동에서는 임신한 주민에게 출산장려금을 지원하고자 한다. 출산장려금 지급 기준 및 K동에 거주하는 임산부에 대한 정보가 다음과 같을 때, 출산장려금을 가장 먼저 받을 수 있는 사람은?**

〈K동 출산장려금 지급 기준〉

- 출산장려금 지급액은 모두 같으나, 지급 시기는 모두 다르다.
- 지급 순서 기준은 임신일, 자녀 수, 소득 수준 순서이다.
- 임신일이 길수록, 자녀가 많을수록, 소득 수준이 낮을수록 먼저 받는다(단, 자녀는 만 19세 미만의 아동 및 청소년으로 제한한다).
- 임신일, 자녀 수, 소득 수준이 모두 같으면 같은 날에 지급한다.

〈K동 거주 임산부 정보〉

임산부	임신일	자녀	소득 수준
A	150일	만 1세	하
B	200일	만 3세	상
C	200일	만 7세, 만 5세, 만 3세	중
D	200일	만 20세, 만 16세, 만 14세, 만 10세	상

① A임산부　　② B임산부
③ C임산부　　④ D임산부

17 다음 글의 주제로 가장 적절한 것은?

현재 우리나라의 진료비 지불제도 중 가장 주도적으로 시행되는 지불제도는 행위별수가제이다. 행위별수가제는 의료기관에서 의료인이 제공한 의료서비스(행위, 약제, 치료 재료 등)에 대해 서비스별로 가격(수가)을 정하여 사용량과 가격에 의해 진료비를 지불하는 제도로, 의료보험 도입 당시부터 채택하고 있는 지불제도이다. 그러나 최근 관련 전문가들로부터 이러한 지불제도를 개선해야 한다는 목소리가 많이 나오고 있다.
조사에 의하면 우리나라의 국민의료비를 증대시키는 주요 원인은 고령화로 인한 진료비 증가와 행위별수가제로 인한 비용의 무한 증식이다. 현재 우리나라의 국민의료비는 OECD 회원국 중 최상위를 기록하고 있으며 앞으로 더욱 심화될 것으로 예측된다. 특히 행위별수가제는 의료행위를 할수록 지불되는 진료비가 증가하므로 CT, MRI 등 영상검사를 중심으로 의료 남용이나 과다 이용 문제가 발생하고 있고, 병원의 이익 증대를 위하여 환자에게는 의료비 부담을, 의사에게는 업무 부담을, 건강보험에는 재정 부담을 증대시키고 있다.
이러한 행위별수가제의 문제점을 개선하기 위해 일부 질병군에서는 환자가 입원해서 퇴원할 때까지 발생하는 진료에 대하여 질병마다 미리 정해진 금액을 내는 제도인 포괄수가제를 시행 중이며, 요양병원, 보건기관에서는 입원 환자의 질병, 기능 상태에 따라 입원 1일당 정액수가를 적용하는 정액수가제를 병행하여 실시하고 있지만 비용 산정의 경직성, 의사 비용과 병원 비용의 비분리 등 여러 가지 문제점이 있어 현실적으로 효과를 내지 못하고 있다는 지적이 나오고 있다.
기획재정부와 보건복지부는 시간이 지날수록 건강보험 적자가 계속 증대되어 머지않아 고갈될 위기에 있다고 발표하였다. 당장 행위별수가제를 전면적으로 폐지할 수는 없으므로 기존의 다른 수가제의 문제점을 개선하여 확대하는 등 의료비 지불방식의 다변화가 구조적으로 진행되어야 할 것이다.

① 신포괄수가제의 정의
② 행위별수가제의 한계점
③ 의료비 지불제도의 역할
④ 건강보험의 재정 상황
⑤ 다양한 의료비 지불제도 소개

18 **다음 중 제시된 단어와 그 뜻이 바르게 연결되지 않은 것은?**

① 당위(當爲) : 마땅히 그렇게 하거나 되어야 하는 것
② 구상(求償) : 자연적인 재해나 사회적인 피해를 당하여 어려운 처지에 있는 사람을 도와줌
③ 명문(明文) : 글로 명백히 기록된 문구 또는 그런 조문
④ 유기(遺棄) : 어떤 사람이 종래의 보호를 거부하여 그를 보호받지 못하는 상태에 두는 일
⑤ 추계(推計) : 일부를 가지고 전체를 미루어 계산함

19 **질량이 2kg인 공을 지표면으로부터 높이가 50cm인 지점에서 지표면을 향해 수직으로 4m/s의 속력으로 던져 공이 튀어 올랐다. 다음 〈조건〉을 보고 가장 높은 지점에서 공의 위치에너지를 구하면?(단, 에너지 손실은 없으며, 중력가속도는 $10m/s^2$으로 가정한다)**

조건

- (운동에너지)=$\left[\frac{1}{2}\times(\text{질량})\times(\text{속력})^2\right]$J
- (위치에너지)=[(질량)×(중력가속도)×(높이)]J
- (역학적 에너지)=[(운동에너지)+(위치에너지)]J
- 에너지 손실이 없다면 역학적 에너지는 어떠한 경우에도 변하지 않는다.
- 공이 지표면에 도달할 때 위치에너지는 0이고, 운동에너지는 역학적 에너지와 같다.
- 공이 튀어 오른 후 가장 높은 지점에서 운동에너지는 0이고, 위치에너지는 역학적 에너지와 같다.
- 운동에너지와 위치에너지를 구하는 식에 대입하는 질량의 단위는 kg, 속력의 단위는 m/s, 중력가속도의 단위는 m/s^2, 높이의 단위는 m이다.

① 26J
② 28J
③ 30J
④ 32J
⑤ 34J

| 건강보험심사평가원 / 수리능력

20 A부장이 시속 200km의 속력으로 달리는 기차로 1시간 30분 걸리는 출장지에 자가용을 타고 출장을 갔다. 시속 60km의 속력으로 가고 있는데, 속력을 유지한 채 가면 약속시간보다 1시간 늦게 도착할 수 있어 도중에 시속 90km의 속력으로 달려 약속시간보다 30분 일찍 도착하였다. A부장이 시속 90km의 속력으로 달린 거리는?(단, 달리는 동안 속력은 시속 60km로 달리는 도중에 시속 90km로 바뀌는 경우를 제외하고는 그 속력을 유지하는 것으로 가정한다)

① 180km
② 210km
③ 240km
④ 270km
⑤ 300km

| 건강보험심사평가원 / 수리능력

21 S공장은 어떤 상품을 원가에 23%의 이익을 남겨 판매하였으나, 잘 팔리지 않아 판매가에서 1,300원 할인하여 판매하였다. 이때 얻은 이익이 원가의 10%일 때, 상품의 원가는?

① 10,000원
② 11,500원
③ 13,000원
④ 14,500원
⑤ 16,000원

| 건강보험심사평가원 / 수리능력

22 A～G 7명은 일렬로 배치된 의자에 다음 〈조건〉과 같이 앉는다. 이때 가능한 경우의 수는?

조건
- A는 양 끝에 앉지 않는다.
- G는 가운데에 앉는다.
- B는 G의 바로 옆에 앉는다.

① 60가지
② 72가지
③ 144가지
④ 288가지
⑤ 366가지

| 건강보험심사평가원 / 수리능력

23 S유치원에 다니는 아이 11명의 평균 키는 113cm이다. 키가 107cm인 원생이 유치원을 나가게 되어 원생이 10명이 되었을 때, 남은 유치원생 10명의 평균 키는?

① 113cm
② 113.6cm
③ 114.2cm
④ 114.8cm
⑤ 115.4cm

| 서울교통공사 / 의사소통능력

24 다음 글과 같이 한자어 및 외래어를 순화한 내용으로 적절하지 않은 것은?

> 열차를 타다 보면 한 번쯤은 다음과 같은 안내방송을 들어 봤을 것이다.
> "○○역 인근 '공중사상사고' 발생으로 KTX 열차가 지연되고 있습니다."
> 이때 들리는 안내방송 중 한자어인 '공중사상사고'를 한 번에 알아듣기란 일반적으로 쉽지 않다. 실제로 S교통공사 관계자는 승객들로부터 안내방송 문구가 적절하지 않다는 지적을 받아 왔다고 밝혔으며, 이에 S교통공사는 국토교통부와 협의를 거쳐 보다 이해하기 쉬운 안내방송을 전달하기 위해 문구를 바꾸는 작업에 착수하기로 결정하였다고 전했다.
> 우선 가장 먼저 수정하기로 한 것은 한자어 및 외래어로 표기된 철도 용어이다. 그중 대표적인 것이 '공중사상사고'이다. S교통공사 관계자는 이를 '일반인의 사상사고'나 '열차 운행 중 인명사고' 등과 같이 이해하기 쉬운 말로 바꿀 예정이라고 밝혔다. 이 외에도 열차 지연 예상 시간, 사고복구 현황 등 열차 내 안내방송을 승객에게 좀 더 알기 쉽고 상세하게 전달할 것이라고 전했다.

① 열차시격 → 배차간격
② 전차선 단전 → 선로 전기 공급 중단
③ 우회수송 → 우측 선로로 변경
④ 핸드레일(Handrail) → 안전손잡이
⑤ 키스 앤 라이드(Kiss and Ride) → 환승정차구역

25 다음 글에서 언급되지 않은 내용은?

> 전 세계적인 과제로 탄소중립이 대두되자 친환경적 운송 수단인 철도가 주목받고 있다. 특히 국제에너지기구는 철도를 에너지 효율이 가장 높은 운송 수단으로 꼽으며, 철도 수송을 확대하면 세계 수송 부문에서 온실가스 배출량이 그렇지 않을 때보다 약 6억 톤이 줄어들 수 있다고 하였다.
> 특히 철도의 에너지 소비량은 도로의 22분의 1이고, 온실가스 배출량은 9분의 1에 불과해, 탄소배출이 높은 도로 운행의 수요를 친환경 수단인 철도로 전환한다면 수송 부문 총배출량이 획기적으로 감소될 것이라 전망하고 있다.
> 이에 발맞춰 우리나라의 S철도공단도 '녹색교통'인 철도 중심 교통체계를 구축하기 위해 박차를 가하고 있으며, 정부 역시 '2050 탄소중립 실현' 목표에 발맞춰 저탄소 철도 인프라 건설·관리로 탄소를 지속적으로 감축하고자 노력하고 있다.
> S철도공단은 철도 인프라 생애주기 관점에서 탄소를 감축하기 위해 먼저 철도 건설 단계에서부터 친환경·저탄소 자재를 적용해 탄소 배출을 줄이고 있다. 실제로 중앙선 안동 ~ 영천 간 궤도 설계 당시 철근 대신에 저탄소 자재인 유리섬유 보강근을 콘크리트 궤도에 적용했으며, 이를 통한 탄소 감축효과는 약 6,000톤으로 추정된다. 이 밖에도 저탄소 철도 건축물 구축을 위해 2025년부터 모든 철도건축물을 에너지 자립률 60% 이상(3등급)으로 설계하기로 결정했으며, 도심의 철도 용지는 지자체와 협업을 통해 도심 속 철길 숲 등 탄소 흡수원이자 지역민의 휴식처로 철도부지 특성에 맞게 조성되고 있다.
> S철도공단은 이와 같은 철도로의 수송 전환으로 약 20%의 탄소 감축 목표를 내세웠으며, 이를 위해서는 정부의 노력도 필요하다고 강조하였다. 특히 수송 수단 간 공정한 가격 경쟁이 이루어질 수 있도록 도로 차량에 집중된 보조금 제도를 화물차의 탄소배출을 줄이기 위한 철도 전환교통 보조금으로 확대하는 등 실질적인 방안의 필요성을 제기하고 있다.

① 녹색교통으로 철도 수송이 대두된 배경
② 철도 수송 확대를 통해 기대할 수 있는 효과
③ 국내의 탄소 감축 방안이 적용된 설계 사례
④ 정부의 철도 중심 교통체계 구축을 위해 시행된 조치
⑤ S철도공단의 철도 중심 교통체계 구축을 위한 방안

26 다음 글의 주제로 가장 적절한 것은?

> 지난 5월 아이슬란드에 각종 파이프와 열교환기, 화학물질 저장탱크, 압축기로 이루어져 있는 '조지올라 재생가능 메탄올 공장'이 등장했다. 이곳은 이산화탄소로 메탄올을 만드는 첨단 시설로, 과거 2011년 아이슬란드 기업 '카본리사이클링인터내셔널(CRI)'이 탄소 포집·활용(CCU) 기술의 실험을 위해서 지은 곳이다.
> 이곳에서는 인근 지열발전소에서 발생하는 적은 양의 이산화탄소(CO_2)를 포집한 뒤 물을 분해해 조달한 수소(H_2)와 결합시켜 재생 메탄올(CH_3OH)을 제조하였으며, 이때 필요한 열과 냉각수 역시 지열발전소의 부산물을 이용했다. 이렇게 만들어진 메탄올은 자동차, 선박, 항공 연료는 물론 플라스틱 제조 원료로 활용되는 등 여러 곳에서 활용되었다.
> 하지만 이렇게 메탄올을 만드는 것이 미래 원료 문제의 근본적인 해결책이 될 수는 없었다. 왜냐하면 메탄올이 만드는 에너지보다 메탄올을 만드는 데 들어가는 에너지가 더 필요하다는 문제점에 더하여 액화천연가스(LNG)를 메탄올로 변환할 경우 이전보다 오히려 탄소배출량이 증가하고, 탄소배출량을 감소시키기 위해서는 태양광과 에너지 저장장치를 활용해 메탄올 제조에 필요한 에너지를 모두 조달해야만 하기 때문이다.
> 또한 탄소를 포집해 지하에 영구 저장하는 탄소포집 저장방식과 달리, 탄소를 포집해 만든 연료나 제품은 사용 중에 탄소를 다시 배출할 가능성이 있어 이에 대한 논의가 분분한 상황이다.

① 탄소 재활용의 득과 실
② 재생 에너지 메탄올의 다양한 활용
③ 지열발전소에서 탄생한 재활용 원료
④ 탄소 재활용을 통한 미래 원료의 개발
⑤ 미래의 에너지 원료로 주목받는 재활용 원료, 메탄올

27 다음은 A ~ C철도사의 연도별 차량 수 및 승차인원에 대한 자료이다. 이에 대한 설명으로 옳지 않은 것은?

〈철도사별 차량 수 및 승차인원〉

구분	2020년			2021년			2022년		
	A	B	C	A	B	C	A	B	C
차량 수(량)	2,751	103	185	2,731	111	185	2,710	113	185
승차인원 (천 명/년)	775,386	26,350	35,650	768,776	24,746	33,130	755,376	23,686	34,179

① C철도사가 운영하는 차량 수는 변동이 없다.
② 3년간 전체 승차인원 중 A철도사 철도를 이용하는 승차인원의 비율이 가장 높다.
③ A ~ C철도사의 철도를 이용하는 연간 전체 승차인원 수는 매년 감소하였다.
④ 3년간 차량 1량당 연간 평균 승차인원 수는 B철도사가 가장 적다.
⑤ C철도사의 차량 1량당 연간 승차인원 수는 200천 명 미만이다.

28 다음은 A ~ H국의 연도별 석유 생산량에 대한 자료이다. 이에 대한 설명으로 옳은 것은?

〈연도별 석유 생산량〉

(단위 : bbl/day)

국가	2018년	2019년	2020년	2021년	2022년
A	10,356,185	10,387,665	10,430,235	10,487,336	10,556,259
B	8,251,052	8,297,702	8,310,856	8,356,337	8,567,173
C	4,102,396	4,123,963	4,137,857	4,156,121	4,025,936
D	5,321,753	5,370,256	5,393,104	5,386,239	5,422,103
E	258,963	273,819	298,351	303,875	335,371
F	2,874,632	2,633,087	2,601,813	2,538,776	2,480,221
G	1,312,561	1,335,089	1,305,176	1,325,182	1,336,597
H	100,731	101,586	102,856	103,756	104,902

① 석유 생산량이 매년 증가한 국가의 수는 6개이다.
② 2018년 대비 2022년에 석유 생산량 증가량이 가장 많은 국가는 A이다.
③ 매년 E국가의 석유 생산량은 H국가 석유 생산량의 3배 미만이다.
④ 연도별 석유 생산량 상위 2개 국가의 생산량 차이는 매년 감소한다.
⑤ 2018년 대비 2022년에 석유 생산량 감소율이 가장 큰 국가는 F이다.

| 한국산업인력공단 / 수리능력

29 A씨는 최근 승진한 공무원 친구에게 선물로 개당 12만 원인 수석을 보내고자 한다. 다음 부정청탁 및 금품 등 수수의 금지에 관한 법률에 따라 선물을 보낼 때, 최대한 많이 보낼 수 있는 수석의 수는?(단, A씨는 공무원인 친구와 직무 연관성이 없는 일반인이며, 선물은 한 번만 보낸다)

> **금품 등의 수수 금지(부정청탁 및 금품 등 수수의 금지에 관한 법률 제8조 제1항)**
> 공직자 등은 직무 관련 여부 및 기부·후원·증여 등 그 명목에 관계없이 동일인으로부터 1회에 100만 원 또는 매 회계연도에 300만 원을 초과하는 금품 등을 받거나 요구 또는 약속해서는 아니 된다.

① 7개　　② 8개
③ 9개　　④ 10개
⑤ 11개

| 한국산업인력공단 / 수리능력

30 S대리는 업무 진행을 위해 본사에서 거래처로 외근을 가고자 한다. 본사에서 거래처까지 가는 길이 다음과 같을 때, 본사에서 출발하여 C와 G를 거쳐 거래처로 간다면 S대리의 최소 이동거리는?(단, 어떤 곳을 먼저 가도 무관하다)

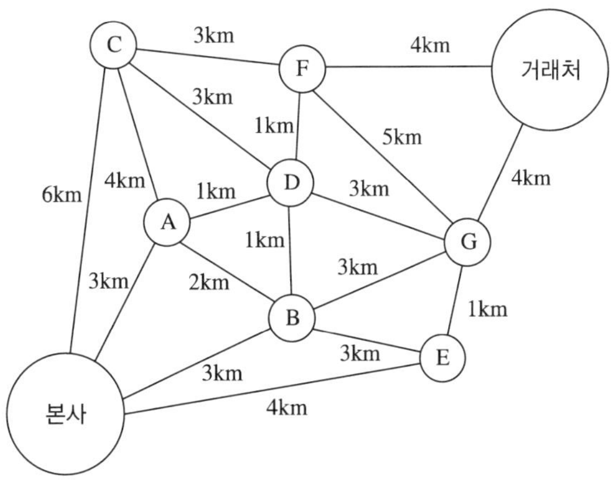

① 8km　　② 9km
③ 13km　　④ 16km
⑤ 18km

31 총무부에 근무하는 A사원은 각 부서에 필요한 사무용품을 조사한 결과, 볼펜 30자루, 수정테이프 8개, 연필 20자루, 지우개 5개가 필요하다고 한다. 다음 〈조건〉에 따라 비품을 구매할 때, 지불할 수 있는 가장 저렴한 금액은?(단, 필요한 비품 수를 초과하여 구매할 수 있고, 지불하는 금액은 배송료를 포함한다)

조건

- 볼펜, 수정테이프, 연필, 지우개의 판매 금액은 다음과 같다(단, 모든 품목은 낱개로 판매한다).

품목	가격(원/1EA)	비고
볼펜	1,000	20자루 이상 구매 시 개당 200원 할인
수정테이프	2,500	10개 이상 구매 시 개당 1,000원 할인
연필	400	12자루 이상 구매 시 연필 전체 가격의 25% 할인
지우개	300	10개 이상 구매 시 개당 100원 할인

- 품목당 할인을 적용한 금액의 합이 3만 원을 초과할 경우, 전체 금액의 10% 할인이 추가로 적용된다.
- 전체 금액의 10% 할인 적용 전 금액이 5만 원 초과 시 배송료는 무료이다.
- 전체 금액의 10% 할인 적용 전 금액이 5만 원 이하 시 배송료 5,000원이 별도로 적용된다.

① 51,500원
② 51,350원
③ 46,350원
④ 45,090원
⑤ 42,370원

32 S사는 개발 상품 매출 순이익에 기여한 직원에게 성과급을 지급하고자 한다. 기여도에 따른 성과급 지급 기준과 〈보기〉를 참고하여 성과급을 차등지급할 때, 가장 많은 성과급을 지급받는 직원은? (단, 팀장에게 지급하는 성과급은 기준 금액의 1.2배이다)

〈기여도에 따른 성과급 지급 기준〉

매출 순이익	개발 기여도			
	1% 이상 5% 미만	5% 이상 10% 미만	10% 이상 20% 미만	20% 이상
1천만 원 미만	–	–	매출 순이익의 1%	매출 순이익의 2%
1천만 원 이상 3천만 원 미만	5만 원	매출 순이익의 1%	매출 순이익의 2%	매출 순이익의 5%
3천만 원 이상 5천만 원 미만	매출 순이익의 1%	매출 순이익의 2%	매출 순이익의 3%	매출 순이익의 5%
5천만 원 이상 1억 원 미만	매출 순이익의 1%	매출 순이익의 3%	매출 순이익의 5%	매출 순이익의 7.5%
1억 원 이상	매출 순이익의 1%	매출 순이익의 3%	매출 순이익의 5%	매출 순이익의 10%

보기

직원	직책	매출 순이익	개발 기여도
A	팀장	4,000만 원	25%
B	팀장	2,500만 원	12%
C	팀원	1억 2,500만 원	3%
D	팀원	7,500만 원	7%
E	팀원	800만 원	6%

① A
② B
③ C
④ D
⑤ E

33 다음은 S시의 학교폭력 상담 및 신고 건수에 대한 자료이다. 이에 대한 설명으로 옳지 않은 것은?

〈학교폭력 상담 및 신고 건수〉

(단위 : 건)

구분	2022년 7월	2022년 8월	2022년 9월	2022년 10월	2022년 11월	2022년 12월
상담	977	805	3,009	2,526	1,007	871
상담 누계	977	1,782	4,791	7,317	8,324	9,195
신고	486	443	1,501	804	506	496
신고 누계	486	929	2,430	3,234	3,740	4,236
구분	**2023년 1월**	**2023년 2월**	**2023년 3월**	**2023년 4월**	**2023년 5월**	**2023년 6월**
상담	( )	( )	4,370	3,620	1,004	905
상담 누계	9,652	10,109	14,479	18,099	19,103	20,008
신고	305	208	2,781	1,183	557	601
신고 누계	4,541	4,749	7,530	( )	( )	( )

① 2023년 1월과 2023년 2월의 학교폭력 상담 건수는 같다.

② 학교폭력 상담 건수와 신고 건수 모두 2023년 3월에 가장 많다.

③ 전월 대비 학교폭력 상담 건수가 가장 크게 감소한 월과 학교폭력 신고 건수가 가장 크게 감소한 월은 다르다.

④ 전월 대비 학교폭력 상담 건수가 증가한 월은 학교폭력 신고 건수도 같이 증가하였다.

⑤ 2023년 6월까지의 학교폭력 신고 누계 건수는 10,000건 이상이다.

34 다음은 5년 동안 발전원별 발전량 추이에 대한 자료이다. 이에 대한 설명으로 옳지 않은 것은?

〈2018 ~ 2022년 발전원별 발전량 추이〉

(단위 : GWh)

발전원	2018년	2019년	2020년	2021년	2022년
원자력	127,004	138,795	140,806	155,360	179,216
석탄	247,670	226,571	221,730	200,165	198,367
가스	135,072	126,789	138,387	144,976	160,787
신재생	36,905	38,774	44,031	47,831	50,356
유류·양수	6,605	6,371	5,872	5,568	5,232
합계	553,256	537,300	550,826	553,900	593,958

① 매년 원자력 자원 발전량과 신재생 자원 발전량의 증감 추이는 같다.
② 석탄 자원 발전량의 전년 대비 감소폭이 가장 큰 해는 2021년이다.
③ 신재생 자원 발전량 대비 가스 자원 발전량이 가장 큰 해는 2018년이다.
④ 매년 유류·양수 자원 발전량은 전체 발전량의 1% 이상을 차지한다.
⑤ 전체 발전량의 전년 대비 증가폭이 가장 큰 해는 2022년이다.

35 다음 중 〈보기〉에 해당하는 문제해결방법이 바르게 연결된 것은?

보기

㉠ 중립적인 위치에서 그룹이 나아갈 방향과 주제에 대한 공감을 이룰 수 있도록 도와주어 깊이 있는 커뮤니케이션을 통해 문제점을 이해하고 창조적으로 해결하도록 지원하는 방법이다.
㉡ 상이한 문화적 토양을 가진 구성원이 사실과 원칙에 근거한 토론을 바탕으로 서로의 생각을 직설적인 논쟁이나 협상을 통해 의견을 조정하는 방법이다.
㉢ 구성원이 같은 문화적 토양을 가지고 서로를 이해하는 상황에서 권위나 공감에 의지하여 의견을 중재하고, 타협과 조정을 통해 해결을 도모하는 방법이다.

	㉠	㉡	㉢
①	하드 어프로치	퍼실리테이션	소프트 어프로치
②	퍼실리테이션	하드 어프로치	소프트 어프로치
③	소프트 어프로치	하드 어프로치	퍼실리테이션
④	퍼실리테이션	소프트 어프로치	하드 어프로치
⑤	하드 어프로치	소프트 어프로치	퍼실리테이션

36 A～G 7명은 주말 여행지를 고르기 위해 투표를 진행하였다. 다음 〈조건〉과 같이 투표를 진행하였을 때, 투표를 하지 않은 사람을 모두 고르면?

조건

- D나 G 중 적어도 한 명이 투표하지 않으면, F는 투표한다.
- F가 투표하면, E는 투표하지 않는다.
- B나 E 중 적어도 한 명이 투표하지 않으면, A는 투표하지 않는다.
- A를 포함하여 투표한 사람은 모두 5명이다.

① B, E
② B, F
③ C, D
④ C, F
⑤ F, G

37 다음과 같이 G마트에서 파는 물건을 상품코드와 크기에 따라 엑셀 프로그램으로 정리하였다. 상품코드가 S3310897이고, 크기가 '중'인 물건의 가격을 구하는 함수로 옳은 것은?

	A	B	C	D	E	F
1						
2		상품코드	소	중	대	
3		S3001287	18,000	20,000	25,000	
4		S3001289	15,000	18,000	20,000	
5		S3001320	20,000	22,000	25,000	
6		S3310887	12,000	16,000	20,000	
7		S3310897	20,000	23,000	25,000	
8		S3311097	10,000	15,000	20,000	
9						

① =HLOOKUP(S3310897,$B$2:$E$8,6,0)

② =HLOOKUP("S3310897",$B$2:$E$8,6,0)

③ =VLOOKUP("S3310897",$B$2:$E$8,2,0)

④ =VLOOKUP("S3310897",$B$2:$E$8,6,0)

⑤ =VLOOKUP("S3310897",$B$2:$E$8,3,0)

38 다음 중 Windows Game Bar 녹화 기능에 대한 설명으로 옳지 않은 것은?

① 〈Windows 로고 키〉+〈Alt〉+〈G〉를 통해 백그라운드 녹화 기능을 사용할 수 있다.

② 백그라운드 녹화 시간은 변경할 수 있다.

③ 녹화한 영상의 저장 위치는 변경할 수 없다.

④ 각 메뉴의 단축키는 본인이 원하는 키 조합에 맞추어 변경할 수 있다.

⑤ 게임 성능에 영향을 줄 수 있다.

※ 다음 글을 읽고 이어지는 질문에 답하시오. [39~41]

우리나라에서 500MW 규모 이상의 발전설비를 보유한 발전사업자(공급의무자)는 신재생에너지 공급의무화 제도(RPS; Renewable Portfolio Standard)에 의해 의무적으로 일정 비율 이상을 기존의 화석연료를 변환시켜 이용하거나 햇빛·물·지열·강수·생물유기체 등 재생 가능한 에너지를 변환시켜 이용하는 에너지인 신재생에너지로 발전해야 한다. 이에 따라 공급의무자는 매년 정해진 의무공급비율에 따라 신재생에너지를 사용하여 전기를 공급해야 하는데 의무공급비율은 매년 확대되고 있으므로 여기에 맞춰 태양광, 풍력 등 신재생에너지 발전설비를 추가로 건설하기에는 여러 가지 한계점이 있다. ___㉠___ 공급의무자는 의무공급비율을 외부 조달을 통해 충당하게 되는데 이를 인증하는 것이 신재생에너지 공급인증서(REC; Renewable Energy Certificates)이다. 공급의무자는 신재생에너지 발전사에서 판매하는 REC를 구매하는 것으로 의무공급비율을 달성하게 되며, 이를 이행하지 못할 경우 미이행 의무량만큼 해당 연도 평균 REC 거래가격의 1.5배 이내에서 과징금이 부과된다.

신재생에너지 공급자가 공급의무자에게 REC를 판매하기 위해서는 먼저 「신에너지 및 재생에너지 개발·이용·보급 촉진법(신재생에너지법)」 제12조의7에 따라 공급인증기관(에너지관리공단 신재생에너지센터, 한국전력거래소 등)으로부터 공급 사실을 증명하는 공급인증서를 신청해야 한다. 인증 신청을 받은 공급인증기관은 신재생에너지 공급자, 신재생에너지 종류별 공급량 및 공급기간, 인증서 유효기간을 명시한 공급인증서를 발급해 주는데, 여기서 공급인증서의 유효기간은 발급받은 날로부터 3년이며, 공급량은 발전방식에 따라 실제 공급량에 가중치를 곱해 표기한다. 이렇게 발급받은 REC는 공급인증기관이 개설한 거래시장인 한국전력거래소에서 거래할 수 있으며, 거래시장에서 공급의무자가 구매하여 의무공급량에 충당한 공급인증서는 효력을 상실하여 폐기하게 된다.

RPS 제도를 통한 REC 거래는 최근 더욱 확대되고 있다. 시행 초기에는 전력거래소에서 신재생에너지 공급자와 공급의무자 간 REC를 거래하였으나, 2021년 8월 이후 에너지관리공단에서 운영하는 REC 거래시장을 통해 한국형 RE100에 동참하는 일반기업들도 신재생에너지 공급자로부터 REC를 구매할 수 있게 되었고 여기서 구매한 REC는 기업의 온실가스 감축실적으로 인정되어 인센티브 등 다양한 혜택을 받을 수 있게 된다.

| 한국남동발전 / 의사소통능력

39 다음 중 윗글의 내용으로 적절하지 않은 것은?

① 공급의무자는 의무공급비율 달성을 위해 반드시 신재생에너지 발전설비를 건설해야 한다.
② REC 거래를 위해서는 먼저 공급인증기관으로부터 인증서를 받아야 한다.
③ 일반기업도 REC 구매를 통해 온실가스 감축실적을 인정받을 수 있다.
④ REC에 명시된 공급량은 실제 공급량과 다를 수 있다.

| 한국남동발전 / 의사소통능력

40 다음 중 빈칸 ㉠에 들어갈 접속부사로 가장 적절한 것은?

① 한편 ② 그러나
③ 그러므로 ④ 예컨대

| 한국남동발전 / 자원관리능력

41 다음 자료를 토대로 신재생에너지법상 바르게 거래된 것은?

〈REC 거래내역〉

(거래일 : 2023년 10월 12일)

설비명	에너지원	인증서 발급일	판매처	거래시장 운영소
A발전소	풍력	2020.10.06	E기업	에너지관리공단
B발전소	천연가스	2022.10.12	F발전	한국전력거래소
C발전소	태양광	2020.10.24	G발전	한국전력거래소
D발전소	수력	2021.04.20	H기업	한국전력거래소

① A발전소 ② B발전소
③ C발전소 ④ D발전소

※ 다음 기사를 읽고 이어지는 질문에 답하시오. [42~43]

N전력공사가 밝힌 에너지 공급비중을 살펴보면 2022년 우리나라의 발전비중 중 가장 높은 것은 석탄(32.51%)이고, 두 번째는 액화천연가스(27.52%) 즉 LNG 발전이다. LNG의 경우 석탄에 비해 탄소 배출량이 적어 화석연료와 신재생에너지의 전환단계인 교량 에너지로서 최근 크게 비중이 늘었지만, 여전히 많은 양의 탄소를 배출한다는 문제점이 있다. 지구 온난화 완화를 위해 어떻게든 탄소 배출량을 줄여야 하는 상황에서 이에 대한 현실적인 대안으로 수소혼소 발전이 주목받고 있다. ____(가)____
수소혼소 발전이란 기존의 화석연료인 LNG와 친환경에너지인 수소를 혼합 연소하여 발전하는 방식이다. 수소는 지구에서 9번째로 풍부하여 고갈될 염려가 없고, 연소 시 탄소를 배출하지 않는 친환경에너지이다. 발열량 또한 1kg당 142MJ로, 다른 에너지원에 비해 월등이 높아 같은 양으로 훨씬 많은 에너지를 생산할 수 있다. ____(나)____
그러나 수소를 발전 연료로서 그대로 사용하기에는 여러 가지 문제점이 있다. 수소는 LNG에 비해 7 ~ 8배 빠르게 연소되므로 제어에 실패하면 가스 터빈에서 급격하게 발생한 화염이 역화하여 폭발할 가능성이 있다. 또한 높은 온도로 연소되므로 그만큼 공기 중의 질소와 반응하여 많은 질소산화물(NOx)을 발생시키는데, 이는 미세먼지와 함께 대기오염의 주요 원인이 된다. 마지막으로 연료로 사용할 만큼 정제된 수소를 얻기 위해서는 물을 전기분해해야 하는데, 여기에는 많은 전력이 들어가므로 수소 생산 단가가 높아진다는 단점이 있다. ____(다)____
이러한 수소의 문제점을 해결하기 위한 대안이 바로 수소혼소 발전이다. 인프라적인 측면에서 기존의 LNG 발전설비를 활용할 수 있기 때문에 수소혼소 발전은 친환경에너지로 전환하는 사회적·경제적 충격을 완화할 수 있다. 또한 수소를 혼입하는 비율이 많아질수록 그만큼 LNG를 대체하게 되므로 기술발전으로 인해 혼입하는 수소의 비중이 높아질수록 발전으로 인한 탄소의 발생을 줄일 수 있다. 아직 많은 기술적·경제적 문제점이 남아있지만, 세계의 많은 나라들은 탄소 배출량 저감을 위해 수소혼소 발전 기술에 적극적으로 뛰어들고 있다. 우리나라 또한 2024년 세종시에 수소혼소 발전이 가능한 열병합발전소가 들어설 예정이며, 한화, 포스코 등 많은 기업들이 수소혼소 발전 실현을 위해 사업을 추진하고 있다. ____(라)____

| 한국남동발전 / 의사소통능력

42 다음 중 윗글의 내용으로 적절하지 않은 것은?

① 수소혼소 발전은 기존 LNG 발전설비를 활용할 수 있다.
② 수소를 연소할 때에도 공해물질은 발생한다.
③ 수소혼소 발전은 탄소를 배출하지 않는 발전 기술이다.
④ 수소혼소 발전에서 수소를 더 많이 혼입할수록 탄소 배출량은 줄어든다.

| 한국남동발전 / 의사소통능력

43 다음 중 〈보기〉의 문장이 들어갈 위치로 가장 적절한 곳은?

보기

따라서 수소는 우리나라의 2050 탄소중립을 실현하기 위한 최적의 에너지원이라 할 수 있다.

① (가) ② (나)
③ (다) ④ (라)

44 다음은 N사의 비품 구매 신청 기준이다. 부서별로 비품 수량 현황과 기준을 참고하여 비품을 신청해야 할 때, 비품 신청 수량이 바르게 연결되지 않은 부서는?

〈비품 구매 신청 기준〉

비품	연필	지우개	볼펜	수정액	테이프
최소 수량	30자루	45개	60자루	30개	20개

- 팀별 비품 보유 수량이 비품 구매 신청 기준 이하일 때, 해당 비품을 신청할 수 있다.
- 각 비품의 신청 가능한 개수는 최소 수량에서 부족한 수량 이상 최소 보유 수량의 2배 이하이다.

예 연필 20자루, 지우개 50개, 볼펜 50자루, 수정액 40개, 테이프 30개가 있다면 지우개, 수정액, 테이프는 신청할 수 없고, 연필은 10자루 이상 60자루 이하, 볼펜은 10자루 이상 120자루 이하를 신청할 수 있다.

〈N사 부서별 비품 수량 현황〉

팀 \ 비품	연필	지우개	볼펜	수정액	테이프
총무팀	15자루	30개	20자루	15개	40개
연구개발팀	45자루	60개	50자루	20개	30개
마케팅홍보팀	40자루	40개	15자루	5개	10개
인사팀	25자루	50개	80자루	50개	5개

	팀	연필	지우개	볼펜	수정액	테이프
①	총무팀	15자루	15개	40자루	15개	0개
②	연구개발팀	0자루	0개	100자루	20개	0개
③	마케팅홍보팀	20자루	10개	50자루	50개	40개
④	인사팀	45자루	0개	0자루	0개	30개

※ 다음은 N사 인근의 지하철 노선도 및 관련 정보이다. 이어지는 질문에 답하시오. [45~47]

〈N사 인근 지하철 노선도〉

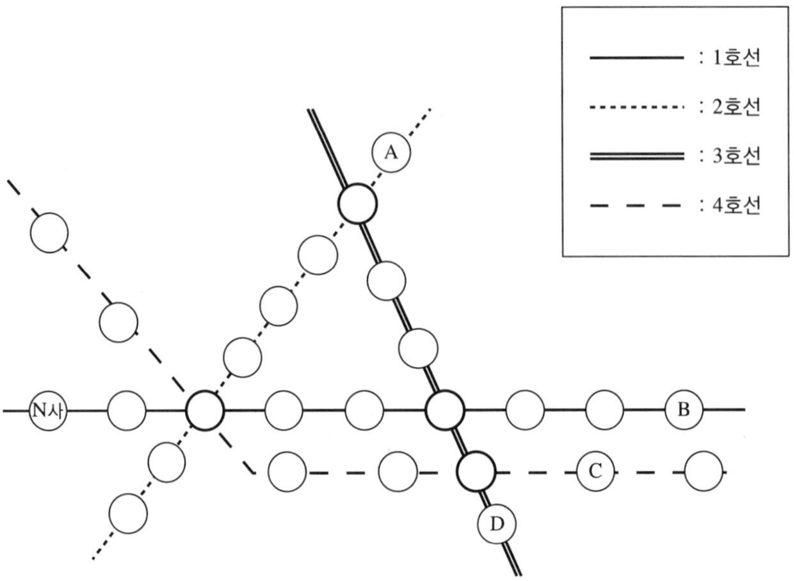

〈N사 인근 지하철 관련 정보〉

• 역 간 거리 및 부과요금은 다음과 같다.

지하철 노선	역 간 거리	기본요금	거리비례 추가요금
1호선	900m	1,200원	5km 초과 시 500m마다 50원 추가
2호선	950m	1,500원	5km 초과 시 1km마다 100원 추가
3호선	1,000m	1,800원	5km 초과 시 500m마다 100원 추가
4호선	1,300m	2,000원	5km 초과 시 1.5km마다 150원 추가

• 모든 노선에서 다음 역으로 이동하는 데 걸리는 시간은 2분이다.
• 모든 노선에서 환승하는 데 걸리는 시간은 3분이다.
• 기본요금이 더 비싼 열차로 환승할 때에는 부족한 기본요금을 추가로 부과하며, 기본요금이 더 저렴한 열차로 환승할 때에는 요금을 추가로 부과하거나 공제하지 않는다.
• 1회 이상 환승할 때의 거리비례 추가요금은 이용한 열차 중 기본요금이 가장 비싼 열차를 기준으로 적용한다.
예 1호선으로 3,600m 이동 후 3호선으로 환승하여 3,000m 더 이동했다면, 기본요금 및 거리비례 추가요금은 3호선 기준이 적용되어 1,800+300=2,100원이다.

| 한국남동발전 / 문제해결능력

45 다음 중 N사와 A지점을 왕복하는 데 걸리는 최소 이동시간은?

① 28분　　② 34분
③ 40분　　④ 46분

| 한국남동발전 / 문제해결능력

46 다음 중 N사로부터 이동거리가 가장 짧은 지점은?

① A지점　　② B지점
③ C지점　　④ D지점

| 한국남동발전 / 문제해결능력

47 다음 중 N사에서 이동하는 데 드는 비용이 가장 적은 지점은?

① A지점　　② B지점
③ C지점　　④ D지점

※ 다음 글을 읽고 이어지는 질문에 답하시오. [48~50]

SF 영화나 드라마에서만 나오던 3D 푸드 프린터를 통해 음식을 인쇄하여 소비하는 모습은 더 이상 먼 미래의 모습이 아니게 되었다. 2023년 3월 21일 미국의 컬럼비아 대학교에서는 3D 푸드 프린터와 땅콩버터, 누텔라, 딸기잼 등 7가지의 반죽형 식용 카트리지로 7겹 치즈케이크를 만들었다고 국제학술지 'NPJ 식품과학'에 소개하였다. (가) 특히 이 치즈케이크는 베이킹 기능이 있는 레이저와 식물성 원료를 사용한 비건식 식용 카트리지를 통해 만들어졌다. ㉠ 그래서 이번 발표는 대체육과 같은 다른 관련 산업에서도 많은 주목을 받게 되었다.

3D 푸드 프린터는 산업 현장에서 사용되는 일반적인 3D 프린터가 사용자가 원하는 대로 3차원의 물체를 만드는 것처럼 사람이 섭취가 가능한 페이스트, 반죽, 분말 등을 카트리지로 사용하여 사용자가 원하는 디자인으로 압출·성형하여 음식을 만들어 내는 것이다. (나) 현재 3D 푸드 프린터는 산업용 3D 프린터처럼 페이스트를 층층이 쌓아서 만드는 FDM(Fused Deposition Modeling) 방식, 분말형태로 된 재료를 접착제로 굳혀 찍어내는 PBF(Powder Bed Fusion), 레이저로 굳혀 찍어내는 SLS(Selective Laser Sintering) 방식이 주로 사용된다.

(다) 3D 푸드 프린터는 아직 대중화되지 않았지만, 많은 장점을 가지고 있어 미래에 활용가치가 아주 높을 것으로 예상되고 있다. ㉡ 예를 들어 증가하는 노령인구에 맞춰 씹고 삼키는 것이 어려운 사람을 위해 질감과 맛을 조정하거나, 개인별로 필요한 영양소를 첨가하는 등 사용자의 건강관리를 수월하게 해 준다. ㉢ 또한 우주 등 음식을 조리하기 어려운 곳에서 평소 먹던 음식을 섭취할 수 있게 하는 등 활용도는 무궁무진하다. 특히 대체육 부분에서 주목받고 있는데, 3D 푸드 프린터로 육류를 제작하게 된다면 동물을 키우고 도살하여 고기를 얻는 것보다 환경오염을 줄일 수 있다. (라) 대체육은 식물성 원료를 소재로 하는 것이므로 일반적인 고기보다는 맛은 떨어지게 된다. 실제로 대체육 전문 기업인 리디파인 미트(Redefine Meat)에서는 대체육이 축산업에서 발생하는 일반 고기보다 환경오염을 95% 줄일 수 있다고 밝히고 있다.

㉣ 따라서 3D 푸드 프린터는 개발 초기 단계이므로 아직 개선해야 할 점이 많다. 가장 중요한 것은 맛이다. 3D 푸드 프린터에 들어가는 식용 카트리지의 주원료는 식물성 재료이므로 실제 음식의 맛을 내기까지는 아직 많은 노력이 필요하다. (마) 디자인의 영역도 간과할 수 없는데, 길쭉한 필라멘트(3D 프린터에 사용되는 플라스틱 줄) 모양으로 성형된 음식이 '인쇄'라는 인식과 함께 음식을 섭취하는 데 심리적인 거부감을 주는 것도 해결해야 하는 문제이다. ㉤ 게다가 현재 주로 사용하는 방식은 페이스트, 분말을 레이저나 압출로 성형하는 것이므로 만들 수 있는 요리의 종류가 매우 제한적이며, 전력 소모 또한 많다는 것도 해결해야 하는 문제이다.

| LH 한국토지주택공사 / 의사소통능력

48 윗글의 내용에 대한 추론으로 적절하지 않은 것은?

① 설탕케이크 장식 제작은 SLS 방식의 3D 푸드 프린터가 적절하다.
② 3D 푸드 프린터는 식감 등으로 발생하는 편식을 줄일 수 있다.
③ 3D 푸드 프린터는 사용자 맞춤 식단을 제공할 수 있다.
④ 현재 3D 푸드 프린터로 제작된 음식은 거부감을 일으킬 수 있다.
⑤ 컬럼비아 대학교에서 만들어 낸 치즈케이크는 PBF 방식으로 제작되었다.

| LH 한국토지주택공사 / 의사소통능력

49 윗글의 (가)~(마) 중 삭제해야 할 문장으로 가장 적절한 것은?

① (가)
② (나)
③ (다)
④ (라)
⑤ (마)

| LH 한국토지주택공사 / 의사소통능력

50 윗글의 접속부사 ㉠~㉤ 중 문맥상 적절하지 않은 것은?

① ㉠
② ㉡
③ ㉢
④ ㉣
⑤ ㉤

아이들이 답이 있는 질문을 하기 시작하면 그들이 성장하고 있음을 알 수 있다.

– 존 J. 플롬프 –

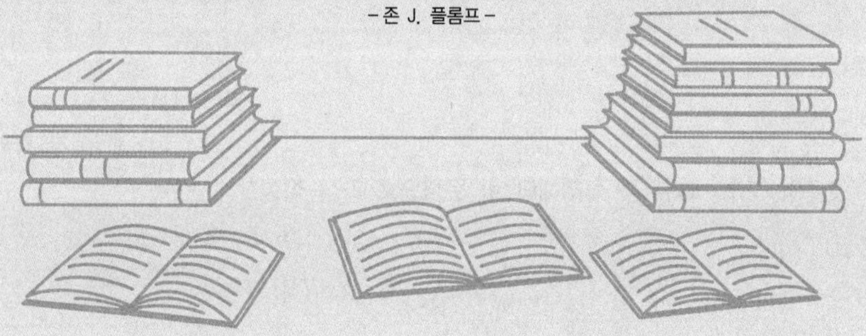

PART 1

직업기초능력

CHAPTER 01

의사소통능력

합격 Cheat Key

의사소통능력은 평가하지 않는 공사·공단이 없을 만큼 필기시험에서 중요도가 높은 영역으로, 세부 유형은 문서 이해, 문서 작성, 의사 표현, 경청, 기초 외국어로 나눌 수 있다. 문서 이해·문서 작성과 같은 지문에 대한 주제 찾기, 내용 일치 문제의 출제 비중이 높으며, 문서의 특성을 파악하는 문제도 출제되고 있다.

1 문제에서 요구하는 바를 먼저 파악하라!

의사소통능력에서 가장 중요한 것은 제한된 시간 안에 빠르고 정확하게 답을 찾아내는 것이다. 의사소통능력에서는 지문이 아니라 문제가 주인공이므로 지문을 보기 전에 문제를 먼저 파악해야 하며, 문제에 따라 전략적으로 빠르게 풀어내는 연습을 해야 한다.

2 잠재되어 있는 언어 능력을 발휘하라!

세상에 글은 많고 우리가 학습할 수 있는 시간은 한정적이다. 이를 극복할 수 있는 방법은 다양한 글을 접하는 것이다. 실제 시험장에서 어떤 내용의 지문이 나올지 아무도 예측할 수 없으므로 평소에 신문, 소설, 보고서 등 여러 글을 접하는 것이 필요하다.

3 상황을 가정하라!

업무 수행에 있어 상황에 따른 언어 표현은 중요하다. 같은 말이라도 상황에 따라 다르게 해석될 수 있기 때문이다. 그런 의미에서 자신의 의견을 효과적으로 전달할 수 있는 능력을 평가하는 것이다. 업무를 수행하면서 발생할 수 있는 여러 상황을 가정하고 그에 따른 올바른 언어표현을 정리하는 것이 필요하다.

4 말하는 이의 입장에서 생각하라!

잘 듣는 것 또한 하나의 능력이다. 상대방의 이야기에 귀 기울이고 공감하는 태도는 업무를 수행하는 관계 속에서 필요한 요소이다. 그런 의미에서 다양한 상황에서 듣는 능력을 평가하는 것이다. 말하는 이가 요구하는 듣는 이의 태도를 파악하고, 이에 따른 판단을 할 수 있도록 언제나 말하는 사람의 입장이 되는 연습이 필요하다.

01 문서 내용 이해

| 유형분석 |

- 주어진 지문을 읽고 선택지를 고르는 전형적인 독해 문제이다.
- 지문은 주로 신문기사(보도자료 등)나 업무 보고서, 시사 등이 제시된다.
- 공사공단에 따라 자사와 관련된 내용의 기사나 법조문, 보고서 등이 출제되기도 한다.

다음 글에서 알 수 있는 시각장애인 유도블록 설치에 대한 설명으로 적절하지 않은 것은?

점자블록으로도 불리는 시각장애인 유도블록은 블록 표면에 돌기를 양각하여 시각장애인이 발바닥이나 지팡이의 촉감으로 위치나 방향을 알 수 있도록 유도한다. 횡단보도나 버스정류장 등의 공공장소에 설치되며, 블록의 형태는 발바닥의 촉감, 일반 보행자와의 관계 등 다양한 요인에 따라 결정된다.

점자블록은 크게 위치 표시용의 점형블록과 방향 표시용의 선형블록 두 종류로 나뉜다. 먼저 점형블록은 횡단지점, 대기지점, 목적지점, 보행 동선의 분기점 등의 위치를 표시하거나 위험 지점을 알리는 역할을 한다. 보통 30cm(가로)×30cm(세로)×6cm(높이)의 콘크리트제 사각 형태가 많이 쓰이며, 양각된 돌기의 수는 외부용 콘크리트 블록의 경우 36개, 내부용의 경우 64개가 적절하다. 일반적인 위치 감지용으로 점형블록을 설치할 경우 가로 폭은 대상 시설의 폭만큼 설치하며, 세로 폭은 보도의 폭을 고려하여 30 ~ 90cm 범위 안에서 설치한다.

다음으로 선형블록은 방향 유도용으로 보행 동선의 분기점, 대기지점, 횡단지점에 설치된 점형블록과 연계하여 목적 방향으로 일정한 거리까지 설치한다. 정확한 방향을 알 수 있도록 하는 데 목적이 있으며, 보행 동선을 확보·유지하는 역할을 한다. 양각된 돌출선은 윗면은 평면이 주로 쓰이고, 돌출선의 양 끝은 둥글게 처리한 것이 많다. 선형블록은 시각장애인이 안전하고 장애물이 없는 도로를 따라 이동할 수 있도록 설치하는데, 이때 블록의 돌출선은 유도 대상 시설의 방향과 평행해야 한다.

① 선형블록은 보행 동선의 분기점에 설치한다.
② 횡단지점의 위치를 표시하기 위해서는 점형블록을 설치한다.
③ 외부에는 양각된 돌기의 수가 36개인 점형블록을 설치한다.
④ 선형블록은 돌출선의 방향이 유도 대상 시설과 평행하도록 설치한다.
⑤ 점형블록을 횡단보도 앞에 설치하는 경우 세로 방향으로 4개 이상 설치하지 않는다.

정답 ①

보행 동선의 분기점에 설치하는 것은 점형블록이며, 선형블록은 보행 동선의 분기점에 설치된 점형블록과 연계하여 목적 방향으로 설치한다.

풀이 전략!

주어진 선택지에서 키워드를 체크한 후, 지문의 내용과 비교해 가면서 내용의 일치 유무를 빠르게 판단한다.

출제유형분석 01 실전예제

01 다음 글의 내용으로 가장 적절한 것은?

> 선물환거래란 계약일로부터 일정시간이 지난 뒤 특정일에 외환의 거래가 이루어지는 것이다. 현재 약정한 금액으로 미래에 결제하게 되기 때문에, 선물환계약을 체결하게 되면 약정된 결제일까지 매매 쌍방 모두 결제가 이연된다. 선물환거래는 보통 환리스크를 헤지(Hedge)하기 위한 목적으로 이용된다. 예를 들어 1개월 이후 달러로 거래 대금을 수령할 예정인 수출한 기업은 1개월 후 달러를 매각하는 대신 원화를 수령하는 선물환계약을 통해 원/달러 환율변동에 따른 환리스크를 헤지할 수 있다.
> 이외에도 선물환거래는 금리차익을 얻는 것과 투기적 목적 등을 가지고 있다. 선물환거래에는 일방적으로 선물환을 매입하는 것 또는 매도 거래만 발생하는 Outright Forward 거래가 있으며, 선물환거래가 스왑거래의 일부분으로써 현물환거래와 같이 발생하는 Swap Forward 거래가 있다. Outright Forward 거래는 만기 때 실물 인수도가 일어나는 일반 선물환거래와 만기 때 실물의 인수 없이 차액만을 정산하는 차액결제선물환(NDF; Non－Deliverable Forward) 거래로 구분된다.
> 옵션(Option)이란 거래당사자들이 미리 가격을 정하고, 그 가격으로 미래의 특정시점이나 그 이전에 자산을 사고파는 권리를 매매하는 계약으로, 선도 및 선물, 스왑거래 등과 같은 파생금융상품이다. 옵션은 매입권리가 있는 콜옵션(Call Option)과 매도권리가 있는 풋옵션(Put Option)으로 구분된다. 옵션거래로 매입이나 매도할 수 있는 권리를 가지게 되는 옵션매입자는 시장가격의 변동에 따라 자기에게 유리하거나 불리한 경우를 판단하여, 옵션을 행사하거나 포기할 수도 있다. 옵션매입자는 선택할 권리에 대한 대가로 옵션매도자에게 프리미엄을 지급하고, 옵션매도자는 프리미엄을 받는 대신 옵션매입자가 행사하는 옵션에 따라 발생하는 것에 대해 이해하는 책임을 가진다. 옵션거래의 손해와 이익은 행사가격, 현재가격 및 프리미엄에 의해 결정된다.

① 선물환거래는 투기를 목적으로 사용되기도 한다.
② 옵션은 미래에 조건이 바뀌어도 계약한 금액을 지불해야 한다.
③ 선물환거래는 권리를 행사하거나 포기할 수 있다.
④ 옵션은 환율변동 리스크를 해결하는 데 좋은 선택이다.
⑤ 선물환거래는 행사가격, 현재가격, 프리미엄가에 따라 손해와 이익이 발생한다.

02 다음 글의 내용으로 적절하지 않은 것은?

경제학에서는 가격이 한계 비용과 일치할 때를 가장 이상적인 상태라고 본다. '한계 비용'이란 재화의 생산량을 한 단위 증가시킬 때 추가되는 비용을 말한다. 한계 비용 곡선과 수요 곡선이 만나는 점에서 가격이 정해지면 재화의 생산 과정에 들어가는 자원이 낭비 없이 효율적으로 배분되며, 이때 사회 전체의 만족도가 가장 커진다. 가격이 한계 비용보다 높아지면 상대적으로 높은 가격으로 인해 수요량이 줄면서 거래량이 따라 줄고, 결과적으로 생산량도 감소한다. 이는 사회 전체의 관점에서 볼 때 자원이 효율적으로 배분되지 못하는 상황이므로 사회 전체의 만족도가 떨어지는 결과를 낳는다.
위에서 설명한 일반 재화와 마찬가지로 수도, 전기, 철도와 같은 공익 서비스도 자원배분의 효율성을 생각하면 한계 비용 수준으로 가격, 즉 공공요금을 결정하는 것이 바람직하다. 대부분의 공익 서비스는 초기 시설 투자비용은 막대한 반면 한계 비용은 매우 적다. 이러한 경우, 한계 비용으로 공공요금을 결정하면 공익 서비스를 제공하는 기업은 손실을 볼 수 있다.
예컨대 초기 시설 투자비용이 6억 달러이고, 톤당 1달러의 한계 비용으로 수돗물을 생산하는 상수도 서비스를 가정해 보자. 이때 수돗물 생산량을 '1톤, 2톤, 3톤, …'으로 늘리면 총비용은 '6억 1달러, 6억 2달러, 6억 3달러, …'로 늘어나고, 톤당 평균 비용은 '6억 1달러, 3억 1달러, 2억 1달러, …'로 지속적으로 줄어든다. 그렇지만 평균 비용이 계속 줄어들더라도 한계 비용 아래로는 결코 내려가지 않는다. 따라서 한계 비용으로 수도 요금을 결정하면 총비용보다 총수입이 적으므로 수도 사업자는 손실을 보게 된다.
이를 해결하는 방법에는 크게 두 가지가 있다. 하나는 정부가 공익 서비스 제공 기업에 손실분만큼 보조금을 주는 것이고, 다른 하나는 공공요금을 평균 비용 수준으로 정하는 것이다. 전자의 경우 보조금을 세금으로 충당한다면 다른 부문에 들어갈 재원이 줄어드는 문제가 있다. 평균 비용 곡선과 수요 곡선이 교차하는 점에서 요금을 정하는 후자의 경우에는 총수입과 총비용이 같아져 기업이 손실을 보지는 않는다. 그러나 요금이 한계 비용보다 높기 때문에 사회 전체의 관점에서 자원의 효율적 배분에 문제가 생긴다.

① 자원이 효율적으로 배분될 때 사회 전체의 만족도가 극대화된다.
② 정부는 공공요금을 한계 비용 수준으로 유지하기 위하여 보조금 정책을 펼 수 있다.
③ 공익 서비스와 일반 재화의 생산 과정에서 자원을 효율적으로 배분하기 위한 조건은 서로 같다.
④ 가격이 한계 비용보다 높은 경우에는 한계 비용과 같은 경우에 비해 결국 그 재화의 생산량이 줄어든다.
⑤ 평균 비용이 한계 비용보다 큰 경우, 공공요금을 평균 비용 수준에서 결정하면 자원의 낭비를 방지할 수 있다.

03 다음 글을 읽고 이에 대한 내용으로 적절한 것을 〈보기〉에서 모두 고르면?

과거에는 일반 시민들이 사회 문제에 관한 정보를 얻을 수 있는 수단이 거의 없었다. 따라서 일반 시민들은 신문과 같은 전통적 언론을 통해 정보를 얻었고 전통적 언론은 주요 사회 문제에 대한 여론을 형성하는 데 강한 영향을 끼쳤다. 지금도 신문에서 물가 상승 문제를 반복해서 보도하면 일반 시민들은 이를 중요하다고 생각하고, 그와 관련된 여론도 활성화된다.
이처럼 전통적 언론이 여론을 형성하는 것을 '의제설정기능'이라고 한다. 하지만 막강한 정보원으로 인터넷이 등장한 이후 전통적 언론의 영향력은 약화되고 있다. 그리고 인터넷을 통한 상호작용매체인 소셜 네트워크 서비스(이하 SNS)가 등장한 이후에는 그러한 경향이 더욱 강화되고 있다. 일반 시민들이 SNS를 통해 문제를 제기하고, 많은 사람들이 그 문제에 대해 중요하다고 생각하면 역으로 전통적 언론에서 뒤늦게 그 문제에 대해 보도하는 현상이 생기게 된 것이다. 이러한 현상을 일반 시민이 의제설정을 주도한다는 점에서 '역의제설정 현상'이라고 한다.

보기

㉠ 현대의 전통적 언론은 의제설정기능을 전혀 수행하지 못하고 있다.
㉡ SNS는 일반 시민이 의제설정을 주도하는 것을 가능하게 했다.
㉢ 현대 언론은 과거 언론에 비해 의제설정기능의 역할이 강하다.
㉣ SNS로 인해 의제설정 현상이 강해지고 있다.

① ㉡
② ㉢
③ ㉠, ㉡
④ ㉠, ㉣
⑤ ㉢, ㉣

PART 1

02 주제 · 제목

| 유형분석 |

- 주어진 지문을 파악하여 전달하고자 하는 핵심 주제를 고르는 문제이다.
- 정보를 종합하고 중요한 내용을 구별하는 능력이 필요하다.
- 설명문부터 주장, 반박문까지 다양한 성격의 지문이 제시되므로 글의 성격별 특징을 알아두는 것이 좋다.

다음 글의 주제문으로 가장 적절한 것은?

80대 20 법칙, 2대 8 법칙으로 불리기도 하는 파레토 법칙은 전체 결과의 80%가 전체 원인의 20%에서 일어나는 현상을 가리킨다. 결국 크게 수익이 되는 것은 20%의 상품군, 그리고 20%의 구매자이기에 이들에게 많은 역량을 집중할 필요가 있다는 것으로, 이른바 선택과 집중이라는 경영학의 기본 개념으로 자리 잡아 왔다.

하지만 파레토 법칙은 현상에 붙은 이름일 뿐 법칙의 필연성을 설명하진 않으며, 그 적용이 쉬운 만큼 내부의 개연성을 명확하게 파악하지 않으면 오용될 여지가 다분하다는 문제점을 지니고 있다. 예컨대 상위권 성적을 지닌 20%의 학생을 한 그룹으로 모아놓는다고 해서 그들의 80%가 갑작스레 공부를 중단하진 않을 것이며, 20%의 고객이 80%의 매출에 기여하므로 백화점 찾는 80%의 고객들을 홀대해도 된다는 비약으로 이어질 수 있기 때문이다.

① 파레토 법칙은 80%의 고객을 경원시하는 법칙이다.
② 파레토 법칙을 함부로 여러 사례에 적용해서는 안 된다.
③ 파레토 법칙은 20%의 주요 구매자를 찾아내는 데 유효한 법칙이다.
④ 파레토 법칙은 보다 효율적인 판매 전략을 세우는 데 도움을 준다.
⑤ 파레토 법칙을 제외하면 전반적인 사례를 분석하는 데 용이해진다.

정답 ②

제시문에서는 파레토 법칙의 개념과 적용사례를 설명한 후, 파레토 법칙이 잘못 적용된 사례를 통해 함부로 다양한 사례에 적용하는 것이 잘못된 해석을 낳을 수 있음을 지적하고 있다.

풀이 전략!

'결국', '즉', '그런데', '그러나', '그러므로' 등의 접속어 뒤에 주제가 드러나는 경우가 많다는 것에 주의하면서 지문을 읽는다.

01 다음 글을 읽고 '한국인의 수면 시간'과 관련된 글을 쓴다고 할 때, 주제로 적절하지 않은 것은?

> 인간은 평생 3분의 1 정도를 잠으로 보낸다. 잠은 낮에 사용한 에너지를 보충하고, 피로를 회복하는 중요한 과정이다. 하지만 한국인은 잠이 부족하다. 한국인의 수면 시간은 7시간 41분밖에 되지 않으며, 2023년 기준 경제협력개발기구(OECD) 회원국 가운데 꼴찌를 차지했다. 한 조사에 따르면, 전 국민의 17% 정도가 주 3회 이상 불면 증상을 갖고 있으며, 이는 연령이 높아짐에 따라 늘어났다. 이에 따라 불면증, 기면증, 수면무호흡증 등 수면장애로 병원을 찾는 사람은 2023년 기준 291만 8,976명으로 5년 새 13% 증가했다. 수면장애를 방치하면 삶의 질 저하는 물론 만성 두통, 심혈관계질환 등이 발생할 수 있다. 불면증은 수면 질환의 대명사로, 가장 흔하고 복합적인 질환이다. 불면증은 면역기능 저하, 인지감퇴뿐만 아니라 일상생활에 장애를 초래할 수 있으며, 우울증, 인지장애 등을 유발할 수 있다.
> 코를 골며 자다가 몇 초에서 몇 분 동안 호흡을 멈추는 수면무호흡증도 있다. 이 역시 인지기능 저하와 심혈관계질환 등 합병증을 일으킨다. 특히 수면무호흡증은 비만과 관계가 깊고, 졸음운전의 원인이 되기도 한다.
> 최근 고령 인구 증가로 뇌 퇴행성 질환인 렘수면 행동장애(RBD; Rem-sleep Behavior Disorder)도 늘고 있다. 이 병은 잠자는 동안 악몽을 꾸면서 소리를 지르고, 팔다리를 움직이고, 벽을 치고, 침대에서 뛰어내리는 등 난폭한 행동을 한다. 이 병을 앓는 상당수는 파킨슨병, 치매 환자로 이어진다. 또한 잠들기 전에 다리에 이상 감각이나 통증이 생기는 하지불안증후군도 수면의 질을 떨어뜨리는 병이다. 낮 동안 졸리는 기면증(嗜眠症) 역시 일상생활에 심각한 장애를 초래한다.
> 한 정신건강의학과 교수는 "수면 문제는 결국 심혈관계질환, 치매와 파킨슨병 등의 퇴행성 질환, 우울증, 졸음운전의 원인이 되므로 전문적인 치료를 받아야 한다."고 했다.

① 한국인의 부족한 수면 시간

② 수면 마취제의 부작용

③ 수면장애의 종류

④ 수면장애의 심각성

⑤ 전문 치료가 필요한 수면장애

02 다음 글의 제목으로 가장 적절한 것은?

> 일반적으로 소비자들은 합리적인 경제 행위를 추구하기 때문에 최소 비용으로 최대 효과를 얻으려 한다는 것이 소비의 기본 원칙이다. 그들은 '보이지 않는 손'이라고 일컬어지는 시장 원리 아래에서 생산자와 만난다. 그러나 이러한 일차적 의미의 합리적 소비가 언제나 유효한 것은 아니다. 생산보다는 소비가 화두가 된 소비 자본주의 시대에서 소비는 단순히 필요한 재화, 그리고 경제학적으로 유리한 재화를 구매하는 행위에 머물지 않는다. 최대 효과 자체에 정서적이고 사회 심리학적인 요인이 개입하면서, 이제 소비는 개인이 세계와 만나는 다분히 심리적인 방법이 되어버린 것이다. 즉, 인간의 기본적인 생존 욕구를 충족시켜 주는 합리적 소비 수준에 머물지 않고, 자신을 표현하는 상징적 행위가 된 것이다. 이처럼 오늘날의 소비문화는 물질적 소비 차원이 아닌 심리적 소비 형태를 띠게 된다.
>
> 소비 자본주의의 화두는 과소비가 아니라 '과시 소비'로 넘어가게 된 것이다. 과시 소비의 중심에는 신분의 논리가 있다. 신분의 논리는 유용성의 논리, 나아가 시장의 논리로 설명되지 않는 것들을 설명해 준다. 혈통으로 이어지던 폐쇄적 계층 사회는 소비 행위에 대해 계급에 근거한 제한을 부여했다. 먼 옛날 부족 사회에서 수장들만이 걸칠 수 있었던 장신구에서부터 제아무리 권문세가의 정승이라도 아흔아홉 칸을 넘을 수 없던 집이 좋은 예이다. 권력을 가진 자는 힘을 통해 자기의 취향을 주위 사람들과 분리시킴으로써 경외감을 강요하고, 그렇게 자기 취향을 과시함으로써 잠재적 경쟁자들을 통제한 것이다.
>
> 가시적 신분 제도가 사라진 현대 사회에서도 이러한 신분의 논리는 여전히 유효하다. 이제 개인은 소비를 통해 자신의 물질적 부를 표현함으로써 신분을 과시하려 한다.

① '보이지 않는 손'에 의한 합리적 소비의 필요성

② 소득을 고려하지 않은 무분별한 과소비의 폐해

③ 계층별 소비 규제의 필요성

④ 신분사회에서 의복 소비와 계층의 관계

⑤ 소비가 곧 신분이 되는 과시 소비의 원리

03 다음 글의 중심 내용으로 가장 적절한 것은?

통계는 다양한 분야에서 사용되며 막강한 위력을 발휘하고 있다. 그러나 모든 도구나 방법이 그렇듯이, 통계 수치에도 함정이 있다. 함정에 빠지지 않으려면 통계 수치의 의미를 정확히 이해하고, 도구와 방법을 올바르게 사용해야 한다. 친구 5명이 만나서 이야기를 나누다가 연봉이 화제가 되었다. 2천만 원이 4명, 7천만 원이 1명이었는데, 평균을 내면 3천만 원이다. 이 숫자에 대해 4명은 "나는 봉급이 왜 이렇게 적을까?" 하며 한숨을 내쉬었다. 그러나 이 평균값 3천만 원이 5명의 집단을 대표하는 데에 아무 문제가 없을까? 물론 계산 과정에는 하자가 없지만, 평균을 집단의 대푯값으로 사용하는 데에 어떤 한계가 있을 수 있는지 깊이 생각해 보지 않는다면, 우리는 잘못된 생각에 빠질 수도 있다. 평균은 극단적으로 아웃라이어(비정상적인 수치)에 민감하다. 집단 내에 아웃라이어가 하나만 있어도 평균이 크게 바뀐다는 것이다. 위의 예에서 1명의 연봉이 7천만 원이 아니라 100억 원이었다고 하자. 그러면 평균은 20억 원이 넘게 된다.
나머지 4명은 자신의 연봉이 평균치의 100분의 1밖에 안 된다며 슬퍼해야 할까? 연봉 100억 원인 사람이 아웃라이어이듯이 처음의 예에서 연봉 7천만 원인 사람도 아웃라이어인 것이다. 두드러진 아웃라이어가 있는 경우에는 평균보다는 최빈값이나 중앙값이 대푯값으로서 더 나을 수 있다.

① 평균은 집단을 대표하는 수치로서는 매우 부적당하다.
② 통계는 숫자 놀음에 불과하므로 통계 수치에 일희일비할 필요가 없다.
③ 평균보다는 최빈값이나 중앙값을 대푯값으로 사용해야 한다.
④ 통계 수치의 의미와 한계를 정확히 인식하고 사용할 필요가 있다.
⑤ 통계는 올바르게 활용하면 다양한 분야에서 사용할 수 있는 도구이다.

03 문단 나열

| 유형분석 |

- 각 문단의 내용을 파악하고 논리적 순서에 맞게 배열하는 복합적인 문제이다.
- 전체적인 글의 흐름을 이해하는 것이 중요하며, 각 문장의 지시어나 접속어에 주의한다.

다음 문단을 논리적 순서대로 바르게 나열한 것은?

(가) 여기에 반해 동양에서는 보름달에 좋은 이미지를 부여한다. 예를 들어, 우리나라의 처녀귀신이나 도깨비는 달빛이 흐린 그믐 무렵에나 활동하는 것이다. 그런데 최근에는 동서양의 개념이 마구 뒤섞여 보름달을 배경으로 악마의 상징인 늑대가 우는 광경이 동양의 영화에 나오기도 한다.

(나) 동양에서 달은 '음(陰)'의 기운을, 해는 '양(陽)'의 기운을 상징한다는 통념이 자리를 잡았다. 그래서 달을 '태음', 해를 '태양'이라고 불렀다. 동양에서는 해와 달의 크기가 같은 덕에 음과 양도 동등한 자격을 갖춘다. 즉, 음과 양은 어느 하나가 좋고 다른 하나는 나쁜 것이 아니라 서로 보완하는 관계를 이루는 것이다.

(다) 옛날부터 형성된 이러한 동서양 간의 차이는 오늘날까지 영향을 끼치고 있다. 동양에서는 달이 밝으면 달맞이를 하는데, 서양에서는 달맞이를 자살 행위처럼 여기고 있다. 특히 보름달은 서양인들에게 거의 공포의 상징과 같은 존재이다. 예를 들어, 13일의 금요일에 보름달이 뜨게 되면 사람들이 외출조차 꺼린다.

(라) 하지만 서양의 경우는 다르다. 서양에서 낮은 신이, 밤은 악마가 지배한다는 통념이 자리를 잡았다. 따라서 밤의 상징인 달에 좋지 않은 이미지를 부여하게 되었다. 이는 해와 달의 명칭을 보면 알 수 있다. 라틴어로 해를 'Sol', 달을 'Luna'라고 하는데 정신병을 뜻하는 단어 'Lunacy'의 어원이 바로 'Luna'이다.

① (가) – (나) – (라) – (다)
② (나) – (라) – (가) – (다)
③ (나) – (라) – (다) – (가)
④ (다) – (가) – (나) – (라)
⑤ (다) – (나) – (라) – (가)

정답 ③

제시문은 동양과 서양에서 서로 다른 의미를 부여하고 있는 달에 대해 설명하고 있는 글이다. 따라서 (나) 동양에서 나타나는 해와 달의 의미 → (라) 동양과 상반되는 서양에서의 해와 달의 의미 → (다) 최근까지 지속되고 있는 달에 대한 서양의 부정적 의미 → (가) 동양에서의 변화된 달의 이미지의 순서대로 나열하는 것이 적절하다.

풀이 전략!

상대적으로 시간이 부족하다고 느낄 때는 선택지를 참고하여 문장의 순서를 생각해 본다.

출제유형분석 03 실전예제

※ 다음 문단을 논리적 순서대로 바르게 나열한 것을 고르시오. [1~2]

01

(가) 상품의 가격은 기본적으로 수요와 공급의 힘으로 결정된다. 시장에 참여하고 있는 경제 주체들은 자신이 가진 정보를 기초로 하여 수요와 공급을 결정한다.

(나) 이런 경우에는 상품의 가격이 우리의 상식으로는 도저히 이해하기 힘든 수준까지 일시적으로 뛰어오르는 현상이 나타날 가능성이 있다. 이런 현상은 특히 투기의 대상이 되는 자산의 경우 자주 나타나는데, 이를 '거품 현상'이라고 부른다.

(다) 그러나 현실에서는 사람들이 서로 다른 정보를 갖고 시장에 참여하는 경우가 많다. 어떤 사람은 특정한 정보를 갖고 있는데 거래 상대방은 그 정보를 갖고 있지 못한 경우도 있다.

(라) 일반적으로 거품 현상이란 것은 어떤 상품, 자산의 가격이 지속해서 급격히 상승하는 현상을 가리킨다. 이와 같은 지속적인 가격 상승이 일어나는 이유는 애초에 발생한 가격 상승이 추가적인 가격 상승의 기대로 이어져 투기 바람이 형성되기 때문이다.

(마) 이들이 똑같은 정보를 함께 갖고 있으며, 이 정보가 아주 틀린 것이 아닌 이상 상품의 가격은 어떤 기본적인 수준에서 크게 벗어나지 않을 것이라고 예상할 수 있다.

① (가) – (다) – (나) – (라) – (마)
② (가) – (마) – (다) – (나) – (라)
③ (라) – (가) – (다) – (나) – (마)
④ (라) – (다) – (가) – (나) – (마)
⑤ (마) – (가) – (다) – (라) – (나)

02

(가) 그뿐 아니라 자신을 알아주는 이, 즉 지기자(知己者)를 위해서라면 기꺼이 자신의 전부를 버릴 수 있어야 하며, 더불어 은혜는 은혜대로, 원수는 원수대로 자신이 받은 만큼 되갚기 위해 진력하여야 한다.

(나) 무공이 높다고 하여 반드시 협객으로 인정되지 않는 이유는 바로 이런 원칙에 위배되는 경우가 심심치 않게 발생하기 때문이다. 요컨대 협이란 사생취의(捨生取義)의 정신에 입각하여 살신성명(殺身成名)의 의지를 실천하는 것, 또는 그러한 실천을 기꺼이 감수할 준비가 되어 있는 상태를 뜻한다고 할 수 있다.

(다) 협으로 인정받기 위해서는 무엇보다도 절개와 의리를 숭상하여야 하며, 개인의 존엄을 중시하고 간악함을 제거하기 위해 노력해야만 한다. 신의(信義)를 목숨보다 중히 여길 것도 강조되는데, 여기서의 신의란 상대방을 향한 것인 동시에 스스로에게 해당되는 것이기도 하다.

(라) 무(武)와 더불어 보다 신중하게 다루어야 할 것이 '협(俠)'의 개념이다. 무협 소설에서 문제가 되는 협이란 무덕(武德), 즉 무인으로서의 덕망이나 인격과 관계가 되는 것으로, 이는 곧 무공 사용의 전제가 되는 기준 내지는 원칙이라고 할 수 있다.

① (나) – (다) – (가) – (라)
② (나) – (다) – (라) – (가)
③ (다) – (라) – (나) – (가)
④ (라) – (가) – (다) – (나)
⑤ (라) – (다) – (가) – (나)

04 추론하기

| 유형분석 |

- 주어진 지문을 바탕으로 도출할 수 있는 내용을 찾는 문제이다.
- 선택지의 내용을 정확하게 확인하고 지문의 정보와 비교하여 추론하는 능력이 필요하다.

다음 글을 읽고 추론한 내용으로 적절하지 않은 것은?

1977년 개관한 퐁피두 센터의 정식명칭은 국립 조르주 퐁피두 예술문화 센터로, 공공정보기관(BPI), 공업창작센터(CCI), 음악·음향의 탐구와 조정연구소(IRCAM), 파리 국립 근현대 미술관(MNAM) 등이 있는 종합 문화예술 공간이다. 퐁피두라는 이름은 이 센터의 창설에 힘을 기울인 조르주 퐁피두 대통령의 이름을 딴 것이다.

1969년 당시 대통령이었던 퐁피두는 파리의 중심지에 미술관이면서 동시에 조형예술과 음악, 영화, 서적 그리고 모든 창조적 활동의 중심이 될 수 있는 문화 복합센터를 지어 프랑스 미술을 더욱 발전시키고자 했다. 요즘 미술관들은 미술관의 이러한 복합적인 기능과 역할을 인식하고 변화를 시도하는 곳이 많다. 미술관은 더 이상 전시만 보는 곳이 아니라 식사도 하고 영화도 보고 강연도 들을 수 있는 곳으로, 대중과의 거리 좁히기를 시도하고 있는 것도 그리 특별한 일은 아니다. 그러나 이미 40년 전에 21세기 미술관의 기능과 역할을 미리 내다볼 줄 아는 혜안을 가지고 설립된 퐁피두 미술관은 프랑스가 왜 문화강국이라 불리는지를 알 수 있게 해준다.

① 퐁피두 미술관의 모습은 기존 미술관의 모습과 다를 것이다.
② 퐁피두 미술관을 찾는 사람들의 목적은 다양할 것이다.
③ 퐁피두 미술관은 전통적인 예술작품들을 선호할 것이다.
④ 퐁피두 미술관은 파격적인 예술작품들을 배척하지 않을 것이다.
⑤ 퐁피두 미술관은 현대 미술관의 선구자라는 자긍심을 가지고 있을 것이다.

정답 ③

제시문에 따르면 퐁피두 미술관은 모든 창조적 활동을 위한 공간이므로, 퐁피두가 전통적인 예술작품을 선호할 것이라는 내용은 추론할 수 없다.

풀이 전략!

주어진 지문이 어떠한 내용을 다루고 있는지 파악한 후 선택지의 키워드를 확실하게 체크하고, 지문의 정보에서 도출할 수 있는 내용을 찾는다.

출제유형분석 04 실전예제

01 다음 글을 읽고 추론한 내용으로 적절하지 않은 것은?

> 태양의 빛은 흰색으로 보이지만 실제로는 다양한 파장의 가시광선이 혼합되어 나타난 것이다. 프리즘을 통과시키면 흰색 가시광선은 파장에 따라 붉은빛부터 보랏빛까지의 무지갯빛으로 분해된다. 가시광선의 파장 범위는 390 ~ 780nm* 정도인데 보랏빛이 가장 짧고 붉은빛이 가장 길다. 빛의 진동수는 파장과 반비례하므로 진동수는 보랏빛이 가장 크고 붉은빛이 가장 작다. 태양의 빛이 대기층에 입사하여 산소나 질소 분자와 같은 공기 입자(직경 0.1 ~ 1nm 정도), 먼지 미립자, 에어로졸**(직경 1 ~ 100,000nm 정도) 등과 부딪치면 여러 방향으로 흩어지는데 이러한 현상을 산란이라 한다. 산란은 입자의 직경과 빛의 파장에 따라 '레일리(Rayleigh) 산란'과 '미(Mie) 산란'으로 구분된다. 레일리 산란은 입자의 직경이 파장의 1/10보다 작을 경우에 일어나는 산란을 말하는데 그 세기는 파장의 네제곱에 반비례한다. 대기의 공기 입자는 직경이 매우 작아 가시광선 중 파장이 짧은 빛을 주로 산란시키며, 파장이 짧을수록 산란의 세기가 강하다. 따라서 맑은 날에는 주로 공기 입자에 의한 레일리 산란이 일어나서 보랏빛이나 파란빛이 강하게 산란되는 반면 붉은빛이나 노란빛은 약하게 산란된다. 산란되는 세기로는 보랏빛이 가장 강하겠지만, 우리 눈은 보랏빛보다 파란빛을 더 잘 감지하기 때문에 하늘은 파랗게 보이는 것이다. 만약 태양의 빛이 공기 입자보다 큰 입자에 의해 레일리 산란이 일어나면 공기 입자만으로는 산란이 잘되지 않던 긴 파장의 빛까지 산란되어 하늘의 파란빛은 상대적으로 엷어진다.
>
> 미 산란은 입자의 직경이 파장의 1/10보다 큰 경우에 일어나는 산란을 말하는데 주로 에어로졸이나 구름 입자 등에 의해 일어난다. 이때 산란의 세기는 파장이나 입자 크기에 따른 차이가 거의 없다. 구름이 흰색으로 보이는 것은 미 산란으로 설명된다. 구름 입자(직경 20,000nm 정도)처럼 입자의 직경이 가시광선의 파장보다 매우 큰 경우에는 모든 파장의 빛이 고루 산란된다. 이 산란된 빛이 동시에 우리 눈에 들어오면 모든 무지갯빛이 혼합되어 구름이 하얗게 보인다. 이처럼 대기가 없는 달과 달리 지구는 산란 효과에 의해 파란 하늘과 흰 구름을 볼 수 있다.
>
> *나노미터 : 물리학적 계량 단위(1nm=10^{-9}m)
> **에어로졸 : 대기에 분산된 고체 또는 액체 입자

① 가시광선의 파란빛은 보랏빛보다 진동수가 작다.
② 프리즘으로 분해한 태양 빛을 다시 모으면 흰색이 된다.
③ 파란빛은 가시광선 중에서 레일리 산란의 세기가 가장 크다.
④ 빛의 진동수가 2배가 되면 레일리 산란의 세기는 16배가 된다.
⑤ 달의 하늘에서는 공기 입자에 의한 태양 빛의 산란이 일어나지 않는다.

PART 1

02 다음 중 밑줄 친 ㉠에 해당하는 사례로 적절하지 않은 것은?

> 지금까지 산업혁명들은 주로 제조업과 서비스업에서 혁신이 일어나 경제 시스템을 변화시켜 왔다. 이에 반해 4차 산업혁명은 제조와 서비스의 혁신뿐만 아니라 경제, 사회, 문화, 고용, 노동 시스템 등 인류 삶의 전반에 걸친 ㉠ 변혁을 초래할 것이다.
> 4차 산업혁명이 삶과 일하는 방식에 어떠한 변화를 줄 것인가. 무엇보다 4차 산업혁명 시대에 인류의 삶의 편의성은 더욱 향상될 것이라는 전망이다. 우선 의료 분야에서 빅데이터 활용과 인공지능의 분석력, 예측력이 높아지면서 질병 진단 및 치료 정확도를 향상시켜 궁극적으로 의료비용 절감과 의료품질 및 의료접근성 향상 등의 긍정적인 영향을 미칠 것이다. 또한 고도화된 언어 인지와 자동 번역 기술의 발달로 국내 외 서비스 이용이 편리해지고, 그 덕택에 많은 사람들이 언어 장벽으로 인해 느끼는 불편이 크게 감소할 것이다.
> 인류의 생활환경도 한층 안전해질 것으로 전망된다. 경계 감시, 위험임무 수행에 무인 시스템과 로봇・드론 기술이 도입되고, 빅데이터를 활용한 범죄예측 모델이 활용됨으로써, 안전한 생활을 보장하는 시스템이 확산될 것이다. 아울러 각종 센서와 사물인터넷 기술을 이용해 실시간으로 교통정보를 획득하고, 인공지능 기술로 교통 빅데이터를 분석・예측하면 교통정보의 실시간 공유와 교통흐름의 지능적 제어를 통해 교통 혼잡을 줄여 교통사고 발생도 획기적으로 줄일 것으로 보인다.
> 교육 분야에서는 개인 맞춤형 서비스 제공이 늘어나 학원, 과외 등 사교육 부담이 줄어들게 되고, 보다 효율적・창의적인 교육환경이 구축될 것이다. 최근 들어 점차 증가하는 복지 수요에 대한 효율적 대응도 가능해질 것이다. 노인, 장애인, 아동 등 취약계층과 저숙련, 저임금 노동자 등의 빈곤계층에 대한 복지 사각지대의 예측을 강화해 복지 행정을 내실화하고, 복지 예산의 효율적 지출을 가능하게 한다.

① 해외여행을 떠난 A는 인공지능이 탑재된 번역 앱을 통해 현지인과 자유롭게 의사소통을 한다.

② B국에서는 신종 바이러스로 인해 감염증이 확산되자 사람과의 직접적인 접촉을 피하기 위해 체온을 측정하는 무인 로봇을 도입하였다.

③ C사가 개발한 전자알약은 내장된 인공지능 칩을 통해 환자의 복약 순응도를 객관적으로 추적할 수 있다.

④ D사는 인공지능 기술로 교통 빅데이터를 분석하여 설 연휴 귀성・귀경길 교통상황을 예측하고, 최적의 교통정보를 제공하였다.

⑤ 공부방을 운영 중인 E는 다양한 연령대의 아동들을 혼합반으로 구성하여 관찰과 모방의 효율적 교육 경험을 제공한다.

03 다음 글의 바로 뒤에 이어질 내용으로 가장 적절한 것은?

> 나노선과 나노점을 만들기 위해 하향식과 상향식의 두 가지 방법이 시도되고 있다. 하향식 방법은 원료 물질을 전자빔 등을 이용하여 작게 쪼개는 방법인데, 현재 7나노미터 수준까지 제조가 가능하지만 생산성과 경제적 효용성이 문제가 되고 있다. 이러한 문제점을 해결하기 위해 시도되고 있는 상향식 방법에서는 물질을 작게 쪼개는 대신 원자나 분자의 결합력에 따른 자기 조립 현상을 이용하여 나노 입자를 제조하려 한다.

① 나노 기술 구현의 최대 난제는 나노 물질의 인위적 제조이다. 나노 물질은 나노점, 나노선, 나노박막의 형태로 구분된다.

② 하향식 방법의 기술적인 문제만 해결된다면 상향식 방법은 효용성이 없다.

③ 상향식 방법은 경제적 측면에서는 하향식에 비해 훨씬 유리하나, 기술적으로 해결해야 할 난점들이 많다는 데 문제가 있다.

④ 나노 기술은 여러 가지 분야에서 활용되고 있다.

⑤ 경제적 문제로 인해 상향식 방법보다는 하향식 방법이 선호되고 있다.

04 다음 글을 읽고 합리주의적인 이론에서 추론할 수 없는 것은?

> 어린이의 언어 습득을 설명하려는 이론으로는 두 가지가 있다. 하나는 경험주의적인 혹은 행동주의적인 이론이요, 다른 하나는 합리주의적인 이론이다.
> 경험주의 이론에 의하면 어린이가 언어를 습득하는 것은 어떤 선천적인 능력에 의한 것이 아니라 경험적인 훈련에 의해서 오로지 후천적으로만 이루어진다.
> 한편, 합리주의적인 언어 습득의 이론에서 어린이가 언어를 습득하는 것은 거의 전적으로 타고난 특수한 언어 학습 능력, 일반 언어 구조에 대한 추상적인 선험적 지식에 의한 것이다.

① 어린이는 완전히 백지상태에서 출발하여 반복 연습과 시행착오, 그리고 교정에 의해서 언어라는 습관을 형성한다.

② 일정한 나이가 되면 모든 어린이가 예외 없이 언어를 통달하게 된다.

③ 많은 현실적 악조건에도 불구하고 어린이가 완전한 언어 능력을 갖출 수 있게 된다.

④ 인간은 언어 습득 능력을 가지고 태어난다.

⑤ 언어가 극도로 추상적이고 고도로 복잡한데도 불구하고 어린이들이 짧은 시일 안에 언어를 습득한다.

05 문서 작성 및 수정

| 유형분석 |

- 기본적인 어휘력과 어법에 대한 지식을 필요로 하는 문제이다.
- 글의 내용을 파악하고 문맥을 읽을 줄 알아야 한다.

다음 글에서 ㉠~㉣의 수정 방안으로 적절하지 않은 것은?

> 근대화는 전통 사회의 생활양식에 큰 변화를 가져온다. 특히 급속한 근대화로 인해 전통 사회의 해체 과정이 빨라진 만큼 ㉠ 급격한 변화를 일으킨다. 생활양식의 급격한 변화는 전통 사회 문화의 해체 과정이라고 보아도 ㉡ 무던할 정도이다.
> 전통문화의 해체는 새롭게 변화하는 사회 구조에 대해서 전통적인 문화가 당면하게 되는 적합성(適合性)의 위기에서 초래되는 현상이다. ㉢ 이처럼 근대화 과정에서 외래문화와 전통문화는 숱하게 갈등을 겪었다. ㉣ 오랫동안 생활양식으로 유지되었던 전통 사회의 문화가 사회 구조 변화의 속도에 맞먹을 정도로 신속하게 변화할 수는 없다.
> 그러나 문화적 전통을 확립한다는 것은 과거의 전통문화가 고유성을 유지하면서도 현재의 변화된 사회에 적합성을 가지는 것이라 할 수 있다.

① ㉠ : 필요한 문장 성분이 생략되었으므로 '급격한' 앞에 '문화도'를 추가한다.
② ㉡ : 문맥에 어울리지 않으므로 '무방할'로 고친다.
③ ㉢ : 글의 흐름에 어긋나는 내용이므로 삭제한다.
④ ㉣ : 띄어쓰기가 올바르지 않으므로 '오랫 동안'으로 고친다.

정답 ④

'오랫동안'은 부사 '오래'와 명사 '동안'이 결합하면서 사이시옷이 들어간 합성어이다. 따라서 한 단어이므로 붙여 써야 한다.

풀이 전략!

문장에서 주어와 서술어의 호응 관계가 적절한지 주어와 서술어를 찾아 확인해 보는 연습을 하며, 문서 작성의 원칙과 주의사항은 미리 알아 두는 것이 좋다.

출제유형분석 05 실전예제

※ 다음 중 밑줄 친 ㉠~㉤의 수정 방안으로 적절하지 않은 것을 고르시오. [1~2]

01

사회복지와 근로 의욕과의 관계에 대한 설문 조사 결과를 보면 '사회복지와 근로 의욕이 관계가 있다.'는 응답과 '그렇지 않다.'는 응답의 비율이 비슷하게 나타난다. 하지만 기타 의견에 ㉠ 따라 과도한 사회복지는 근로 의욕을 떨어뜨릴 수 있다는 응답이 많았던 것으로 조사되었다. 예를 들어 정부 지원금을 받으나 아르바이트를 하나 비슷한 돈이 나온다면 ㉡ 더군다나 일하지 않고 정부 지원금으로만 먹고사는 사람들이 많이 있다는 것이다. 여기서 주목해야 할 점은 과도한 복지 때문이 아닌 정책상의 문제라는 의견도 있다는 사실이다. 현실적으로 일을 할 수 있는 능력이 있는 사람에게는 ㉢ 최대한의 생계 비용 이외의 수입을 인정하고, 빈곤층에서 벗어날 수 있게 지원해 주는 것이 개인에게도, 국가에도 바람직한 방식이라는 것이다.

이 설문 조사 결과에서 주목해야 할 또 다른 측면은 사회복지 체제가 잘 되어 있을수록 근로 의욕이 떨어진다고 응답한 사람의 ㉣ 과반수 이상이 중산층 이상의 경제력을 가지고 있었다는 점이다. 재산이 많은 사람에게는 약간의 세금 확대도 ㉤ 영향이 적을 수 있기 때문에 경제 발전을 위한 세금 확대는 찬성하더라도 복지 정책을 위한 세금 확대는 반대하는 것이다. 이러한 점을 고려해 보면 소득 격차 축소를 원하는 국민보다 복지 정책을 위한 세금 확대에 반대하는 국민이 많은 다소 모순된 설문 조사 결과에 대한 설명이 가능하다.

① ㉠ : 호응 관계를 고려하여 '따르면'으로 수정한다.
② ㉡ : 앞뒤 내용의 관계를 고려하여 '차라리'로 수정한다.
③ ㉢ : 전반적인 내용의 흐름을 고려하여 '최소한의'로 수정한다.
④ ㉣ : '과반수'의 뜻을 고려하여 '절반 이상이' 또는 '과반수가'로 수정한다.
⑤ ㉤ : 일반적인 사실을 말하는 것이므로 '영향이 적기 때문에'로 수정한다.

02

동양의 산수화에는 자연의 다양한 모습을 대하는 화가의 개성 혹은 태도가 ㉠ 드러나 있는데, 이를 표현하는 기법 중의 하나가 준법이다. 준법(皴法)이란 점과 선의 특성을 활용하여 산, 바위, 토파(土坡) 등의 입체감, 양감, 질감, 명암 등을 나타내는 기법으로, 산수화 중 특히 수묵화에서 발달하였다. 수묵화는 선의 예술이다. 수묵화에서는 먹(墨)만을 사용하기 때문에 대상의 다양한 모습이나 질감을 ㉡ 표현하는데 한계가 있다. ㉢ 거친 선, 부드러운 선, 곧은 선, 꺾은 선 등 다양한 선을 활용하여 대상에 대한 느낌, 분위기를 표현한다. 이 과정에서 선들이 지닌 특성과 효과 등이 점차 유형화되어 발전된 것이 준법이다.

준법 가운데 보편적으로 쓰이는 것에는 피마준, 수직준, 절대준, 미점준 등이 있다. 일정한 방향과 간격으로 선을 여러 개 그어 산의 등선을 표현하여 부드럽고 차분한 느낌을 주는 것이 피마준이다. 반면 수직준은 선을 위에서 아래로 죽죽 내려 그어 강하고 힘찬 느낌을 주어 뾰족한 바위산을 표현할 때 주로 사용한다. 절대준은 수평으로 선을 긋다가 수직으로 꺾어 내리는 것을 반복하여 마치 'ㄱ'자 모양이 겹쳐진 듯 표현한 것이다. 이는 주로 모나고 거친 느낌을 주는 지층이나 바위산을 표현할 때 쓰인다. 미점준은 쌀알 같은 타원형의 작은 점을 연속적으로 ㉣ 찍혀 주로 비 온 뒤의 습한 느낌이나 수풀을 표현할 때 사용한다.

㉤ 준법은 화가가 자연에 대해 인식하고 표현하는 수단이다. 화가는 준법을 통해 단순히 대상의 외양뿐만 아니라 대상에 대한 자신의 느낌, 인식의 깊이까지 화폭에 그려내는 것이다.

① ㉠ : 문맥의 흐름을 고려하여 '들어나'로 고친다.

② ㉡ : 띄어쓰기가 올바르지 않으므로 '표현하는 데'로 고친다.

③ ㉢ : 문장을 자연스럽게 연결하기 위해 문장 앞에 '그래서'를 추가한다.

④ ㉣ : 목적어와 서술어의 호응 관계를 고려하여 '찍어'로 고친다.

⑤ ㉤ : 필요한 문장 성분이 생략되었으므로 '표현하는' 앞에 '인식의 결과를'을 추가한다.

03 다음 중 ㉠~㉤의 수정 방안으로 가장 적절한 것은?

> 최근 사물인터넷에 대한 사람들의 관심이 부쩍 늘고 있는 추세이다. 사물인터넷은 '인터넷을 기반으로 모든 사물을 연결하여 사람과 사물, 사물과 사물 간에 정보를 상호 소통하는 지능형 기술 및 서비스'를 말한다.
>
> ㉠ 통계에 따르면 사물인터넷은 전 세계적으로 민간 부문 14조 4,000억 달러, 공공 부문 4조 6,000억 달러에 달하는 경제적 가치를 창출할 것으로 ㉡ <u>예상되며</u> 그 가치는 더욱 커질 것으로 기대된다. 그래서 사물인터넷 사업은 국가 경쟁력을 확보할 수 있는 미래 산업으로서 그 중요성이 강조되고 있으며, 이에 선진국들은 에너지, 교통, 의료, 안전 등 다양한 분야에 걸쳐 투자를 하고 있다. 그러나 우리나라는 정부 차원의 경제적 지원이 부족하여 사물인터넷 산업이 활성화되는 데 어려움이 있다. 또한 국내의 기업들은 사물인터넷 시장의 불확실성 때문에 적극적으로 투자에 나서지 못하고 있으며, 사물인터넷 관련 기술을 확보하지 못하고 있는 실정이다.
>
> ㉢ <u>그 결과 우리나라의 사물인터넷 시장은 선진국에 비해 확대되지 못하고 있다.</u>
>
> 그렇다면 국내 사물인터넷 산업을 활성화하기 위한 방안은 무엇일까? 우선 정부에서는 사물인터넷 산업의 기반을 구축하는 데 필요한 정책과 제도를 정비하고, 관련 기업에 경제적 지원책을 마련해야 한다. 또한 수익성이 불투명하다고 느끼는 기업으로 하여금 투자를 하도록 유도하여 사물인터넷 산업이 발전할 수 있도록 해야 한다. 그리고 기업들은 이동 통신 기술 및 차세대 빅데이터 기술 개발에 집중하여 사물인터넷으로 인해 발생하는 대용량의 데이터를 원활하게 수집하고 분석할 수 있는 기술력을 ㉣ <u>확증</u>해야 할 것이다.
>
> ㉤ <u>사물인터넷은 세상을 연결하여 소통하게 하는 끈이다. 이러한 사물인터넷은 우리에게 편리한 삶을 약속할 뿐만 아니라 경제적 가치를 창출할 미래 산업으로 자리매김할 것이다.</u>

① ㉠ : 서로 다른 내용을 다루고 있는 부분이 있으므로 문단을 두 개로 나눈다.

② ㉡ : 불필요한 피동 표현에 해당하므로 '예상하며'로 수정한다.

③ ㉢ : 앞 문장의 결과라기보다는 원인이므로 '그 이유는 우리나라의 사물인터넷 시장은 선진국에 비해 확대되지 못하고 있기 때문이다.'로 수정한다.

④ ㉣ : 문맥상 어울리지 않는 단어이므로 '확인'으로 바꾼다.

⑤ ㉤ : 글과 상관없는 내용이므로 삭제한다.

06 맞춤법 및 어휘

| 유형분석 |

- 맞춤법에 맞는 단어를 찾거나 주어진 지문의 내용에 어울리는 단어를 찾는 문제가 주로 출제된다.
- 단어 사이의 관계에 대한 문제가 출제되므로 뜻이 비슷하거나 반대되는 단어를 함께 학습하는 것이 좋다.
- 자주 출제되는 단어나 헷갈리는 단어에 대한 학습을 꾸준히 하는 것이 좋다.

다음 중 밑줄 친 단어와 바꿔 사용할 수 있는 것은?

> 최저임금법 시행령 제5조 제1항 제2호 및 제3호는 주 단위 또는 월 단위로 지급된 임금에 대해 1주 또는 월의 소정근로시간 수로 나눈 금액을 시간에 대한 임금으로 규정하고 있다. 그러나 최저임금 산정을 위한 소정근로시간 수에 대해 고용노동부와 대법원의 해석이 어긋나 눈길을 끈다. 고용노동부는 소정근로시간에 유급주휴시간을 포함하여 계산하여 통상임금 산정기준 근로시간 수와 동일하게 본 반면, 대법원은 최저임금 산정을 위한 소정근로시간 수에 유급주휴시간을 제외하고 산정하였다.

① 배치되어　　② 도치되어
③ 대두되어　　④ 전도되어
⑤ 발생되어

정답 ①

- 어긋나다 : 방향이 비껴서 서로 만나지 못하다.
- 배치하다 : 서로 반대로 되어 어그러지거나 어긋나다.

오답분석

② 도치하다 : 차례나 위치 따위를 서로 뒤바꾸다.
③ 대두하다 : 어떤 세력이나 현상이 새롭게 나타나다.
④ 전도하다 : 거꾸로 되거나 거꾸로 하다.
⑤ 발생하다 : 어떤 일이나 사물이 생겨나다.

풀이 전략!

문제에서 물어보는 단어를 정확히 확인해야 하고, 문제에서 다루고 있는 단어의 앞뒤 내용을 읽고 글의 전체적 흐름을 생각하며 문제에 접근해야 한다.

01 **다음 중 밑줄 친 부분의 맞춤법이 옳지 않은 것은?**

① 바리스타로서 자부심을 가지고 커피를 내렸다.
② 어제는 왠지 피곤한 하루였다.
③ 용감한 시민의 제보로 진실이 드러났다.
④ 점심을 먹은 뒤 바로 설겆이를 했다.
⑤ 그 나무는 밑동만 남아 있었다.

02 **다음 중 밑줄 친 부분의 맞춤법이 옳은 것은?**

① 그는 손가락으로 북쪽을 가르켰다.
② 뚝배기에 담겨 나와서 시간이 지나도 식지 않았다.
③ 열심히 하는 것은 좋은데 촛점이 틀렸다.
④ 몸이 너무 약해서 보약을 다려 먹어야겠다.
⑤ 벽을 가득 덮고 있는 덩쿨 덕에 여름 분위기가 난다.

03 **다음 빈칸 ㉠~㉢에 들어갈 단어를 순서대로 바르게 나열한 것은?**

- A씨는 작년에 이어 올해에도 사장직을 ___㉠___ 하였다.
- 수입품에 대한 고율의 관세를 ___㉡___ 할 방침이다.
- 은행 돈을 빌려 사무실을 ___㉢___ 하였다.

	㉠	㉡	㉢
①	역임	부여	임대
②	역임	부과	임차
③	연임	부과	임차
④	역임	부여	임대
⑤	연임	부과	임대

07 경청 및 의사표현

| 유형분석 |

- 주로 특정 상황을 제시한 뒤 올바른 의사소통 방법을 묻는 형태의 문제가 출제된다.
- 경청과 관련한 이론에 대해 묻거나 대화문 중에서 올바른 경청 자세를 고르는 문제가 출제되기도 한다.

다음 중 올바른 경청방법으로 적절하지 않은 것은?

① 상대를 정면으로 마주하는 자세는 상대방이 자칫 위축되거나 부담스러워할 수 있으므로 지양한다.
② 손이나 다리를 꼬지 않는 개방적인 자세는 상대에게 마음을 열어놓고 있음을 알려주는 신호이다.
③ 우호적인 눈의 접촉(Eye-Contact)은 자신이 상대방에게 관심을 가지고 있음을 알려준다.
④ 비교적 편안한 자세는 전문가다운 자신만만함과 아울러 편안한 마음을 상대방에게 전할 수 있다.

정답 ①

상대를 정면으로 마주하는 자세는 자신이 상대방과 함께 의논할 준비가 되어 있다는 것을 알리는 자세이므로 경청을 하는 데 있어 올바른 자세이다.

풀이 전략!

별다른 암기 없이도 풀 수 있는 문제가 자주 출제되지만, 문제에 주어진 상황에 대한 확실한 이해가 필요하다.

출제유형분석 07 실전예제

01 **직장 내에서의 의사소통은 반드시 필요하지만, 적절한 의사소통을 형성한다는 것은 쉽지 않다. 다음과 같은 갈등 상황을 유발하는 원인으로 가장 적절한 것은?**

> 기획팀의 K대리는 팀원들과 함께 프로젝트를 수행하고 있다. K대리는 이번 프로젝트를 조금 여유 있게 진행할 것을 팀원들에게 요청하였다. 팀원들은 프로젝트 진행을 위해 회의를 진행하였는데, L사원과 P사원의 의견이 서로 대립하는 바람에 결론을 내리지 못한 채 회의를 마치게 되었다. K대리가 회의 내용을 살펴본 결과 L사원은 프로젝트 기획 단계에서 좀 더 꼼꼼하고 상세한 자료를 모으자는 의견이었고, 반대로 P사원은 여유 있는 시간을 프로젝트 수정·보완 단계에서 사용하자는 의견이었다.

① L사원과 P사원이 K대리의 의견을 서로 다르게 받아들였기 때문이다.
② L사원은 K대리의 고정적 메시지를 잘못 이해하고 있기 때문이다.
③ L사원과 P사원이 자신의 정보를 상대방이 이해하기 어렵게 표현하고 있기 때문이다.
④ L사원과 P사원이 서로 잘못된 정보를 전달하고 있기 때문이다.
⑤ L사원과 P사원이 서로에 대한 선입견을 갖고 있기 때문이다.

02 **다음 〈보기〉는 K사원의 고민에 대한 A～E사원의 반응이다. A～E사원의 경청을 방해하는 요인이 잘못 연결된 것은?**

> K사원 : P부장님이 새로 오시고부터 일하기가 너무 힘들어. 내가 하는 일 하나하나 지적하시고, 매일매일 체크하셔. 마치 내가 초등학생 때 담임선생님께 숙제 검사 받는 것 같은 기분이야. 일을 맡기셨으면 믿고 기다려주셨으면 좋겠어.

> **보기**
>
> A사원 : 매일매일 체크하신다는 건 네가 일을 못한 부분이 많아서 아닐까 생각이 들어. 너의 행동도 뒤돌아보는 것이 좋을 것 같아.
>
> B사원 : 내가 생각하기엔 네가 평소에도 예민한 편이라 P부장님의 행동을 너무 예민하게 받아들이는 것 같아. 부정적이게만 보지 말고 좋게 생각해 봐.
>
> C사원 : 너의 말을 들으니 P부장님이 너를 너무 못 믿는 것 같네. 직접 대면해서 이 문제에 대해 따져보는 게 좋을 것 같아. 계속 듣고만 있을 수는 없잖아, 안 그래?
>
> D사원 : 기분 풀고 우리 맛있는 거나 먹으러 가자. 회사 근처에 새로 생긴 파스타집 가봤어? 정말 맛있더라. 먹으면 기분이 풀릴 거야.
>
> E사원 : P부장님 왜 그러신다니, 마음 넓은 네가 참아.

① A사원 – 짐작하기
② B사원 – 판단하기
③ C사원 – 언쟁하기
④ D사원 – 슬쩍 넘어가기
⑤ E사원 – 비위 맞추기

03 다음은 새로 부임한 김과장에 대한 직원들의 대화 내용이다. 키슬러의 대인관계 의사소통에 따를 때, 김과장에게 해줄 조언으로 가장 적절한 것은?

> 직원 A : 최과장님이 본사로 발령 나시면서, 홍보팀에 과장님이 새로 부임하셨다며, 어떠셔? 계속 지방에 출장 중이어서 이번에 처음 뵙는데 궁금하네.
> 직원 B : 김과장님? 음, 되게 능력이 있으시다고 들었어. 회사에서 상당한 연봉을 제시해 직접 스카우트 하셨다고 들었거든. 근데 좀 직원들에게 관심이 너무 많으셔.
> 직원 C : 맞아. 최과장님은 업무를 지시하시고 나서는 우리가 보고할 때까지 아무 간섭 안 하시고 보고 후에 피드백을 주셔서 일하는 중에는 부담이 덜했잖아. 근데 새로 온 김과장님은 업무 중간 중간에 어디까지 했냐? 어떻게 처리되었냐? 이렇게 해야 한다. 저렇게 해야 한다. 계속 말씀하셔서 너무 눈치 보여. 물론 바로바로 피드백을 받을 수 있어 수정이 수월하긴 하지만 말이야.
> 직원 B : 맞아. 그것도 그거지만 나는 회식 때마다 이전 회사에서 했던 프로젝트에 대해 계속 자랑하셔서 이젠 그 대사도 외울 지경이야. 물론 김과장님의 능력이 출중하다는 건 우리도 알기는 하지만 ….

① 독단적으로 결정하시면 대인 갈등을 겪으실 수도 있으니 직원들과의 상의가 필요합니다.
② 자신만 생각하지 마시고, 타인에게 관심을 갖고 배려해주세요.
③ 직원들과 어울리지 않으시고 혼자 있는 것만 선호하시면 대인관계를 유지하기 어려워요.
④ 인정이 많으신 것은 좋으나 직원들의 요구를 적절하게 거절할 필요성이 있어요.
⑤ 타인에 대한 높은 관심과 인정받고자 하는 욕구는 낮출 필요성이 있어요.

04 다음 중 가장 적절한 의사표현법을 사용하고 있는 사람은?

① A대리 : (늦잠으로 지각한 후배 사원의 잘못을 지적하며) 오늘도 지각을 했네요. 어제도 늦게 출근하지 않았나요? 왜 항상 지각하는 거죠?
② B대리 : (후배 사원의 고민을 들으며) 방금 뭐라고 이야기했죠? 미안해요. 아까 이야기한 고민에 대해서 어떤 답을 해줘야 할지 생각하고 있었어요.
③ C대리 : (후배 사원의 실수가 발견되어 이를 질책하며) 이번 프로젝트를 위해 많이 노력했다는 것 압니다. 다만, 발신 메일 주소를 한 번 더 확인하는 습관을 갖는 것이 좋겠어요. 앞으로는 더 잘할 거라고 믿어요.
④ D대리 : (거래처 직원에게 변경된 계약서에 서명할 것을 설득하며) 이 정도는 그쪽에 큰 손해사항도 아니지 않습니까? 지금 서명해주지 않으시면 곤란합니다.
⑤ E대리 : (후배 사원에게 업무를 지시하며) 이번 일은 직접 발로 뛰어야 해요. 특히 빨리 처리해야 하니까 반드시 이 순서대로 진행하세요!

05 **다음 중 효과적인 경청 방법에 대한 설명으로 적절하지 않은 것은?**

① 대화를 하는 동안 시간 간격이 있으면, 다음에 무엇을 말할 것인가를 추측하려고 노력해야 한다.
② 상대방이 전달하려는 메시지가 무엇인가를 생각해보고 자신의 삶, 목적, 경험과 관련지어 본다.
③ 대화 도중에 주기적으로 대화의 내용을 요약하면 상대방이 전달하려는 메시지를 이해하고, 사상과 정보를 예측하는 데 도움이 된다.
④ 말하는 사람의 모든 것에 집중해서 적극적으로 들어야 하며, 말하는 사람의 속도와 말을 이해하는 속도 사이에 발생하는 간격을 메우는 방법을 학습해야 한다.
⑤ 상대방이 말하는 사이에 질문을 하면 질문에 대한 답이 즉각적으로 이루어질 수 없으므로 되도록 질문하지 않고 상대방의 이야기에 집중한다.

06 **직장생활에서 필요한 의사소통능력을 문서적인 의사소통능력으로서의 문서이해능력과 문서작성능력, 언어적인 의사소통능력으로서의 경청능력, 의사표현력으로 구분할 수 있다. 다음 사례에 필요한 의사소통능력을 종류에 따라 바르게 구분한 것은?**

> 출판사에 근무하는 K대리는 오늘 아침 출근하자마자 오늘의 주요 업무를 다음과 같이 정리하였다.
>
> 〈주요 업무〉
>
> ㉠ 입사 지원 이력서 메일 확인
> ㉡ 팀 회의 – 팀원 담당 업무 지시
> ㉢ 금일 출간 도서 발주서 작성
> ㉣ 유선 연락을 통한 채용 면접 일정 안내
> ㉤ 퇴근 전 업무 일지 작성

	문서적인 의사소통	언어적인 의사소통
①	㉠, ㉤	㉡, ㉢, ㉣
②	㉠, ㉢, ㉣	㉡, ㉤
③	㉠, ㉢, ㉤	㉡, ㉣
④	㉡, ㉢, ㉤	㉠, ㉣
⑤	㉡, ㉣, ㉤	㉠, ㉢

CHAPTER 02

수리능력

합격 Cheat Key

수리능력은 사칙 연산·통계·확률의 의미를 정확하게 이해하고 이를 업무에 적용하는 능력으로, 기초 연산과 기초 통계, 도표 분석 및 작성의 문제 유형으로 출제된다. 수리능력 역시 채택하지 않는 공사·공단이 거의 없을 만큼 필기시험에서 중요도가 높은 영역이다.

특히, 난이도가 높은 공사·공단의 시험에서는 도표 분석, 즉 자료 해석 유형의 문제가 많이 출제되고 있고, 응용 수리 역시 꾸준히 출제하는 공사·공단이 많기 때문에 기초 연산과 기초 통계에 대한 공식의 암기와 자료 해석 능력을 기를 수 있는 꾸준한 연습이 필요하다.

1 응용 수리의 공식은 반드시 암기하라!

응용 수리는 공사·공단마다 출제되는 문제는 다르지만, 사용되는 공식은 비슷한 경우가 많으므로 자주 출제되는 공식을 반드시 암기하여야 한다. 문제에서 묻는 것을 정확하게 파악하여 그에 맞는 공식을 적절하게 적용하는 꾸준한 노력과 공식을 암기하는 연습이 필요하다.

2 자료의 해석은 자료에서 즉시 확인할 수 있는 지문부터 확인하라!

수리능력 중 도표 분석, 즉 자료 해석 능력은 많은 시간을 필요로 하는 문제가 출제되므로, 증가·감소 추이와 같이 눈으로 확인이 가능한 지문을 먼저 확인한 후 복잡한 계산이 필요한 지문을 확인하는 방법으로 문제를 풀이한다면 시간을 조금이라도 아낄 수 있다. 또한, 여러 가지 보기가 주어진 문제 역시 지문을 잘 확인하고 문제를 풀이한다면 불필요한 계산을 생략할 수 있으므로 항상 지문부터 확인하는 습관을 들여야 한다.

3 도표 작성에서 지문에 작성된 도표의 제목을 반드시 확인하라!

도표 작성은 하나의 자료 혹은 보고서와 같은 수치가 표현된 자료를 도표로 작성하는 형식으로 출제되는데, 대체로 표보다는 그래프를 작성하는 형태로 많이 출제된다. 지문을 살펴보면 각 지문에서 주어진 도표에도 소제목이 있는 경우가 대부분이다. 이때, 자료의 수치와 도표의 제목이 일치하지 않는 경우 함정이 존재하는 문제일 가능성이 높으므로 도표의 제목을 반드시 확인하는 것이 중요하다.

01 응용 수리

| 유형분석 |

- 문제에서 제공하는 정보를 파악한 뒤, 사칙연산을 활용하여 계산하는 전형적인 수리문제이다.
- 문제를 풀기 위한 정보가 산재되어 있는 경우가 많으므로 주어진 조건 등을 꼼꼼히 확인해야 한다.

세희네 가족의 올해 휴가비용은 작년 대비 교통비는 15%, 숙박비는 24% 증가하였고, 전체 휴가비용은 20% 증가하였다. 작년 전체 휴가비용이 36만 원일 때, 올해 숙박비는?(단, 전체 휴가비는 교통비와 숙박비의 합이다)

① 160,000원
② 184,000원
③ 200,000원
④ 248,000원
⑤ 268,000원

정답 ④

작년 교통비를 x원, 숙박비를 y원이라 하자.

$1.15x+1.24y=1.2(x+y)$ … ㉠

$x+y=36$ … ㉡

㉠과 ㉡을 연립하면 $x=16$, $y=20$이다.

따라서 올해 숙박비는 $20\times1.24=24.8$만 원이다.

풀이 전략!

문제에서 묻는 바를 정확하게 확인한 후, 필요한 조건 또는 정보를 구분하여 신속하게 풀어 나간다. 단, 계산에 착오가 생기지 않도록 유의한다.

출제유형분석 01 실전예제

01 K공사 신입사원 채용시험의 응시자는 100명이다. 시험 점수 전체 평균이 64점이고, 합격자 평균과 불합격자 평균이 각각 80점, 60점일 때, 합격률은 얼마인가?

① 15%
② 18%
③ 20%
④ 22%
⑤ 25%

02 민석이는 25,000원짜리 피자 두 판과 8,000원짜리 샐러드 세 그릇을 주문했다. 통신사 멤버십 혜택으로 피자는 15%, 샐러드는 25% 할인받고, 깜짝 이벤트로 할인받은 전체 금액의 10%를 추가 할인받았을 때, 할인된 총금액은 얼마인가?

① 12,150원
② 13,500원
③ 18,600원
④ 19,550원
⑤ 20,850원

03 수학시험에서 동일이는 101점, 나정이는 105점, 윤진이는 108점을 받았다. 천희의 점수까지 합한 네 명의 수학시험 점수 평균이 105점일 때, 천희의 수학시험 점수는?

① 105점
② 106점
③ 107점
④ 108점
⑤ 109점

04 어느 공장에서 작년에 A제품과 B제품을 합하여 1,000개를 생산하였다. 올해는 작년에 비하여 A제품의 생산이 10% 증가하였고, B제품의 생산은 10% 감소하였으며, 전체 생산량은 4% 증가하였다. 올해에 생산된 A제품의 수는?

① 550개
② 600개
③ 660개
④ 700개
⑤ 770개

05 Y시에는 세계 4대 테마파크로 꼽히는 K랜드가 있다. K랜드는 회원제 시스템을 운영 중이다. 비회원은 매표소에서 자유이용권 1장을 20,000원에 구매할 수 있고, 회원은 자유이용권 1장을 20% 할인된 가격에 구매할 수 있다. 회원 가입비가 50,000원이라 할 때, K랜드를 최소 몇 번 이용해야 회원 가입한 것이 이익인가?(단, 회원 1인당 1회 방문 시 자유이용권 1장을 구매할 수 있다)

① 11회
② 12회
③ 13회
④ 14회
⑤ 15회

06 어떤 공원의 트랙 모양의 산책로를 걷는데 시작 지점에서 민주는 분속 40m의 속력으로, 세희는 분속 45m의 속력으로 서로 반대 방향으로 걷고 있다. 출발한 지 40분 후에 두 사람이 두 번째로 마주치게 된다고 할 때, 산책로의 길이는?

① 1,350m
② 1,400m
③ 1,550m
④ 1,700m
⑤ 1,750m

07 K고등학교 운동장은 다음과 같이 양 끝이 반원 모양이다. 한 학생이 운동장 가장자리를 따라 한 바퀴를 달린다고 할 때, 학생이 달린 거리는 몇 m인가?(단, 원주율 $\pi \fallingdotseq 3$으로 계산한다)

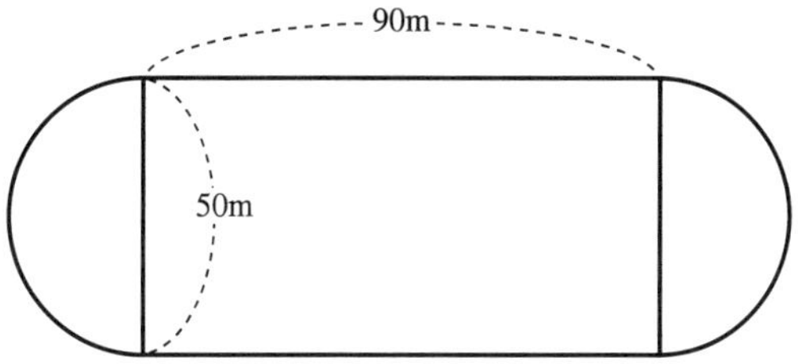

① 300m
② 310m
③ 320m
④ 330m
⑤ 340m

08 진영이는 이번 출장을 위해 KTX 표를 미리 구매하여 40% 할인된 가격에 구매하였다. 하지만 출장 일정이 바뀌어서 하루 전날 표를 취소하였다. 환불 규정에 따라 16,800원을 돌려받았을 때, 할인되지 않은 KTX 표의 가격은 얼마인가?

〈환불 규정〉
- 2일 전 : 구매 가격의 100%
- 1일 전부터 열차 출발 전 : 구매 가격의 70%
- 열차 출발 후 : 구매 가격의 50%

① 40,000원
② 48,000원
③ 56,000원
④ 67,200원
⑤ 70,000원

PART 1

02 자료 계산

| 유형분석 |

- 문제에 주어진 자료를 분석하여 각 선택지의 값을 계산해 정답 유무를 판단하는 문제이다.
- 주로 그래프와 표로 제시되며, 경영·경제·산업 등과 관련된 최신 이슈를 많이 다룬다.
- 자료 간의 증감률·비율·추세 등을 자주 묻는다.

다음은 K국의 부양인구비를 나타낸 자료이다. 2023년 15세 미만 인구 대비 65세 이상 인구의 비율은 얼마인가?(단, 비율은 소수점 둘째 자리에서 반올림한다)

〈부양인구비〉

구분	2019년	2020년	2021년	2022년	2023년
부양비	37.3	36.9	36.8	36.8	36.9
유소년부양비	22.2	21.4	20.7	20.1	19.5
노년부양비	15.2	15.6	16.1	16.7	17.3

※ $(\text{유소년부양비})=\frac{(\text{15세 미만 인구})}{(15\sim64\text{세 인구})}\times100$

※ $(\text{노년부양비})=\frac{(\text{65세 이상 인구})}{(15\sim64\text{세 인구})}\times100$

① 72.4%　　② 77.6%

③ 81.5%　　④ 88.7%

③ 91.5%

정답 ④

2023년 15세 미만 인구를 x명, 65세 이상 인구를 y명, $15\sim64$세 인구를 a명이라 하면, 15세 미만 인구 대비 65세 이상 인구 비율은 $\frac{y}{x}\times100$이므로

$(\text{2023년 유소년부양비})=\frac{x}{a}\times100=19.5 \rightarrow a=\frac{x}{19.5}\times100 \cdots ㉠$

$(\text{2023년 노년부양비})=\frac{y}{a}\times100=17.3 \rightarrow a=\frac{y}{17.3}\times100 \cdots ㉡$

㉠, ㉡을 연립하면 $\frac{x}{19.5}=\frac{y}{17.3} \rightarrow \frac{y}{x}=\frac{17.3}{19.5}$이므로, 15세 미만 인구 대비 65세 이상 인구의 비율은 $\frac{17.3}{19.5}\times100 \fallingdotseq 88.7\%$이다.

풀이 전략!

선택지를 먼저 읽고 필요한 정보를 도표에서 확인하도록 하며, 계산이 필요한 경우에는 실제 수치를 사용하여 복잡한 계산을 하는 대신, 대소 관계의 비교나 선택지의 옳고 그름만을 판단할 수 있을 정도로 간소화하여 계산해 풀이시간을 단축할 수 있도록 한다.

출제유형분석 02 실전예제

01 다음은 2018년부터 2023년까지 자원봉사 참여 현황에 대한 자료이다. 6년 동안 참여율이 4번째로 높은 해의 전년 대비 참여율의 증가율은?(단, 증가율은 소수점 첫째 자리에서 반올림한다)

〈자원봉사 참여 현황〉

(단위 : 명, %)

구분	2018년	2019년	2020년	2021년	2022년	2023년
총 성인 인구수	35,744	36,786	37,188	37,618	38,038	38,931
자원봉사 참여 성인 인구수	1,621	2,103	2,548	3,294	3,879	4,634
참여율	4.5	5.7	6.9	8.8	10.2	11.9

① 17%
② 19%
③ 21%
④ 23%
⑤ 25%

02 서울에 위치한 A회사는 거래처인 B, C회사에 소포를 보냈다. 서울에 위치한 B회사에는 800g의 소포를, 인천에 위치한 C회사에는 2.4kg의 소포를 보냈다. 두 회사로 보낸 소포의 총중량은 16kg 이하이고, 택배요금의 합계는 6만 원이다. K택배회사의 요금표가 다음과 같을 때, A회사는 800g 소포와 2.4kg 소포를 각각 몇 개씩 보냈는가?(단, 소포는 각 회사로 1개 이상 보낸다)

〈K택배회사 요금표〉

구분	~ 2kg	~ 4kg	~ 6kg	~ 8kg	~ 10kg
동일지역	4,000원	5,000원	6,500원	8,000원	9,500원
타지역	5,000원	6,000원	7,500원	9,000원	10,500원

	800g	2.4kg
①	12개	2개
②	12개	4개
③	9개	2개
④	9개	4개
⑤	6개	6개

03 자료 이해

| 유형분석 |

- 제시된 자료를 분석하여 선택지의 정답 유무를 판단하는 문제이다.
- 자료의 수치 등을 통해 변화량이나 증감률, 비중 등을 비교하여 판단하는 문제가 자주 출제된다.
- 지원하고자 하는 기업이나 산업과 관련된 자료 등이 문제의 자료로 많이 다뤄진다.

다음은 도시폐기물량 상위 10개국의 도시폐기물량지수와 한국의 도시폐기물량을 나타낸 자료이다. 이에 대한 〈보기〉 중 옳은 것을 모두 고르면?

〈도시폐기물량 상위 10개국의 도시폐기물량지수〉

순위	2020년		2021년		2022년		2023년	
	국가	지수	국가	지수	국가	지수	국가	지수
1	미국	12.05	미국	11.94	미국	12.72	미국	12.73
2	러시아	3.40	러시아	3.60	러시아	3.87	러시아	4.51
3	독일	2.54	브라질	2.85	브라질	2.97	브라질	3.24
4	일본	2.53	독일	2.61	독일	2.81	독일	2.78
5	멕시코	1.98	일본	2.49	일본	2.54	일본	2.53
6	프랑스	1.83	멕시코	2.06	멕시코	2.30	멕시코	2.35
7	영국	1.76	프랑스	1.86	프랑스	1.96	프랑스	1.91
8	이탈리아	1.71	영국	1.75	이탈리아	1.76	터키	1.72
9	터키	1.50	이탈리아	1.73	영국	1.74	영국	1.70
10	스페인	1.33	터키	1.63	터키	1.73	이탈리아	1.40

※ $(\text{도시폐기물량지수})=\frac{(\text{해당 연도 해당 국가의 도시폐기물량})}{(\text{해당 연도 한국의 도시폐기물량})}$

〈한국의 도시폐기물량〉

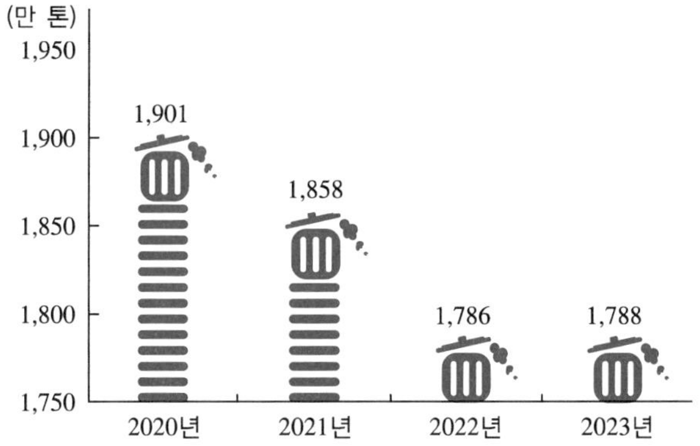

보기

㉠ 2023년 도시폐기물량은 미국이 일본의 4배 이상이다.
㉡ 2022년 러시아의 도시폐기물량은 8,000만 톤 이상이다.
㉢ 2023년 스페인의 도시폐기물량은 2020년에 비해 감소하였다.
㉣ 영국의 도시폐기물량은 터키의 도시폐기물량보다 매년 많다.

① ㉠, ㉢
② ㉠, ㉣
③ ㉡, ㉢
④ ㉡, ㉣
④ ㉢, ㉣

정답 ①

㉠ 제시된 자료의 각주에 의해 같은 해의 각국의 도시폐기물량지수는 그 해 한국의 도시폐기물량을 기준해 도출된다. 즉, 같은 해의 여러 국가의 도시폐기물량을 비교할 때 도시폐기물량지수로도 비교가 가능하다. 2023년 미국과 일본의 도시폐기물량지수는 각각 12.73, 2.53이며, 2.53×4=10.12<12.73이므로 옳은 설명이다.

㉢ 2020년 한국의 도시폐기물량은 1,901만 톤이므로 2020년 스페인의 도시폐기물량은 1,901×1.33=2,528.33만 톤이다. 도시폐기물량 상위 10개국의 도시폐기물량지수 자료를 보면 2023년 스페인의 도시폐기물량지수는 상위 10개국에 포함되지 않았음을 확인할 수 있다. 즉, 스페인의 도시폐기물량은 도시폐기물량지수 10위인 이탈리아의 도시폐기물량보다 적다. 2023년 한국의 도시폐기물량은 1,788만 톤이므로 이탈리아의 도시폐기물량은 1,788×1.40=2,503.2만 톤이다. 즉, 2023년 이탈리아의 도시폐기물량은 2020년 스페인의 도시폐기물량보다 적다. 따라서 2023년 스페인의 도시폐기물량은 2020년에 비해 감소했다.

오답분석

㉡ 2022년 한국의 도시폐기물량은 1,786만 톤이므로 2022년 러시아의 도시폐기물량은 1,786×3.87=6,911.82만 톤이다.

㉣ 2023년의 경우 터키의 도시폐기물량지수는 영국보다 높다. 따라서 2023년 영국의 도시폐기물량은 터키의 도시폐기물량보다 적다.

풀이 전략!

평소 변화량이나 증감률, 비중 등을 구하는 공식을 알아두고 있어야 하며, 지원하는 기업이나 산업에 관한 자료 등을 확인하여 비교하는 연습 등을 한다.

01 다음은 K공사의 신입사원 채용에 지원한 남성 · 여성 입사지원자 수와 합격자 수에 대한 자료이다. 이에 대한 설명으로 옳지 않은 것은?(단, 합격률 및 성별 비율은 소수점 둘째 자리에서 반올림한다)

〈신입사원 채용 현황〉

(단위 : 명)

구분	입사지원자 수	합격자 수
남성	10,891	1,699
여성	3,984	624

① 입사지원자의 합격률은 15% 이상이다.
② 여성 입사지원자 대비 여성 합격자의 비중은 20% 미만이다.
③ 총입사지원자 중에서 여성의 비중은 30% 미만이다.
④ 합격자 중 남성의 비율은 80% 이상이다.
⑤ 남성 입사지원자의 합격률은 여성 입사지원자의 합격률보다 낮다.

02 다음은 주요 온실가스의 연평균 농도 변화 추이를 나타낸 자료이다. 이에 대한 설명으로 옳지 않은 것은?

〈주요 온실가스 연평균 농도 변화 추이〉

구분	2017년	2018년	2019년	2020년	2021년	2022년	2023년
이산화탄소 농도(ppm)	387.2	388.7	389.9	391.4	392.5	394.5	395.7
오존전량(DU)	331	330	328	325	329	343	335

① 이산화탄소의 농도는 계속해서 증가하고 있다.
② 오존전량은 계속해서 증가하고 있다.
③ 2023년 오존전량은 2017년 대비 4DU 증가했다.
④ 2023년 이산화탄소의 농도는 2018년 대비 7ppm 증가했다.
⑤ 전년 대비 2023년 오존전량의 감소율은 2.5%p 미만이다.

03 다음은 2023년 경제자유구역 입주 사업체 투자재원조달 실태조사 결과이다. 이에 대한 〈보기〉 중 옳은 것을 모두 고르면?

〈2023년 경제자유구역 입주 사업체 투자재원조달 실태조사 결과〉

(단위 : 백만 원, %)

구분		전체		국내투자		해외투자	
		금액	비중	금액	비중	금액	비중
국내재원	자체	4,025	57.2	2,682	52.6	1,343	69.3
	정부	2,288	32.5	2,138	42.0	150	7.7
	기타	356	5.0	276	5.4	80	4.2
	소계	6,669	94.7	5,096	100.0	1,573	81.2
해외재원	소계	365	5.3	–	–	365	18.8
합계		7,034	100.0	5,096	100.0	1,938	100.0

보기

ㄱ. 자체 재원조달금액 중 국내투자에 사용되는 금액이 차지하는 비중은 60%를 초과한다.
ㄴ. 해외재원은 모두 해외투자에 사용되고 있다.
ㄷ. 국내재원 중 정부조달금액이 차지하는 비중은 40%를 초과한다.
ㄹ. 국내재원 중 국내투자금액은 해외투자금액의 3배 미만이다.

① ㄱ, ㄴ
② ㄱ, ㄷ
③ ㄴ, ㄷ
④ ㄴ, ㄹ
⑤ ㄷ, ㄹ

04 다음은 2023년 항목별 상위 7개 동의 자산규모를 나타낸 자료이다. 이에 대한 설명으로 옳은 것은?

〈2023년 항목별 상위 7개 동의 자산규모〉

구분	총자산(조 원)		부동산자산(조 원)		예금자산(조 원)		가구당 총자산(억 원)	
순위	동명	규모	동명	규모	동명	규모	동명	규모
1	여의도동	24.9	대치동	17.7	여의도동	9.6	을지로동	51.2
2	대치동	23.0	서초동	16.8	태평로동	7.0	여의도동	26.7
3	서초동	22.6	압구정동	14.3	을지로동	4.5	압구정동	12.8
4	반포동	15.6	목동	13.7	서초동	4.3	도곡동	9.2
5	목동	15.5	신정동	13.6	역삼동	3.9	잠원동	8.7
6	도곡동	15.0	반포동	12.5	대치동	3.1	이촌동	7.4
7	압구정동	14.4	도곡동	12.3	반포동	2.5	서초동	6.4

※ (총자산)=(부동산자산)+(예금자산)+(증권자산)

※ $(\text{가구 수})=\dfrac{(\text{총자산})}{(\text{가구당 총자산})}$

① 압구정동의 가구 수는 여의도동의 가구 수보다 적다.

② 이촌동의 가구 수는 2만 가구 이상이다.

③ 대치동의 증권자산은 서초동의 증권자산보다 많다.

④ 여의도동의 증권자산은 최소 4조 원 이상이다.

⑤ 도곡동의 총자산 대비 부동산자산의 비율은 목동보다 높다.

05 다음은 국가별 무역수지에 대한 자료이다. 이에 대한 설명으로 옳지 않은 것은?

〈국가별 무역수지 현황〉

(단위 : 백만 USD)

구분	한국	그리스	노르웨이	뉴질랜드	대만	독일	러시아	미국
7월	40,882	2,490	7,040	2,825	24,092	106,308	22,462	125,208
8월	40,125	2,145	7,109	2,445	24,629	107,910	23,196	116,218
9월	40,846	2,656	7,067	2,534	22,553	118,736	25,432	122,933
10월	41,983	2,596	8,005	2,809	26,736	111,981	24,904	125,142
11월	45,309	2,409	8,257	2,754	25,330	116,569	26,648	128,722
12월	45,069	2,426	8,472	3,088	25,696	102,742	31,128	123,557

① 한국 무역수지의 전월 대비 증가량이 가장 많았던 달은 11월이다.

② 뉴질랜드의 무역수지는 8월 이후 지속해서 증가하였다.

③ 그리스의 12월 무역수지의 전월 대비 증가율은 약 0.7%이다.

④ 10월부터 12월 사이 한국의 무역수지 변화 추이와 같은 양상을 보이는 나라는 2개국이다.

⑤ 12월 무역수지가 7월 대비 감소한 나라는 그리스, 독일, 미국이다.

PART 1

CHAPTER 03

문제해결능력

합격 Cheat Key

문제해결능력은 업무를 수행하면서 여러 가지 문제 상황이 발생하였을 때, 창의적이고 논리적인 사고를 통하여 이를 올바르게 인식하고 적절히 해결하는 능력으로, 하위 능력에는 사고력과 문제처리능력이 있다.

문제해결능력은 NCS 기반 채용을 진행하는 대다수의 공사·공단에서 채택하고 있으며, 다양한 자료와 함께 출제되는 경우가 많아 어렵게 느껴질 수 있다. 특히, 난이도가 높은 문제로 자주 출제되기 때문에 다른 영역보다 더 많은 노력이 필요할 수는 있지만 그렇기에 차별화를 할 수 있는 득점 영역이므로 포기하지 말고 꾸준하게 노력해야 한다.

1 질문의 의도를 정확하게 파악하라!

문제해결능력은 문제에서 무엇을 묻고 있는지 정확하게 파악하여 먼저 풀이 방향을 설정하는 것이 가장 효율적인 방법이다. 특히, 조건이 주어지고 답을 찾는 창의적·분석적인 문제가 주로 출제되고 있기 때문에 처음에 정확한 풀이 방향이 설정되지 않는다면 문제를 제대로 풀지 못하게 되므로 첫 번째로 출제 의도 파악에 집중해야 한다.

2 중요한 정보는 반드시 표시하라!

출제 의도를 정확히 파악하기 위해서는 문제의 중요한 정보를 반드시 표시하거나 메모하여 하나의 조건, 단서도 잊고 넘어가는 일이 없도록 해야 한다. 실제 시험에서는 시간의 압박과 긴장감으로 정보를 잘못 적용하거나 잊어버리는 실수가 많이 발생하므로 사전에 충분한 연습이 필요하다.

3 반복 풀이를 통해 취약 유형을 파악하라!

문제해결능력은 특히 시간관리가 중요한 영역이다. 따라서 정해진 시간 안에 고득점을 할 수 있는 효율적인 문제 풀이 방법을 찾아야 한다. 이때, 반복적인 문제 풀이를 통해 자신이 취약한 유형을 파악하는 것이 중요하다. 정확하게 풀 수 있는 문제부터 빠르게 풀고 취약한 유형은 나중에 푸는 효율적인 문제 풀이를 통해 최대한 고득점을 맞는 것이 중요하다.

01 명제

| 유형분석 |

- 주어진 문장을 토대로 논리적으로 추론하여 참 또는 거짓을 구분하는 문제이다.
- 대체로 연역추론을 활용한 명제 문제가 출제된다.
- 자료를 제시하고 새로운 결과나 자료에 주어지지 않은 내용을 추론해 가는 형식의 문제가 출제된다.

K공사는 공휴일 세미나 진행을 위해 인근의 가게 A ~ F에서 필요한 물품을 구매하고자 한다. 다음 〈조건〉을 참고할 때, 공휴일에 영업하는 가게의 수는?

조건

- C는 공휴일에 영업하지 않는다.
- B가 공휴일에 영업하지 않으면, C와 E는 공휴일에 영업한다.
- E 또는 F가 영업하지 않는 날이면, D는 영업한다.
- B가 공휴일에 영업하면, A와 E는 공휴일에 영업하지 않는다.
- B와 F 중 한 곳만 공휴일에 영업한다.

① 2곳
② 3곳
③ 4곳
④ 5곳
⑤ 6곳

정답 ①

주어진 조건을 순서대로 논리 기호화하면 다음과 같다.
- 첫 번째 조건 : ~C
- 두 번째 조건 : ~B → (C ∧ E)
- 세 번째 조건 : (~E ∨ ~F) → D
- 네 번째 조건 : B → (~A ∧ ~E)

첫 번째 조건이 참이므로 두 번째 조건의 대우[(~C ∨ ~E) → B]에 따라 B는 공휴일에 영업한다. 이때 네 번째 조건에 따라 A와 E는 영업하지 않고, 다섯 번째 조건에 따라 F도 영업하지 않는다. 마지막으로 세 번째 조건에 따라 D는 영업한다. 따라서 공휴일에 영업하는 가게는 B와 D 2곳이다.

풀이 전략!

명제와 관련한 기본적인 논법에 대해서는 미리 학습해 두며, 이를 바탕으로 각 문장에 있는 핵심단어 또는 문구를 기호화하여 정리한 후, 선택지와 비교하여 참 또는 거짓을 판단한다.

출제유형분석 01 실전예제

01 **서로 다른 직업을 가진 남자 2명과 여자 2명이 〈조건〉대로 원탁에 앉아 있을 때, 다음 중 옳은 것은?**

> **조건**
> - 네 사람의 직업은 각각 교사, 변호사, 자영업자, 의사이다.
> - 네 사람은 각각 검은색 원피스, 파란색 재킷, 흰색 니트, 밤색 티셔츠를 입고 있으며, 이 중 검은색 원피스는 여성용, 파란색 재킷은 남성용이다.
> - 남자는 남자끼리, 여자는 여자끼리 인접해서 앉아 있다.
> - 변호사는 흰색 니트를 입고 있다.
> - 자영업자는 남자이다.
> - 의사의 왼쪽 자리에 앉은 사람은 검은색 원피스를 입었다.
> - 교사는 밤색 니트를 입은 사람과 원탁을 사이에 두고 마주 보고 있다.

① 교사와 의사는 원탁을 사이에 두고 마주 보고 있다.
② 변호사는 남자이다.
③ 밤색 티셔츠를 입은 사람은 여자이다.
④ 의사는 파란색 재킷을 입고 있다.
⑤ 검은 원피스를 입은 여자는 자영업자의 옆에 앉아 있다.

02 **다음 〈조건〉에 따라 오피스텔 입주민들이 쓰레기를 배출한다고 할 때, 옳지 않은 것은?**

> **조건**
> - 5개 동 주민들은 모두 다른 날에 쓰레기를 버린다.
> - 쓰레기 배출은 격일로 이루어진다.
> - 5개 동 주민들은 A동, B동, C동, D동, E동 순서대로 쓰레기를 배출한다.
> - 규칙은 A동이 첫째 주 일요일에 쓰레기를 배출하는 것으로 시작한다.

① A와 E는 같은 주에 쓰레기를 배출할 수 있다.
② 10주 차 일요일에는 A동이 쓰레기를 배출한다.
③ A동은 모든 요일에 쓰레기를 배출한다.
④ 2주에 걸쳐 쓰레기를 2회 배출할 수 있는 동은 두 개 동이다.
⑤ B동이 처음으로 수요일에 쓰레기를 버리는 주는 8주 차이다.

03 자선 축구대회에 한국, 일본, 중국, 미국 대표팀이 초청되었다. 각 팀이 〈조건〉에 따라 월요일부터 금요일까지 서울, 수원, 인천, 대전 경기장을 돌아가며 사용한다고 할 때, 다음 중 옳지 않은 것은?

조건

- 각 경기장에는 한 팀씩 연습하며 연습을 쉬는 팀은 없다.
- 모든 팀은 모든 구장에서 적어도 한 번 이상 연습을 해야 한다.
- 외국에서 온 팀의 첫 훈련은 공항에서 가까운 수도권 지역에 배정한다.
- 이동거리 최소화를 위해 각 팀은 한 번씩 경기장 한 곳을 두 번 연속해서 사용해야 한다.
- 미국은 월요일, 화요일에 수원에서 연습을 한다.
- 목요일에 인천에서는 아시아 팀이 연습을 할 수 없다.
- 금요일에 중국은 서울에서, 미국은 대전에서 연습을 한다.
- 한국은 인천에서 연속으로 연습을 한다.

① 목요일, 금요일에 연속으로 같은 지역에서 연습하는 팀은 없다.
② 수요일에 대전에서는 일본이 연습을 한다.
③ 대전에서는 한국, 중국, 일본, 미국의 순서로 연습을 한다.
④ 한국은 화요일, 수요일에 같은 지역에서 연습을 한다.
⑤ 미국과 일본은 한 곳을 연속해서 사용하는 날이 같다.

04 K공사 전략기획처 직원 A ~ G 7명은 신입사원 입사 기념으로 단체로 영화관에 갔다. 〈조건〉에 따라 자리에 앉는다고 할 때, 다음 중 항상 옳은 것은?(단, 가장 왼쪽부터 첫 번째 자리로 한다)

조건

- 7명은 한 열에 나란히 앉는다.
- 한 열에는 7개의 좌석이 있다.
- 양 끝자리 옆에는 비상구가 있다.
- D와 F는 나란히 앉는다.
- A와 B 사이에는 한 명이 앉아 있다.
- G는 왼쪽에 사람이 있는 것을 싫어한다.
- C와 G 사이에는 한 명이 앉아 있다.
- G는 비상구와 붙어 있는 자리를 좋아한다.

① E는 D와 F 사이에 앉는다.
② G와 가장 멀리 떨어진 자리에 앉는 사람은 D이다.
③ C의 양옆에는 A와 B가 앉는다.
④ D는 비상구와 붙어 있는 자리에 앉는다.
⑤ 두 번째 자리에는 B가 앉는다.

05 이웃해 있는 10개의 건물에 초밥가게, 옷가게, 신발가게, 편의점, 약국, 카페가 있다. 카페가 3번째 건물에 있을 때, 다음 〈조건〉을 토대로 항상 옳은 것은?(단, 한 건물에 한 가지 업종만 들어갈 수 있다)

조건

- 초밥가게는 카페보다 앞에 있다.
- 초밥가게와 신발가게 사이에 건물이 6개 있다.
- 옷가게와 편의점은 인접할 수 없으며, 옷가게와 신발가게는 인접해 있다.
- 신발가게 뒤에 아무것도 없는 건물이 2개 있다.
- 2번째와 4번째 건물은 아무것도 없는 건물이다.
- 편의점과 약국은 인접해 있다.

① 카페와 옷가게는 인접해 있다.
② 초밥가게와 약국 사이에 2개의 건물이 있다.
③ 편의점은 6번째 건물에 있다.
④ 신발가게는 8번째 건물에 있다.
⑤ 옷가게는 5번째 건물에 있다.

06 K회사에서는 자사의 세 상품 A ~ C에 대한 선호도 조사를 실시했다. 조사에 응한 사람들이 가장 좋아하는 상품부터 1 ~ 3순위를 부여했다. 조사의 결과가 다음 〈조건〉과 같을 때, C에 3순위를 부여한 사람의 수는?(단, 두 상품에 같은 순위를 표시할 수는 없다)

조건

- 조사에 응한 사람은 20명이다.
- A를 B보다 선호한 사람은 11명이다.
- B를 C보다 선호한 사람은 14명이다.
- C를 A보다 선호한 사람은 6명이다.
- C에 1순위를 부여한 사람은 없다.

① 4명
② 5명
③ 6명
④ 7명
⑤ 8명

02 규칙 적용

| 유형분석 |

- 주어진 상황과 규칙을 종합적으로 활용하여 풀어 가는 문제이다.
- 일정, 비용, 순서 등 다양한 내용을 다루고 있어 유형을 한 가지로 단일화하기 어렵다.

갑은 다음 규칙을 참고하여 알파벳 단어를 숫자로 변환하고자 한다. 〈보기〉의 ㉠～㉣에서 알파벳 Z에 해당하는 자연수들을 모두 더한 값은?

〈규칙〉

① 알파벳 'A'부터 'Z'까지 순서대로 자연수를 부여한다.
　예 A=2라고 하면 B=3, C=4, D=5이다.
② 단어의 음절에 같은 알파벳이 연속되는 경우 ①에서 부여한 숫자를 알파벳이 연속되는 횟수만큼 거듭제곱한다.
　예 A=2이고 단어가 'AABB'이면 AA는 '2^2'이고, BB는 '3^2'이므로 '49'로 적는다.

보기

㉠ AAABBCC는 10000001020110404로 변환된다.
㉡ CDFE는 3465로 변환된다.
㉢ PJJYZZ는 1712126729로 변환된다.
㉣ QQTSR은 625282726으로 변환된다.

① 154
② 176
③ 199
④ 212
⑤ 234

정답 ④

㉠ A=100, B=101, C=102이다. 따라서 Z=125이다.
㉡ C=3, D=4, E=5, F=6이다. 따라서 Z=26이다.
㉢ P가 17임을 볼 때, J=11, Y=26, Z=27이다.
㉣ Q=25, R=26, S=27, T=28이다. 따라서 Z=34이다.
따라서 해당하는 Z값을 모두 더하면 125+26+27+34=212이다.

풀이 전략!

문제에 제시된 조건이나 규칙을 정확히 파악한 후, 선택지나 상황에 적용하여 문제를 풀어 나간다.

출제유형분석 02 실전예제

01 귀하는 자동차도로 고유번호 부여 규정을 근거로 하여 도로에 노선번호를 부여할 계획이다. 다음 그림에서 점선은 '영토'를, 실선은 '고속국도'를 표시한 것이며, (가) ~ (라)는 '간선노선'을, (마), (바)는 '보조간선노선'을 나타낼 때, 도로와 노선번호가 바르게 연결된 것은?

〈자동차도로 고유번호 부여 규정〉

자동차도로는 관리상 고속국도, 일반국도, 특별광역시도, 지방도, 시도, 군도, 구도의 일곱 가지로 구분된다. 이들 각 도로에는 고유번호가 부여되어 있고, 이는 지형도 상의 특정 표지판 모양 안에 표시되어 있다. 그러나 군도와 구도는 구간이 짧고 노선 수가 많아 노선번호가 중복될 우려가 있어 표지 상에 번호를 표기하지 않는다.
고속국도 가운데 간선노선의 경우 두 자리 숫자를 사용하며, 남북을 연결하는 경우는 서에서 동으로 가면서 숫자가 증가하는데 끝자리에 5를 부여하고, 동서를 연결하는 경우는 남에서 북으로 가면서 숫자가 증가하는데 끝자리에 0을 부여한다.
보조간선노선은 간선노선 사이를 연결하는 고속국도로서 이 역시 두 자리 숫자로 표기한다. 그런데 보조간선노선이 남북을 연결하는 모양에 가까우면 첫자리는 남쪽 시작점의 간선노선 첫자리를 부여하고 끝자리는 5를 제외한 홀수를 부여한다. 한편 동서를 연결하는 모양에 가까우면 첫자리는 동서를 연결하는 간선노선 가운데 해당 보조간선노선의 바로 아래쪽에 있는 간선노선의 첫자리를 부여하며, 이때 끝자리에는 0을 제외한 짝수를 부여한다.

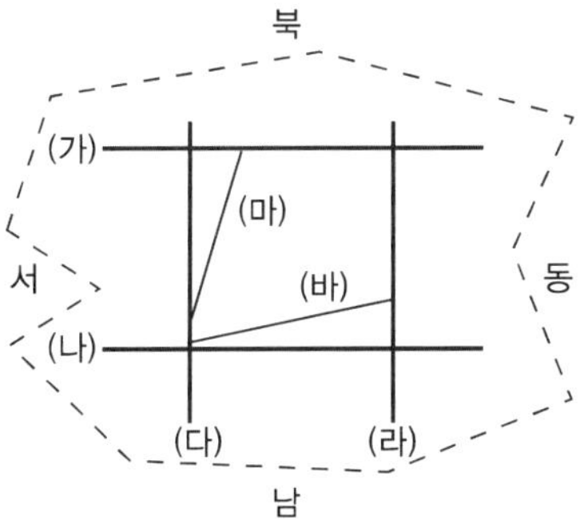

	(가)	(나)	(다)	(라)	(마)	(바)
①	25	15	10	20	19	12
②	20	10	15	25	18	14
③	25	15	20	10	17	12
④	20	10	15	25	17	12
⑤	20	15	15	25	17	14

PART 1

02 K사는 신제품의 품번을 다음과 같은 규칙에 따라 정한다고 한다. 제품에 설정된 임의의 영단어가 'INTELLECTUAL'이라면 이 제품의 품번으로 옳은 것은?

〈규칙〉

1단계 : 알파벳 A～Z를 숫자 1, 2, 3, …으로 변환하여 계산한다.
2단계 : 제품에 설정된 임의의 영단어를 숫자로 변환한 값의 합을 구한다.
3단계 : 임의의 영단어 속 자음의 합에서 모음의 합을 뺀 값의 절댓값을 구한다.
4단계 : 2단계와 3단계의 값을 더한 다음 4로 나누어 2단계의 값에 더한다.
5단계 : 4단계의 값이 정수가 아닐 경우에는 소수점 첫째 자리에서 버림한다.

① 120
② 140
③ 160
④ 180
⑤ 200

03 A팀과 B팀은 보안등급 상에 해당하는 문서를 나누어 보관하고 있다. 이에 따라 두 팀은 보안을 위해 아래와 같은 규칙에 따라 각 팀의 비밀번호를 지정하였다. 다음 중 A팀과 B팀에 들어갈 수 있는 암호배열은?

〈규칙〉

- 1～9까지의 숫자로 (한 자리 수)×(두 자리 수)=(세 자리 수)=(두 자리 수)×(한 자리 수) 형식의 비밀번호로 구성한다.
- 가운데에 들어갈 세 자리 수의 숫자는 156이며 숫자는 중복 사용할 수 없다. 즉, 각 팀의 비밀번호에 1, 5, 6이란 숫자가 들어가지 않는다.

□ × □□ = 156 = □□ × □

A팀 B팀

① 23
② 27
③ 29
④ 37
⑤ 39

04 A씨는 영업비밀 보호를 위해 자신의 컴퓨터 속 각 문서의 암호를 다음 규칙에 따라 만들었다. 파일 이름이 아래와 같을 때, 이 파일의 암호는 무엇인가?

〈규칙〉

1. 비밀번호 중 첫 번째 자리에는 파일 이름의 첫 문자가 한글일 경우 @, 영어일 경우 #, 숫자일 경우 *로 특수문자를 입력한다.
   → 고습Dochi=@, haRAMY801=#, 1app루=*
2. 두 번째 자리에는 파일 이름의 총 자리 개수를 입력한다.
   → 고습Dochi=@7, haRAMY801=#9, 1app루=*5
3. 세 번째 자리부터는 파일 이름 내에 숫자를 순서대로 입력한다. 숫자가 없을 경우 0을 두 번 입력한다.
   → 고습Dochi=@700, haRAMY801=#9801, 1app루=*51
4. 그 다음 자리에는 파일 이름 중 한글이 있을 경우 초성만 순서대로 입력한다. 없다면 입력하지 않는다.
   → 고습Dochi=@700ㄱㅅ, haRAMY801=#9801, 1app루=*51ㄹ
5. 그 다음 자리에는 파일 이름 중 영어가 있다면 뒤에 덧붙여 순서대로 입력하되, a, e, i, o, u만 'a=1, e=2, i=3, o=4, u=5'로 변형하여 입력한다(대문자·소문자 구분 없이 모두 소문자로 입력한다).
   → 고습Dochi=@700ㄱㅅd4ch3, haRAMY801=#9801h1r1my, 1app루=*51ㄹ1pp

2022매운전골Cset3인기준recipe8

① @23202238ㅁㅇㅈㄱㅇㄱㅈcs2trecipe

② @23202238ㅁㅇㅈㄱㅇㄱㅈcs2tr2c3p2

③ *23202238ㅁㅇㅈㄱㅇㄱㅈcs2trecipe

④ *23202238ㅁㅇㅈㄱㅇㄱㅈcs2tr2c3p2

⑤ *23202238ㅁㅇㅈㄱㅇㄱㅈcsetrecipe

03 SWOT 분석

| 유형분석 |

- 상황에 대한 환경 분석 결과를 통해 주요 과제를 도출하는 문제이다.
- 주로 3C 분석 또는 SWOT 분석을 활용한 문제들이 출제되고 있으므로 해당 분석도구에 대한 사전 학습이 요구된다.

다음 설명을 참고했을 때 기사 속 B자동차가 취할 수 있는 전략으로 옳은 것은?

'SWOT'는 Strength(강점), Weakness(약점), Opportunity(기회), Threat(위협)의 머리글자를 따서 만든 단어로, 경영 전략을 세우는 방법론이다. SWOT로 도출된 조직의 내·외부 환경을 분석하고, 이 결과를 통해 대응전략을 구상할 수 있다. 'SO전략'은 기회를 활용하기 위해 강점을 사용하는 전략이고, 'WO전략'은 약점을 보완 또는 극복하여 시장의 기회를 활용하는 전략이다. 'ST전략'은 위협을 피하기 위해 강점을 활용하는 방법이며, 'WT전략'은 위협요인을 피하기 위해 약점을 보완하는 전략이다.

〈기사〉

- 새로운 정권의 탄생으로 자동차 업계 내 새로운 바람이 불 것으로 예상된다. A당선인이 이번 선거에서 친환경차 보급 확대를 주요 공약으로 내세웠고, 공약에 따라 공공기관용 친환경차 비율을 70%로 상향시키기로 하고, 친환경차 보조금 확대 등을 통해 친환경차 보급률을 높이겠다는 계획을 세웠다. 또한 최근 환경을 생각하는 국민 의식의 향상과 친환경차의 연비 절감 부분이 친환경차 구매 욕구 상승에 기여하고 있다.
- B자동차는 기존에 전기자동차 모델들을 꾸준히 출시하여 성장세가 두드러지고 있는데다 고객들의 다양한 구매 욕구를 충족시킬 만한 전기자동차 상품의 다양성을 확보하였다. 또한, B자동차의 전기자동차 미국 수출이 증가하고 있는 만큼 앞으로의 전망도 밝을 것으로 예상된다.

① SO전략　　② WO전략

③ ST전략　　④ WT전략

정답 ①

- Strength(강점) : B자동차는 전기자동차 모델들을 꾸준히 출시하여 성장세가 두드러지고 있는데다 고객들의 다양한 구매 욕구를 충족시킬 만한 전기자동차 상품의 다양성을 확보하였다.
- Opportunity(기회) : 새로운 정권에서 친환경차 보급 확대에 적극 나설 것으로 보인다는 점과 환경을 생각하는 국민 의식의 향상과 친환경차의 연비 절감 부분이 친환경차 구매 욕구 상승에 기여하고 있으며 B자동차의 미국 수출이 증가하고 있다.

따라서 해당 기사를 분석하면 SO전략이 적절하다.

풀이 전략!

문제에 제시된 분석도구를 확인한 후, 분석 결과를 종합적으로 판단하여 각 선택지의 전략 과제와 일치 여부를 판단한다.

01 **다음은 국내 금융기관에 대한 SWOT 분석 자료이다. 이를 토대로 SWOT 전략을 세운다고 할 때, 〈보기〉 중 분석 결과에 대응하는 전략과 그 내용이 바르게 연결된 것을 모두 고르면?**

> 국내 대부분의 예금과 대출을 국내 은행이 차지하고 있을 정도로 국내 금융기관에 대한 우리나라 국민들의 충성도는 높은 편이다. 또한 국내 금융기관은 철저한 신용 리스크 관리로 해외 금융기관과 비교해 자산건전성 지표가 매우 우수한 편이다. 시장 리스크 관리도 해외 선진 금융기관 수준에 도달한 것으로 평가받는다. 국내 금융기관은 외환위기와 글로벌 금융위기 등을 거치며 꾸준히 자산건전성을 강화해 왔기 때문이다.
> 그러나 은행과 이자 이익에 수익이 편중돼 있다는 점은 국내 금융기관의 가장 큰 약점이 된다. 대부분 예금과 대출 거래 중심의 영업구조로 되어 있기 때문이다. 취약한 해외 비즈니스도 문제로 들 수 있다. 최근 동남아 시장을 중심으로 해외 진출에 박차를 가하고 있지만, 아직은 눈에 띄는 성과가 많지 않은 상황이다.
> 많은 어려움에도 불구하고 국내 금융기관의 발전 가능성은 아직 무궁무진하다. 우선 해외 시장으로 눈을 돌리면 다양한 기회가 열려 있다. 전 세계 신용・단기 자금 확대, 글로벌 무역 회복세로 국내 금융기관의 해외 진출 여건은 양호한 편이다. 따라서 해외 시장 개척을 통해 어떻게 신규 수익원을 확보하느냐가 성장의 새로운 기회로 작용할 전망이다. IT 기술 발달에 따른 핀테크의 등장도 새로운 기회가 될 수 있다. 국내의 발달된 인터넷과 모바일뱅킹 서비스, IT 인프라를 활용한 새로운 수익 창출 가능성이 열려 있는 것이다.
> 그러나 역설적으로 핀테크의 등장은 오히려 국내 금융기관의 발목을 잡을 수 있다. 블록체인 기술에 기반한 암호화폐, 간편결제와 송금, 로보어드바이저, 인터넷 은행, P2P 대출 등 다양한 핀테크 분야의 새로운 서비스들이 기존 금융 서비스의 대체재로서 출현하고 있기 때문이다. 금융시장 개방에 따른 글로벌 금융기관과의 경쟁 심화도 넘어야 할 산이다. 특히 중국 은행을 비롯한 중국 금융이 급성장하고 있어 이에 대한 대비책 마련이 시급하다.

보기

㉠ SO전략 : 높은 국내 시장점유율을 기반으로 국내 핀테크 사업에 진출한다.
㉡ WO전략 : 위기관리 역량을 강화하여 해외 금융시장에 진출한다.
㉢ ST전략 : 해외 금융기관과 비교해 우수한 자산건전성을 강조하여 글로벌 금융기관과의 경쟁에서 우위를 차지한다.
㉣ WT전략 : 해외 비즈니스 역량을 강화하여 해외 금융시장에 진출한다.

① ㉠, ㉡
② ㉠, ㉢
③ ㉡, ㉢
④ ㉡, ㉣
⑤ ㉢, ㉣

02 다음은 K섬유회사에 대한 SWOT 분석 결과이다. 분석에 따른 대응 전략으로 적절한 것을 〈보기〉에서 모두 고르면?

〈K섬유회사 SWOT 분석 결과〉

S 강점	W 약점
• 첨단 신소재 관련 특허 다수 보유	• 신규 생산 설비 투자 미흡 • 브랜드의 인지도 부족
O 기회	**T 위협**
• 고기능성 제품에 대한 수요 증가 • 정부 주도의 문화 콘텐츠 사업 지원	• 중저가 의류용 제품의 공급 과잉 • 저임금의 개발도상국과 경쟁 심화

보기

ㄱ. SO전략으로 첨단 신소재를 적용한 고기능성 제품을 개발한다.
ㄴ. ST전략으로 첨단 신소재 관련 특허를 개발도상국의 경쟁업체에 무상 이전한다.
ㄷ. WO전략으로 문화 콘텐츠와 디자인을 접목한 신규 브랜드 개발을 통해 적극적으로 마케팅 한다.
ㄹ. WT전략으로 기존 설비에 대한 재투자를 통해 대량생산 체제로 전환한다.

① ㄱ, ㄷ
② ㄱ, ㄹ
③ ㄴ, ㄷ
④ ㄴ, ㄹ
⑤ ㄷ, ㄹ

03 K공사에서 근무하는 A사원은 경제자유구역사업에 대한 SWOT 분석 결과를 토대로 SWOT 분석에 의한 경영전략을 세웠다. 다음 〈보기〉 중 SWOT 분석에 의한 경영전략의 내용으로 적절하지 않은 것을 모두 고르면?

〈경제자유구역사업에 대한 SWOT 분석 결과〉

구분	분석 결과
강점(Strength)	• 성공적인 경제자유구역 조성 및 육성 경험 • 다양한 분야의 경제자유구역 입주희망 국내기업 확보
약점(Weakness)	• 과다하게 높은 외자금액 비율 • 외국계 기업과 국내기업 간의 구조 및 운영상 이질감
기회(Opportunity)	• 국제경제 호황으로 인하여 타국 사업지구 입주를 희망하는 해외시장부문의 지속적 증가 • 국내진출 해외기업 증가로 인한 동형화 및 협업 사례 급증
위협(Threat)	• 국내거주 외국인 근로자에 대한 사회적 포용심 부족 • 대대적 교통망 정비로 인한 기성 대도시의 흡수효과 확대

〈SWOT 분석에 의한 경영전략〉

• SO전략 : 강점을 활용하여 기회를 선점하는 전략
• ST전략 : 강점을 활용하여 위협을 최소화하거나 극복하는 전략
• WO전략 : 기회를 활용하여 약점을 보완하는 전략
• WT전략 : 약점을 최소화하고 위협을 회피하는 전략

보기

ㄱ. 성공적인 경제자유구역 조성 노하우를 활용하여 타국 사업지구로의 진출을 희망하는 해외기업을 유인 및 유치하는 전략은 SO전략에 해당한다.
ㄴ. 다수의 풍부한 경제자유구역 성공 사례를 바탕으로 외국인 근로자를 국내주민과 문화적으로 동화시킴으로써 원활한 지역발전의 토대를 조성하는 전략은 ST전략에 해당한다.
ㄷ. 기존에 국내에 입주한 해외기업의 동형화 사례를 활용하여 국내기업과 외국계 기업의 운영상 이질감을 해소하여 생산성을 증대시키는 전략은 WO전략에 해당한다.
ㄹ. 경제자유구역 인근 대도시와의 연계를 활성화하여 경제자유구역 내 국내·외 기업 간의 이질감을 해소하는 전략은 WT전략에 해당한다.

① ㄱ, ㄴ
② ㄱ, ㄷ
③ ㄴ, ㄷ
④ ㄴ, ㄹ
⑤ ㄷ, ㄹ

04 자료 해석

| 유형분석 |

- 주어진 자료를 해석하고 활용하여 풀어가는 문제이다.
- 꼼꼼하고 분석적인 접근이 필요한 다양한 자료들이 출제된다.

다음 중 정수장 수질검사 현황에 대해 바르게 설명한 사람은?

〈정수장 수질검사 현황〉

급수 지역	항목						검사결과	
	일반세균 100 이하 (CFU/mL)	대장균 불검출 (수/100mL)	NH3-N 0.5 이하 (mg/L)	잔류염소 4.0 이하 (mg/L)	구리 1 이하 (mg/L)	망간 0.05 이하 (mg/L)	적합	기준 초과
함평읍	0	불검출	불검출	0.14	0.045	불검출	적합	없음
이삼읍	0	불검출	불검출	0.27	불검출	불검출	적합	없음
학교면	0	불검출	불검출	0.13	0.028	불검출	적합	없음
엄다면	0	불검출	불검출	0.16	0.011	불검출	적합	없음
나산면	0	불검출	불검출	0.12	불검출	불검출	적합	없음

① A사원 : 함평읍의 잔류염소는 가장 낮은 수치를 보였고, 기준치에 적합하네.
② B사원 : 모든 급수지역에서 일반세균이 나오지 않았어.
③ C사원 : 기준치를 초과한 곳은 없었지만 적합하지 않은 지역은 있어.
④ D사원 : 대장균과 구리가 검출되면 부적합 판정을 받는구나.
⑤ E사원 : 구리가 검출되지 않은 지역은 세 곳이야.

정답 ②

오답분석

① 잔류염소에서 가장 낮은 수치를 보인 지역은 나산면(0.12)이고, 함평읍(0.14)은 세 번째로 낮다.
③ 기준치를 초과한 곳도 없고, 모두 적합 판정을 받았다.
④ 함평읍과 학교면, 엄다면은 구리가 검출되었지만 적합 판정을 받았다.
⑤ 구리가 검출되지 않은 지역은 이삼읍과 나산면으로 두 곳이다.

풀이 전략!

문제 해결을 위해 필요한 정보가 무엇인지 먼저 파악한 후, 제시된 자료를 분석적으로 읽고 해석한다.

출제유형분석 04 실전예제

01 **갑돌이는 해외에서 1개당 1,000달러인 시계를 2개를 구매하여 세관신고 없이 밀반입하려고 하였으나 결국 걸리고 말았다. 다음은 이와 같이 밀반입하려는 사람들을 방지하기 위해 마련된 정책 변경 기사이다. 이에 대해 적절하지 않은 설명을 한 사람은?**

> 올해부터 해외에서 600달러 이상 신용카드로 물건을 사거나 현금을 인출하면 그 내역이 세관에 실시간으로 통보된다. 여행객 등이 600달러 이상의 구매 한도를 넘기게 되면 국내 입국 시 세관에 자진 신고를 해야 한다.
> 기존의 관세청은 분기별로 5,000달러 이상 물품을 해외에서 구매한 경우, 여신전문금융업법에 따라 신용카드업자・여신전문금융업협회가 매년 1월 31일, 4월 30일, 7월 31일, 10월 31일 국세청에 그 내역을 제출해 왔다.
> 그러나 올해부터는 관세청이 분기마다 통보를 받지 않고, 실시간으로 구매 내역을 넘겨 받을 수 있다. 신용카드 결제뿐 아니라 해외에 머물며 600달러 이상 현금을 인출하는 것도 마찬가지로 통보 대상에 해당한다. 관세청은 이러한 제도를 오는 4월부터 적용할 계획이다.

① A : 갑돌이가 인출하지 않고 가져간 현금으로만 물건을 결제하였다면, 세관에 신고하지 않아도 되는군.

② B : 해외에서 구매한 총금액이 600달러보다 낮으면 세관에 신고할 필요가 없겠군.

③ C : 갑돌이가 5월에 해외에 체류하며 신용카드로 같은 소비를 했다면 관세청에 실시간으로 통보되겠군.

④ D : 3월에 해외에서 5,000달러 이상을 신용카드로 사용한다면 4월에 국세청에 내역이 넘어가겠군.

⑤ E : 가족들끼리 여행하고 있을 때 여러 사람이 나누어 카드를 사용한다면 관세청에 내역이 들어가지 않을 수도 있겠군.

02 본사 이전으로 인해 사무실 배치를 새롭게 바꾸기로 하였다. 다음 고려사항을 참고할 때, (가로) 3,000mm×(세로) 3,400mm인 직사각형의 사무실에 가능한 가구 배치는?

〈배치 시 고려사항〉

- 사무실 문을 여닫는 데 1,000mm의 간격이 필요함
- 서랍장의 서랍(●로 표시하며, 가로면 전체에 위치)을 열려면 400mm의 간격이 필요(회의 탁자, 책상, 캐비닛은 서랍 없음)하며, 반드시 여닫을 수 있어야 함
- 붙박이 수납장 문을 열려면 앞면 전체에 550mm의 간격이 필요하며, 반드시 여닫을 수 있어야 함
- 가구들은 쌓을 수 없음
- 각각의 가구는 사무실에 넣을 수 있는 것으로 가정함
  - 회의 탁자 : (가로) 1,500mm×(세로) 2,110mm
  - 책상 : (가로) 450mm×(세로) 450mm
  - 서랍장 : (가로) 1,100mm×(세로) 500mm
  - 캐비닛 : (가로) 1,000mm×(세로) 300mm
  - 붙박이 수납장은 벽 한 면 전체를 남김없이 차지함 (깊이 650mm)

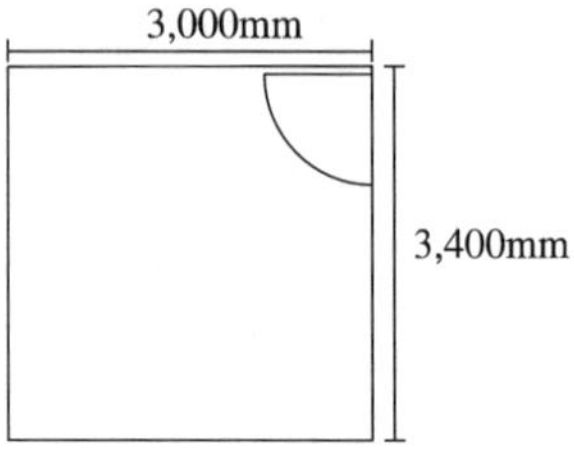

①

②

③

④

⑤

※ 다음은 하수처리시설 평가 기준 및 결과에 대한 자료이다. 이어지는 질문에 답하시오. **[3~4]**

〈하수처리시설 평가 기준〉

구분	정상	주의	심각
생물화학적 산소요구량	5 미만	5 이상	15 이상
화학적 산소요구량	20 미만	20 이상	30 이상
부유물질	10 미만	10 이상	20 이상
질소 총량	20 미만	20 이상	40 이상
인 총량	0.2 미만	0.2 이상	1.0 이상

〈A ~ C처리시설의 평가 결과〉

구분	생물화학적 산소요구량	화학적 산소요구량	부유물질	질소 총량	인 총량
A처리시설	4	10	15	10	0.1
B처리시설	9	25	25	22	0.5
C처리시설	18	33	15	41	1.2

※ '정상' 지표 4개 이상 : 우수
※ '주의' 지표 2개 이상 또는 '심각' 지표 2개 이하 : 보통
※ '심각' 지표 3개 이상 : 개선필요

03 하루처리시설 평가 기준을 근거로 할 때, 하수처리시설에 대한 평가가 바르게 연결된 것은?

	A처리시설	B처리시설	C처리시설
①	우수	보통	개선필요
②	보통	보통	보통
③	보통	개선필요	개선필요
④	우수	보통	보통
⑤	우수	우수	개선필요

04 다음 글을 읽고 B처리시설의 문제점과 개선방향을 바르게 지적한 것은?

B처리시설은 C처리시설에 비해 좋은 평가를 받았지만, '정상' 지표는 없었다. 그렇기 때문에 관련된 시설분야에 대한 조사와 개선이 필요하다. 지적사항으로 '심각' 지표를 가장 우선으로 개선하고, 최종적으로 '우수' 단계로 개선해야 한다.

① 생물화학적 산소요구량은 4로 '정상' 지표이기 때문에 개선할 필요가 없다.
② 화학적 산소요구량은 25로 '주의' 지표이기 때문에 가장 먼저 개선해야 한다.
③ 질소 총량과 인 총량을 개선한다면, 평가결과 '우수' 지표를 받을 수 있다.
④ 부유물질은 가장 먼저 개선해야 하는 '심각' 지표이다.
⑤ '우수' 단계로 개선하기 위해서 부유물질을 포함한 3가지 지표를 '정상' 지표로 개선해야 한다.

05 창의적 사고

| 유형분석 |

- 창의적 사고에 대한 개념을 묻는 문제가 출제된다.
- 창의적 사고 개발 방법에 대한 암기가 필요한 문제가 출제되기도 한다.

다음 글에서 설명하고 있는 사고력은 무엇인가?

정보에는 주변에서 발견할 수 있는 지식인 내적 정보와 책이나 밖에서 본 현상인 외부 정보의 두 종류가 있다. 이러한 정보를 조합하고 그 조합을 최종적인 해답으로 통합해야 한다.

① 분석적 사고
② 논리적 사고
③ 비판적 사고
④ 창의적 사고
⑤ 개발적 사고

정답 ④

창의적 사고란 정보와 정보의 조합이다. 여기에서 말하는 정보에는 주변에서 발견할 수 있는 지식(내적 정보)과 책이나 밖에서 본 현상(외부 정보)의 두 종류가 있다. 이러한 정보를 조합하고 그 조합을 최종적인 해답으로 통합해야 하는 것이 창의적 사고의 첫걸음이다.

풀이 전략!

모듈이론에 대한 전반적인 학습을 미리 해두어야 하며, 이를 주어진 문제에 적용하여 빠르게 풀이한다.

출제유형분석 05 실전예제

01 다음 사례 속 최대리에게 해줄 수 있는 조언으로 적절하지 않은 것은?

> 최대리는 오늘도 기분이 별로다. 오전부터 팀장에게 싫은 소리를 들었기 때문이다. 늘 하던 일을 하던 방식으로 처리한 것이 빌미였다. 관행에 매몰되지 말고 창의적이고 발전적인 모습을 보여 달라는 게 팀장의 주문이었다. '창의적인 일처리'라는 말을 들을 때마다 주눅이 드는 자신을 발견할 때면 더욱 의기소침해지고 자신감이 없어진다. 어떻게 해야 창의적인 인재가 될 수 있을까 고민도 해보지만 뾰족한 수가 보이지 않는다. 자기만 뒤처지는 것 같아 불안하기도 하고 남들은 어떤지 궁금하기도 하다.

① 창의적인 사람은 새로운 경험을 찾아 나서는 사람을 말하는 것 같아.
② 그래, 그들의 독특하고 기발한 재능은 선천적으로 타고나는 것이라 할 수 있어.
③ 창의적인 사고는 후천적 노력에 의해서도 개발이 가능하다고 생각해.
④ 창의력은 본인 스스로 자신의 틀에서 벗어나도록 노력해야 한다고 생각해.
⑤ 창의적 사고는 전문지식이 필요하지 않으니 자신의 경험을 바탕으로 생각해 봐.

02 다음 글은 창의적 사고를 개발하는 방법 중 무엇에 대한 내용인가?

> '신차 출시'라는 같은 주제에 대해서 판매방법, 판매대상 등의 힌트를 통해 사고 방향을 미리 정해서 발상한다. 이때, 판매방법이라는 힌트에 대해서는 '신규 해외 수출 지역을 물색한다.'라는 아이디어를 떠올릴 수 있을 것이다.

① 자유 연상법
② 강제 연상법
③ 비교 발상법
④ 비교 연상법
⑤ 자유 발상법

03 **다음과 같은 특징을 가지고 있는 창의적 사고 개발 방법은?**

일정한 주제에 관하여 회의를 하고, 참가하는 인원이 자유발언을 통해 아이디어를 제시하는 것으로 다른 사람의 발언에 비판하지 않는다.

① 스캠퍼 기법
② 여섯 가지 색깔 모자
③ 브레인스토밍
④ TRIZ
⑤ Logic Tree

04 **다음 중 최근에 많이 사용되고 있는 퍼실리테이션의 문제해결에 대한 설명으로 옳지 않은 것은?**

① 어떤 그룹이나 집단이 의사결정을 잘하도록 도와주는 일을 의미한다.
② 주제에 대한 공감을 이룰 수 있도록 능숙하게 도와주는 역할을 한다.
③ 구성원의 동기뿐만 아니라 팀워크도 한층 강화되는 특징을 보인다.
④ 제3자가 합의점이나 줄거리를 준비해놓고 예정대로 결론을 도출한다.
⑤ 깊이 있는 커뮤니케이션을 통해 서로의 문제점을 이해하고 공감함으로써 창조적인 문제해결을 도모한다.

05 다음 중 문제를 해결할 때 필요한 분석적 사고에 대한 설명으로 옳은 것은?

① 전체를 각각의 요소로 나누어 그 요소의 의미를 도출한 다음 우선순위를 부여하고 구체적인 문제 해결 방법을 실행하는 것이 요구된다.

② 성과 지향의 문제는 일상업무에서 일어나는 상식, 편견을 타파하여 사고와 행동을 객관적 사실로부터 시작해야 한다.

③ 가설 지향의 문제는 기대하는 결과를 명시하고 효과적인 달성 방법을 사전에 구상하고 실행에 옮겨야 한다.

④ 사실 지향의 문제는 현상 및 원인분석 전에 지식과 경험을 바탕으로 일의 과정이나 결과, 결론을 가정한 다음 검증 후 사실일 경우 다음 단계의 일을 수행해야 한다.

⑤ 개별 요소가 나타나는 문제의 해결보다는 조직의 분위기에 부합하는 방향으로만 문제해결 방안을 수립해야 한다.

06 다음 중 문제해결절차에 따라 사용되는 문제해결 방법을 〈보기〉에서 순서대로 바르게 나열한 것은?

〈문제해결절차〉

문제 인식 → 문제 도출 → 원인 분석 → 해결안 개발 → 실행 및 평가

보기

㉠ 주요 과제를 나무 모양으로 분해·정리한다.
㉡ 자사, 경쟁사, 고객사에 대해 체계적으로 분석한다.
㉢ 부분을 대상으로 먼저 실행한 후 전체로 확대하여 실행한다.
㉣ 전체적 관점에서 방향과 방법이 같은 해결안을 그룹화한다.

① ㉠－㉡－㉢－㉣
② ㉠－㉡－㉣－㉢
③ ㉡－㉠－㉢－㉣
④ ㉡－㉠－㉣－㉢
⑤ ㉣－㉠－㉡－㉢

CHAPTER 04

자원관리능력

합격 Cheat Key

자원관리능력은 현재 NCS 기반 채용을 진행하는 많은 공사·공단에서 핵심영역으로 자리 잡아, 대부분의 시험에서 출제되고 있다.

세부 유형은 비용 계산, 해외파견 지원금 계산, 주문 제작 단가 계산, 일정 조율, 일정 선정, 행사 대여 장소 선정, 최단거리 구하기, 시차 계산, 소요시간 구하기, 해외파견 근무 기준에 부합하는 또는 부합하지 않는 직원 고르기 등으로 나눌 수 있다.

1 시차를 먼저 계산하라!

시간 자원 관리의 대표유형 중 시차를 계산하여 일정에 맞는 항공권을 구입하거나 회의시간을 구하는 문제에서는 각각의 나라 시간을 한국 시간으로 전부 바꾸어 계산하는 것이 편리하다. 조건에 맞는 나라들의 시간을 전부 한국 시간으로 바꾸고 한국 시간과의 시차만 더하거나 빼면 시간을 단축하여 풀 수 있다.

2 선택지를 잘 활용하라!

계산을 해서 값을 요구하는 문제 유형에서는 선택지를 먼저 본 후 자리 수가 몇 단위로 끝나는지 확인해야 한다. 예를 들어 412,300원, 426,700원, 434,100원인 선택지가 있다고 할 때, 제시된 조건에서 100원 단위로 나올 수 있는 항목을 찾아 그 항목만 계산하는 방법이 있다. 또한, 일일이 계산하는 문제가 많다. 예를 들어 640,000원, 720,000원, 810,000원 등의 수를 이용해 푸는 문제가 있다고 할 때, 만 원 단위를 절사하고 계산하여 64, 72, 81처럼 요약하는 방법이 있다.

3 최적의 값을 구하는 문제인지 파악하라!

물적 자원 관리의 대표유형에서는 제한된 자원 내에서 최대의 만족 또는 이익을 얻을 수 있는 방법을 강구하는 문제가 출제된다. 이때, 구하고자 하는 값을 x, y로 정하고 연립방정식을 이용해 x, y 값을 구한다. 최소 비용으로 목표생산량을 달성하기 위한 업무 및 인력 할당, 정해진 시간 내에 최대 이윤을 낼 수 있는 업체 선정, 정해진 인력으로 효율적 업무 배치 등을 구하는 문제에서 사용되는 방법이다.

4 각 평가항목을 비교하라!

인적 자원 관리의 대표유형에서는 각 평가항목을 비교하여 기준에 적합한 인물을 고르거나, 저렴한 업체를 선정하거나, 총점이 높은 업체를 선정하는 문제가 출제된다. 이런 유형은 평가항목에서 가격이나 점수 차이에 영향을 많이 미치는 항목을 찾아 $1\sim2$개의 선택지를 삭제하고, 남은 $3\sim4$개의 선택지만 계산하여 시간을 단축할 수 있다.

01 시간 계획

| 유형분석 |

- 시간 자원과 관련된 다양한 정보를 활용하여 풀어 가는 유형이다.
- 대체로 교통편 정보나 국가별 시차 정보가 제공되며, 이를 근거로 '현지 도착시간 또는 약속된 시간 내에 도착하기 위한 방안'을 고르는 문제가 출제된다.

해외영업부 A대리는 B부장과 함께 샌프란시스코에 출장을 가게 되었다. 샌프란시스코의 시각은 한국보다 16시간 느리고, 비행시간은 10시간 25분일 때 샌프란시스코 현지 시각으로 11월 17일 오전 10시 35분에 도착하는 비행기를 타려면 한국 시각으로 인천공항에 몇 시까지 도착해야 하는가?

구분	출발 날짜	출발 시각	비행 시간	도착 날짜	도착 시각
인천 → 샌프란시스코	11월 17일		10시간 25분	11월 17일	10:35
샌프란시스코 → 인천	11월 21일	17:30	12시간 55분	11월 22일	22:25

※ 단, 비행기 출발 한 시간 전에 공항에 도착해 티켓팅을 해야 한다.

① 12:10
② 13:10
③ 14:10
④ 15:10
⑤ 16:10

정답 ④

인천에서 샌프란시스코까지 비행 시간은 10시간 25분이므로, 샌프란시스코 도착 시각에서 거슬러 올라가면 샌프란시스코 시각으로 00시 10분에 출발한 것이 된다. 이때 한국은 샌프란시스코보다 16시간 빠르기 때문에 한국 시각으로는 16시 10분에 출발한 것이다. 하지만 비행기 티켓팅을 위해 출발 한 시간 전에 인천공항에 도착해야 하므로 15시 10분까지 공항에 가야 한다.

풀이 전략!

문제에서 묻는 것을 정확히 파악한다. 특히 제한사항에 대해서는 빠짐없이 확인해 두어야 한다. 이후 제시된 정보(시차 등)에서 필요한 것을 선별하여 문제를 풀어 간다.

출제유형분석 01 실전예제

01 다음은 K회사 신제품 개발1팀의 하루 업무 스케줄에 대한 자료이다. 신입사원 A씨는 스케줄을 바탕으로 금일 회의 시간을 정하려고 한다. 1시간 동안 진행될 팀 회의의 가장 적절한 시간대는 언제인가?

〈K회사 신제품 개발1팀 스케줄〉

시간	직위별 스케줄				
	부장	차장	과장	대리	사원
09:00 ~ 10:00	업무회의				
10:00 ~ 11:00					비품요청
11:00 ~ 12:00			시장조사	시장조사	시장조사
12:00 ~ 13:00	점심식사				
13:00 ~ 14:00	개발전략수립		시장조사	시장조사	시장조사
14:00 ~ 15:00		샘플검수	제품구상	제품구상	제품구상
15:00 ~ 16:00			제품개발	제품개발	제품개발
16:00 ~ 17:00					
17:00 ~ 18:00			결과보고	결과보고	

① 09:00 ~ 10:00
② 10:00 ~ 11:00
③ 14:00 ~ 15:00
④ 16:00 ~ 17:00
⑤ 17:00 ~ 18:00

02 모스크바 지사에서 일하고 있는 A대리는 밴쿠버 지사와의 업무협조를 위해 4월 22일 오전 10시 15분에 밴쿠버 지사로 업무협조 메일을 보냈다. 〈조건〉에 따라 밴쿠버 지사에서 가장 빨리 메일을 읽었을 때, 모스크바의 시각은?

조건

- 밴쿠버는 모스크바보다 10시간이 늦다.
- 밴쿠버 지사의 업무시간은 오전 10시부터 오후 6시까지다.
- 밴쿠버 지사에서는 4월 22일 오전 10시부터 15분간 전력 점검이 있었다.

① 4월 22일 오전 10시 15분
② 4월 23일 오전 10시 15분
③ 4월 22일 오후 8시 15분
④ 4월 23일 오후 8시 15분
⑤ 4월 23일 오후 10시 15분

PART 1

03 다음 〈보기〉 중 시간계획에 대한 설명으로 옳지 않은 것을 모두 고르면?

보기

㉠ 시간계획을 너무 자세하게 세우거나, 너무 간략하게 세우는 것은 좋지 않다.
㉡ 실현가능한 시간계획을 세우는 것이 중요하다.
㉢ 시간계획을 따르는 것이 가장 중요하므로 무슨 일이 있어도 계획에 따라 실천해야 한다.
㉣ 시간계획을 효과적으로 세운다면 실제 행동할 때와 차이가 거의 발생하지 않는다.
㉤ 자유로운 여유 시간은 시간계획에 포함되지 않는다.

① ㉠, ㉢
② ㉡, ㉢
③ ㉢, ㉣
④ ㉢, ㉤
⑤ ㉢, ㉣, ㉤

04 시간관리의 중요성을 고려할 때, 다음 글의 빈칸에 들어갈 말로 가장 적절한 것은?

시간의 어원으로는 '크로노스(Chronos)'와 '카이로스(Kairos)'가 있다. 크로노스가 그냥 흘러가는 양으로 규정되는 계량적 시간이라면 카이로스는 내용으로 규정되는 질적 시간이다. 진정한 승리자는 ______________________하는 자들이다.

① 크로노스의 시간과 카이로스의 시간을 통제
② 크로노스의 시간과 카이로스의 시간을 통합
③ 크로노스의 시간을 카이로스의 시간으로 관리
④ 카이로스의 시간을 크로노스의 시간으로 관리
⑤ 카이로스의 시간을 크로노스의 시간으로 배분

05 다음은 시간계획의 기본원리에 대한 글이다. 빈칸에 들어갈 행동이 바르게 연결된 것은?

> 시간은 무형의 자원으로, 다른 자원과는 다른 관리방식을 요하는 자원이다. 또한, 가용한 모든 시간을 관리한다는 것은 불가능에 가까운 일이므로 시간을 계획하는 것은 시간관리에 있어서 매우 중요한 것이다. 이에 대해 로타 J. 자이베르트(Lother J. Seiwert)는 시간계획의 기본원칙으로 '60 : 40의 원칙'을 제시하고 있다. 이 원칙은 총가용시간의 60%를 계획하고, 나머지 40%는 예측하지 못한 사태 및 일의 중단요인, 개인의 창의적 계발 시간으로 남겨 둔다는 것이다. 보다 구체적으로 시간을 계획할 때, 60%의 시간은 ___㉠___에 할애하고, 20%는 ___㉡___에 할애하고, 마지막 20%를 ___㉢___에 할애한다는 것이다.

	㉠	㉡	㉢
①	비자발적 행동	자발적 행동	계획 행동
②	계획 행동	계획 외 행동	자발적 행동
③	자발적 행동	계획 행동	계획 외 행동
④	계획 외 행동	계획 행동	자발적 행동
⑤	계획 행동	비자발적 행동	계획 외 행동

06 다음은 효율적인 시간 관리를 위한 10가지 유의사항을 나타낸 것이다. 유의사항 중 틀린 내용은 모두 몇 가지인가?

〈효율적인 시간 관리를 위한 10가지 유의사항〉

- 규모가 큰 업무나 등가의 업무는 따로 처리하라.
- 의도적으로 외부의 방해를 받아들여라.
- 회의 시간을 제한하고 안건마다 기한을 설정하라.
- 모든 업무에 대해 우선순위를 설정하라.
- 가능한 한 정말로 중요한 것만 하라.
- 위임 가능성을 충분히 활용하라.
- 큰 규모의 업무는 한 번에 해결하라.
- A급 과제의 처리 기한은 자신에게 가장 적합하게 설정하라.
- 중점 과제는 나중에 처리하라.
- 능률을 고려하여 계획을 세워라.

① 1가지
② 2가지
③ 3가지
④ 4가지
⑤ 5가지

02 비용 계산

| 유형분석 |

- 예산 자원과 관련된 다양한 정보를 활용하여 풀어 가는 문제이다.
- 대체로 한정된 예산 내에서 수행할 수 있는 업무 및 예산 가격을 묻는 문제가 출제된다.

연봉 실수령액을 구하는 식이 〈보기〉와 같을 때, 연봉이 3,480만 원인 A씨의 연간 실수령액은?(단, 원 단위는 절사한다)

보기

- (연봉 실수령액)=(월 실수령액)×12
- (월 실수령액)=(월 급여)−[(국민연금)+(건강보험료)+(고용보험료)+(장기요양보험료)+(소득세)+(지방세)]
- (국민연금)=(월 급여)×4.5%
- (건강보험료)=(월 급여)×3.12%
- (고용보험료)=(월 급여)×0.65%
- (장기요양보험료)=(건강보험료)×7.38%
- (소득세)=68,000원
- (지방세)=(소득세)×10%

① 30,944,400원
② 31,078,000원
③ 31,203,200원
④ 32,150,800원
⑤ 32,497,600원

정답 ①

A씨의 월 급여는 3,480÷12=290만 원이다.
국민연금, 건강보험료, 고용보험료를 제외한 금액을 계산하면
290만 원−[290만 원×(0.045+0.0312+0.0065)]
→ 290만 원−(290만 원×0.0827) → 290만 원−239,830=2,660,170원
- 장기요양보험료 : (290만 원×0.0312)×0.0738≒6,670원(∵ 원 단위 이하 절사)
- 지방세 : 68,000×0.1=6,800원

따라서 A씨의 월 실수령액은 2,660,170−(6,670+68,000+6,800)=2,578,700원이고,
연 실수령액은 2,578,700×12=30,944,400원이다.

풀이 전략!

제한사항인 예산을 고려하여 문제에서 묻는 것을 정확히 파악한 후, 제시된 정보에서 필요한 것을 선별해 문제를 풀어 간다.

출제유형분석 02 실전예제

01 A팀장은 6월부터 10월까지 매월 부산에서 열리는 세미나에 참석하기 위해 숙소를 예약해야 한다. A팀장이 다음 〈조건〉에 따라 예약 사이트 M투어, H트립, S닷컴, T호텔스 중 한 곳을 통해 숙소를 예약하고자 할 때, A팀장이 이용할 예약 사이트와 6월부터 10월까지의 총숙박비용이 바르게 연결된 것은?

〈예약 사이트별 예약 정보〉

예약 사이트	가격(원/1박)	할인행사
M투어	120,500	3박 이용 시(연박 아니어도 3박 기록 있으면 유효) 다음 달에 30% 할인 쿠폰 1매 제공
H트립	111,000	6월부터 8월 사이 1박 이상 숙박 이용내역이 있을 시 10% 할인
S닷컴	105,500	2박 이상 연박 시 10,000원 할인
T호텔스	105,000	멤버십 가입 시 1박당 10% 할인(멤버십 가입비 20,000원)

조건

- 세미나를 위해 6월부터 10월까지 매월 1박 2일로 숙소를 예약한다.
- 숙소는 항상 K호텔을 이용한다.
- A팀장은 6월부터 10월까지 총 5번의 숙박비용의 합을 최소화하고자 한다.

	예약 사이트	총숙박비용
①	M투어	566,350원
②	H트립	492,500원
③	H트립	532,800원
④	S닷컴	527,500원
⑤	T호텔스	492,500원

02 다음 중 예산관리에 대한 설명으로 옳지 않은 것은?

① 무조건 비용을 적게 들이는 것이 좋다.
② 개발 책정 비용이 개발 실제 비용보다 더 크면 경쟁력 손실을 입는다.
③ 정해진 예산을 효율적으로 사용하여 최대한의 성과를 내기 위해 필요하다.
④ 예산관리는 예산통제, 비용산정, 예산편성 등을 포함한다.
⑤ 예산을 통제하는 것도 예산관리에 포함된다.

03 다음은 과제나 프로젝트 수행 시 예산을 관리하기 위한 예산 집행 실적 워크시트이다. ㉠~㉤에 대한 설명으로 적절하지 않은 것은?

〈예산 집행 실적〉

항목	배정액	당월 집행 실적	누적 집행 실적	㉢ 잔액	㉣ 사용률(%)	㉤ 비고
㉠			㉡			
합계						

① ㉠ : 기관에 따라 예산 항목의 이동이 자유로운 곳도 있지만, 다양한 기준으로 제한된 경우도 있다.

② ㉡ : 빈칸에는 해당 사업의 누적 집행 금액이 들어가는 것이 적절하다.

③ ㉢ : 당월 실적에서 ㉡을 뺀 값을 작성한다.

④ ㉣ : ㉡을 배정액으로 나눈 값에 100을 곱한 값을 작성한다.

⑤ ㉤ : 어떠한 목적으로 예산이 사용되었는지에 대한 정보를 기입한다.

04 다음은 예산관리의 필요성에 대한 자료이다. (가) ~ (다)에 따른 결과가 바르게 연결된 것은?

> 예산은 사전적 의미로 보았을 때, 필요한 비용을 미리 헤아려 계산하는 것이나 그 비용을 의미한다. 넓은 범위에서 민간기업 · 공공단체 및 기타 조직체는 물론이고 개인의 수입 · 지출에 관한 것도 포함한다.
> 하지만 우리가 예산관리를 해야 하는 이유는 예산의 유한성에서 비롯된다. 하나의 사업이나 활동을 하기 위해 필요한 비용을 미리 계산하는 것을 예산이라 할 수 있지만, 대부분의 경우 정해진 예산 범위 내에서 그 계획을 세우게 된다.
> 이렇듯 어떤 활동을 하던 간에 활동에 지불할 수 있는 비용은 제한되기 마련이며, 이로 인해 같은 비용을 얼마나 효율적으로 사용하고 관리하느냐가 중요하다. 즉, 적은 돈으로 최대의 효과를 보는 것이 중요하다고 할 수 있다. 하지만 여기서 중요한 것은 무조건 비용을 적게 들이는 것이 좋은 것은 아니라는 것이다. 예산과 실제 비용의 차이에 따라 다음과 같은 결과가 나타날 수 있다.

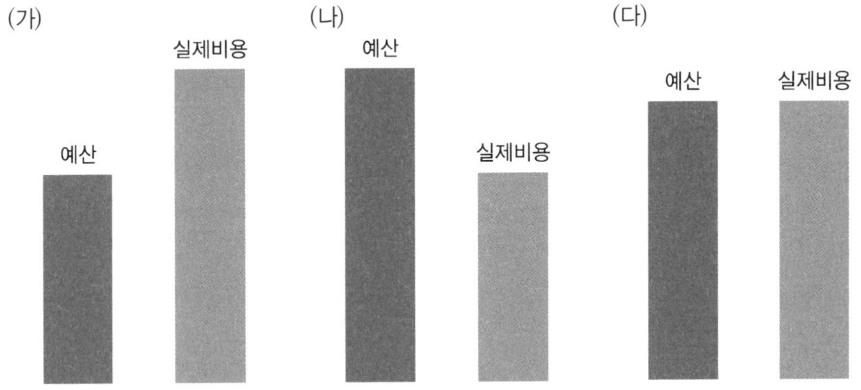

	(가)	(나)	(다)
①	적자 발생	경쟁력 손실	이상적 상태
②	적자 발생	이상적 상태	경쟁력 손실
③	경쟁력 손실	적자 발생	이상적 상태
④	경쟁력 손실	이상적 상태	적자 발생
⑤	이상적 상태	적자 발생	경쟁력 손실

03 품목 확정

| 유형분석 |

- 물적 자원과 관련된 다양한 정보를 활용하여 풀어 가는 문제이다.
- 주로 공정도·제품·시설 등에 대한 가격·특징·시간 정보가 제시되며, 이를 종합적으로 고려하는 문제가 출제된다.

다음 중 물적자원관리의 과정에 대한 설명으로 옳지 않은 것은?

① 물품의 정리 및 보관 시 물품을 앞으로 계속 사용할 것인지 아닌지를 구분해야 한다.

② 유사성의 원칙은 유사품을 같은 장소에 보관하는 것을 말하며, 이는 보관한 물품을 보다 쉽고 빠르게 찾을 수 있도록 하기 위해서 필요하다.

③ 물품이 특성에 맞는 보관장소를 선정해야 하므로, 종이류와 유리 등은 그 재질의 차이로 인해서 보관장소의 차이를 두는 것이 바람직하다.

④ 물품의 정리 시 회전대응 보관의 원칙은 입출하의 빈도가 높은 품목은 출입구 가까운 곳에 보관하는 것을 말한다.

⑤ 물품의 무게와 부피에 따라서 보관 장소를 달리해야 한다. 무게가 무겁거나 부피가 큰 것은 별도로 취급하여 개별 물품의 훼손이 생기지 않게 보관한다.

정답 ②

유사성의 원칙은 유사품은 인접한 장소에 보관한다는 것을 말한다. 같은 장소에 보관하는 것은 동일한 물품이다.

오답분석

① 물적자원관리 과정에서 첫 번째로 해야 할 일은 사용 물품과 보관 물품의 구분이며, 물품 활용의 편리성과 반복 작업 방지를 위해 필요한 작업이다.

③ 물품 분류가 끝났으면 적절하게 보관장소를 선정해야 하는데, 물품의 특성에 맞게 분류하여 보관하는 것이 바람직하다. 재질의 차이로 분류하는 방법도 옳은 방법이다.

④ 회전대응 보관 원칙에 대한 옳은 정의이다. 물품 보관 장소까지 선정이 끝나면 차례로 정리하면 된다. 여기서 회전대응 보관 원칙을 지켜야 물품 활용도가 높아질 수 있다.

⑤ 물품 보관 장소를 선정할 때 무게와 부피에 따라 분류하는 방법도 중요하다. 만약 다른 약한 물품들과 같이 놓게 되면 무게 또는 부피가 큰 물품에 의해 다른 물품이 파손될 가능성이 크기 때문이다.

풀이 전략!

문제에서 묻고자 하는 바를 정확히 파악하는 것이 중요하다. 문제에서 제시한 물적 자원의 정보를 문제의 의도에 맞게 선별하면서 풀어 간다.

출제유형분석 03 실전예제

01 **물적 자원관리 과정 중 같은 단계의 특성끼리 연결된 것은?**

① 반복 작업 방지, 물품 활용의 편리성
② 통일성의 원칙, 물품의 형상
③ 물품의 소재, 물품 활용의 편리성
④ 물품의 소재, 유사성의 원칙
⑤ 물품의 형상, 유사성의 원칙

02 **RFID 기술이 확산됨에 따라 K유통업체는 RFID를 물품관리시스템에 도입하여 긍정적인 효과를 얻고 있다. 다음 중 RFID에 대한 설명으로 적절하지 않은 것은?**

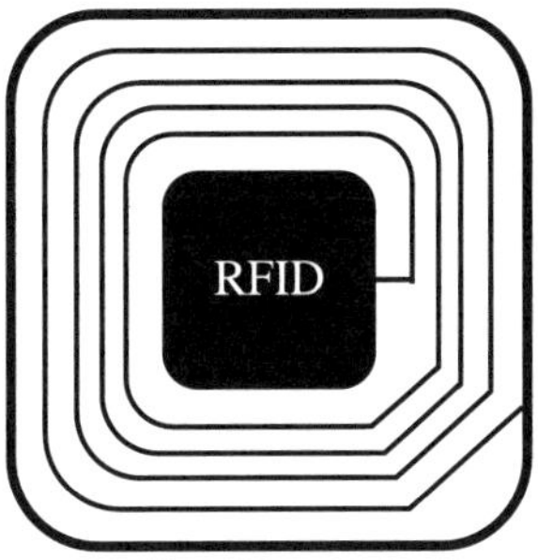

① 바코드와 달리 물체에 직접 접촉하지 않고도 데이터를 인식할 수 있다.
② 여러 개의 정보를 동시에 인식하거나 수정할 수 있다.
③ 바코드에 비해 많은 양의 데이터를 허용한다.
④ 데이터를 읽는 속도가 매우 빠르며, 데이터의 신뢰도 또한 높다.
⑤ 종류에 따라 반복적으로 데이터를 기록할 수 있으나, 반영구적으로 이용할 수는 없다.

03 다음 중 물적자원에 대한 설명으로 옳지 않은 것은?

① 세상에 존재하는 모든 물체가 물적자원에 포함되는 것은 아니다.
② 물적자원은 자연자원과 인공자원으로 나눌 수 있다.
③ 자연자원은 석유, 석탄, 나무 등을 가리킨다.
④ 인공자원은 사람들이 인위적으로 가공하여 만든 것이다.
⑤ 물적자원을 얼마나 확보하고 활용할 수 있느냐가 큰 경쟁력이 된다.

04 다음 중 물품의 특성에 맞는 보관 장소를 선정할 때 고려해야 할 요소로 적절하지 않은 것은?

물품은 개별 물품의 특성을 고려하여 적절하게 보관할 수 있는 장소를 선정해야 한다. 예를 들어 종이류와 유리, 플라스틱 등은 그 재질의 차이로 인해서 보관 장소를 다르게 하는 것이 적당하다. 특히 유리의 경우 쉽게 파손될 우려가 있기 때문에 따로 보관하는 것이 중요하다.

① 재질
② 무게
③ 부피
④ 모양
⑤ 사용빈도

05 K회사 마케팅 팀장은 팀원 50명에게 연말 선물을 하기 위해 물품을 구매하려고 한다. 다음은 업체별 품목 가격과 팀원들의 품목 선호도를 나타낸 자료이다. 〈조건〉에 따라 팀장이 구매하는 물품과 업체를 순서대로 바르게 나열한 것은?

〈업체별 품목 금액〉

구분		한 벌당 가격(원)
A업체	티셔츠	6,000
	카라 티셔츠	8,000
B업체	티셔츠	7,000
	후드 집업	10,000
	맨투맨	9,000

〈구성원 품목 선호도〉

순위	품목
1	카라 티셔츠
2	티셔츠
3	후드 집업
4	맨투맨

조건

- 구성원의 선호도를 우선으로 품목을 선택한다.
- 총구매 금액이 30만 원 이상이면 총금액에서 5% 할인을 해준다.
- 차순위 품목이 1순위 품목보다 총금액이 20% 이상 저렴하면 차순위를 선택한다.

① 티셔츠, A업체
② 카라 티셔츠, A업체
③ 티셔츠, B업체
④ 후드 집업, B업체
⑤ 맨투맨, B업체

PART 1

04 인원 선발

| 유형분석 |

- 인적 자원과 관련된 다양한 정보를 활용하여 풀어 가는 문제이다.
- 주로 근무명단, 휴무일, 업무할당 등의 주제로 다양한 정보를 활용하여 종합적으로 풀어 가는 문제가 출제된다.

어느 버스회사에서 A시에서 B시를 연결하는 버스 노선을 개통하기 위해 새로운 버스를 구매하려고 한다. 다음 〈조건〉과 같이 노선을 운행하려고 할 때, 최소 몇 대의 버스를 구매해야 하며 이때 필요한 운전사는 최소 몇 명인가?

조건

1) 새 노선의 왕복 시간 평균은 2시간이다(승하차 시간을 포함).
2) 배차시간은 15분 간격이다.
3) 운전사의 휴식시간은 매 왕복 후 30분씩이다.
4) 첫차는 05시 정각에, 막차는 23시에 A시를 출발한다.
5) 모든 차는 A시에 도착하자마자 B시로 곧바로 출발하는 것을 원칙으로 한다.
   즉, A시에 도착하는 시간이 바로 B시로 출발하는 시간이다.
6) 모든 차는 A시에서 출발해서 A시로 복귀한다.

	버스	운전사
①	6대	8명
②	8대	10명
③	10대	12명
④	12대	14명
⑤	14대	16명

정답 ②

왕복 시간이 2시간, 배차 간격이 15분이라면 첫차가 재투입되는 데 필요한 앞차의 수는 첫차를 포함해서 8대이다(∵ 15분×8대=2시간이므로 8대 버스가 운행된 이후 9번째에 첫차 재투입 가능).
운전사는 왕복 후 30분의 휴식을 취해야 하므로 첫차를 운전했던 운전사는 2시간 30분 뒤에 운전을 시작할 수 있다. 따라서 8대의 버스로 운행하더라도 운전자는 150분 동안 운행되는 버스 150÷15=10대를 운전하기 위해서는 10명의 운전사가 필요하다.

풀이 전략!

문제에서 신입사원 채용이나 인력배치 등의 주제가 출제될 경우에는 주어진 규정 혹은 규칙을 꼼꼼히 확인하여야 한다. 이를 근거로 각 선택지가 어긋나지 않는지 검토하며 문제를 풀어 간다.

출제유형분석 04 실전예제

01 K구청은 주민들의 정보화 교육을 위해 정보화 교실을 동별로 시행하고 있고, 주민들은 각자 일정에 맞춰 정보화 교육을 수강하려고 한다. 다음 중 개인 일정상 신청과목을 수강할 수 없는 사람은?(단, 하루라도 수강을 빠진다면 수강이 불가능하다)

〈정보화 교육 일정표〉

교육날짜	교육시간	장소	과정명	장소	과정명
화, 목	09:30 ~ 12:00	A동	인터넷 활용하기	C동	스마트한 클라우드 활용
	13:00 ~ 15:30		그래픽 초급 픽슬러 에디터		스마트폰 SNS 활용
	15:40 ~ 18:10		ITQ한글2020(실전반)		–
수, 금	09:30 ~ 12:00		한글 문서 활용하기		Windows10 활용하기
	13:00 ~ 15:30		스마트폰 / 탭 / 패드(기본앱)		스마트한 클라우드 활용
	15:40 ~ 18:10		컴퓨터 기초(윈도우 및 인터넷)		–
월	09:30 ~ 15:30		포토샵 기초		사진 편집하기
화 ~ 금	09:30 ~ 12:00	B동	그래픽 편집 달인 되기	D동	한글 시작하기
	13:00 ~ 15:30		한글 활용 작품 만들기		사진 편집하기
	15:40 ~ 18:10		–		엑셀 시작하기
월	09:30 ~ 15:30		Windows10 활용하기		스마트폰 사진 편집& 앱 배우기

〈개인 일정 및 신청과목〉

구분	개인 일정	신청과목
D동의 홍길동	• 매주 월 ~ 금 08:00 ~ 15:00 편의점 아르바이트 • 매주 월요일 16:00 ~ 18:00 음악학원 수강	엑셀 시작하기
A동의 이몽룡	• 매주 화, 수, 목 09:00 ~ 18:00 학원 강의 • 매주 월 16:00 ~ 20:00 배드민턴 동호회 활동	포토샵 기초
C동의 성춘향	• 매주 수, 금 17:00 ~ 22:00 호프집 아르바이트 • 매주 월 10:00 ~ 12:00 과외	스마트한 클라우드 활용
B동의 변학도	• 매주 월, 화 08:00 ~ 15:00 카페 아르바이트 • 매주 수, 목 18:00 ~ 20:00 요리학원 수강	그래픽 편집 달인되기
A동의 김월매	• 매주 월, 수, 금 10:00 ~ 13:00 필라테스 수강 • 매주 화 14:00 ~ 17:00 제빵학원 수강	인터넷 활용하기

① 홍길동
② 이몽룡
③ 성춘향
④ 변학도
⑤ 김월매

02 다음은 부서별로 핵심역량가치 중요도를 정리한 자료와 신입사원들의 핵심역량평가 결과표이다. 이를 바탕으로 한 C사원과 E사원의 부서배치로 옳은 것은?(단, '–'는 중요도가 상관없다는 표시이다)

〈핵심역량가치 중요도〉

구분	창의성	혁신성	친화력	책임감	윤리성
영업팀	–	중	상	중	–
개발팀	상	상	하	중	상
지원팀	–	중	–	상	하

〈핵심역량평가 결과표〉

구분	창의성	혁신성	친화력	책임감	윤리성
A사원	상	하	중	상	상
B사원	중	중	하	중	상
C사원	하	상	상	중	하
D사원	하	하	상	하	중
E사원	상	중	중	상	하

	C사원	E사원
①	개발팀	지원팀
②	영업팀	지원팀
③	개발팀	영업팀
④	지원팀	개발팀
⑤	지원팀	영업팀

03 다음 중 4차 산업혁명 시대의 인적자원관리 변화에 대한 설명으로 적절하지 않은 것은?

① 인간을 모방한 감각기능과 지능이 탑재되어 진보한 로봇이 다양한 수작업을 하고, 이는 산업에 영향을 주어 근로의 유형을 변화시킨다.

② 신기술의 등장과 기존 산업 간의 융합으로 새로운 산업의 생태계를 만들고, 직업에도 많은 변화가 발생한다.

③ 일자리의 양극화가 더욱 심화되며 대기업을 중심으로 우수인재 영입 및 유지를 위한 데이터 기반 인적자원관리가 강화된다.

④ 영리기반 공유경제 플랫폼은 노동자의 고용안정성을 더욱 향상시킨다.

⑤ 기술진보에 따라 새로운 직무에 적응할 수 있도록 지속적인 능력개발이 뒷받침되어야 한다.

04 다음은 팀원들을 적절한 위치에 효과적으로 배치하기 위한 3가지 원칙에 대한 글이다. ㉠~㉣에 들어갈 말을 바르게 연결한 것은?

> ___㉠___는 개인에게 능력을 발휘할 수 있는 기회와 장소를 부여하고, 그 성과를 바르게 평가한 뒤 평가된 실적에 대해 그에 상응하는 보상을 주는 원칙을 말한다. 이때, 미래에 개발 가능한 능력까지도 함께 고려해야 한다. 반면, ___㉡___는 팀의 효율성을 높이기 위해 팀원을 그의 능력이나 성격 등과 가장 적합한 위치에 배치하여 팀원 개개인의 능력을 최대로 발휘해 줄 것을 기대하는 것이다. 즉, 작업이나 직무가 요구하는 요건과 개인이 보유하고 있는 조건이 서로 균형 있고 적합하게 대응되어야 한다. 결국 ___㉢___는 ___㉣___의 하위개념이라고 할 수 있다.

	㉠	㉡	㉢	㉣
①	능력주의	적재적소주의	적재적소주의	능력주의
②	능력주의	적재적소주의	능력주의	적재적소주의
③	적재적소주의	능력주의	능력주의	적재적소주의
④	적재적소주의	능력주의	적재적소주의	능력주의
⑤	능력주의	균형주의	균형주의	능력주의

CHAPTER 05

정보능력

합격 Cheat Key

정보능력은 업무를 수행함에 있어 기본적인 컴퓨터를 활용하여 필요한 정보를 수집・분석・활용하는 능력으로, 업무와 관련된 정보를 수집하고, 이를 분석하여 의미 있는 정보를 얻는 능력을 의미한다. 세부 유형은 컴퓨터 활용, 정보 처리로 나눌 수 있다.

1 평소에 컴퓨터 활용 스킬을 틈틈이 익혀라!

윈도우(OS)에서 어떠한 설정을 할 수 있는지, 응용프로그램(엑셀 등)에서 어떠한 기능을 활용할 수 있는지를 평소에 직접 사용해 본다면 문제를 보다 수월하게 해결할 수 있다. 여건이 된다면 컴퓨터 활용 능력에 관련된 자격증 공부를 하는 것도 이론과 실무를 익히는 데 도움이 될 것이다.

2 문제의 규칙을 찾는 연습을 하라!

일반적으로 코드체계나 시스템 논리체계를 제공하고 이를 분석하여 문제를 해결하는 유형이 출제된다. 이러한 문제는 문제해결능력과 같은 맥락으로 규칙을 파악하여 접근하는 방식으로 연습이 필요하다.

3 현재 보고 있는 그 문제에 집중하라!

정보능력의 모든 것을 공부하려고 한다면 양이 너무나 방대하다. 그렇기 때문에 수험서에서 본인이 현재 보고 있는 문제들을 집중적으로 공부하고 기억하려고 해야 한다. 그러나 엑셀의 함수 수식, 연산자 등 암기를 필요로 하는 부분들은 필수적으로 암기를 해서 출제가 되었을 때 오답률을 낮출 수 있도록 한다.

4 사진 · 그림을 기억하라!

컴퓨터 활용 능력을 파악하는 영역이다 보니 컴퓨터 속 옵션, 기능, 설정 등의 사진 · 그림이 문제에 같이 나오는 경우들이 있다. 그런 부분들은 직접 컴퓨터를 통해서 하나하나 확인을 하면서 공부한다면 더 기억에 잘 남게 된다. 조금 귀찮더라도 한 번씩 클릭하면서 확인해 보도록 한다.

01 정보 이해

| 유형분석 |

- 정보능력 전반에 대한 이해를 확인하는 문제이다.
- 정보능력 이론이나 새로운 정보 기술에 대한 문제가 자주 출제된다.

다음 중 정보의 가공 및 활용에 대한 설명으로 옳지 않은 것은?

① 정보는 원형태 그대로 혹은 가공하여 활용할 수 있다.

② 수집된 정보를 가공하여 다른 형태로 재표현하는 방법도 가능하다.

③ 정적정보의 경우, 이용한 이후에도 장래활용을 위해 정리하여 보존한다.

④ 비디오테이프에 저장된 영상정보는 동적정보에 해당한다.

⑤ 동적정보는 입수하여 처리 후에는 해당 정보를 즉시 폐기해도 된다.

정답 ④

저장매체에 저장된 자료는 시간이 지나도 언제든지 동일한 형태로 재생이 가능하므로 정적정보에 해당한다.

오답분석

① 정보는 원래 형태 그대로 활용하거나, 분석, 정리 등 가공하여 활용할 수 있다.

② 정보를 가공하는 것뿐 아니라 일정한 형태로 재표현하는 것도 가능하다.

③ 시의성이 사라지면 정보의 가치가 떨어지는 동적정보와 달리 정적정보의 경우, 이용 후에도 장래에 활용을 하기 위해 정리하여 보존하는 것이 좋다.

⑤ 동적정보의 특징은 입수 후 처리한 경우에는 폐기하여도 된다는 것이다. 오히려 시간의 경과에 따라 시의성이 점점 떨어지는 동적정보를 축적하는 것은 비효율적이다.

풀이 전략!

자주 출제되는 정보능력 이론을 확인하고, 확실하게 암기해야 한다. 특히 새로운 정보 기술이나 컴퓨터활용능력 등에 관심을 가지는 것이 좋다.

출제유형분석 01 실전예제

01 **다음 글을 읽고 정보관리의 3원칙 중 ㉠~㉢에 해당하는 내용을 바르게 나열한 것은?**

> '구슬이 서말이라도 꿰어야 보배'라는 속담처럼 여러 가지 채널과 갖은 노력 끝에 입수한 정보가 우리가 필요한 시점에 즉시 활용되기 위해서는 모든 정보가 차곡차곡 정리되어 있어야 한다. 이처럼 정보의 관리란 수집된 다양한 형태의 정보를 어떤 문제해결이나 결론도출에 사용하기 쉬운 형태로 바꾸는 일이다. 정보를 관리할 때에는 특히 ㉠ 정보에 대한 사용목표가 명확해야 하며, ㉡ 정보를 쉽게 작업할 수 있어야 하고, ㉢ 즉시 사용할 수 있어야 한다.

	㉠	㉡	㉢
①	목적성	용이성	유용성
②	다양성	용이성	통일성
②	용이성	통일성	다양성
④	통일성	목적성	유용성
③	통일성	목적성	용이성

02 **다음은 데이터베이스에 대한 설명이다. 데이터베이스의 특징으로 적절하지 않은 것은?**

> 데이터베이스란 대량의 자료를 관리하고 내용을 구조화하여 검색이나 자료 관리 작업을 효과적으로 실행하는 프로그램으로, 삽입, 삭제, 수정, 갱신 등을 통하여 항상 최신의 데이터를 유동적으로 유지할 수 있으며, 이와 같은 다량의 데이터는 사용자의 질의에 대한 신속한 응답 처리를 가능하게 한다. 또한 이러한 데이터를 여러 명의 사용자가 동시에 공유할 수 있고, 각 데이터를 참조할 때는 사용자가 요구하는 내용에 따라 참조가 가능함은 물론 응용프로그램과 데이터베이스를 독립시킴으로써 데이터를 변경시키더라도 응용프로그램은 변경되지 않는다.

① 실시간 접근성
② 계속적인 진화
③ 동시 공유
④ 내용에 의한 참조
⑤ 데이터의 논리적 의존성

03 **귀하는 거래처의 컴퓨터를 빌려서 쓰게 되었는데, 해당 컴퓨터를 부팅하고 바탕화면에 저장된 엑셀 파일을 열자 어디에 사용될지 모르는 고객의 상세한 신상정보가 담겨 있었다. 다음 중 귀하가 취해야 할 태도로 가장 적절한 것은?**

① 고객 신상 정보를 즉시 지우고 빌린 컴퓨터를 사용한다.
② 고객 신상 정보의 훼손을 방지하고자 자신의 USB에 백업해두고 보관해준다.
③ 고객 신상 정보를 저장장치에 복사해서 빌린 거래처 담당자에게 되돌려준다.
④ 거래처에 고객 신상 정보 삭제를 요청한다.
⑤ 고객 신상 정보에 나와 있는 고객에게 연락하여 알려준다.

02 | 엑셀 함수

| 유형분석 |

- 컴퓨터 활용과 관련된 상황에서 문제를 해결하기 위한 행동이 무엇인지 묻는 문제이다.
- 주로 업무수행 중에 많이 활용되는 대표적인 엑셀 함수(COUNTIF, ROUND, MAX, SUM, COUNT, AVERAGE …)가 출제된다.
- 종종 엑셀시트를 제시하여 각 셀에 들어갈 함수식이 무엇인지 고르는 문제가 출제되기도 한다.

다음 시트에서 판매수량과 추가판매의 합계를 구하기 위해서 [B6] 셀에 들어갈 수식으로 옳은 것은?

	A	B	C
1	일자	판매수량	추가판매
2	06월19일	30	8
3	06월20일	48	
4	06월21일	44	
5	06월22일	42	12
6	합계	184	

① =SUM(B2, C2, C5)　　② =LEN(B2:B5, 3)

③ =COUNTIF(B2:B5, ">=12")　　④ =SUM(B2:B5)

⑤ =SUM(B2:B5, C2, C5)

정답 ⑤

「=SUM(합계를 구할 처음 셀:합계를 구할 마지막 셀)」으로 표시해야 한다. 판매수량과 추가판매를 더하는 것은 비연속적인 셀을 더하는 것이므로 연속하는 영역을 입력하고 ','로 구분해 준 다음 영역을 다시 지정해야 한다. 따라서 [B6] 셀에 작성해야 할 수식으로는 「=SUM(B2:B5, C2, C5)」이 옳다.

풀이 전략!

제시된 상황에서 사용할 엑셀 함수가 무엇인지 파악한 후, 선택지에서 적절한 함수식을 골라 식을 만들어야 한다. 평소 대표적으로 문제에 자주 출제되는 몇몇 엑셀 함수를 익혀두면 풀이시간을 단축할 수 있다.

출제유형분석 02 실전예제

※ 귀하는 지점별 매출 및 매입 현황을 정리하고 있다. 다음 자료를 보고 이어지는 질문에 답하시오. [1~2]

	A	B	C	D	E	F
1	지점명	매출	매입			
2	주안점	2,500,000	1,700,000			
3	동암점	3,500,000	2,500,000		최대 매출액	
4	간석점	7,500,000	5,700,000		최소 매출액	
5	구로점	3,000,000	1,900,000			
6	강남점	4,700,000	3,100,000			
7	압구정점	3,000,000	1,500,000			
8	선학점	2,500,000	1,200,000			
9	선릉점	2,700,000	2,100,000			
10	교대점	5,000,000	3,900,000			
11	서초점	3,000,000	1,900,000			
12	합계					

01 다음 중 매출과 매입의 합계를 구할 때 사용할 함수는?

① REPT
② CHOOSE
③ SUM
④ AVERAGE
⑤ DSUM

02 다음 중 [F3] 셀을 구하는 함수식으로 옳은 것은?

① =MIN(B2:B11)
② =MAX(B2:C11)
③ =MIN(C2:C11)
④ =MAX(C2:C11)
⑤ =MAX(B2:B11)

03 K중학교에서 근무하는 P교사는 반 학생들의 과목별 수행평가 제출 여부를 확인하기 위해 다음과 같이 자료를 정리하였다. P교사가 [D11] ~ [D13] 셀에 〈보기〉와 같이 함수를 입력하였을 때, [D11] ~ [D13] 셀에 나타날 결괏값이 바르게 연결된 것은?

	A	B	C	D
1			(제출했을 경우 '1'로 표시)	
2	이름	A과목	B과목	C과목
3	김혜진	1	1	1
4	이방숙	1		
5	정영교	재제출 요망	1	
6	정혜운		재제출 요망	1
7	이승준		1	
8	이혜진			1
9	정영남	1		1
10				
11				
12				
13				

보기

[D11] 셀에 입력한 함수 → =COUNTA(B3:D9)
[D12] 셀에 입력한 함수 → =COUNT(B3:D9)
[D13] 셀에 입력한 함수 → =COUNTBLANK(B3:D9)

	[D11]	[D12]	[D13]
①	12	10	11
②	12	10	9
③	10	12	11
④	10	12	9
⑤	10	10	9

※ 병원에서 근무하는 S씨는 건강검진 관리 현황을 정리하고 있다. 이어지는 질문에 답하시오. **[4~5]**

	A	B	C	D	E	F
1	〈건강검진 관리 현황〉					
2	이름	검사구분	주민등록번호	검진일	검사항목 수	성별
3	강민희	종합검진	960809-2******	2023-11-12	18	
4	김범민	종합검진	010323-3******	2023-03-13	17	
5	조현진	기본검진	020519-3******	2023-09-07	10	
6	최진석	추가검진	871205-1******	2023-11-06	6	
7	한기욱	추가검진	980227-1******	2023-04-22	3	
8	정소희	종합검진	001015-4******	2023-02-19	17	
9	김은정	기본검진	891025-2******	2023-10-14	10	
10	박미옥	추가검진	011002-4******	2023-07-21	5	

04 다음 중 2023년 하반기에 검진 받은 사람의 수를 확인하고자 할 때 사용해야 할 함수는?

① COUNT
② COUNTA
③ SUMIF
④ MATCH
⑤ COUNTIF

05 다음 중 주민등록번호를 통해 성별을 구분하려고 할 때, 각 셀에 필요한 함수식으로 옳은 것은?

① F3 : =IF(AND(MID(C3,8,1)="2",MID(C3,8,1)="4"),"여자","남자")
② F4 : =IF(AND(MID(C4,8,1)="2",MID(C4,8,1)="4"),"여자","남자")
③ F7 : =IF(OR(MID(C7,8,1)="2",MID(C7,8,1)="4"),"여자","남자")
④ F9 : =IF(OR(MID(C9,8,1)="1",MID(C9,8,1)="3"),"여자","남자")
⑤ F6 : =IF(OR(MID(C6,8,1)="2",MID(C6,8,1)="3"),"남자","여자")

03 프로그램 언어(코딩)

| 유형분석 |

- 프로그램의 실행 결과를 코딩을 통해 파악하여 이를 풀이하는 문제이다.
- 대체로 문제에서 규칙을 제공하고 있으며, 해당 규칙을 적용하여 새로운 코드번호를 만들거나 혹은 만들어진 코드번호를 해석하는 등의 문제가 출제된다.

다음 C 프로그램의 실행 결과에서 p의 값으로 옳은 것은?

```
#include <stdio.h>
int main()
{
    int x, y, p;
    x = 3;
    y = x ++;
    printf("x = %d y = %d\n", x, y);
    x = 10;
    y = ++x;
    printf("x = %d y = %d\n", x, y);
    y++;
    p=x+y;
    printf("x = %d y = %d\n", x, y);
    printf("p = %d\n", p);
    return 0;
 }
```

① p=22 ② p=23

③ p=24 ④ p=25

정답 ②

x값을 1 증가하여 x에 저장하고, 변경된 x값을 y값에 저장한 후 y값을 1 증가하여 y값에 저장한다. 이후 x값과 y값을 더하여 p에 저장한다. 따라서 x=10+1=11, y=x+1=12 → p=x+y=23이다.

풀이 전략!

문제에서 실행 프로그램 내용이 주어지면 핵심 키워드를 확인한다. 코딩 프로그램을 통해 요구되는 내용을 알아맞혀 정답 유무를 판단한다.

출제유형분석 03 실전예제

※ 다음 프로그램의 실행 결과로 옳은 것을 고르시오. [1~2]

01

```
#include <stdio.h>
void main() {
    int temp = 0;
    int i = 10;

    temp = i++;
    temp = i--;

    printf("%d, %d", temp, i);
}
```

① 10, 10
② 11, 10
③ 11, 11
④ 10, 11
⑤ 0, 10

02

```
#include <stdio.h>
void main(){
    char *arr[]={"AAA","BBB","CCC"};
    printf("%s", *(arr+1));
}
```

① AAA
② AAB
③ BBB
④ CCC
⑤ AAABBBCCC

교육은 우리 자신의 무지를 점차 발견해 가는 과정이다.

- 윌 듀란트 -

PART 2

최종점검 모의고사

제1회
최종점검 모의고사

※ 한국가스공사 고졸 / 별정직 채용 최종점검 모의고사는 채용공고를 기준으로 구성한 것으로, 실제 시험과 다를 수 있습니다.

■ 취약영역 분석

번호	O/×	영역	번호	O/×	영역	번호	O/×	영역
1		의사소통능력	21		문제해결능력	41		정보능력
2			22			42		
3			23			43		
4			24			44		
5			25			45		
6			26			46		
7			27			47		
8			28			48		
9			29			49		
10			30			50		
11		수리능력	31		자원관리능력			
12			32					
13			33					
14			34					
15			35					
16			36					
17			37					
18			38					
19			39					
20			40					

평가문항	50문항	평가시간	60분
시작시간	:	종료시간	:
취약영역			

제 1 회

최종점검 모의고사

모바일 OMR

응시시간 : 60분 문항 수 : 50문항

정답 및 해설 p.044

※ 다음 글을 읽고 이어지는 질문에 답하시오. [1~2]

코로나19는 2019년에 중국 우한에서 처음 발생한 감염병으로, 전 세계로 확산되어 대규모의 유행을 일으켰다. 코로나19는 주로 호흡기를 통해 전파되며 기침, 인후통, 발열 등의 경미한 증상에서 심각한 호흡곤란과 같은 치명적인 증상을 일으키기도 한다.
코로나19의 유행은 공공의료체계에 큰 영향을 주었다. 대부분의 국가는 코로나19 감염환자의 대량 입원으로 병상부족 문제를 겪었으며 의료진의 업무부담 또한 매우 증가되었다. 또한 예방을 위한 검사 및 검체 채취, 밀접 접촉자 추적, 격리 및 치료 등의 과정에서 많은 인력과 시간이 ___㉠___ 되었다.
국가 및 지역 사회에서 모든 사람들에게 평등하고 접근 가능한 의료 서비스를 제공하기 위한 공공의료는 전염병의 대유행 상황에서 매우 중요한 역할을 담당한다. 공공의료는 환자의 치료와 예방, 감염병 관리에서 필수적인 역할을 수행하며 코로나19 대유행 당시 검사, 진단, 치료, 백신 접종 등 다양한 서비스를 국민에게 제공하여 사회 전체의 건강보호를 담당하였다.
공공의료는 국가와 지역 단위에서의 재난 대응 체계와 밀접하게 연계되어 있다. 정부는 공공의료 시스템을 효과적으로 운영하여 감염병의 확산을 억제하고, 병원 부족 문제를 해결하며, 의료진의 안전과 보호를 보장해야 한다. 이를 위해 예방 접종 캠페인, 감염병 관리 및 예방 교육, 의료 인력과 시설의 지원 등 다양한 조치를 취하는 모습을 볼 수 있었다.
코로나19 대유행은 공공의료의 중요성과 필요성을 다시 한 번 강조하였다. 강력한 공공의료 체계는 전염병과의 싸움에서 핵심적인 역할을 수행하며, 국가와 지역 사회의 건강을 보호하는 데 필수적이다. 이를 위해서는 지속적인 투자와 개선이 이루어져야 하며, 협력과 혁신을 통해 미래의 감염병에 대비할 수 있는 강력한 공공의료 시스템을 구축해야 한다.

01 다음 중 윗글의 주제로 가장 적절한 것은?

① 코로나19의 유행과 지역사회 전파 방지를 위한 노력
② 감염병과 백신의 중요성
③ 코로나19 확진자 격리 과정
④ 코로나19 유행과 공공의료의 중요성
⑤ 코로나19의 대표적 증상

02 다음 중 밑줄 친 ㉠에 들어갈 단어로 가장 적절한 것은?

① 대비
② 대체
③ 제공
④ 초과
⑤ 소요

03 다음 문장을 논리적 순서대로 바르게 나열한 것은?

(가) 점차 우리의 생활에서 집단이 차지하는 비중이 커지고, 사회가 조직화되어 가는 현대 사회에서는 개인의 윤리 못지않게 집단의 윤리, 즉 사회 윤리의 중요성도 커지고 있다.
(나) 따라서 우리는 현대 사회의 특성에 맞는 사회 윤리의 정립을 통해 올바른 사회를 지향하는 노력을 계속해야 할 것이다.
(다) 그러나 이러한 사회 윤리가 단순히 개개인의 도덕성이나 윤리 의식의 강화에 의해서만 이루어지는 것은 아니다.
(라) 물론 그것은 인격을 지니고 있는 개인과는 달리 전체의 이익을 합리적으로 추구하는 사회의 본질적 특성에서 연유하는 것이기도 하다.
(마) 그것은 개개인이 도덕적이라는 것과 그들로 이루어진 사회가 도덕적이라는 것은 별개의 문제이기 때문이다.

① (가) – (다) – (마) – (라) – (나)
② (가) – (라) – (나) – (다) – (마)
③ (나) – (가) – (마) – (라) – (다)
④ (다) – (나) – (가) – (라) – (마)
⑤ (다) – (나) – (라) – (가) – (마)

04 다음 글의 핵심 내용으로 가장 적절한 것은?

BMO 금속 및 광업 관련 리서치 보고서에 따르면 최근 가격 강세를 지속해 온 알루미늄, 구리, 니켈 등 산업금속들이 4분기 중 공급부족 심화와 가격 상승세가 전망된다. 산업금속이란 산업에 필수적으로 사용되는 금속들을 말하는데, 앞서 제시한 알루미늄, 구리, 니켈뿐만 아니라 비교적 단단한 금속에 속하는 은이나 금 등도 모두 산업에 많이 사용될 수 있는 금속이므로 산업금속의 카테고리에 속한다고 할 수 있다. 이러한 산업금속은 물품을 생산하는 기계의 부품으로서 필요하기도 하고, 전자제품 등의 소재로 쓰이기도 하기 때문에 특정 분야의 산업이 활성화되면 특정 금속의 가격이 뛰거나 심각한 공급난을 겪기도 한다.

지난 4일 금융투자업계에 따르면 최근 전세계적인 경제 회복 조짐과 함께 탈 탄소 트렌드, 즉 '그린 열풍'에 따른 수요 증가로 산업금속 가격이 초강세이다. 런던금속거래소에서 발표한 자료에 따르면 올해 들어 지난달까지 알루미늄은 20.7%, 구리가 47.8%, 니켈은 15.9% 각각 가격이 상승했다. 이에서도 알 수 있듯이 구리 수요를 필두로 알루미늄, 니켈 등 전반적인 산업금속 섹터의 수요량이 증가하였다. 이는 전기자동차 산업의 확충과 관련이 있다. 전기자동차의 핵심적인 부품인 배터리를 만드는 데에 구리와 니켈이 사용되기 때문이다. 이때, 배터리 소재 중 니켈의 비중을 높이면 배터리의 용량을 키울 수 있으나 배터리의 안정성이 저하된다. 기존의 전기자동차 배터리는 니켈의 사용량이 높았기 때문에 더욱 안정성 문제가 제기되어 왔다. 그래서 연구 끝에 적정량의 구리를 배합하는 것이 배터리 성능과 안정성을 모두 향상시키기 위해서 중요하다는 것을 밝혀내었다. 구리가 전기자동차 산업의 핵심 금속인 셈이다.

이처럼 전기자동차와 배터리 등 친환경 산업에 필수적인 금속들의 수요는 증가하는 반면, 세계 각국의 환경 규제 강화로 인해 금속의 생산은 오히려 감소하고 있기 때문에 산업금속에 대한 공급난과 가격 인상이 우려되고 있다.

① 전기자동차의 배터리 성능을 향상하는 기술
② 세계적인 '그린 열풍' 현상 발생의 원인
③ 필수적인 산업금속 공급난으로 인한 문제
④ 전기자동차 확충에 따른 구리 수요 증가 상황
⑤ 탈 탄소 산업의 대표 주자인 전기자동차 산업

05 다음 글을 읽고 추론할 수 있는 내용으로 가장 적절한 것은?

> 최근 환경에 대한 관심이 증가하면서 상표에도 '에코', '녹색' 등 '친환경'을 표방하는 상표 출원이 꾸준히 증가하는 것으로 나타났다. 특허청에 따르면, '친환경' 관련 상표 출원은 최근 10여 년간 연평균 1,200여 건이 출원돼 꾸준한 관심을 받아온 것으로 나타났다. '친환경' 관련 상표는 제품의 '친환경'을 나타내는 대표적인 문구인 '친환경, 에코, ECO, 녹색, 그린, 생태' 등의 문자를 포함하고 있는 상표이며 출원 건수는 상품류를 기준으로 한다. 즉, 단류 출원은 1건, 2개류에 출원된 경우 2건으로 계산한다.
> 작년 한 해 친환경 상표가 가장 많이 출원된 제품은 화장품(79건)이었으며, 그다음으로 세제(50건), 치약(48건), 샴푸(47건) 순으로 조사됐다. 특히, 출원 건수 상위 10개 제품 중 7개가 일상생활에서 흔히 사용하는 미용, 위생 등 피부와 관련된 상품인 것으로 나타나 깨끗하고 순수한 환경에 대한 관심이 친환경 제품으로 확대되고 있는 것으로 분석됐다.
> 2007년부터 2017년까지의 '친환경' 관련 상표의 출원 실적을 보면, 영문자 'ECO'가 4,820건으로 가장 많이 사용되어 기업이나 개인은 제품의 '친환경'을 나타내는 상표 문구로 'ECO'를 가장 선호하는 것으로 드러났다. 다음으로는 '그린'이 3,862건, 한글 '에코'가 3,156건 사용됐고 '초록', '친환경', '녹색', '생태'가 각각 766건, 687건, 536건, 184건으로 그 뒤를 이었다. 특히, '저탄소・녹색성장'이 국가 주요 정책으로 추진되던 2010년에는 '녹색'을 사용한 상표 출원이 매우 증가한 것으로 나타났고, 친환경・유기농 먹거리 등에 대한 수요가 늘어나면서 2015년에는 '초록'이 포함된 상표 출원이 상대적으로 증가한 것으로 조사됐다.
> 최근 환경과 건강에 대한 관심이 증가하면서 이러한 '친환경' 관련 상표를 출원하여 등록받는 것이 소비자들의 안전한 구매를 촉진하는 길이 될 수 있다.

① 환경과 건강에 대한 관심이 증가하지만 '친환경'을 강조하는 상표 출원의 증가세가 주춤할 것으로 전망된다.
② 국가 주요 정책이나 환경에 대한 관심이 상표 출원에 많은 영향을 미친다.
③ 친환경 상표가 가장 많이 출원된 제품인 화장품의 경우 대부분 안전하다고 믿고 사용해도 된다.
④ 영문 'ECO'와 한글 '에코'의 의미가 동일하므로 한글 '에코'의 상표 문구 출원이 높아져 영문 'ECO'를 역전할 가능성이 높다.
⑤ 친환경 세제를 개발한 P사는 ECO 달세제, ECO 별세제 2개의 상품을 모두 '표백제 및 기타 세탁용 제제'의 상품류로 등록하여 출원건수는 2건으로 계산될 수 있다.

PART 2

06 **다음은 에너지 기술 활용 방안과 관련한 기사와 K공사의 사업 수행 내역에 관한 글이다. 밑줄 친 단어가 의미하는 다섯 가지 용어로 옳은 것은?**

> (가) S공단은 오는 20일 고양시 일산 킨텍스에서 4차 산업혁명의 핵심기술인 <u>AICBM</u>과 관련한 에너지 정책이 나아갈 방향을 조명하고 발전방안을 논의하기 위한 '4차 산업혁명 대응 AICBM·에너지 융합 BIZ 전략 세미나'를 개최한다고 12일 밝혔다. 이번 세미나는 최근 전 세계의 트렌드인 4차 산업혁명의 핵심기술과 에너지 분야가 접목된 다양한 사례들을 소개하고, 그간의 성과를 공유하기 위해 마련된 자리이다. 세미나 세션은 통신사를 중심으로 한 정보통신 분야, 신규 비즈 산업을 소개하는 건물관리 분야, 4차 산업혁명 시대의 에너지제도 추진전략 등 총 세 분야로 짜여졌다.
>
> 먼저 정보통신 세션에서는 각 통신사가 에너지 분야와 결합해 추진 중인 각종 에너지 솔루션과 비즈니스 모델을 소개하고, 건물관리 세션에서는 건물에너지 진단이나 분석·제어·운영 등의 최신 기술과 에너지저장장치(ESS)를 활용한 수요자원 거래시장 참여방안 및 구체적인 사례 등을 소개할 예정이다. 또한 S공단이 ICT(정보통신기술)를 활용해 추진에 박차를 가하고 있는 보일러 성능검사, 에너지 진단제도 등에 관한 앞으로의 추진방향과 서울시를 모델로 스마트 에너지 시티를 구현하기 위한 추진전략을 발표할 계획이다.
>
> (나) K공사에서는 <u>AICBM</u>을 활용하여 S/W 플랫폼 기술을 확보하고 계통운영분야에 적용을 확대하고 있다고 밝혔다. 4차 산업혁명에 대한 선도적인 대응과 미래 에너지 사업 지원을 위한 AICBM Solution은 전력계통 전반의 운영시스템 고도화·지능화·최적화와 함께 미래에너지 시장창출을 위한 핵심 융합기술로서 전방위로 확산될 것이 예상된다. 이를 위한 중점 사업 방향으로 경영지원 및 전력계통 전 분야에 활용이 가능한 전력시장 특화 AI솔루션을 확보하고, 유무선 융합 및 고정밀 기술을 적용하여 전력설비 감시용 지능형 단말장치를 개발하며, K공사 및 전력 그룹사를 지원하는 에너지 클라우드 실증센터를 구축 및 운영하고, 빅데이터를 분석하고 시각화 도구를 탑재하여 플랫폼의 고도화를 이루고 있다. 또한, 스마트 시티 및 미래 에너지 사업에 대비한 모바일 어플리케이션 개발 및 서비스 확대에도 주력하고 있다.

① AR(증강현실), ICT, Cloud, Biomass, Mobile
② AI, IoT, Computer Networking, Big Data, Machine Learning
③ AI, IoT, Cloud, Big Data, Mobile
④ AR(증강현실), ICT, Cloud, Biomass, Machine Learning
⑤ AI, ICT, Cloud, Big Data, Mobile

07 다음 글에서 전체 흐름과 맞지 않는 한 곳을 찾아 수정하려고 할 때, 가장 적절한 것은?

'단일환자방식'은 숫자가 아닌 문자를 암호화하는 가장 기본적인 방법이다. 이는 문장에 사용된 문자를 일정한 규칙에 따라 일대일 대응으로 재배열하여 문장을 암호화하는 방법이다. 예를 들어, 철수가 이 방법에 따라 영어 문장 'I LOVE YOU'를 암호화하여 암호문으로 만든다고 해보자. 철수는 먼저 알파벳을 일대일 대응으로 재배열하는 규칙을 정하고, 그 규칙에 따라 'I LOVE YOU'를 'Q RPDA LPX'와 같이 암호화하게 될 것이다. 이때 철수가 사용한 규칙에는 ㉠ 'I를 Q로 변경한다.', 'L을 R로 변경한다.' 등이 포함되어 있는 셈이다.

우리가 단일환자방식에 따라 암호화한 영어 문장을 접한다고 해보자. 그 암호문을 어떻게 해독할 수 있을까? ㉡ 우리가 그 암호문에 단일환자방식의 암호화 규칙이 적용되어 있다는 것을 알고 있다면 문제가 쉽게 해결될 수도 있다. 알파벳의 사용 빈도를 파악하여 일대일 대응의 암호화 규칙을 추론해낼 수 있기 때문이다. 이제 통계 자료를 통해 영어에서 사용되는 알파벳의 사용 빈도를 조사해 보니 E가 12.51%로 가장 많이 사용되었고 그 다음 빈도는 T, A, O, I, N, S, R, H의 순서라는 것이 밝혀졌다고 하자. ㉢ 물론 이러한 통계 자료를 확보했다고 해도 암호문이 한두 개밖에 없다면 암호화 규칙을 추론하기는 힘들 것이다. 그러나 암호문을 많이 확보하면 할수록 암호문을 해독할 수 있는 가능성이 높아질 것이다.

이제 누군가가 어떤 영자 신문에 포함되어 있는 모든 문장을 단일환자방식의 암호화 규칙 α에 따라 암호문들로 만들었다고 해보자. 그 신문 전체에 사용된 알파벳 수는 충분히 많기 때문에 우리는 암호문들에 나타난 알파벳 빈도의 순서에 근거하여 규칙 α가 무엇인지 추론할 수 있다. ㉣ 만일 규칙 α가 앞서 예로 든 철수가 사용한 규칙과 동일하다면, 암호문들에 가장 많이 사용된 알파벳은 E일 가능성이 높을 것이다. 그런데 조사 결과 암호문들에는 영어 알파벳 26자가 모두 사용되었는데, 그 중 W가 25,021자로 가장 많이 사용되었고, 이후의 빈도는 P, F, C, H, Q, T, N의 순서라는 것이 밝혀졌다. 따라서 우리는 철수가 정한 규칙은 규칙 α가 아니라고 추론할 수 있다. 또한 규칙 α에 대해 추론하면서 암호문들을 해독할 수 있다. 예를 들어, ㉤ 암호문 'H FPW HP'는 'I ATE IT'를 암호화한 것이라는 사실을 알 수 있게 될 것이다.

① ㉠ : 'Q를 I로 변경한다.', 'R을 L로 변경한다.'로 수정한다.
② ㉡ : '우리가 그 암호문에 단일환자방식의 암호화 규칙이 적용되어 있지 않다고 생각한다 해도 문제는 쉽게 해결될 수 있다.'로 수정한다.
③ ㉢ : '이러한 통계 자료를 확보하게 되면 자동적으로 암호화 규칙을 추론할 수 있게 될 것이다.'로 수정한다.
④ ㉣ : '만일 규칙 α가 앞서 철수가 사용한 규칙과 동일하다면, 암호문들에 가장 많이 사용된 알파벳은 A일 가능성이 높을 것이다.'로 수정한다.
⑤ ㉤ : '암호문 'I ATE IT'는 'H FPW HP'를 암호화한 것이라는 사실을 알 수 있게 될 것이다.'로 수정한다.

※ 다음 글을 읽고 이어지는 질문에 답하시오. [8~9]

K기업은 도자기를 판매하고 있다. K기업의 영업팀에 근무하는 김대리는 도자기 원재료의 납기와 가격을 논의하기 위하여 공급업체 담당자와 회의를 진행하려고 한다. 공급업체 담당자는 가격 인상과 납기 조정을 계속적으로 요청하고 있지만, 현재 매출 부분에서 위기를 겪고 있는 상황이라 제안을 받아들일 수 없는 김대리는 어떻게든 상황을 이해시키고자 한다.

08 다음 상황에서 김대리가 상대방을 이해시키고자 할 때 사용하는 의사표현방법으로 가장 적절한 것은?

① 구체적이고 공개적인 칭찬을 해서 상대방을 더욱 기쁘게 한다.
② 먼저 사과를 한 다음, 모호한 표현보다 단호하게 의사를 밝힌다.
③ 자신의 의견에 공감할 수 있도록 논리적으로 이야기한다.
④ 구체적인 기간과 순서를 명확하게 제시한다.
⑤ 먼저 칭찬을 하고, 잘못된 점을 질책한 후 격려를 한다.

09 다음 〈보기〉 중 김대리가 우선적으로 취해야 하는 의사표현방법으로 적절한 것을 모두 고르면?

보기
㉠ 가장 먼저 사과를 한 다음, 타당한 이유를 밝힌다. ㉡ 모호한 태도보다는 단호한 방식의 의사표현 테크닉이 필요하다. ㉢ 직설적인 화법보다 비유를 통해 상대방의 자존심을 지켜준다. ㉣ 하나를 얻기 위해 다른 하나를 양보하겠다는 자세가 필요하다.

① ㉠, ㉡
② ㉠, ㉣
③ ㉡, ㉢
④ ㉡, ㉣
⑤ ㉢, ㉣

10 다음 글을 근거로 판단할 때, 〈보기〉에서 적절한 것을 모두 고르면?

하와이 원주민들이 사용하던 토속어는 1898년 하와이가 미국에 병합된 후 미국이 하와이 학생들에게 사용을 금지하면서 급격히 소멸되었다. 그러나 하와이 원주민들이 소멸한 토속어를 부활시키기 위해 1983년 '아하 푸나나 레오'라는 기구를 설립하여 취학 전 아동부터 중학생까지의 원주민들을 대상으로 집중적으로 토속어를 교육한 결과 언어 복원에 성공했다.

한편, 언어의 다양성을 지키려는 노력뿐만 아니라 언어의 통일성을 추구하려는 노력도 있었다. 안과의사였던 자멘호프는 유태인, 폴란드인, 독일인, 러시아인들이 서로 다른 언어를 사용함으로써 갈등과 불화가 생긴다고 판단하고 예외와 불규칙이 없는 문법과 알기 쉬운 어휘에 기초해 국제공통어 에스페란토를 만들어 1887년 발표했다. 그의 구상은 '1민족 2언어주의'에 입각하여 같은 민족끼리는 모국어를, 다른 민족과는 중립적이고 배우기 쉬운 에스페란토를 사용하자는 것이었다.

에스페란토의 문자는 영어 알파벳 26개 문자에서 Q, X, W, Y의 4개 문자를 빼고 영어 알파벳에는 없는 Ĉ, Ĝ, Ĥ, Ĵ, Ŝ, Û의 6개 문자를 추가하여 만들어졌다. 문법의 경우 가급적 불규칙 변화를 없애고 각 어간에 품사 고유의 어미를 붙여 명사는 –o, 형용사는 –a, 부사는 –e, 동사원형은 –i로 끝낸다. 예를 들어 '사랑'은 amo, '사랑의'는 ama, '사랑으로'는 ame, '사랑하다'는 ami이다. 시제의 경우 어간에 과거형은 –is, 현재형은 –as, 미래형은 –os를 붙여 표현한다.

또한, 1자 1음의 원칙에 따라 하나의 문자는 하나의 소리만을 내고, 소리 나지 않는 문자도 없으며, 단어의 강세는 항상 뒤에서 두 번째 모음에 있기 때문에 사전 없이도 쉽게 읽을 수 있다. 특정한 의미를 갖는 접두사와 접미사를 활용하여 많은 단어를 파생시켜 사용하므로 단어 암기를 위한 노력이 크게 줄어드는 것도 중요한 특징이다. 아버지는 patro, 어머니는 patrino, 장인은 bopatro, 장모는 bopatrino인 것이 그 예이다.

※ 에스페란토에서 모음은 A, E, I, O, U이며 반모음은 Û이다.

보기

ㄱ. 에스페란토의 문자는 모두 28개로 만들어졌다.
ㄴ. 미래형인 '사랑할 것이다.'는 에스페란토로 amios이다.
ㄷ. '어머니'와 '장모'를 에스페란토로 말할 때 강세가 있는 모음은 같다.
ㄹ. 자멘호프의 구상에 따르면 동일한 언어를 사용하는 하와이 원주민끼리도 에스페란토만을 써야 한다.

① ㄱ, ㄷ
② ㄱ, ㄹ
③ ㄴ, ㄹ
④ ㄱ, ㄴ, ㄷ
⑤ ㄴ, ㄷ, ㄹ

PART 2

11 6%의 소금물 700g에서 한 컵의 소금물을 퍼내고, 퍼낸 양만큼 13%의 소금물을 넣었더니 9%의 소금물이 되었다. 이때, 퍼낸 소금물의 양은?

① 300g
② 320g
③ 350g
④ 390g
⑤ 450g

12 A기차와 B기차가 36m/s의 일정한 속력으로 달리고 있다. 600m 길이의 터널을 완전히 통과하는데 A기차가 25초, B기차가 20초 걸렸다면 각 기차의 길이가 바르게 짝지어진 것은?

	A기차	B기차
①	200m	150m
②	300m	100m
③	150m	120m
④	200m	130m
⑤	300m	120m

13 양궁 대회에 참여한 진수, 민영, 지율, 보라 네 명의 최고점이 모두 달랐다. 진수의 최고점과 민영이의 최고점의 2배를 합한 점수가 10점이었고, 지율이의 최고점과 보라의 최고점의 2배를 합한 점수가 35점이었다. 진수의 2배, 민영이의 4배와 지율이의 5배를 한 총점이 85점이었다면, 보라의 최고점은 몇 점인가?

① 8점
② 9점
③ 10점
④ 11점
⑤ 12점

14 다음은 국가별 이산화탄소 배출량에 대한 자료이다. 〈조건〉에 따라 빈칸 ㉠~㉣에 해당하는 국가명을 순서대로 나열한 것은?

〈국가별 이산화탄소 배출량〉

(단위 : 백만 톤 CO_2eq)

구분	1997년	2007년	2017년	2022년	2023년
일본	1,041	1,141	1,112	1,230	1,189
미국	4,803	5,642	5,347	5,103	5,176
㉠	232	432	551	572	568
㉡	171	312	498	535	556
㉢	151	235	419	471	507
독일	940	812	759	764	723
인도	530	890	1,594	1,853	2,020
㉣	420	516	526	550	555
중국	2,076	3,086	7,707	8,980	9,087
러시아	2,163	1,474	1,529	1,535	1,468

조건

- 한국과 캐나다는 제시된 5개 연도의 이산화탄소 배출량 순위에서 8위를 두 번 했다.
- 사우디의 2022년 대비 2023년의 이산화탄소 배출량 증가율은 5% 이상이다.
- 이란과 한국의 이산화탄소 배출량의 합은 2017년부터 이란과 캐나다의 배출량의 합보다 많아진다.

① 캐나다, 이란, 사우디, 한국
② 한국, 사우디, 이란, 캐나다
③ 한국, 이란, 캐나다, 사우디
④ 이란, 한국, 사우디, 캐나다
⑤ 한국, 이란, 사우디, 캐나다

15 다음은 A국 여행자들이 자주 방문하는 공항 주변 S편의점의 월별 매출액을 나타낸 표이다. 전체 해외 여행자 수와 A국 여행자 수의 2022 ~ 2023년 추세를 아래의 도표와 같이 나타내었을 때, 이에 대한 설명으로 옳지 않은 것은?

〈S편의점 월별 매출액(만 원)〉

2022년(상)	1월	2월	3월	4월	5월	6월
매출액	1,020	1,350	1,230	1,550	1,602	1,450
2022년(하)	7월	8월	9월	10월	11월	12월
매출액	1,520	950	890	750	730	680
2023년(상)	1월	2월	3월	4월	5월	6월
매출액	650	600	550	530	605	670
2023년(하)	7월	8월	9월	10월	11월	12월
매출액	700	680	630	540	550	510

〈전체 해외 여행자 수 및 A국 여행자 수(명)〉

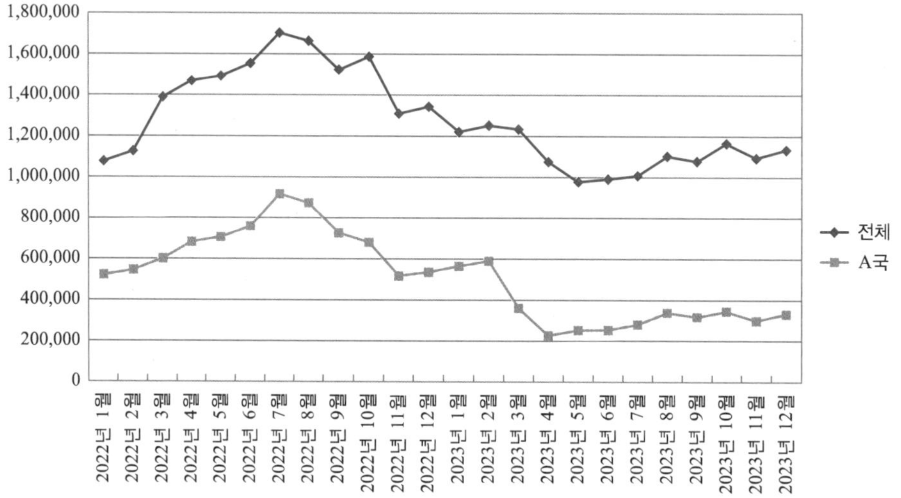

① S편의점의 매출액은 해외 여행자 수에 영향을 받고 있다.

② 2022년 7월을 정점으로 A국 여행자들이 줄어드는 추세이다.

③ 전체 해외 여행자 수에서 A국의 영향력이 매우 높은 편이다.

④ S편의점의 매출액은 2022년 7월부터 2023년 12월까지 평균적으로 매달 30만 원씩 감소하였다.

⑤ 2023년 2 ~ 3월 A국 여행자들이 급감하였다.

16 다음은 실적별 및 투여경로별 의약품 생산 및 수입 실적 현황에 대한 자료이다. 이에 대한 〈보기〉의 설명 중 옳지 않은 것을 모두 고르면?

〈2022년 실적별 및 투여경로별 의약품 생산 및 수입 실적 현황〉

(단위 : 개, 억 원)

실적별	투여경로별	전체의약품		전문의약품		일반의약품	
		품목 수	금액	품목 수	금액	품목 수	금액
생산실적	전체	19,494	159,048	13,901	134,131	5,593	24,917
	경구약	14,659	111,025	10,308	91,225	4,351	19,800
	주사제	2,460	34,313	2,460	34,313	0	0
	외용약 등	2,375	13,710	1,133	8,593	1,242	5,117
수입실적	전체	2,194	43,717	1,954	42,262	240	1,455
	경구약	916	23,429	817	22,590	99	839
	주사제	789	15,851	789	15,851	0	0
	외용약 등	489	4,437	348	3,821	141	616

〈2023년 실적별 및 투여경로별 의약품 생산 및 수입 실적 현황〉

(단위 : 개, 억 원)

실적별	투여경로별	전체의약품		전문의약품		일반의약품	
		품목 수	금액	품목 수	금액	품목 수	금액
생산실적	전체	19,632	172,181	13,982	143,646	5,650	28,535
	경구약	14,766	118,945	10,346	96,478	4,420	22,467
	주사제	2,476	37,979	2,476	37,979	0	0
	외용약 등	2,390	15,257	1,160	9,189	1,230	6,068
수입실적	전체	2,202	42,717	1,979	41,336	223	1,381
	경구약	926	21,246	836	20,545	90	701
	주사제	779	16,359	779	16,359	0	0
	외용약 등	497	5,112	364	4,432	133	680

※ 모든 의약품은 경구약, 주사제, 외용약 등으로만 구분된다.

보기

ㄱ. 2022년과 2023년 모두 일반의약품 품목 수가 전문의약품 품목 수보다 모든 품목에서 많다.
ㄴ. 전체 수입경구약 품목 수는 2022년 대비 2023년에 5% 이상 감소하였다.
ㄷ. 2023년 경구약 전문의약품의 생산금액은 수입금액의 3.5배 이상이다.
ㄹ. 전체의약품의 생산금액과 전문의약품의 생산금액은 2022년과 2023년 모두 전년 대비 20% 이상 증가하였다.

① ㄱ, ㄴ
② ㄱ, ㄹ
③ ㄴ, ㄷ
④ ㄱ, ㄴ, ㄹ
⑤ ㄴ, ㄷ, ㄹ

17 다음과 같은 유통과정에서 상승한 최종 배추가격은 협동조합의 최초 구매가격 대비 몇 % 상승했는가?

판매처	구매처	판매가격
산지	협동조합	재배 원가에 10% 이윤을 붙임
협동조합	도매상	산지에서 구입가격에 20% 이윤을 붙임
도매상	소매상	협동조합으로부터 구입가격이 판매가의 80%
소매상	소비자	도매상으로부터 구입가격에 20% 이윤을 붙임

① 90%
② 80%
③ 70%
④ 60%
⑤ 50%

18 다음 상황을 근거로 판단할 때, 짜장면 1그릇의 가격은?

• K중식당의 테이블별 주문 내역과 그 총액은 아래 표와 같다.
• 각 테이블에서는 음식을 주문 내역별로 1그릇씩 주문하였다.

테이블	주문 내역	총액
1	짜장면, 탕수육	17,000원
2	짬뽕, 깐풍기	20,000원
3	짜장면, 볶음밥	14,000원
4	짬뽕, 탕수육	18,000원
5	볶음밥, 깐풍기	21,000원

① 4,000원
② 5,000원
③ 6,000원
④ 7,000원
⑤ 8,000원

19 다음은 2023년 국내 신규 박사학위 취득자 분포에 대한 자료이다. 이에 대한 〈보기〉의 설명 중 옳은 것을 모두 고르면?

〈연령별 박사학위 취득자 분포〉

(단위 : 명)

구분	남성	여성
30세 미만	196	141
30세 이상 35세 미만	1,811	825
35세 이상 40세 미만	1,244	652
40세 이상 45세 미만	783	465
45세 이상 50세 미만	577	417
50세 이상	1,119	466
합계	5,730	2,966

〈전공계열별 박사학위 취득자 분포〉

(단위 : 명)

구분	남성	여성
인문계열	357	368
사회계열	1,024	649
공학계열	2,441	332
자연계열	891	513
의약계열	581	537
교육·사범계열	172	304
예술·체육계열	266	260
합계	5,732	2,963

보기

ㄱ. 남성 박사학위 취득자 중 50세 이상이 차지하는 비율은 여성 박사학위 취득자 중 50세 이상이 차지하는 비율보다 높다.

ㄴ. 전공계열별 박사학위 취득자 중 여성보다 남성의 비율이 높은 순위는 1위가 공학계열, 2위가 사회계열, 3위가 자연계열 순서이다.

ㄷ. 남성의 연령별 박사학위 취득자 수가 많은 순서와 여성의 연령별 박사학위 취득자 수가 많은 순서는 같다.

ㄹ. 연령대가 올라갈수록 남녀 박사학위 취득자 수의 차이는 점점 커지고 있다.

① ㄱ, ㄴ
② ㄱ, ㄷ
③ ㄱ, ㄹ
④ ㄴ, ㄷ
⑤ ㄴ, ㄹ

PART 2

20 다음은 2023년 9월 K공항 요일별 통계에 대한 자료이다. 이를 이해한 내용으로 옳지 않은 것은?

〈2023년 9월 K공항 요일별 통계〉

(단위 : 편, 명, 톤)

요일	운항			여객			화물		
	도착	출발	합계	도착	출발	합계	도착	출발	합계
월요일	2,043	2,013	4,056	343,499	365,749	709,248	11,715	12,316	24,031
화요일	2,024	2,074	4,098	338,558	338,031	676,589	14,322	16,501	30,823
수요일	2,148	2,129	4,277	356,678	351,097	707,775	17,799	18,152	35,951
목요일	2,098	2,104	4,202	342,374	341,613	683,987	17,622	17,859	35,481
금요일	2,141	2,158	4,299	361,849	364,481	726,330	17,926	18,374	36,300
토요일	2,714	2,694	5,408	478,544	475,401	953,945	23,386	24,647	48,033
일요일	2,710	2,671	5,381	476,258	460,560	936,818	21,615	22,285	43,900
합계	15,878	15,843	31,721	2,697,760	2,696,932	5,394,692	124,385	130,134	254,519

① 운항편이 가장 많은 요일은 여객과 화물에서도 가장 높은 수치를 보이고 있다.

② 9월간 K공항에 도착한 화물 중 일요일에 도착한 화물의 무게는 월요일에 도착한 화물 무게의 1.5배 이상이다.

③ K공항에 도착하는 화물보다 K공항에서 출발하는 화물이 항상 더 많다.

④ 월~일요일 도착 운항편의 증감추이는 같은 기간 출발 여객수의 증감추이와 같다.

⑤ 비행기 1대당 탑승객은 평균적으로 출발편이 도착편보다 많다.

21 K공사의 A팀 가대리, 나사원, 다사원, 라사원, 마대리 중 1명이 어제 출근하지 않았다. 이와 관련하여 5명의 직원이 다음과 같이 말했고, 이들 중 2명이 거짓말을 한다고 할 때, 다음 중 출근하지 않은 사람은 누구인가?(단, 출근을 하였어도, 결근 사유를 듣지 못할 수도 있다)

> 가대리 : 나는 출근했고, 마대리도 출근했다. 누가 왜 출근하지 않았는지는 알지 못한다.
> 나사원 : 다사원은 출근하였다. 가대리님의 말은 모두 사실이다.
> 다사원 : 라사원은 출근하지 않았다.
> 라사원 : 나사원의 말은 모두 사실이다.
> 마대리 : 출근하지 않은 사람은 라사원이다. 라사원이 개인 사정으로 인해 출석하지 못한다고 가대리님에게 전했다.

① 가대리　② 나사원
③ 다사원　④ 라사원
⑤ 마대리

22 각각 다른 심폐기능 등급을 받은 A ~ E 5명 중 등급이 가장 낮은 2명의 환자에게 건강관리 안내문을 발송하려 한다. 심폐기능 측정 결과가 다음과 같을 때, 발송 대상자로 바르게 짝지어진 것은?

〈심폐기능 측정 결과〉

- E보다 심폐기능이 좋은 환자는 2명 이상이다.
- E는 C보다 한 등급 높다.
- B는 D보다 한 등급 높다.
- A보다 심폐기능이 나쁜 환자는 2명이다.

① B, C
② B, D
③ B, E
④ C, D
⑤ C, E

23 다음 영업팀 A사원에게 해줄 수 있는 조언으로 가장 적절한 것은?

제약회사의 영업팀에 근무 중인 A사원은 성장세를 보이고 있는 타사에 비해 자사의 수익과 성과가 지나치게 적다는 것을 알았다. 그 이유에 대해 알아보기 위해 타사에 근무하고 있는 친구에게 물어본 결과 친구의 회사에서는 영업사원을 대상으로 판매 교육을 진행한다는 것을 알게 되었다. A사원은 이를 바탕으로 개선 방향에 대한 보고서를 제출하였으나, A사원의 상사는 구체적인 문제해결방법이 될 수 없다며 A사원의 보고서를 반려하였다.

① 문제와 해결방안이 상위 시스템과 어떻게 연결되어 있는지 생각하는 전략적 사고가 필요합니다.
② 기존에 가지고 있는 인식의 틀을 전환하여 새로운 관점에서 세상과 사물을 바라보는 발상의 전환이 필요합니다.
③ 전체를 각각의 요소로 나누어 요소마다 의미를 도출한 후 구체적인 문제해결방법을 실행하는 분석적 사고가 필요합니다.
④ 문제해결에 필요한 기술, 재료, 방법 등 필요한 자원 확보 계획을 수립하고, 내·외부자원을 효과적으로 활용해야 합니다.
⑤ 문제해결방법에 대한 기본 지식이 부족하므로 체계적인 교육을 통해 문제해결을 위한 기본 지식과 스킬을 습득해야 합니다.

24 국내 금융그룹의 SWOT 분석 결과가 다음과 같을 때, 이에 대응하는 전략과 그 내용이 바르게 짝지어진 것은?

국내 금융그룹 SWOT 분석 결과	
〈S(강점)〉	〈W(약점)〉
• 탄탄한 국내 시장 지배력 • 뛰어난 위기관리 역량 • 우수한 자산건전성 지표 • 수준 높은 금융 서비스	• 은행과 이자수익에 편중된 수익구조 • 취약한 해외 비즈니스와 글로벌 경쟁력 • 낙하산식 경영진 교체와 관치금융 우려 • 외화 자금 조달 리스크
〈O(기회)〉	〈T(위협)〉
• 해외 금융시장 진출 확대 • 기술 발달에 따른 핀테크의 등장 • IT 인프라를 활용한 새로운 수익 창출 • 계열사 간 협업을 통한 금융 서비스	• 새로운 금융 서비스의 등장 • 은행의 영향력 약화 가속화 • 글로벌 금융사와의 경쟁 심화 • 비용 합리화에 따른 고객 신뢰 저하

① SO전략 : 해외 비즈니스TF팀 신설로 상반기 해외 금융시장 진출 대비
② ST전략 : 금융 서비스를 다방면으로 확대해 글로벌 경쟁사와의 경쟁에서 우위 차지
③ WO전략 : 국내의 탄탄한 시장점유율을 기반으로 핀테크 사업 진출
④ WT전략 : 국내 금융사의 우수한 자산건전성 지표를 홍보하여 고객 신뢰 회복
⑤ WT전략 : 해외 금융시장 진출을 확대하여 안정적인 외화 자금 조달을 통한 위기관리

25 귀하는 점심식사 중 식당에 있는 TV에서 정부의 정책에 대한 뉴스가 나오는 것을 보았다. 함께 점심을 먹는 동료들과 뉴스를 보고 나눈 대화의 내용으로 적절하지 않은 것은?

〈뉴스〉

앵커 : 저소득층에게 법률서비스를 제공하는 정책을 구상 중입니다. 정부는 무료로 법률자문을 하겠다고 자원하는 변호사를 활용하는 자원봉사제도, 정부에서 법률 구조공단 등의 기관을 신설하고 변호사를 유급으로 고용하여 법률서비스를 제공하는 유급법률구조제도, 정부가 법률서비스의 비용을 대신 지불하는 법률보호제도 등의 세 가지 정책대안 중 하나를 선택할 계획입니다.

이 정책대안을 비교하는 데 고려해야 할 정책목표는 비용저렴성, 접근용이성, 정치적 실현가능성, 법률서비스의 전문성입니다. 정책대안과 정책목표의 상관관계는 화면으로 보여드립니다. 각 대안이 정책목표를 달성하는 데 유리한 경우는 (+)로, 불리한 경우는 (−)로 표시하였으며, 유・불리 정도는 같습니다. 정책목표에 대한 가중치의 경우, '0'은 해당 정책목표를 무시하는 것을, '1'은 해당 정책목표를 고려하는 것을 의미합니다.

〈정책대안과 정책목표의 상관관계〉

정책목표	가중치		정책대안		
	A안	B안	자원봉사제도	유급법률구조제도	법률보호제도
비용저렴성	0	0	+	−	−
접근용이성	1	0	−	+	−
정치적 실현가능성	0	0	+	−	+
전문성	1	1	−	+	−

① 아마도 전문성 면에서는 유급법률구조제도가 자원봉사제도보다 더 좋은 정책 대안으로 평가받게 되겠군.

② A안에 가중치를 적용할 경우 유급법률구조제도가 가장 적절한 정책대안으로 평가받게 되지 않을까?

③ 반대로 B안에 가중치를 적용할 경우 자원봉사제도가 가장 적절한 정책대안으로 평가받게 될 것 같아.

④ A안과 B안 중 어떤 것을 적용하더라도 정책대안 비교의 결과는 달라지지 않을 것으로 보여.

⑤ 비용저렴성을 달성하기에 가장 유리한 정책대안은 자원봉사제도로군.

26 다음 중 ㉠~㉥을 원인 분석 단계의 절차에 따라 순서대로 바르게 나열한 것은?

〈문제해결절차〉

문제 인식 → 문제 도출 → 원인 분석 → 해결안 개발 → 실행 및 평가

문제해결절차의 원인 분석은 파악된 핵심문제에 대한 분석을 통해 근본 원인을 도출해내는 단계로, Issue 분석, Data 분석, 원인 파악의 절차로 진행된다.

Issue 분석 → Data 분석 → 원인 파악

㉠ 가설검증계획에 의거하여 분석결과를 미리 이미지화한다.
㉡ 데이터 수집계획을 세운 후 목적에 따라 정량적이고 객관적인 사실을 수집한다.
㉢ 인터뷰 및 설문조사 등을 활용하여 현재 수행하고 있는 업무에 가장 크게 영향을 미치는 문제를 선정한다.
㉣ 이슈와 데이터 분석을 통해 얻은 결과를 바탕으로 최종 원인을 확인한다.
㉤ 자신의 경험, 지식 등에 의존하여 이슈에 대한 일시적인 결론을 예측해보는 가설을 설정한다.
㉥ 목적에 따라 수집된 정보를 항목별로 분류·정리한 후 'What', 'Why', 'How' 측면에서 의미를 해석한다.

① ㉠-㉢-㉤-㉡-㉥-㉣
② ㉡-㉥-㉢-㉤-㉠-㉣
③ ㉢-㉤-㉠-㉡-㉥-㉣
④ ㉢-㉥-㉤-㉠-㉡-㉣
⑤ ㉤-㉠-㉢-㉡-㉥-㉣

27 **다음은 두 고생물학자 간에 벌어진 가상 대화이다. 두 사람의 보고와 주장이 모두 참이라고 가정할 경우, 〈보기〉 중 거짓만을 모두 고르면?**

A : 지난해 일본 북해도에서는 다양한 암모나이트 화석이 많이 발견되었고, 그 때문에 북해도는 세계적으로 유명한 암모나이트 산지로 알려지게 되었습니다. 중생대 표준화석은 여러 가지가 있지만, 그중에서도 암모나이트는 세계적으로 대표적인 표준화석입니다. 표준화석은 지층의 지질 시대를 지시하는 화석으로, 특징 있는 형태와 넓은 분포, 다량의 산출 및 한정된 지질 시대에 생존했다는 조건을 갖춘 화석을 의미합니다.

B : 그렇습니다. 암모나이트는 중생대 바다를 지배한 동물이었고, 중생대 육지에서는 공룡이 군림하였습니다. 공룡 화석은 다양한 지역에서 산출되며, 중생대에만 한정되어 생존하였습니다. 그런데 우리나라에서는 경상도 지역을 중심으로 분포된 중생대 지층에서 암모나이트 화석은 발견되지 않았고, 공룡 화석만 발견된다고 들었습니다.

A : 말씀하신 것처럼, 경상도 지역에서 표준화석인 암모나이트가 산출되고 있지 않지만 공룡 화석들은 많이 산출되고 있습니다. 그리고 지금까지는 경상도 지역의 바다 환경에서 퇴적된 중생대 지층이 확인되었다는 보고가 없습니다.

B : 저는 가까운 일본에서 암모나이트가 발견되는 것을 보면 경상도 지역에서도 분명히 암모나이트가 나올 가능성이 있다고 생각합니다. 중생대에 우리나라 바다에서 퇴적된 해성층이 있었을 가능성이 있으므로 다시 조사해야 할 필요가 있습니다.

보기

ㄱ. 우리나라 경상도 지역은 옛날 중생대 때에는 모두 육지였다.
ㄴ. 공룡 화석은 암모나이트 화석과 같은 중생대 표준화석이 아니다.
ㄷ. 우리나라에서도 암모나이트 화석이 발견될 가능성이 있다.
ㄹ. 세계적으로 중생대에는 육지와 바다가 모두 존재하였다.
ㅁ. 일본 북해도 지역에는 바다에서 퇴적된 해성층이 분포되어 있다.
ㅂ. 경상도에서 암모나이트 화석이 산출되지 않는 것을 보면, 경상도 지역에는 중생대 지층이 없다.

① ㄱ, ㄴ, ㄷ
② ㄱ, ㄴ, ㄹ
③ ㄱ, ㄴ, ㅂ
④ ㄴ, ㅁ, ㅂ
⑤ ㄷ, ㄹ, ㅂ

28 다음은 K공항의 자동출입국 심사 이용에 대한 안내문이다. 사전 등록 없이 자동출입국 심사대 이용이 가능한 사람은?

〈더욱 편리해진 자동출입국 심사 이용 안내〉

19세 이상의 국민과 17세 이상의 등록 외국인은 사전 등록절차 없이 자동출입국 심사대를 바로 이용할 수 있습니다.
다만, 출입국 규제, 형사범, 체류만료일이 1개월 이내인 외국인 등 출입국관리 공무원의 대면심사가 필요한 외국인은 이용이 제한됩니다.

■ **사전 등록 없이 이용 가능한 자**
- 19세 이상 대한민국 국민
- 외국인 등록 또는 거소신고를 한 17세 이상 등록외국인

■ **사전 등록 후 이용 가능한 자**

사전 등록 대상	7세 이상 19세 미만 국민, 인적사항(성명, 주민등록번호)이 변경된 경우, 17세 미만 외국인 등
사전 등록 장소	제1여객터미널 3층 G카운터 자동출입국심사 등록센터 / 제2여객터미널 2층 출입국서비스센터

① 인적사항 변경이 없는 35세 A씨와 A씨의 아들 7세 B군
② 한 달 전 개명하여 인적사항이 변경된 50세 C씨
③ 외국인 등록이 되어있는 15세 미국인 D씨
④ 인적사항 변경이 없는 19세 F씨
⑤ 체류만료일이 10일 남은 24세 영국인 E씨

29 갑은 효율적인 월급 관리를 위해 펀드에 가입하고자 한다. A～D펀드 중에 하나를 골라 가입하려고 하는데, 안정적이고 우수한 펀드에 가입하기 위해 〈조건〉에 따라 비교하여 다음과 같은 결과를 얻었다. 〈보기〉에서 옳은 것을 모두 고르면?

조건

- 둘을 비교하여 우열을 가릴 수 있으면 우수한 쪽에는 5점, 아닌 쪽에는 2점을 부여한다.
- 둘을 비교하여 어느 한 쪽이 우수하다고 말할 수 없는 경우에는 둘 다 0점을 부여한다.
- 각 펀드는 다른 펀드 중 두 개를 골라 총 4번의 비교를 했다.
- 총합의 점수로는 우열을 가릴 수 없으며 각 펀드와의 비교를 통해서만 우열을 가릴 수 있다.

〈결과〉

A펀드	B펀드	C펀드	D펀드
7점	7점	4점	10점

보기

ㄱ. D펀드는 C펀드보다 우수하다.
ㄴ. B펀드가 D펀드보다 우수하다고 말할 수 없다.
ㄷ. A펀드와 B펀드의 우열을 가릴 수 있으면 A～D까지의 우열순위를 매길 수 있다.

① ㄱ　　② ㄱ, ㄴ
③ ㄱ, ㄷ　　④ ㄴ, ㄷ
⑤ ㄱ, ㄴ, ㄷ

PART 2

30 K공사는 워크숍에서 팀을 나눠 배드민턴 게임을 하기로 했다. 배드민턴 규칙은 실제 복식 경기방식을 따르기로 하고, 전략팀 직원 A, B와 총무팀 직원 C, D가 먼저 대결을 한다고 할 때, 다음과 같은 경기상황에 이어질 서브 방향 및 선수 위치로 가능한 것은?

〈배드민턴 복식 경기방식〉

- 점수를 획득한 팀이 서브권을 갖는다. 다만 서브권이 상대팀으로 넘어가기 전까지는 팀 내에서 같은 선수가 연속해서 서브권을 갖는다.
- 서브하는 팀은 자신의 팀 점수가 0이거나 짝수인 경우는 우측에서, 점수가 홀수인 경우는 좌측에서 서브한다.
- 서브하는 선수로부터 코트의 대각선 위치에 선 선수가 서브를 받는다.
- 서브를 받는 팀은 자신의 팀으로 서브권이 넘어오기 전까지는 팀 내에서 선수끼리 서로 코트 위치를 바꾸지 않는다.

※ 좌측, 우측은 각 팀이 네트를 바라보고 인식하는 좌, 우이다.

〈경기상황〉

- 전략팀(A · B), 총무팀(C · D) 간 복식 경기 진행
- 3 : 3 동점 상황에서 A가 C에 서브하고 전략팀(A · B)이 1점 득점

점수	서브 방향 및 선수 위치	득점한 팀
3 : 3	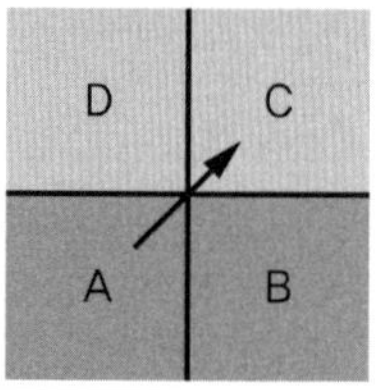	전략팀

①
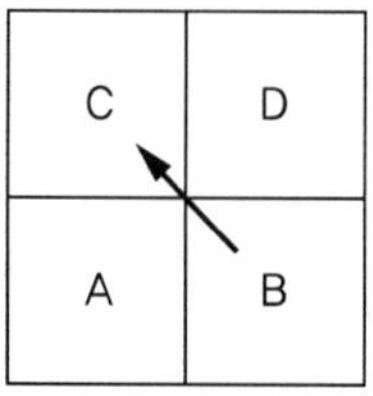

②
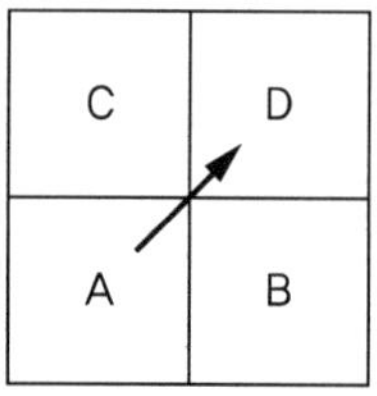

③
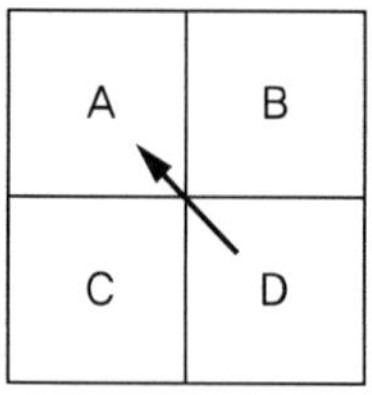

④
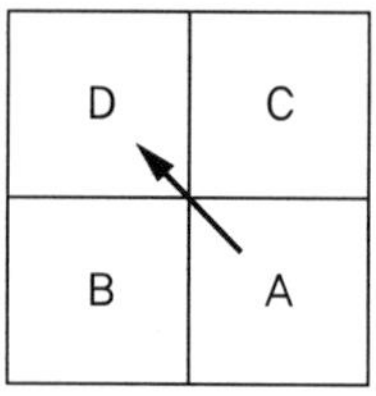

⑤
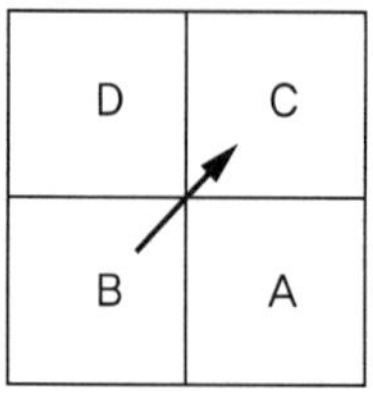

※ 다음은 K기업의 팀장들이 나눈 대화이다. 이어지는 질문에 답하시오. [31~32]

오팀장 : 저는 주로 팀원들이 자신의 적성에 맞고 흥미를 가지고 있는 업무를 할 때 성과가 높아진다고 생각합니다.
이팀장 : 저는 인력 배치를 통해 팀원 개개인이 자신들의 역량을 발휘해 줄 것을 기대하고 있습니다. 그래서 저는 팀원들은 개개인의 능력이나 성격 등과 가장 적합한 위치에 배치해 팀의 효율성을 높이고 싶습니다. 즉, 작업이나 직무가 요구하는 요건과 개인이 보유하고 있는 역량을 균형 있게 배치하는 것을 선호하는 편입니다.
김팀장 : 저는 인력 배치를 할 때 작업량과 여유 또는 부족 인원을 감안하여 소요 인원을 결정하여 배치하는 것을 선호합니다.
박부장 : 팀장님들의 의견 잘 들었습니다. 말씀해 주신 인력 배치 유형들을 적절하게 조화하여 팀을 운영한다면 더 좋은 성과를 낼 수 있겠네요.

31 위 대화에서 각 팀장이 가장 선호하는 인력 배치 유형을 바르게 연결한 것은?

	오팀장	이팀장	김팀장
①	양적배치	질적배치	적성배치
②	질적배치	적성배치	양적배치
③	적성배치	질적배치	양적배치
④	적성배치	양적배치	질적배치
⑤	양적배치	적성배치	질적배치

32 다음 중 오팀장이 선호하는 인력 배치 유형의 특징으로 옳은 것은?

① 자신의 업무에 흥미를 느낄 수 있는 곳으로 배치된다.
② 작업량과 조업도, 여유 또는 부족 인원을 감안하여 소요 인원을 결정 및 배치한다.
③ 능력이나 성격 등과 가장 적합한 위치에 배치하는 것이다.
④ 개인에게 능력을 발휘할 수 있는 기회와 장소를 부여한다.
⑤ 모든 팀원을 평등하게 고려해서 배치한다.

33 A와 B는 각각 해외에서 직구로 물품을 구매하였다. 해외 관세율이 다음과 같을 때, A와 B 중 어떤 사람이 더 관세를 많이 냈으며 그 금액은 얼마인가?

〈해외 관세율〉

(단위 : %)

품목	관세	부가세
책	5	5
유모차, 보행기	5	10
노트북	8	10
스킨, 로션 등 화장품	6.5	10
골프용품, 스포츠용 헬멧	8	10
향수	7	10
커튼	13	10
카메라	8	10
신발	13	10
TV	8	10
휴대폰	8	10

※ 향수 화장품의 경우 개별소비세 7%, 농어촌특별세 10%, 교육세 30%가 추가된다.
※ 100만 원 이상 전자제품(TV, 노트북, 카메라, 핸드폰 등)은 개별소비세 20%, 교육세 30%가 추가된다.

〈구매 품목〉

A : TV(110만 원), 화장품(5만 원), 휴대폰(60만 원), 스포츠용 헬멧(10만 원)
B : 책(10만 원), 카메라(80만 원), 노트북(110만 원), 신발(10만 원)

① A, 91.5만 원
② B, 90.5만 원
③ A, 94.5만 원
④ B, 92.5만 원
⑤ B, 93.5만 원

34 K공사는 현재 신입사원을 채용하고 있다. 서류전형과 면접전형을 마치고 다음의 평가지표 결과를 얻었다. K공사는 평가지표별 가중치를 이용하여 각 지원자의 최종 점수를 계산하고, 점수가 가장 높은 두 지원자를 채용하려고 한다. 이때, K공사가 채용할 두 지원자는?

〈지원자별 평가지표 결과〉

(단위 : 점)

구분	면접 점수	영어 실력	팀내 친화력	직무 적합도	발전 가능성	비고
A지원자	3	3	5	4	4	군필자
B지원자	5	5	2	3	4	군필자
C지원자	5	3	3	3	5	–
D지원자	4	3	3	5	4	군필자
E지원자	4	4	2	5	5	군 면제자

※ 군필자(만기제대)에게는 5점의 가산점을 부여한다.

〈평가지표별 가중치〉

구분	면접 점수	영어 실력	팀내 친화력	직무 적합도	발전 가능성
가중치	3	3	5	4	5

※ 가중치는 해당 평가지표 결과 점수에 곱한다.

① A, D지원자
② B, C지원자
③ B, E지원자
④ C, D지원자
⑤ D, E지원자

PART 2

※ B씨는 주말 동호회의 회장으로, 상반기 결산을 맞아 회식을 주최하려고 한다. 동호회 회원은 B씨를 포함하여 30명이며, 제비뽑기를 통해 상품을 증정하기로 하였다. 다음 자료를 참고하여 이어지는 질문에 답하시오. **[35~36]**

〈등수별 상품 품목 선호도〉

(단위 : 명)

등수	품목	선호도
1등	노트북	5
	무선 청소기	14
	호텔 숙박권	11
2등	에어프라이어	12
	백화점 상품권 4매	6
	전기 그릴	12
3등	백화점 상품권 2매	17
	외식 상품권	2
	커피 쿠폰	11

※ 30명의 회원들은 등수별로 품목 하나씩을 선택했다.

〈상품별 할인 혜택〉

상품	금액	할인 혜택
노트북	1,200,000원	세일 기간으로 20% 할인
무선 청소기	800,000원	-
호텔 숙박권	600,000원	온라인 구매로 7% 할인
에어프라이어	300,000원	특가 상품으로 15% 할인
백화점 상품권 1매	50,000원	-
전기 그릴	250,000원	온라인 구매로 8% 할인
외식 상품권	100,000원	-
커피 쿠폰	50,000원	-

35 B씨가 다음 〈조건〉에 따라 등수별 상품을 구매한다고 할 때, 모든 상품 구매비용으로 옳은 것은? (단, 금액은 할인 혜택 적용 후 총구매금액으로 계산한다)

조건

- 구성원의 선호도를 우선으로 등수별 상품을 선택한다.
- 1등 상품의 선호도가 동일할 경우 저렴한 상품을 선택한다.
- 2·3등 상품의 선호도가 동일한 경우 각각 1등과 2등에 선택된 상품의 총금액보다 저렴한 상품을 선택한다(단, 모든 상품이 저렴할 시 가장 비싼 상품을 택한다).
- 당첨자는 1등 1명, 2등 2명, 3등 3명이다.

① 1,610,000원
② 1,600,000원
③ 1,560,000원
④ 1,530,000원
⑤ 1,500,000원

PART 2

36 B씨는 상품 총구매비용을 150만 원 이하로 구성하려고 한다. 등수별 선호도가 가장 낮은 상품은 제외하고 예산에 맞게 상품 목록을 정리해보았다. 다음 중 최대한 예산에 가까운 상품 목록은 무엇인가?(단, 금액은 할인 혜택 적용 후 금액으로 계산한다)

	1등	2등	3등
①	호텔 숙박권	에어프라이어	커피 쿠폰
②	호텔 숙박권	전기 그릴	커피 쿠폰
③	무선 청소기	전기 그릴	백화점 상품권 2매
④	무선 청소기	에어프라이어	백화점 상품권 2매
⑤	무선 청소기	에어프라이어	커피 쿠폰

37 K공사의 청원경찰은 6층 회사건물을 층마다 모두 순찰한 후에 퇴근한다. 다음 〈조건〉에 따라 1층에서 출발하여 순찰을 완료하고 다시 1층으로 돌아오기까지 소요되는 최소 시간은?(단, 다른 요인은 고려하지 않는다)

조건

- 층간 이동은 엘리베이터로만 해야 하며 엘리베이터가 한 개 층을 이동하는 데는 1분이 소요된다.
- 엘리베이터는 한 번에 최대 세 개 층(예 1층 → 4층)을 이동할 수 있다.
- 엘리베이터는 한 번 위로 올라갔으면, 그 다음에는 아래 방향으로 내려오고, 그 다음에는 다시 위 방향으로 올라가야 한다.
- 하나의 층을 순찰하는 데는 10분이 소요된다.

① 1시간
② 1시간 10분
③ 1시간 16분
④ 1시간 22분
⑤ 1시간 30분

38 밤도깨비 야시장에서 푸드 트럭을 운영하기로 계획 중인 귀하는 다음 표를 참고하여 메인 메뉴 한 가지를 선정하려고 한다. 다음 중 어떤 메뉴를 선택하는 것이 가장 합리적인가?

메뉴	예상 월간 판매량(개)	생산 단가(원)	판매 가격(원)
A	500	3,500	4,000
B	300	5,500	6,000
C	400	4,000	5,000
D	200	6,000	7,000
E	150	3,000	5,000

① A
② B
③ C
④ D
⑤ E

※ 다음은 K회사의 원재료 정리에 대한 내용이다. 이어지는 질문에 답하시오. **[39~40]**

〈K회사의 원재료 재고 현황〉

원재료	입고 일시	무게(kg)	원재료	입고 일시	무게(kg)
ⓐ	2024.05.01 09:00	5	ⓐ	2024.05.01 16:14	2
ⓑ	2024.05.01 10:12	7	ⓒ	2024.05.01 16:49	3
ⓒ	2024.05.01 13:15	4	ⓐ	2024.05.01 17:02	5
ⓑ	2024.05.01 14:19	6	ⓑ	2024.05.01 17:04	4
ⓒ	2024.05.01 15:20	8	ⓒ	2024.05.01 19:04	8
ⓐ	2024.05.01 15:30	6	ⓑ	2024.05.01 21:49	5

〈K회사의 보관 방식〉

- K회사는 원재료 ⓐ, ⓑ, ⓒ를 받으면 무게에 따라 상자에 담아 포장한 후 보관한다.
- 원재료 ⓐ, ⓑ, ⓒ는 1개의 상자에 같이 포장이 가능하지만, 1개의 상자는 12kg을 초과할 수 없다.
- 원재료 ⓐ, ⓑ, ⓒ는 입고될 때 무게 그대로 분리하지 않고 포장한다.

39 K회사의 보관 방식에 따라 입고 순서대로 원재료를 상자에 담아 보관할 때 필요한 상자의 개수는?

① 6개
② 7개
③ 8개
④ 9개
⑤ 10개

40 원재료를 무게 순으로 하여 무거운 것부터 K회사의 보관 방식에 따라 보관한다면, 4번째 상자에 있는 원재료는?

① ⓐ
② ⓐ, ⓑ
③ ⓐ, ⓒ
④ ⓑ, ⓒ
⑤ ⓐ, ⓑ, ⓒ

41 **다음 중 정상적인 프로그램으로 위장하여 사용자의 정보를 탈취하거나 컴퓨터를 조종하는 악성코드는?**

① 트로이목마
② 웜
③ 랜섬웨어
④ 스파이웨어
⑤ 애드웨어

42 **다음 중 온라인에서의 개인정보 오남용으로 인한 피해를 예방하기 위한 행동으로 적절하지 않은 것은?**

① 회원가입을 하거나 개인정보를 제공할 때 개인정보 취급방침 및 약관을 꼼꼼히 살핀다.
② 회원가입 시 비밀번호를 타인이 유추하기 어렵도록 설정하고 이를 주기적으로 변경한다.
③ 아무 자료나 함부로 다운로드하지 않는다.
④ 온라인에 자료를 올릴 때 개인정보가 포함되지 않도록 한다.
⑤ 금융거래 시 금융정보 등은 암호화하여 저장하고, PC방, 공용 컴퓨터 등 개방 환경을 이용한다.

43 **K사에는 시각 장애를 가진 S사원이 있다. S사원의 원활한 컴퓨터 사용을 위해 동료 사원들이 도움을 주고자 대화를 나누었다. 다음 사원 중 바르게 설명한 사람은?**

① A사원 : S사원은 Windows [제어판]에서 [접근성 센터]의 기능에 도움을 받는 게 좋겠어.
② B사원 : 아니야. [동기화 센터]의 기능을 활용해야지.
③ C사원 : [파일 탐색기]의 [옵션]을 활용하면 도움이 될 거야.
④ D사원 : [관리 도구]의 기능이 좋을 것 같아.
⑤ E사원 : [프로그램 및 기능]에서 도움을 받아야 하지 않을까?

44 다음 중 빈칸 ㉠, ㉡에 들어갈 기능으로 옳은 것은?

> ___㉠___은/는 특정 값의 변화에 따른 결괏값의 변화 과정을 한 번의 연산으로 빠르게 계산하여 표의 형태로 표시해 주는 도구이고, ___㉡___은/는 비슷한 형식의 여러 데이터의 결과를 하나의 표로 통합하여 요약해 주는 도구이다.

	㉠	㉡
①	데이터 표	통합
②	정렬	시나리오 관리자
③	데이터 표	피벗 테이블
④	해 찾기	데이터 유효성 검사
⑤	통합	정렬

45 파이썬 프로그램에서 다음 리스트의 최댓값과 최솟값을 출력하려고 한다. 빈칸에 들어갈 알맞은 함수를 순서대로 나열한 것은?

```
>>> data = [1, 2, 3, 4, 5, 6, 7]
>>> a = ______㉠______
>>> b = ______㉡______
>>> print("최댓값은", a, "이고, 최솟값은", b, "이다.")
```

	㉠	㉡
①	maximum(data)	minimum(data)
②	maximum(a.data)	minimum(b.data)
③	max(data)	min(data)
④	max(a.data)	min(b.data)
⑤	max(a)	min(b)

46 다음 시트에서 판매수량과 추가판매의 합계를 구하기 위하여 [B6] 셀에 들어갈 수식으로 옳은 것은?

	A	B	C
1	일자	판매수량	추가판매
2	06월19일	30	8
3	06월20일	48	
4	06월21일	44	
5	06월22일	42	12
6	합계	184	

① =SUM(B2,C2,C5)
② =LEN(B2:B5,3)
③ =COUNTIF(B2:B5,">=12")
④ =SUM(B2:B5)
⑤ =SUM(B2:B5,C2,C5)

47 다음은 K사의 신입공채 지원자들에 대한 평가점수를 정리한 자료이다. [B9] 셀에 아래와 같은 함수를 실행하였을 때, [B9]의 결괏값으로 옳지 않은 것은?

	A	B	C	D	E
1	이름	협동점수	태도점수	발표점수	필기점수
2	부경필	75	80	92	83
3	김효남	86	93	74	95
4	박현정	64	78	94	80
5	백자영	79	86	72	97
6	이병현	95	82	79	86
7	노경미	91	86	80	79
8					
9	점수				

[B9] 셀에 입력된 함수		[B9] 셀의 결괏값
① =AVERAGE(LARGE(B2:E2,3),SMALL(B5:E5,2))	→	79.5
② =SUM(MAX(B3:E3),MIN(B7:E7))	→	174
③ =AVERAGE(MAX(B7:E7),COUNTA(B6:E6))	→	50
④ =SUM(MAXA(B4:E4),COUNT(B3:E3))	→	98
⑤ =AVERAGE(SMALL(B3:E3,3),LARGE(B7:E7,3))	→	86.5

48 다음 프로그램의 실행 결과로 옳은 것은?

```
#include <stdio.h>
void main() {
  int a = 10;
  float b = 1.3;
  double c;
  c = a + b;
  printf("%.2lf", c);
}
```

① 11
② 11.3
③ 11.30
④ .30
⑤ .3

49 다음 파이썬 프로그램의 실행 결과로 옳은 것은?

```
>>> print(int(50/5))
```

① 50
② 5
③ 1
④ 10
⑤ 0

50 다음 프로그램의 실행 결과로 옳은 것은?

```
#include <stdio.h>
int main()
{
        for(int i = 0; i < 5; i++) {
                for(int j = 0; j <= i; j++) {
                                printf("*");
                }
                printf("₩n");
        }
}
```

①
```
*
**
***
****
*****
```

②
```
*****
*****
*****
*****
*****
```

③
```
*****
****
***
**
*
```

④
```
*
***
***
*****
*****
```

⑤
```

*
**
***
****
```

배우는 사람은 모름지기 심신을 수련해야 한다.

– 퇴계 이황 –

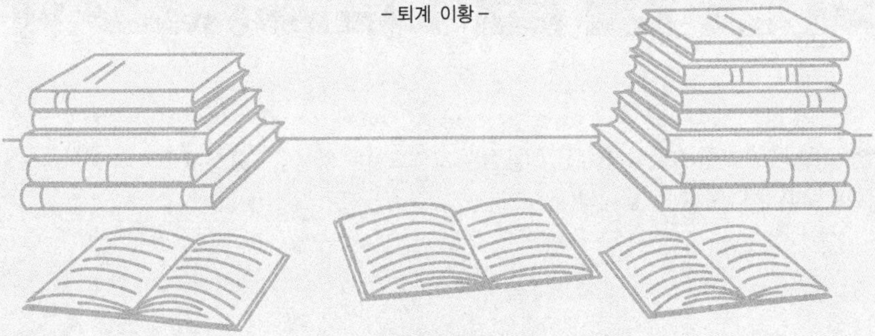

제2회
최종점검 모의고사

※ 한국가스공사 고졸 / 별정직 채용 최종점검 모의고사는 채용공고를 기준으로 구성한 것으로, 실제 시험과 다를 수 있습니다.

■ 취약영역 분석

번호	O/×	영역
1		의사소통능력
2		
3		
4		
5		
6		
7		
8		
9		
10		
11		수리능력
12		
13		
14		
15		
16		
17		
18		
19		
20		

번호	O/×	영역
21		문제해결능력
22		
23		
24		
25		
26		
27		
28		
29		
30		
31		자원관리능력
32		
33		
34		
35		
36		
37		
38		
39		
40		

번호	O/×	영역
41		정보능력
42		
43		
44		
45		
46		
47		
48		
49		
50		

평가문항	50문항	평가시간	60분
시작시간	:	종료시간	:
취약영역			

모바일 OMR

제 2 회 최종점검 모의고사

응시시간 : 60분　문항 수 : 50문항

정답 및 해설 p.056

01 다음 글의 내용으로 가장 적절한 것은?

> 신재생에너지의 일환인 연료전지는 전해질의 종류에 따라 구분된다. 먼저 알칼리형 연료전지가 있다. 대표적인 강염기인 수산화칼륨을 전해질로 이용하는데, 85% 이상의 진한 농도는 고온용에, 35 ~ 50%의 묽은 농도는 저온용에 사용한다. 촉매로는 은, 금속 화합물, 귀금속 등 다양한 고가의 물질을 쓰지만, 가장 많이 사용하는 것은 니켈이다. 전지가 연료나 촉매에서 발생하는 이산화탄소를 잘 버티지 못한다는 단점이 있는데, 이 때문에 1960년대부터 우주선에 주로 사용해 왔다.
>
> 인산형 연료전지는 진한 인산을 전해질로, 백금을 촉매로 사용한다. 인산은 안정도가 높아 연료전지를 장기간 사용할 수 있게 하는데, 원래 효율은 40% 정도나 열병합발전 시 최대 85%까지 상승하고, 출력 조정이 가능하다. 천연가스 외에도 다양한 에너지를 대체 연료로 사용하는 것도 가능하며 현재 분산형 발전 컨테이너 패키지나 교통수단 부품으로 세계에 많이 보급되어 있다.
>
> 세 번째 용융 탄산염형 연료전지는 수소와 일산화탄소를 연료로 쓰고, 리튬·나트륨·칼륨으로 이뤄진 전해질을 사용하며 고온에서 작동한다. 일반적으로 연료전지는 백금이나 귀금속 등의 촉매제가 필요한데, 고온에서는 이런 고가의 촉매제가 필요치 않고, 열병합에도 용이한 덕분에 발전 사업용으로 활용할 수 있다.
>
> 다음은 용융 탄산염형과 공통점이 많은 고체 산화물형 연료전지이다. 일단 수소와 함께 일산화탄소를 연료로 이용한다는 점이 같고, 전해질은 용융 탄산염형과 다르게 고체 세라믹을 주로 이용하는데, 대체로 산소에 의한 이온 전도가 일어나는 800 ~ 1,000℃에서 작동한다. 이렇게 고온에서 작동하다 보니, 발전 사업용으로 활용할 수 있다는 공통점도 있다. 원래부터 기존의 발전 시설보다 장점이 있는 연료전지인데, 연료전지의 특징이자 한계인, 전해질 투입과 전지 부식 문제를 보완해서 한 단계 더 나아간 형태라고 볼 수 있다. 이러한 장점들 때문에 소형기기부터 대용량 시설까지 다방면으로 개발하고 있다.
>
> 다섯 번째로 고분자 전해질형 연료전지이다. 주로 탄소를 운반체로 사용한 백금을 촉매로 사용하지만, 연료인 수소에 일산화탄소가 조금이라도 들어갈 경우 백금과 루테늄의 합금을 사용한다. 고체 산화물형과 더불어 가정용으로 주로 개발되고 있고, 자동차, 소형 분산 발전 등 휴대성과 이동성이 필요한 장치에 유용하다.

① 알칼리형 연료전지는 이산화탄소를 잘 버텨내기 때문에 우주선에 주로 사용해 왔다.
② 안정도가 높은 인산형 연료전지는 진한 인산을 촉매로, 백금을 전해질로 사용한다.
③ 발전용으로 적절한 연료전지는 용융 탄산염형 연료전지와 고체 산화물형 연료전지이다.
④ 고체 산화물형 연료전지는 전해질을 투입하지 않아 전지 부식 문제를 보완한 형태이다.
⑤ 고분자 전해질형 연료전지는 수소에 일산화탄소가 조금이라도 들어갈 경우 백금을 촉매로 사용한다.

02 다음 중 밑줄 친 부분과 같은 의미로 쓰인 것은?

> 고통을 나누면 반이 되고, 즐거움을 나누면 배가 된다.

① 일이 마무리되면 수익금을 공정하게 나누기로 하였다.
② 이번에 마련한 자리를 통해 매장을 운영하면서 겪은 어려움을 함께 나누었다.
③ 감독님, 이렇게 팀을 나눈 기준이 무엇인가요?
④ 나는 피를 나눈 가족을 지구 반대편에 두고 이민을 왔다.
⑤ 자, 그럼 서로 인사를 나누기 바랍니다.

PART 2

03 다음 글에서 ㉠~㉤의 수정 방안으로 적절하지 않은 것은?

> 요즘은 안심하고 야외 활동을 즐기기가 어려워졌다. 초미세먼지로 인한 우리나라의 대기 오염이 부쩍 ㉠ 심각해졌다. 공기의 질은 우리 삶의 질과 직결되어 있다. 그렇기 때문에 초미세먼지가 어떤 것이며 얼마나 위험한지를 알아야 한다. 또한 초미세먼지에 대응하는 방안을 알고 생활 속에서 그 방안을 실천할 수 있어야 한다.
> 초미세먼지란 입자의 크기가 매우 작은 먼지를 말한다. 입자가 큰 일반적인 먼지는 코나 기관지에서 걸러지지만, 초미세먼지는 걸러지지 않는다. 그래서 초미세먼지가 인체에 미치는 유해성이 매우 크다. ㉡ 초미세먼지는 호흡기의 가장 깊은 곳까지 침투해 혈관으로 들어간다.
> 우리나라의 초미세먼지는 중국에서 ㉢ 날라온 것들도 있지만 국내에서 발생한 것들도 많다. 화석 연료를 사용해 배출된 공장 매연이 초미세먼지의 주요한 국내 발생원이다. 현재 정부에서는 매연을 통한 오염 물질의 배출 총량을 규제하고 대체 에너지원 개발을 장려하는 등 초미세먼지를 줄이기 위한 노력을 하고 있다. 초미세먼지를 줄이기 위해서는 우리의 노력도 필요하다. 과도한 난방을 자제하고, ㉣ 주・정차시 불필요하게 자동차 시동을 걸어 놓는 공회전을 줄이기 위한 캠페인 활동에 참여하는 것 등이 우리가 할 수 있는 일이다.
> 생활 속에서 초미세먼지에 적절히 대응하기 위해서는 매일 알려 주는 초미세먼지에 대한 기상 예보를 확인하는 것을 습관화해야 한다. 특히 초미세먼지가 나쁨 단계 이상일 때는 외출을 삼가고 부득이 외출할 때는 특수 마스크를 착용해야 한다. ㉤ 그리고 초미세먼지로부터 우리 몸을 보호하기 위해 물을 충분히 마시고, 항산화 식품을 자주 섭취하는 것이 좋다. 항산화 식품으로는 과일과 채소가 대표적이다. 자신의 건강도 지키고 깨끗한 공기도 만들기 위한 실천을 시작해 보자.

① ㉠ : 호응 관계를 고려하여 '심각해졌기 때문이다.'로 고친다.
② ㉡ : 문장의 연결 관계를 고려하여 앞의 문장과 위치를 바꾼다.
③ ㉢ : 맞춤법에 어긋나므로 '날아온'으로 고친다.
④ ㉣ : 띄어쓰기가 올바르지 않으므로 '주・정차 시'로 고친다.
⑤ ㉤ : 앞 문장과의 관계를 고려하여 '그러므로'로 고친다.

04 다음 글을 근거로 판단할 때, 〈보기〉에서 적절한 것을 모두 고르면?

경국대전은 조선의 기본 법전으로, 여러 차례의 개정 작업을 거쳐 1485년(성종16년)에 최종본이 반포되었다. 경국대전은 6조(曹)의 직능에 맞추어 이(吏)·호(戶)·예(禮)·병(兵)·형(刑)·공(工)의 6전(典)으로 구성되어 있다.
경국대전에는 임금과 신하가 만나서 정사를 논의하는 조회제도의 기본 규정이 제시되어 있다. 조회에 대한 사항은 의례 관련 규정을 수록하고 있는 예전(禮典)의 조의(朝儀) 조항에 집약되어 있다. 조의는 '신하가 임금을 만나는 의식'을 의미한다. 다음은 경국대전 '조의'에 규정된 조회 의식의 분류와 관련 내용이다.

〈경국대전의 조회 의식〉

분류	종류	시행일	장소	참여대상
대조(大朝)	정실조하(正室朝賀)	정삭(正朔), 동지(冬至), 탄일(誕日)	근정전(勤政殿)	왕세자, 모든 관원, 제방객사(諸方客使)
	삭망조하(朔望朝賀)	매월 삭(朔)(1일)·망(望)(15일)	근정전(勤政殿)	
상조(常朝)	조참(朝參)	매월 5·11·21·25일	근정문(勤政門)	모든 관원, 제방객사(諸方客使)
	상참(常參)	매일	사정전(思政殿)	상참관(常參官)

※ '대조'는 특별한 시점에 시행되는 조회라는 의미이고, '상조'는 일상적인 조회라는 의미이다.
※ '제방객사'는 주변국 외교사절로서, '삭망조하'와 '조참'에는 경우에 따라 참석하였다.

대조(大朝)의 범주에 해당하는 조회는 경국대전에 조하(朝賀)로 규정되어 있다. 조하는 축하를 모임의 목적으로 하는 의식이다. 정월 초하루, 해의 길이가 가장 짧아지는 동지 및 국왕의 생일 행사는 대조 중에서도 특별히 구분하여 3대 조회라고 지칭하고 의식의 규모도 가장 크다. 조하는 달의 변화에 따라 시행되기도 하였는데, 달의 변화를 기준으로 작성된 달력에 따라 매월 1일에 해당되는 삭일(朔日)과 보름달이 뜨는 망일(望日)에 시행되는 삭망조하가 그것이다.

보기

ㄱ. 삭망조하는 달의 변화에 맞추어 시행되었다.
ㄴ. 정실조하의 참여대상 범위는 대체로 상참보다 넓다.
ㄷ. 한 해 동안 조회가 가장 많이 열리는 곳은 사정전이다.
ㄹ. 조선시대 조회에 관한 사항은 공전(工典)의 의례 관련 규정에 집약되어 있다.

① ㄱ, ㄷ
② ㄴ, ㄹ
③ ㄱ, ㄴ, ㄷ
④ ㄱ, ㄴ, ㄹ
⑤ ㄴ, ㄷ, ㄹ

05 다음 사례에 나타난 의사 표현에 영향을 미치는 요소에 대한 설명으로 적절하지 않은 것은?

- 독일의 유명 가수 슈만 하이크는 “공연장에서 노래를 부를 때 심리적 긴장감을 갖지 않느냐?”는 한 기자의 질문에 대해 “노래하기 전에 긴장감을 느끼지 않는다면, 그때는 내가 은퇴할 때이다.”라고 이야기하였다.
- 영국의 유명 작가 버나드 쇼는 젊은 시절 매우 내성적인 청년이었다. 그는 잘 아는 사람의 집을 방문할 때도 문을 두드리지 못하고 20분이나 문밖에서 망설이며 거리를 서성거렸다. 그는 자신의 내성적인 성격을 극복하기 위해 런던에서 공개되는 모든 토론에 의도적으로 참가하였고, 그 결과 장년에 이르러서 20세기 전반에 가장 재치와 자신이 넘치는 웅변가가 될 수 있었다.

① 소수인의 심리상태가 아니라, 90% 이상의 사람들이 호소하는 불안이다.
② 잘 통제하면서 표현을 한다면 청자는 더 인간답다고 생각하게 될 것이다.
③ 개인의 본질적인 문제이지만, 완전히 치유할 수 있다.
④ 분명한 원인은 아직 규명되지 않았다.
⑤ 불안을 심하게 느끼는 사람일수록 다른 사람과 접촉이 없는 직업을 선택하려 한다.

06 다음 제시된 단락을 읽고, 이어질 내용을 논리적 순서대로 바르게 나열한 것은?

DNA는 이미 1896년에 스위스의 생물학자 프리드리히 미셔가 발견했지만, 대다수의 과학자는 1952년까지는 DNA에 별로 관심을 보이지 않았다. 미셔는 고름이 배인 붕대에 끈적끈적한 회색 물질이 남을 때까지 알코올과 돼지 위액을 쏟아 부은 끝에 DNA를 발견했다. 그것을 시험한 미셔는 DNA는 생물학에서 아주 중요한 물질로 밝혀질 것이라고 선언했다. 그러나 불행하게도 화학 분석 결과, 그 물질 속에 인이 다량 함유된 것으로 드러났다. 그 당시 생화학 분야에서는 오로지 단백질에만 관심을 보였는데, 단백질에는 인이 전혀 포함돼 있지 않으므로 DNA는 분자 세계의 충수처럼 일종의 퇴화 물질로 간주되었다.

(가) 그래서 유전학자인 알프레드 허시와 마사 체이스는 방사성 동위원소 추적자를 사용해 바이러스에서 인이 풍부한 DNA의 인과 황이 풍부한 단백질의 황을 추적해 보았다. 이 방법으로 바이러스가 침투한 세포들을 조사한 결과, 방사성 인은 세포에 주입되어 전달된 반면 황이 포함된 단백질은 그렇지 않은 것으로 드러났다.
(나) 그러나 그 유전 정보가 바이러스의 DNA에 들어 있는지 단백질에 들어 있는지는 아무도 몰랐다.
(다) 따라서 유전 정보의 전달자는 단백질이 될 수 없으며 전달자는 DNA인 것으로 밝혀졌다.
(라) 1952년에 바이러스를 대상으로 한 극적인 실험이 그러한 편견을 바꾸어 놓았다. 바이러스는 다른 세포에 무임승차하여 피를 빠는 모기와는 반대로 세포 속에 악당 유전 정보를 주입한다.

① (가) – (다) – (나) – (라)
② (가) – (라) – (나) – (다)
③ (나) – (가) – (다) – (라)
④ (나) – (다) – (가) – (라)
⑤ (라) – (나) – (가) – (다)

07 다음 글의 결론을 지지하지 않는 것은?

지구와 태양 사이의 거리와 지구가 태양 주위를 도는 방식은 인간의 생존에 유리한 여러 특징을 지니고 있다. 인간을 비롯한 생명이 생존하려면 행성은 액체 상태의 물을 포함하면서 너무 뜨겁거나 차갑지 않아야 한다. 이를 위해 행성은 태양과 같은 별에서 적당히 떨어져 있어야 한다. 이 적당한 영역을 '골디락스 영역'이라고 한다. 또한, 지구가 태양의 중력장 주위를 도는 타원 궤도는 충분히 원에 가깝다. 따라서 연중 태양에서 오는 열에너지가 비교적 일정하게 유지될 수 있는 것이다. 만약 태양과의 거리가 일정하지 않았다면 지구는 여름에는 바다가 모두 끓어 넘치고 겨울에는 거대한 얼음덩어리가 되는 불모의 행성이었을 것이다.
우주에 작용하는 근본적인 힘의 세기나 물리법칙도 인간을 비롯한 생명의 탄생에 유리하도록 미세하게 조정되어 있다. 예를 들어 근본적인 힘인 강한 핵력이나 전기력의 크기가 현재 값에서 조금만 달랐다면, 별의 내부에서 탄소처럼 무거운 원소는 만들어질 수 없었고 행성도 만들어질 수 없었을 것이다. 최근 들어 물리학자들은 이들 힘을 지배하는 법칙이 현재와 다르다면 우주는 구체적으로 어떤 모습이 될지 컴퓨터 모형으로 계산했다. 그 결과, 강한 핵력의 강도가 겨우 0.5% 다르거나 전기력의 강도가 겨우 4% 다를 경우에도 탄소나 산소는 우주에서 합성되지 않는다. 따라서 생명 탄생의 가능성도 사라진다. 결국 강한 핵력이나 전기력을 지배하는 법칙들을 조금이라도 건드리면 우리가 존재할 가능성은 사라지는 것이다.
결론적으로 지구 주위 환경뿐만 아니라 보편적 자연법칙까지도 인류와 같은 생명이 진화해 살아가기에 알맞은 범위 안에 제한되어 있다고 할 수 있다. 만일 그러한 제한이 없었다면 태양계나 지구가 탄생할 수 없었을 뿐만 아니라 생명 또한 진화할 수 없었을 것이다. 우리가 아는 행성이나 생명이 탄생할 가능성을 열어두면서 물리법칙을 변경할 수 있는 폭은 매우 좁다.

① 탄소가 없는 상황에서도 생명은 자연적으로 진화할 수 있다.
② 중력법칙이 현재와 조금만 달라도 지구는 태양으로 빨려 들어간다.
③ 원자핵의 질량이 현재보다 조금 더 크다면 우리 몸을 이루는 원소는 합성되지 않는다.
④ 별 주위의 '골디락스 영역'에 행성이 위치할 확률은 매우 낮지만 지구는 그 영역에 위치한다.
⑤ 핵력의 강도가 현재와 약간만 달라도 별의 내부에서 무거운 원소가 대부분 사라진다.

08 다음 글에서 글쓴이가 설명하는 핵심 내용을 가장 적절하게 추론한 것은?

> 지구상에서는 매년 약 10만 명 중 한 명이 목에 걸린 음식물 때문에 질식사하고 있다. 이러한 현상은 인간의 호흡 기관(기도)과 소화 기관(식도)이 목구멍 부위에서 교차하는 구조로 되어 있기 때문에 발생한다. 인간과 달리, 곤충이나 연체동물 같은 무척추동물은 교차 구조가 아니어서 음식물로 인한 질식의 위험이 없다. 인간의 호흡 기관이 이렇게 불합리한 구조를 갖게 된 원인은 무엇일까? 바다 속에 서식했던 척추동물의 조상형 동물들은 체와 같은 구조를 이용하여 물속의 미생물을 걸러 먹었다. 이들은 몸집이 아주 작아서 물 속에 녹아 있는 산소가 몸 깊숙한 곳까지 자유로이 넘나들 수 있었기 때문에 별도의 호흡계가 필요하지 않았다. 그런데 몸집이 커지면서 먹이를 거르던 체와 같은 구조가 호흡 기능까지 갖게 되어 마침내 아가미 형태로 변형되었다. 즉, 소화계의 일부가 호흡 기능을 담당하게 된 것이다. 그 후 호흡계의 일부가 변형되어 허파로 발달하고, 그 허파는 위장으로 이어지는 식도 아래쪽으로 뻗어 나갔다. 한편, 공기가 드나드는 통로는 콧구멍에서 입천장을 뚫고 들어가 입과 아가미 사이에 자리 잡게 되었다. 이러한 진화 과정을 보여 주는 것이 폐어(肺魚) 단계의 호흡계 구조이다.
>
> 이후 진화 과정이 거듭되면서 호흡계와 소화계가 접하는 지점이 콧구멍 바로 아래로부터 목 깊숙한 곳으로 이동하였다. 그 결과 머리와 목구멍의 구조가 변형되지 않는 범위 내에서 호흡계와 소화계가 점차 분리되었다. 즉, 처음에는 길게 이어져 있던 호흡계와 소화계의 겹친 부위가 점차 짧아졌고, 마침내 하나의 교차점으로만 남게 된 것이다.
>
> 이것이 인간을 포함한 고등 척추동물에서 볼 수 있는 호흡계의 기본 구조이다. 따라서 음식물로 인한 인간의 질식 현상은 척추동물 조상형 단계를 지나 자리 잡게 된 허파의 위치(당시에는 최선의 선택이었을) 때문에 생겨난 진화의 결과라 할 수 있다.
>
> 이처럼 진화는 반드시 이상적이고 완벽한 구조를 창출해 내는 방향으로만 이루어지는 것은 아니다. 진화 과정에서는 새로운 환경에 적응하기 위한 최선의 구조가 선택되지만, 그 구조는 기존의 구조를 허물고 처음부터 다시 만들어 낸 최상의 구조와는 차이가 있다. 그래서 진화는 불가피하게 타협적인 구조를 선택하는 방향으로 이루어지며, 순간순간의 필요에 대응한 결과가 축적되는 과정이라고 할 수 있다. 질식의 원인이 되는 교차된 기도와 식도의 경우처럼, 진화의 산물이 우리가 보기에는 납득할 수 없는 불합리한 구조를 지니게 되는 이유가 바로 여기에 있다.

① 인간이 진화 과정을 통하여 얻은 이익과 손해는 무엇인가?
② 무척추동물과 척추동물의 호흡계 구조에는 어떤 차이가 있는가?
③ 인간의 호흡계와 소화계가 지니고 있는 근본적인 결함은 무엇인가?
④ 질식사에 대한 인간의 불안감을 해소시킬 방안에는 어떤 것이 있는가?
⑤ 진화 과정에서 인간의 호흡계와 같은 불합리한 구조가 발생하는 이유는 무엇인가?

PART 2

09 다음 글을 바탕으로 한 편의 글을 쓴다고 할 때, 이어질 내용의 주제로 가장 적절한 것은?

> 바다거북은 모래사장 아래 25 ~ 90cm 되는 곳에 알을 낳는다. 새끼 거북들이 모래 틈을 헤집고 통로를 내기란 어려운 일이라서 땅 위로 올라왔을 때는 체질량의 20%를 잃는다. 이때에는 곧장 수분을 섭취해야 하며 그러지 못하면 탈수 증상으로 죽기도 한다. 그러나 무엇보다도 그러한 갈증이 뜨거운 해변의 모래를 가로질러 바다로 향해 가게 하는 힘이 된다.

① 가혹한 현실은 이상의 실현에 큰 장애가 된다.
② 장애 요인이 목표 달성의 원동력이 될 수도 있다.
③ 주어진 현실에 상관없이 꿈을 향해 매진해야 한다.
④ 무조건 높은 꿈보다 실현 가능한 꿈을 꾸어야 한다.
⑤ 태생적인 한계를 극복하기 위해 최선을 다해야 한다.

10 다음 글의 빈칸에 들어갈 내용으로 가장 적절한 것은?

> 발전은 항상 변화를 내포하고 있다. 그러나 모든 형태의 변화가 전부 발전에 해당하는 것은 아니다. 이를테면 교통신호등이 빨강에서 파랑으로, 파랑에서 빨강으로 바뀌는 변화를 발전으로 생각할 수는 없다. 즉, ______________________ 좀 더 구체적으로 말해, 사태의 진전 과정에서 나중에 나타나는 것은 적어도 그 이전 단계에 내재적으로나마 존재했던 것의 전개에 해당한다는 것이다. 이렇게 볼 때, 발전은 선적(線的)인 특성을 가지고 있다. 순전한 반복의 과정으로 보이는 것을 발전이라고 규정하지 않는 이유는 그 때문이다. 반복과정에서는 최후에 명백히 나타나는 것이 처음에 존재했던 것과 거의 다르지 않다. 그러나 또 한편으로 우리는 비록 반복의 경우라도 때때로 그 과정 중의 특정 단계를 따로 떼 그것을 발견이라고 생각하기도 한다. 즉, 전체 과정에서 어떤 종류의 질이 그 시기에 특정의 수준까지 진전된 경우이다.

① 발전은 어떤 특정한 방향으로 일어나는 변화라는 의미를 내포하고 있다.
② 변화는 특정한 방향으로 발전하는 것을 의미한다.
③ 발전은 불특정 방향으로 일어나는 변모라는 의미이다.
④ 발전은 어떤 특정한 반복으로 일어나는 변화라는 의미로 사용된다.
⑤ 변화는 어떤 특정한 방향으로 일어나는 발전이라는 의미로 사용된다.

11 고등학생들을 대상으로 가장 좋아하는 색깔을 조사하니 빨간색, 파란색, 검은색이 차지하는 비율이 2 : 3 : 5였다. 그렇다면 학생 2명을 임의로 선택할 때, 좋아하는 색이 다를 확률은?(단, 조사 인원은 충분히 많다)

① $\frac{27}{50}$

② $\frac{29}{50}$

③ $\frac{31}{50}$

④ $\frac{33}{50}$

⑤ $\frac{32}{45}$

PART 2

12 누리와 수연이는 같이 운동을 하기로 했다. 누리는 걸어서, 수연이는 자전거를 타고 운동을 했으며, 운동을 시작한 위치는 같았다. 누리가 15km를 먼저 이동했고, 수연이는 자전거를 이용해서 누리보다 10km/h 빠르게 움직인다. 수연이가 자전거를 타고 40km를 이동해서 누리를 만났다면, 두 사람이 함께 운동한 시간은 얼마인가?

① 1시간

② 1시간 30분

③ 2시간

④ 2시간 30분

⑤ 3시간

13 다음 글과 〈조건〉을 근거로 판단할 때, 각각 2순위와 4순위로 옳은 것은?

심야에 오토바이 폭주족들이 굉음을 내고 도로를 질주하여 주민들이 잠을 잘 수가 없다는 민원이 경찰청에 끊임없이 제기되고 있다. 경찰청은 이 문제를 해결하기 위해 대책을 논의하였다. 그 결과 안전그물 설치, 전담반 편성, CCTV 설치, 처벌 강화, 시민자율방범의 5가지 대안을 마련하였고, 그 대안별 우선순위를 알고자 한다.

조건

평가 기준 \ 대안	㉠ 안전그물 설치	㉡ 전담반 편성	㉢ CCTV 설치	㉣ 처벌 강화	㉤ 시민자율방범
효과성	8	5	5	9	4
기술적 실현가능성	7	2	1	6	3
경제적 실현가능성	6	1	3	8	1
행정적 실현가능성	6	6	5	5	5
법적 실현가능성	6	5	5	5	5

- 우선순위는 대안별 평가 기준 점수의 합계가 높은 순으로 정한다.
- 합계점수가 같은 경우에는 법적 실현가능성 점수가 높은 대안이 우선순위가 높고, 법적 실현가능성 점수도 같은 경우에는 효과성 점수, 효과성 점수도 같은 경우에는 행정적 실현가능성 점수, 행정적 실현가능성 점수도 같은 경우에는 기술적 실현가능성 점수가 높은 대안 순으로 우선순위를 정한다.

	2순위	4순위
①	㉠	㉡
②	㉡	㉣
③	㉣	㉡
④	㉣	㉢
⑤	㉣	㉤

14 다음은 탄소포인트제 가입자 A ~ D의 에너지 사용량 감축률 현황을 나타낸 자료이다. 다음의 지급 방식에 따라 가입자 A ~ D가 탄소포인트를 지급받을 때, 탄소포인트를 가장 많이 지급받는 가입자와 가장 적게 지급받는 가입자를 바르게 나열한 것은?

〈가입자 A ~ D의 에너지 사용량 감축률 현황〉

(단위 : %)

에너지 사용유형 \ 가입자	A	B	C	D
전기	2.9	15.0	14.3	6.3
수도	16.0	15.0	5.7	21.1
가스	28.6	26.1	11.1	5.9

〈탄소포인트 지급 방식〉

(단위 : 포인트)

에너지 사용유형 \ 에너지 사용량 감축률	5% 미만	5% 이상 10% 미만	10% 이상
전기	0	5,000	10,000
수도	0	1,250	2,500
가스	0	2,500	5,000

• (가입자가 지급받는 탄소포인트)=(전기 탄소포인트)+(수도 탄소포인트)+(가스 탄소포인트)

예 가입자 D가 지급받는 탄소포인트 : 5,000+2,500+2,500=10,000포인트

	가장 많이 지급받는 가입자	가장 적게 지급받는 가입자
①	B	A
②	B	C
③	B	D
④	C	A
⑤	C	D

PART 2

15 다음은 콘크리트 유형별 기준강도 및 시험체 강도 판정결과에 관한 자료이다. 이에 근거하여 (가) ~ (다)에 해당하는 강도 판정결과를 바르게 나열한 것은?

〈콘크리트 유형별 기준강도 및 시험체 강도 판정결과〉

(단위 : MPa)

구분 \ 콘크리트 유형	기준강도	시험체 강도				강도 판정결과
		시험체 1	시험체 2	시험체 3	평균	
A	24	22.8	29.0	20.8	( )	(가)
B	27	26.1	25.0	28.1	( )	불합격
C	35	36.9	36.8	31.6	( )	(나)
D	40	36.4	36.3	47.6	40.1	합격
E	45	40.3	49.4	46.8	( )	(다)

※ 강도 판정결과는 '합격'과 '불합격'으로 구분된다.

〈판정 기준〉

다음 조건을 모두 만족하는 경우에만 강도 판정결과가 '합격'이다.

- 시험체 강도의 평균은 기준강도 이상이어야 한다.
- 기준강도가 35MPa 초과인 경우에는 각 시험체 강도가 모두 기준강도의 90% 이상이어야 한다.
- 기준강도가 35MPa 이하인 경우에는 각 시험체 강도가 모두 기준강도에서 3.5MPa을 뺀 값 이상이어야 한다.

	(가)	(나)	(다)
①	합격	합격	합격
②	합격	합격	불합격
③	합격	불합격	불합격
④	불합격	합격	합격
⑤	불합격	합격	불합격

16 다음은 지역별 컴퓨터 업체들의 컴퓨터 종류별 보유 비율에 대한 자료이다. 이에 대한 설명으로 옳지 않은 것은?(단, 대수는 소수점 첫째 자리에서, 비율은 소수점 둘째 자리에서 반올림한다)

〈컴퓨터 종류별 보유 비율〉

(단위 : %)

구분		전체 컴퓨터 대수(대)	데스크톱	노트북	태블릿 PC	PDA	스마트폰	기타
지역별	서울	605,296	54.5	22.4	3.7	3.2	10.0	6.2
	부산	154,105	52.3	23.7	3.8	1.7	5.2	13.3
	대구	138,753	56.2	26.4	3.0	5.1	5.2	4.1
	인천	124,848	62.3	21.6	1.0	1.0	12.1	2.0
	광주	91,720	75.2	16.1	2.5	0.6	5.6	–
	대전	68,270	66.2	20.4	0.8	1.0	4.5	7.1
	울산	42,788	67.5	20.5	0.6	–	3.8	7.6
	세종	3,430	91.5	7.0	1.3	–	–	0.2
	경기	559,683	53.7	27.2	3.3	1.1	10.0	4.7
	강원	97,164	59.2	12.3	4.0	0.5	18.9	5.1
	충북	90,774	71.2	16.3	0.7	1.9	5.9	4.0
	충남	107,066	75.8	13.7	1.4	0.4	0.7	8.0
	전북	88,019	74.2	12.2	1.1	0.3	11.2	1.0
	전남	91,270	76.2	12.7	0.6	1.5	9.0	–
	경북	144,644	45.1	6.9	2.1	3.0	14.5	28.4
	경남	150,997	69.7	18.5	1.5	0.2	0.4	9.7
	제주	38,964	53.5	13.0	3.6	–	12.9	17.0
전국		2,597,791	59.4	20.5	2.7	1.7	8.7	7.0

① 서울 업체가 보유한 노트북 수는 20만 대 미만이다.

② 전국 컴퓨터 보유 대수 중 스마트폰의 비율은 전국 컴퓨터 보유 대수 중 노트북 비율의 30% 미만이다.

③ 대전과 울산 업체가 보유하고 있는 데스크톱 보유 대수는 전국 데스크톱 보유 대수의 6% 미만이다.

④ PDA 보유 대수는 전북이 전남의 15% 이상이다.

⑤ 강원 업체의 태블릿 PC 보유 대수보다 경북의 노트북 보유 대수가 6천 대 이상 많다.

PART 2

17 다음은 초·중·고교생 스마트폰 중독 현황에 대한 자료이다. 이에 대한 설명으로 옳지 않은 것을 〈보기〉에서 모두 고르면?

〈초·중·고교생 스마트폰 중독 비율〉

(단위 : %)

구분		전체	초등학생 (9 ~ 11세)	중·고생 (12 ~ 17세)
전체		32.38	31.51	32.71
아동성별	남성	32.88	33.35	32.71
	여성	31.83	29.58	32.72
가구소득별	기초수급	30.91	30.35	31.05
	차상위	30.53	24.21	30.82
	일반	32.46	31.56	32.81
거주지역별	대도시	31.95	30.80	32.40
	중소도시	32.49	32.00	32.64
	농어촌	34.50	32.84	35.07
가족유형별	양부모	32.58	31.75	32.90
	한부모·조손	31.16	28.83	31.79

※ 각 항목의 전체 인원은 그 항목에 해당하는 초등학생 수와 중·고생 수의 합을 말한다.

보기

ㄱ. 초등학생과 중·고교생 모두 남성의 스마트폰 중독 비율이 여성의 스마트폰 중독 비율보다 높다.

ㄴ. 한부모·조손 가족의 스마트폰 중독 비율은 초등학생의 경우가 중·고교생 중독 비율의 70% 이상이다.

ㄷ. 조사대상 중 대도시에 거주하는 초등학생 수는 중·고교생 수보다 많다.

ㄹ. 초등학생과 중·고교생 모두 기초수급가구의 경우가 일반가구의 경우보다 스마트폰 중독 비율이 높다.

① ㄴ
② ㄱ, ㄷ
③ ㄱ, ㄹ
④ ㄱ, ㄷ, ㄹ
⑤ ㄴ, ㄷ, ㄹ

18 다음은 2023년 1분기와 2분기의 산업별 대출금에 대한 자료이다. 이에 대한 설명으로 옳지 않은 것을 〈보기〉에서 모두 고르면?

〈국내 산업별 대출금 현황〉

(단위 : 억 원)

산업구분	1분기	2분기
농업, 임업 및 어업	21,480.7	21,776.9
광업	909.0	905.0
제조업	315,631.7	319,134.5
전기, 가스, 증기 및 공기조절 공급업	11,094.0	11,365.6
수도·하수 및 폐기물 처리, 원료재생업	6,183.4	6,218.0
건설업	27,582.8	27,877.2
도매 및 소매업	110,526.2	113,056.5
운수 및 창고업	25,199.3	25,332.4
숙박 및 요식업	37,500.0	38,224.6
정보통신업, 예술, 스포츠, 여가 관련	24,541.3	25,285.9
금융 및 보험업	32,136.9	33,612.3
부동산업	173,886.5	179,398.1
전문, 과학 및 기술서비스업	11,725.2	12,385.7
사업시설관리, 사업지원 및 임대서비스업	8,219.4	8,502.1
교육 서비스업	7,210.8	7,292.3
보건 및 사회복지서비스업	24,610.0	25,301.1
공공행정 등 기타서비스	26,816.8	25,714.6
합계	865,254.0	881,382.8

보기

ㄱ. 전체 대출금 합계에서 광업이 차지하는 비중은 2023년 2분기에 전 분기 대비 감소하였다.
ㄴ. 2023년 1분기 대비 2분기의 전문, 과학 및 기술 서비스업의 대출금 증가율은 10%p 미만이다.
ㄷ. 2023년 1분기 전체 대출금 합계에서 도매 및 소매업 대출금이 차지하는 비중은 15% 이상이다.
ㄹ. 2023년 2분기에 대출금이 전 분기 대비 감소한 산업 수는 증가한 산업 수의 20% 이상이다.

① ㄴ
② ㄱ, ㄴ
③ ㄷ, ㄹ
④ ㄱ, ㄷ, ㄹ
⑤ ㄴ, ㄷ, ㄹ

19 K회사에 새로 입사한 사원의 현황은 다음과 같다. 여성 신입사원 중 한 명을 선정했을 때, 경력자일 확률은?

〈현황〉

- 신입사원의 60%는 여성이다.
- 신입사원의 20%는 여성 경력직이다.
- 신입사원의 80%는 여성이거나 경력직이다.

① $\frac{1}{3}$

② $\frac{2}{3}$

③ $\frac{1}{5}$

④ $\frac{3}{5}$

⑤ $\frac{1}{2}$

20 다음 10대 무역수지 흑자국에 대한 자료를 통해 알게 된 내용으로 옳지 않은 것은?

〈10대 무역수지 흑자국〉

(단위 : 백만 달러)

순위	2021년		2022년		2023년	
	국가명	금액	국가명	금액	국가명	금액
1	중국	32,457	중국	45,264	중국	47,779
2	홍콩	18,174	홍콩	23,348	홍콩	28,659
3	마샬군도	9,632	미국	9,413	싱가포르	11,890
4	미국	8,610	싱가포르	7,395	미국	11,635
5	멕시코	6,161	멕시코	7,325	베트남	8,466
6	싱가포르	5,745	베트남	6,321	멕시코	7,413
7	라이베리아	4,884	인도	5,760	라이베리아	7,344
8	베트남	4,780	라이베리아	5,401	마샬군도	6,991
9	폴란드	3,913	마샬군도	4,686	브라질	5,484
10	인도	3,872	슬로바키아	4,325	인도	4,793

① 2021년부터 2023년까지 10대 무역수지 흑자국에 2번 이상 포함된 국가의 수는 9개국이다.
② 2023년 1위 흑자국의 액수는 10위 흑자국 액수의 10배 이상이다.
③ 싱가포르의 2021년 대비 2023년의 흑자액은 2배 이상이다.
④ 싱가포르를 제외하고 2021년 대비 2023년의 흑자 증가율이 가장 높은 나라는 베트남이다.
⑤ 2021년부터 2023년까지 매년 순위가 상승한 나라는 2개국이다.

21 퇴직을 앞둔 회사원 K씨는 1년 뒤 샐러드 도시락 프랜차이즈 가게를 운영하고자 한다. 다음은 K씨가 회사 근처 샐러드 도시락 프랜차이즈 가게에 대해 SWOT 분석을 실시한 결과이다. 〈보기〉 중 분석에 따른 대응 전략으로 적절한 것을 모두 고르면?

〈샐러드 도시락 프랜차이즈 가게 SWOT 분석 결과〉

강점(Strength)	약점(Weakness)
• 다양한 연령층을 고려한 메뉴 • 월별 새로운 메뉴 제공	• 부족한 할인 혜택 • 홍보 및 마케팅 전략의 부재
기회(Opportunity)	**위협(Threat)**
• 건강한 식단에 대한 관심 증가 • 회사원들의 간편식 점심 수요 증가	• 경기 침체로 인한 외식 소비 위축 • 주변 음식점과의 경쟁 심화

보기

ㄱ. 다양한 연령층이 이용할 수 있도록 새로운 한식 도시락을 출시한다.
ㄴ. 계절 채소를 이용한 샐러드 런치 메뉴를 출시한다.
ㄷ. 제품의 가격 상승을 유발하는 홍보 방안보다 먼저 품질 향상 방안을 마련해야 한다.
ㄹ. 주변 회사와 제휴하여 이용 고객에 대한 할인 서비스를 제공한다.

① ㄱ, ㄴ
② ㄱ, ㄷ
③ ㄴ, ㄷ
④ ㄴ, ㄹ
⑤ ㄷ, ㄹ

22 S무역회사에 지원하여 최종 면접을 앞둔 K씨는 성공적인 PT 면접을 위해 회사에 대한 정보를 파악하고 그에 따른 효과적인 전략을 알아보고자 한다. K씨가 분석한 S무역회사에 대한 SWOT 결과가 다음과 같을 때, 분석 결과에 대응하는 전략과 그 내용의 연결이 적절하지 않은 것은?

〈S무역회사 SWOT 분석 결과〉

강점(Strength)	약점(Weakness)
• 우수한 역량의 인적자원 보유 • 글로벌 네트워크 보유 • 축적된 풍부한 거래 실적	• 고객 니즈 대응에 필요한 특정 분야별 전문성 미흡 • 신흥 시장 진출 증가에 따른 경영 리스크
기회(Opportunity)	**위협(Threat)**
• 융·복합화를 통한 정부의 일자리 창출 사업 • 해외 사업을 위한 협업 수요 확대 • 수요자 맞춤식 서비스 요구 증대	• 타사와의 경쟁 심화 • 정부의 예산 지원 감소 • 무역시장에 대한 일부 부정적 인식 존재

① SO전략 : 우수한 인적자원을 활용한 무역 융·복합 사업 추진
② WO전략 : 분야별 전문 인력 충원을 통한 고객 맞춤형 서비스 제공 확대
③ ST전략 : 글로벌 네트워크를 통한 해외 시장 진출
④ ST전략 : 풍부한 거래 실적을 바탕으로 시장에서의 경쟁력 확보
⑤ WT전략 : 리스크 관리를 통한 안정적 재무역량 확충

23 다음은 문제해결절차의 문제 인식 단계에 대한 설명이다. 빈칸에 들어갈 말이 바르게 연결된 것은?

문제 인식 단계에서는 일련의 절차를 통해 해결해야 할 문제를 파악한다. 문제가 발생하였을 때, 가장 먼저 해야 하는 일은 ___㉠___(으)로, 주로 3C 분석이나 SWOT 분석이 사용된다. ___㉠___을 통해 현상을 파악한 후에는 ___㉡___의 단계를 거친다. ___㉡___을 위해서는 다양한 후보안을 찾는 것이 바람직하다. 마지막으로 ___㉢___에서는 여러 과제안들 중 각각의 효과 및 실행 가능성 등을 평가해 우선순위를 부여하여 가장 우선순위가 높은 안을 선정한다. 우선순위 평가 시에는 과제의 목적, 목표 등을 종합적으로 고려한다.

	㉠	㉡	㉢
①	과제 도출	과제 선정	과제 실행
②	과제 분석	주요 과제 도출	과제 선정
③	과제 분석	과제 선정	주요 과제 도출
④	환경 분석	과제 선정	주요 과제 도출
⑤	환경 분석	주요 과제 도출	과제 선정

24 다음은 독감의 변인 3가지에 대한 실험을 한 후 작성된 보고서이다. 다음과 같은 변인 3가지 외에 다른 변인은 없다고 했을 때, 〈보기〉 중 옳은 것을 모두 고르면?

선택 1. 수분섭취를 잘하였고, 영양섭취와 예방접종은 하지 않았는데 독감에 걸리지 않았다.
선택 2. 수분섭취는 하지 않았고, 영양섭취와 예방접종은 하였는데 독감에 걸리지 않았다.
선택 3. 영양섭취와 예방접종, 수분섭취를 모두 하였는데 독감에 걸리지 않았다.
선택 4. 영양섭취는 하였고, 예방접종을 하지 않았으며, 수분섭취는 하였는데 독감에 걸렸다.

보기

ㄱ. 선택 1, 2를 비교해 보았을 때, 수분섭취를 하지 않아 독감에 걸렸을 것으로 추정된다.
ㄴ. 선택 1, 4를 비교해 보았을 때, 영양섭취를 하지 않아 독감에 걸리지 않았을 것으로 추정된다.
ㄷ. 선택 2, 4를 비교해 보았을 때, 예방접종을 하여 독감에 걸렸을 것으로 추정된다.
ㄹ. 선택 3, 4를 비교해 보았을 때, 예방접종을 하면 독감에 걸리지 않는 것으로 추정된다.

① ㄱ
② ㄴ, ㄷ
③ ㄴ, ㄹ
④ ㄷ, ㄹ
⑤ ㄱ, ㄴ, ㄹ

25 제시된 〈조건〉에 따라 교육부, 행정안전부, 보건복지부, 농림축산식품부, 외교부 및 국방부에 대한 국정감사 순서를 정한다고 할 때, 다음 중 항상 옳은 것은?

조건

- 행정안전부에 대한 감사는 농림축산식품부와 외교부에 대한 감사 사이에 한다.
- 국방부에 대한 감사는 보건복지부나 농림축산식품부에 대한 감사보다 늦게 시작되지만, 외교부에 대한 감사보다 먼저 시작한다.
- 교육부에 대한 감사는 아무리 늦어도 보건복지부 또는 농림축산식품부 중 적어도 어느 한 부서에 대한 감사보다는 먼저 시작되어야 한다.
- 보건복지부는 농림축산식품부보다 먼저 감사를 시작한다.

① 교육부는 첫 번째 또는 두 번째에 감사를 시작한다.
② 보건복지부는 두 번째로 감사를 시작한다.
③ 농림축산식품부보다 늦게 감사를 받는 부서의 수가 일찍 받는 부서의 수보다 적다.
④ 국방부는 행정안전부보다 감사를 일찍 시작한다.
⑤ 외교부보다 늦게 감사를 받는 부서가 있다.

※ 다음 글을 읽고 이어지는 질문에 답하시오. [26~27]

문제해결이란 목표와 현상을 분석하고, 이 분석 결과를 토대로 과제를 도출하여 최적의 해결책을 찾아 실행, 평가하는 활동을 의미한다. 이러한 문제해결은 ㉠ 조직 측면, ㉡ 고객 측면, ㉢ 개인 측면의 세 가지 측면에서 도움을 줄 수 있다.
문제해결의 기본 요소는 총 다섯 가지가 있으며, 이를 도식화하면 아래와 같다.

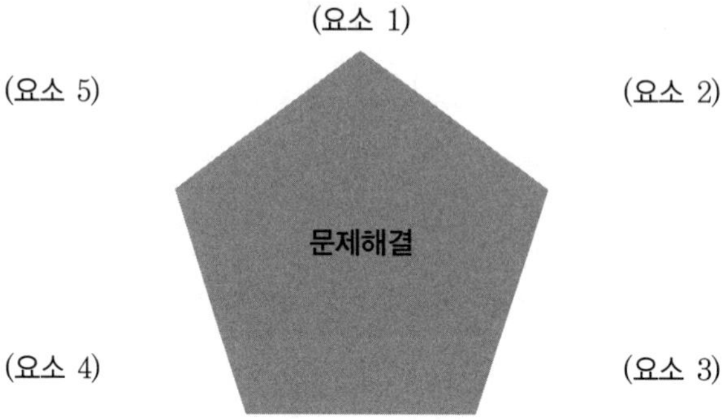

문제해결을 위한 사고 방법에는 ㉣ 전략적 사고와 ㉤ 분석적 사고가 있다. 전략적 사고는 현재 당면하고 있는 문제와 그 해결에만 그치는 것이 아니라 그 문제와 해결방안이 상위 시스템과 어떻게 연결되어 있는지를 생각하는 사고를 말한다. 또한 분석적 사고란 전체를 각각의 요소로 나누어 그 요소의 의미를 도출한 다음 우선순위를 부여하고 구체적인 문제해결방법을 실행하는 사고를 말한다.

26 다음 중 윗글의 ㉠～㉢에 해당하는 것이라고 볼 수 없는 것은?

① 경쟁사 대비 우위를 확보
② 고객만족 제고
③ 업무를 효율적으로 처리
④ 산업 발전에 도움
⑤ 고객 불편사항 개선

27 다음 중 윗글의 ㉣, ㉤을 적용한 예로 적절하지 않은 것은?

① ㉣ : 본사의 규정을 바꿀 경우, 본사에 소속된 영업점들에게 어떤 영향을 미칠지 고려한다.
② ㉣ : 학업을 위해 대학원 진학을 고려 중인 직장인이 대학원에 진학하게 될 경우 직장, 가족, 학업, 개인생활에 어떤 영향을 미칠지 전체적으로 고려한다.
③ ㉤ : 최근 경영성과가 나빠진 기업이 재무, 영업, 고객관리, 생산 등 여러 측면에서 그 원인을 파악하고자 노력한다.
④ ㉤ : 최근 고객 불만 사항이 늘어나고 있자 고객만족을 상품 요소, 서비스 요소, 기업이미지 요소로 분류한 뒤 측정하여 이를 통해 개선사항을 도출하였다.
⑤ ㉤ : 제조공장의 생산성을 10% 이상 높이기 위해 공장 운영, 업무 방식, 제도, 기법 등의 측면에서 생산성 향상 방법을 도출하였다.

※ 다음 글을 읽고 이어지는 질문에 답하시오. [28~29]

> 당면한 문제를 해결하기 위해 개인이 가지고 있는 경험과 지식을 가치 있는 새로운 아이디어로 결합함으로써 참신한 아이디어를 산출하는 능력을 창의적 사고라고 한다.
> 이때 창의적 사고를 기를 수 있는 방법으로 어떤 생각에서 다른 생각을 계속해서 떠올리는 작용을 통해 어떤 주제에서 생각나는 것을 계속해서 열거해 나가는 발산적 사고 방법을 ________이라고 한다.

28 다음 중 윗글의 빈칸에 들어갈 말로 가장 적절한 것은?

① 강제연상법
② 비교발상법
③ 자유연상법
④ 강제결합법
⑤ 자유발상법

29 다음 중 윗글에 예시로 제시된 브레인스토밍의 진행 과정을 순서대로 바르게 짝지은 것은?

A
▼
구성원의 얼굴을 볼 수 있는 좌석 배치와 큰 용지를 준비
▼
B
▼
C
▼
D
▼
E

① A : 구성원들의 다양한 의견을 도출할 수 있는 리더 선출
② B : 주제를 구체적이고 명확하게 선정
③ C : 다양한 분야의 5～8명 정도의 사람으로 구성원 구성
④ D : 제시된 아이디어 비판 및 실현가능한 아이디어 평가
⑤ E : 구성원들의 자유로운 발언 및 발언 내용 기록 후 구조화

30 다음은 K사 제품의 생산 계획 현황을 나타낸 자료이다. 제시된 상황에 따라 갑 ~ 병 직원이 실행하는 공정 순서로 가장 적절한 것은?

〈생산 공정 계획〉

공정	선행공정	소요시간(시간)
A	B	1
B	–	0.5
C	–	2
D	E	1.5
E	–	1

〈상황〉

- 선행공정을 제외한 생산 공정 순서는 상관없다.
- 선행공정은 선행공정이 필요한 공정 전에만 미리 실행한다.
- 2명 이상의 직원이 A공정을 동시에 실행할 수 없다.
- 을 직원은 갑 직원보다, 병 직원은 을 직원보다 1시간 늦게 시작한다.
- 생산 공정이 진행될 때 유휴시간 없이 다음 공정으로 넘어간다.

	갑	을	병
①	B－E－A－D－C	B－C－E－D－A	C－B－E－A－D
②	E－D－C－B－A	C－E－D－B－A	E－D－B－C－A
③	B－D－E－A－C	C－D－A－B－E	B－E－A－D－C
④	B－A－E－D－C	B－E－A－C－D	C－A－B－D－E
⑤	C－E－B－A－D	B－E－A－D－C	B－A－E－C－D

※ K베이커리 사장은 새로운 직원을 채용하기 위해 아르바이트 공고문을 게재하였고, 지원자 명단은 다음과 같다. 이어지는 질문에 답하시오. **[31~32]**

■ 아르바이트 공고문

- 업체명 : K베이커리
- 업무내용 : 고객응대 및 매장관리
- 지원자격 : 경력, 성별, 학력 무관 / 나이 : 20 ~ 40세
- 근무조건 : 6개월 / 월 ~ 금 / 08:00 ~ 20:00(협의 가능)
- 급여 : 희망 임금
- 연락처 : 010-1234-1234

■ 아르바이트 지원자 명단

성명	성별	나이	근무가능시간	희망 임금	기타
김갑주	여	28	08:00 ~ 16:00	시급 11,000원	• 1일 1회 출근만 가능함 • 최소 2시간 이상 연속 근무하여야 함
강을미	여	29	15:00 ~ 20:00	시급 10,000원	
조병수	남	25	12:00 ~ 20:00	시급 10,500원	
박정현	여	36	08:00 ~ 14:00	시급 11,500원	
최강현	남	28	14:00 ~ 20:00	시급 11,500원	
채미나	여	24	16:00 ~ 20:00	시급 10,500원	
한수미	여	25	10:00 ~ 16:00	시급 11,000원	

※ 근무시간은 지원자가 희망하는 근무시간대 내에서 조절 가능함

31 K베이커리 사장은 최소비용으로 가능한 최대인원을 채용하고자 한다. 매장에는 항상 2명의 직원이 상주하고 있어야 하며, 기존 직원 1명은 오전 8시부터 오후 3시까지 근무를 하고 있다. 위 지원자 명단을 참고하였을 때, 누구를 채용하겠는가?(단, 최소비용으로 최대인원을 채용하는 것을 목적으로 하며, 최소 2시간 이상 근무가 가능하면 채용한다)

① 김갑주, 강을미, 조병수
② 김갑주, 강을미, 박정현, 채미나
③ 김갑주, 강을미, 조병수, 채미나, 한수미
④ 강을미, 조병수, 박정현, 최강현, 채미나
⑤ 강을미, 조병수, 박정현, 최강현, 채미나, 한수미

32 31번 문제에서 결정한 인원을 채용했을 때, 급여를 한 주 단위로 지급한다면 사장이 지급해야 하는 임금은?(단, 기존 직원의 시급은 11,000원으로 계산한다)

① 895,000원
② 1,005,000원
③ 1,185,000원
④ 1,275,000원
⑤ 1,500,000원

※ K공단의 투자지원본부는 올해 7월 중에 신규투자할 중소기업을 선정하고자 한다. 다음 자료를 보고 이어지는 질문에 답하시오. [33~34]

〈상황〉

A대리는 신규투자처 선정 일정에 지장이 가지 않는 범위 내에서 연차 2일을 사용해 아내와 베트남으로 여행을 가기로 했다. 신규투자처 선정은 〈조건〉에 따라 진행된다.

조건

- 신규투자처 선정은 '작년투자현황 조사 → 잠재력 심층조사 → 선정위원회 1차 심사 → 선정위원회 2차 심사 → 선정위원회 최종결정 → 선정결과 발표' 단계로 진행된다.
- 신규투자처 선정은 7월 1일부터 시작한다.
- 작년투자현황 조사와 잠재력 심층조사는 근무일 2일씩, 선정위원회의 각 심사는 근무일 3일씩, 선정위원회 최종결정과 발표는 근무일 1일씩 소요된다.
- 신규투자처 선정의 각 단계는 최소 1일 이상의 간격을 두고 진행해야 한다.
- 투자지원본부장은 신규투자처 선정결과 발표를 7월 26일까지 완료하고자 한다.

7월 달력

일요일	월요일	화요일	수요일	목요일	금요일	토요일
					1	2
3	4	5	6	7	8	9
10	11	12	13	14	15	16
17	18	19	20	21	22	23
24	25	26	27	28	29	30
31						

※ 투자지원본부는 주중에만 근무한다.

※ 주말은 휴일이므로 연차는 주중에 사용한다.

33 다음 날짜 중 A대리가 연차를 사용할 수 없는 날짜는?

① 7월 5 ~ 6일
② 7월 7 ~ 8일
③ 7월 11 ~ 12일
④ 7월 19 ~ 20일
⑤ 7월 20 ~ 21일

PART 2

34 K공단의 상황에 따라 선정위원회 2차 심사가 7월 19일까지 완료되어야 한다고 한다. 이를 고려하였을 때, 다음 중 A대리가 연차를 사용가능한 날짜로 적절한 것은?

① 7월 7 ~ 8일
② 7월 11 ~ 12일
③ 7월 13 ~ 14일
④ 7월 19 ~ 20일
⑤ 7월 20 ~ 21일

35 K회사 B과장이 내년에 해외근무 신청을 위해서는 의무 교육이수 기준을 만족해야 한다. B과장이 지금까지 글로벌 경영교육 17시간, 해외사무영어교육 50시간, 국제회계교육 24시간을 이수하였다면 의무 교육이수 기준에 미달인 과목과 그 과목의 부족한 점수는 몇 점인가?

〈의무 교육이수 기준〉

(단위 : 점)

구분	글로벌 경영	해외사무영어	국제회계
이수 완료 점수	15	60	20
시간당 점수	1	1	2

※ 초과 이수 시간은 시간당 0.2점으로 환산하여 해외사무영어 점수에 통합한다.

	과목	점수
①	해외사무영어	6.8점
②	해외사무영어	7.0점
③	글로벌 경영	7.0점
④	국제회계	6.8점
⑤	국제회계	5.8점

※ 다음은 수발실에서 근무하는 직원들에 대한 근무평정 자료이다. 이어지는 질문에 답하시오. [36~37]

〈정보〉

- 수발실은 공단으로 수신되거나 공단에서 발송하는 문서를 분류, 배부하는 업무를 한다. 문서 수발이 중요한 업무인 만큼, 공단은 매분기 수발실 직원별로 사고 건수를 조사하여 다음의 벌점 산정 방식에 따라 벌점을 부과한다.
- 공단은 이번 2분기 수발실 직원들에 대해 벌점을 부과한 후, 이를 반영하여 성과급을 지급하고자 한다.

〈벌점 산정방식〉

- 분기 벌점은 사고 유형별 건수와 유형별 벌점의 곱의 총합으로 계산한다.
- 전분기 무사고였던 직원의 경우, 해당분기 벌점에서 5점을 차감하는 혜택을 부여받는다.
- 전분기에 무사고였더라도, 해당분기 발신사고 건수가 4건 이상인 경우 벌점차감 혜택을 적용받지 못한다.

〈사고 건수당 벌점〉

(단위 : 점)

사고 종류	수신사고		발신사고	
	수신물 오분류	수신물 분실	미발송	발신물 분실
벌점	2	4	4	6

〈2분기 직원별 오류발생 현황〉

(단위 : 건)

직원	수신물 오분류	수신물 분실	미발송	발신물 분실	전분기 총사고 건수
A	–	2	–	4	2
B	2	3	3	–	–
C	2	–	3	1	4
D	–	2	2	2	8
E	1	–	3	2	–

36 벌점 산정방식에 따를 때, 수발실 직원 중 두 번째로 높은 벌점을 부여받는 직원은?

① A직원
② B직원
③ C직원
④ D직원
⑤ E직원

PART 2

37 공단은 수발실 직원들의 등수에 따라 2분기 성과급을 지급하고자 한다. 수발실 직원들의 경우 해당 분기 벌점이 적을수록 부서 내 등수가 높다고 할 때, 다음 중 B직원과 E직원이 지급받을 성과급 총액은 얼마인가?

〈성과급 지급 기준〉

- (성과급)=(부서별 성과급 기준액)×(등수별 지급비율)
- 수발실 성과급 기준액 : 100만 원
- 등수별 성과급 지급비율

등수	1등	2~3등	4~5등
지급비율	100%	90%	80%

※ 분기당 벌점이 30점을 초과하는 경우 등수와 무관하게 성과급 기준액의 50%만 지급한다.

① 100만 원
② 160만 원
③ 180만 원
④ 190만 원
⑤ 200만 원

※ 다음은 K회사 대표이사의 인터뷰 내용이다. 이어지는 질문에 답하시오. [38~39]

> Q : 어떻게 이렇게 빠르게 제품을 개발하고 급성장할 수 있었나?
> A : 아무래도 우리가 이렇게 급성장할 수 있었던 비결은 좋은 직원 덕분인 것 같다. 사람을 잘 뽑은 것. 그것이 첫 번째, 두 번째, 세 번째 이유다. 우리 회사의 직원 수는 8,000명이다. 이 사람들의 재능과 열정, 이것이 우리 속도의 비밀이자 성공의 이유다. 처음 시작할 때는 작은 소모임으로 시작했다. 서로 함께 부대끼며 사고를 공유하고 창의력을 키웠다. 재능 있는 사람들은 재능 있는 사람들과 일하고 싶어 한다. 이들은 자신이 전공한 분야에서 최고가 되어 세상을 바꾸고 싶어 하고, 세상에 변혁을 일으킬 수 있는 걸 만들고 싶어 한다. 우리는 그런 인재를 뽑아 능력을 뽐낼 수 있도록 적극적으로 지원해주었다. 직급에 상관없이 성과에 따라 인센티브를 제공하였으며, 틀에 얽매인 사고방식을 타파하기 위해 자유로운 분위기를 유지하고 있다. 직원 한 명을 뽑더라도 계약직으로 쓰지 않는다. K회사라는 가치 아래 모두가 자발적으로 모여 일을 하고 있는 것이다. 우리는 이제 우리 분야에서 가장 우수한 성적을 거두고 있으며, 최고의 전문가라고 자부하고 있다. 그래서 재능 있는 사람들이 우리 회사에 매력을 느껴 지원하게 된다. 우리는 우리 분야에서 더 확장하여 PC, 서버, 클라우드 등에 진출하고 있다. 한 분야에서 최고의 자리에 올랐으며 이제 영역을 넘어서 무한히 뻗어갈 준비가 되어 있다.

38 다음 중 K회사의 대표이사가 강조하고 있는 자원관리능력으로 옳은 것은?

① 물적자원관리에 따른 자원의 확보
② 시간관리능력의 필요성
③ 예산관리 절차에 의한 효율성
④ 인적자원관리의 중요성
⑤ 인공자원의 중요성

39 S회사의 인사팀이 K회사를 벤치마킹하여 합리적인 인사관리원칙을 수립하려 할 때, 다음 중 적절하지 않은 것은?

① 해당 직무 수행에 가장 적합한 인재를 뽑아 배치한다.
② 근로자가 창의력을 발휘할 수 있도록 새로운 제안의 기회를 주고, 적절한 보상을 위해 인센티브를 제공한다.
③ 가족, 친구, 선후배 등의 관계를 형성하고 있는 사람들을 선별하여 일할 수 있는 환경을 만든다.
④ 직장에서 신분이 보장되고 안정적으로 근무할 수 있다는 믿음을 갖게 한다.
⑤ 틀에 얽매인 사고방식을 타파하기 위해 자유로운 분위기를 유지하게 한다.

40 다음은 K공사 인사팀의 하계 휴가 스케줄이다. G사원은 휴가를 신청하기 위해 하계 휴가 스케줄을 확인하였다. 인사팀 팀장인 A부장은 25 ~ 28일은 하계 워크숍 기간이므로 휴가 신청이 불가능하며, 하루에 6명 이상은 사무실에 반드시 있어야 한다고 팀원들에게 공지했다. G사원이 휴가를 쓸 수 있는 기간으로 옳은 것은?

구분	8월 휴가																			
	3	4	5	6	7	10	11	12	13	14	17	18	19	20	21	24	25	26	27	28
	월	화	수	목	금	월	화	수	목	금	월	화	수	목	금	월	화	수	목	금
A부장																				
B차장																				
C과장																				
D대리																				
E주임																				
F주임																				
G사원																				
H사원																				

※ 스케줄에 색칠된 부분은 해당 직원의 휴가 예정일이다.

※ G사원은 4일 이상 휴가를 사용해야 한다(토, 일 제외).

① 8월 5 ~ 7일
② 8월 6 ~ 11일
③ 8월 11 ~ 16일
④ 8월 13 ~ 18일
⑤ 8월 19 ~ 24일

41 귀하는 회사 내의 자원봉사활동으로 H보육원에서 워드프로세서 강의를 맡게 되었다. 강의 내용 중 삽입, 삭제, 수정에 대한 설명으로 옳지 않은 것은?

① 삽입 상태에서 삽입할 위치에 커서를 두고 새로운 내용을 입력하면 원래의 내용은 뒤로 밀려나며 내용이 입력됩니다.
② 임의의 내용을 블록(영역) 지정한 후 〈Delete〉를 누르면 영역을 지정한 곳의 내용은 모두 삭제됩니다.
③ 〈Delete〉는 커서를 움직이지 않고 오른쪽 문자열을 하나씩 삭제합니다.
④ 〈Space Bar〉는 삽입 상태에서 커서를 오른쪽으로 이동시키면서 한 문자씩 삭제합니다.
⑤ 〈Insert〉를 누르면 삽입이나 수정이 가능합니다.

42 다음 워크시트를 참고할 때, 수식 「=INDEX(A3:E9,MATCH(SMALL(B3:B9,2),B3:B9,0),5)」의 결괏값은?

	A	B	C	D	E
1					(단위 : 개, 원)
2	상품명	판매수량	단가	판매금액	원산지
3	참외	5	2,000	10,000	대구
4	바나나	12	1,000	12,000	서울
5	감	10	1,500	15,000	부산
6	포도	7	3,000	21,000	대전
7	사과	20	800	16,000	광주
8	오렌지	9	1,200	10,800	전주
9	수박	8	10,000	80,000	춘천

① 21,000
② 대전
③ 15,000
④ 광주
⑤ 사과

43 다음 중 디지털 컴퓨터와 아날로그 컴퓨터의 차이점에 대한 설명으로 옳은 것은?

① 디지털 컴퓨터는 전류, 전압, 온도 등 다양한 입력 값을 처리하며, 아날로그 컴퓨터는 숫자 데이터만을 처리한다.
② 디지털 컴퓨터는 증폭 회로로 구성되며, 아날로그 컴퓨터는 논리 회로로 구성된다.
③ 아날로그 컴퓨터는 미분이나 적분 연산을 주로 하며, 디지털 컴퓨터는 산술이나 논리 연산을 주로 한다.
④ 아날로그 컴퓨터는 범용으로 많이 사용되며, 디지털 컴퓨터는 특수 목적용으로 많이 사용된다.
⑤ 디지털 컴퓨터는 연산속도가 빠르지만, 아날로그 컴퓨터는 느리다.

44 다음과 같이 문자열의 좌우 공백이 있을 때 이를 제거하는 방법으로 옳은 것은?

```
>>> data = "     ABCDE     "
```

①
```
>>> data = "     ABCDE     "
>>> data.split()
>>> print(data)
```

②
```
>>> data = "     ABCDE     "
>>> data1 = "ABCDE"
>>> print(data)
```

③
```
>>> data = "     ABCDE     "
>>> print(f"data")
```

④
```
>>> data = "     ABCDE     "
>>> data = data.strip()
>>> print(data)
```

⑤
```
>>> data = "     ABCDE     "
>>> data = ticker.upper()
>>> print(data)
```


45 다음 프로그램의 실행 결과에 대한 설명으로 옳은 것은?

```
#include <stdio.h>
main()
{
        int num = 1234567891011121314151617181920;

        printf("%d", num);

}
```

① 실행 결과는 1234567891011121314151617181920으로 출력된다.
② 실행 결과는 1234567891로 출력된다.
③ 실행 결과는 num이 출력된다.
④ 입력 값을 넣을 수 있다.
⑤ 오류 발생으로 실행이 되지 않는다.

46 다음은 사내 동호회 활동 현황에 대한 자료이다. 사원번호 중에서 오른쪽 숫자 네 자리만 추출하려고 할 때, [F13] 셀에 입력해야 할 함수식으로 옳은 것은?

	A	B	C	D	E	F
1	사내 동호회 활동 현황					
2	사원번호	사원명	부서	구내번호	직책	
3	AC1234	고상현	영업부	1457	부장	
4	AS4251	정지훈	기획부	2356	사원	
5	DE2341	김수호	홍보부	9546	사원	
6	TE2316	박보영	기획부	2358	대리	
7	PP0293	김지원	홍보부	9823	사원	
8	BE0192	이성경	총무부	3545	과장	
9	GS1423	이민아	영업부	1458	대리	
10	HS9201	장준하	총무부	3645	부장	
11						
12						사원번호
13						1234
14						4251
15						2341
16						2316
17						0293
18						0192
19						1423
20						9201

① =CHOOSE(2,A3,A4,A5,A6)

② =RIGHT(A3,4)

③ =LEFT(A3,3)

④ =MID(A3,1,2)

⑤ =LEFT(A3,3,4)

47 다음 워크시트에서 성별이 '남'인 직원들의 근속연수 합계를 구하는 수식으로 옳지 않은 것은?

	A	B	C	D	E	F
1	사원번호	이름	생년월일	성별	직위	근속연수
2	E5478	이재홍	1980-02-03	남	부장	8
3	A4625	박언영	1985-04-09	여	대리	4
4	B1235	황준하	1986-08-20	남	대리	3
5	F7894	박혜선	1983-12-13	여	과장	6
6	B4578	이애리	1990-05-06	여	사원	1
7	E4562	김성민	1986-03-08	남	대리	4
8	A1269	정태호	1991-06-12	남	사원	2
9	C4567	김선정	1990-11-12	여	사원	1

① =SUMIFS(F2:F9,D2:D9,남)

② =DSUM(A1:F9,F1,D1:D2)

③ =DSUM(A1:F9,6,D1:D2)

④ =SUMIF(D2:D9,D2,F2:F9)

⑤ =SUMIFS(F2:F9,D2:D9,D2)

48 다음 글의 밑줄 친 예방대책에 대한 설명으로 적절한 것을 〈보기〉에서 모두 고르면?

S바이러스는 2003년 발생 초기, 윈도 환경에서 메일을 대량으로 발송하는 형태로 피해를 입히는 사례가 많았으나, 이후에는 웹사이트 초기 화면이나 게시판 등을 통해 유포되어 개인 정보를 유출하는 형태로 진화되는 추세를 보였다.
이로 인해 사용자들의 기본 정보뿐만 아니라, 다른 기밀 정보들도 유출될 소지가 높아 PC 이용자 스스로 적극적인 예방대책을 수립해야 한다.

보기

ㄱ. 스팸메일은 읽어보고 즉시 삭제한다.
ㄴ. 수시로 윈도를 최신 버전으로 업데이트한다.
ㄷ. 사이트에서 요구하는 ActiveX 컨트롤을 모두 설치한다.
ㄹ. 백신 프로그램을 항상 최신 버전으로 업데이트하여 실행시킨다.

① ㄱ, ㄴ
② ㄱ, ㄷ
③ ㄴ, ㄷ
④ ㄴ, ㄹ
⑤ ㄷ, ㄹ

49 다음 중 차트에 대한 설명으로 옳지 않은 것은?

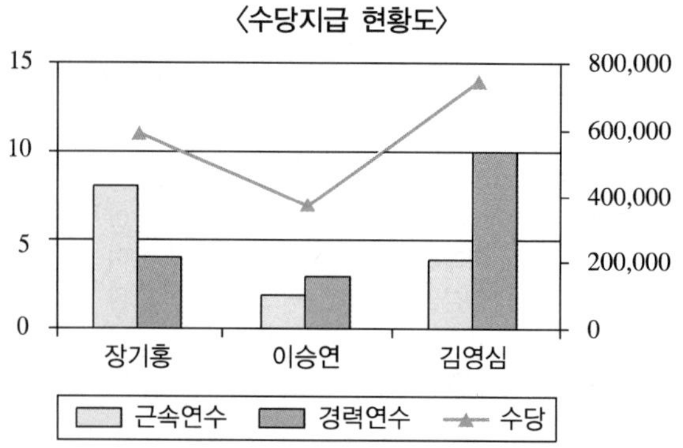

① 두 개의 차트 종류가 혼합되어 있으며, 값 축이 두 개로 설정된 이중 축 혼합형 차트이다.
② 막대그래프 계열 옵션의 계열 겹치기는 0%로 설정되었다.
③ 데이터 레이블이 표시되어 있는 차트이다.
④ 기본 가로축 제목이 표시되어 있지 않은 차트이다.
⑤ 막대그래프는 왼쪽 세로축 기준이다.

50 다음 상황에서 B사원이 제시해야 할 해결 방안으로 가장 적절한 것은?

A팀장 : 어제 부탁한 보고서 작성은 다 됐나?
B사원 : 네, 제 컴퓨터의 '문서' 폴더를 공유해 놓았으니 보고서를 내려 받으시면 됩니다.
A팀장 : 내 컴퓨터의 인터넷은 잘 되는데, 혹시 자네 인터넷이 지금 문제가 있나?
B사원 : (모니터를 들여다보며) 아닙니다. 잘 되는데요?
A팀장 : 네트워크 그룹에서 자네의 컴퓨터만 나타나지 않네. 어떻게 해야 하지?

① 공유폴더의 사용권한 수준을 소유자로 지정해야 합니다.
② 화면 보호기를 재설정해야 합니다.
③ 디스크 검사를 실행해야 합니다.
④ 네트워크상의 작업 그룹명을 동일하게 해야 합니다.
⑤ 컴퓨터를 다시 시작해야 합니다.

PART 3

채용 가이드

CHAPTER

01 블라인드 채용 소개

1. 블라인드 채용이란?

채용 과정에서 편견이 개입되어 불합리한 차별을 야기할 수 있는 출신지, 가족관계, 학력, 외모 등의 편견요인은 제외하고, 직무능력만을 평가하여 인재를 채용하는 방식입니다.

2. 블라인드 채용의 필요성

- 채용의 공정성에 대한 사회적 요구
  - 누구에게나 직무능력만으로 경쟁할 수 있는 균등한 고용기회를 제공해야 하나, 아직도 채용의 공정성에 대한 불신이 존재
  - 채용상 차별금지에 대한 법적 요건이 권고적 성격에서 처벌을 동반한 의무적 성격으로 강화되는 추세
  - 시민의식과 지원자의 권리의식 성숙으로 차별에 대한 법적 대응 가능성 증가
- 우수인재 채용을 통한 기업의 경쟁력 강화 필요
  - 직무능력과 무관한 학벌, 외모 위주의 선발로 우수인재 선발기회 상실 및 기업경쟁력 약화
  - 채용 과정에서 차별 없이 직무능력중심으로 선발한 우수인재 확보 필요
- 공정한 채용을 통한 사회적 비용 감소 필요
  - 편견에 의한 차별적 채용은 우수인재 선발을 저해하고 외모·학벌 지상주의 등의 심화로 불필요한 사회적 비용 증가
  - 채용에서의 공정성을 높여 사회의 신뢰수준 제고

3. 블라인드 채용의 특징

편견요인을 요구하지 않는 대신 직무능력을 평가합니다.

블라인드 채용 = 편견유발 요인제외 + 직무능력 중심평가

※ 직무능력중심 채용이란?
기업의 역량기반 채용, NCS기반 능력중심 채용과 같이 직무수행에 필요한 능력과 역량을 평가하여 선발하는 채용방식을 통칭합니다.

4. 블라인드 채용의 평가요소

직무수행에 필요한 지식, 기술, 태도 등을 과학적인 선발기법을 통해 평가합니다.

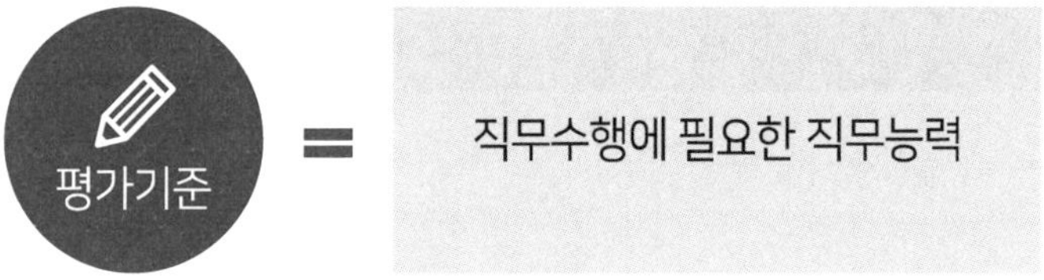

※ 과학적 선발기법이란?
직무분석을 통해 도출된 평가요소를 서류, 필기, 면접 등을 통해 체계적으로 평가하는 방법으로 입사지원서, 자기소개서, 직무수행능력평가, 구조화 면접 등이 해당됩니다.

5. 블라인드 채용 주요 도입 내용

- 입사지원서에 인적사항 요구 금지
  - 인적사항에는 출신지역, 가족관계, 결혼여부, 재산, 취미 및 특기, 종교, 생년월일(연령), 성별, 신장 및 체중, 사진, 전공, 학교명, 학점, 외국어 점수, 추천인 등이 해당
  - 채용 직무를 수행하는 데 있어 반드시 필요하다고 인정될 경우는 제외
    예 특수경비직 채용 시 : 시력, 건강한 신체 요구
    연구직 채용 시 : 논문, 학위 요구 등
- 블라인드 면접 실시
  - 면접관에게 응시자의 출신지역, 가족관계, 학교명 등 인적사항 정보 제공 금지
  - 면접관은 응시자의 인적사항에 대한 질문 금지

6. 블라인드 채용 도입의 효과성

- 구성원의 다양성과 창의성이 높아져 기업 경쟁력 강화
  - 편견을 없애고 직무능력 중심으로 선발하므로 다양한 직원 구성 가능
  - 다양한 생각과 의견을 통하여 기업의 창의성이 높아져 기업경쟁력 강화
- 직무에 적합한 인재선발을 통한 이직률 감소 및 만족도 제고
  - 사전에 지원자들에게 구체적이고 상세한 직무요건을 제시함으로써 허수 지원이 낮아지고, 직무에 적합한 지원자 모집 가능
  - 직무에 적합한 인재가 선발되어 직무이해도가 높아져 업무효율 증대 및 만족도 제고
- 채용의 공정성과 기업이미지 제고
  - 블라인드 채용은 사회적 편견을 줄인 선발 방법으로 기업에 대한 사회적 인식 제고
  - 채용과정에서 불합리한 차별을 받지 않고 실력에 의해 공정하게 평가를 받을 것이라는 믿음을 제공하고, 지원자들은 평등한 기회와 공정한 선발과정 경험

CHAPTER

02 서류전형 가이드

01 채용공고문

1. 채용공고문의 변화

기존 채용공고문	변화된 채용공고문
• 취업준비생에게 불충분하고 불친절한 측면 존재 • 모집분야에 대한 명확한 직무관련 정보 및 평가기준 부재 • 해당분야에 지원하기 위한 취업준비생의 무분별한 스펙 쌓기 현상 발생	• NCS 직무분석에 기반한 채용공고를 토대로 채용전형 진행 • 지원자가 입사 후 수행하게 될 업무에 대한 자세한 정보 공지 • 직무수행내용, 직무수행 시 필요한 능력, 관련된 자격, 직업기초능력 제시 • 지원자가 해당 직무에 필요한 스펙만을 준비할 수 있도록 안내
• 모집부문 및 응시자격 • 지원서 접수 • 전형절차 • 채용조건 및 처우 • 기타사항	• 채용절차 • 채용유형별 선발분야 및 예정인원 • 전형방법 • 선발분야별 직무기술서 • 우대사항

2. 지원 유의사항 및 지원요건 확인

채용 직무에 따른 세부사항을 공고문에 명시하여 지원자에게 적격한 지원 기회를 부여함과 동시에 채용과정에서의 공정성과 신뢰성을 확보합니다.

구성	내용	확인사항
모집분야 및 규모	고용형태(인턴 계약직 등), 모집분야, 인원, 근무 지역 등	채용직무가 여러 개일 경우 본인이 해당되는 직무의 채용규모 확인
응시자격	기본 자격사항, 지원조건	지원을 위한 최소자격요건을 확인하여 불필요한 지원을 예방
우대조건	법정 · 특별 · 자격증 가점	본인의 가점 여부를 검토하여 가점 획득을 위한 사항을 사실대로 기재
근무조건 및 보수	고용형태 및 고용기간, 보수, 근무지	본인이 생각하는 기대수준에 부합하는지 확인하여 불필요한 지원을 예방
시험방법	서류 · 필기 · 면접전형 등의 활용방안	전형방법 및 세부 평가기법 등을 확인하여 지원전략 준비
전형일정	접수기간, 각 전형 단계별 심사 및 합격자 발표일 등	본인의 지원 스케줄을 검토하여 차질이 없도록 준비
제출서류	입사지원서(경력 · 경험기술서 등), 각종 증명서 및 자격증 사본 등	지원요건 부합 여부 및 자격 증빙서류 사전에 준비
유의사항	임용취소 등의 규정	임용취소 관련 법적 또는 기관 내부 규정을 검토하여 해당여부 확인

02 직무기술서

직무기술서란 직무수행의 내용과 필요한 능력, 관련 자격, 직업기초능력 등을 상세히 기재한 것으로 입사 후 수행하게 될 업무에 대한 정보가 수록되어 있는 자료입니다.

1. 채용분야

설명

NCS 직무분류 체계에 따라 직무에 대한 「대분류 – 중분류 – 소분류 – 세분류」 체계를 확인할 수 있습니다. 채용 직무에 대한 모든 직무기술서를 첨부하게 되며 실제 수행 업무를 기준으로 세부적인 분류정보를 제공합니다.

채용분야	분류체계			
사무행정	대분류	중분류	소분류	세분류
분류코드	02. 경영·회계·사무	03. 재무·회계	01. 재무	01. 예산
				02. 자금
			02. 회계	01. 회계감사
				02. 세무

2. 능력단위

설명

직무분류 체계의 세분류 하위능력단위 중 실질적으로 수행할 업무의 능력만 구체적으로 파악할 수 있습니다.

능력단위	(예산)	03. 연간종합예산수립 05. 확정예산 운영	04. 추정재무제표 작성 06. 예산실적 관리
	(자금)	04. 자금운용	
	(회계감사)	02. 자금관리 05. 회계정보시스템 운용 07. 회계감사	04. 결산관리 06. 재무분석
	(세무)	02. 결산관리 07. 법인세 신고	05. 부가가치세 신고

3. 직무수행내용

설명

세분류 영역의 기본정의를 통해 직무수행내용을 확인할 수 있습니다. 입사 후 수행할 직무내용을 구체적으로 확인할 수 있으며, 이를 통해 입사서류 작성부터 면접까지 직무에 대한 명확한 이해를 바탕으로 자신의 희망직무인지 아닌지, 해당 직무가 자신이 알고 있던 직무가 맞는지 확인할 수 있습니다.

직무수행내용	(예산) 일정기간 예상되는 수익과 비용을 편성, 집행하며 통제하는 일
	(자금) 자금의 계획 수립, 조달, 운용을 하고 발생 가능한 위험 관리 및 성과평가
	(회계감사) 기업 및 조직 내·외부에 있는 의사결정자들이 효율적인 의사결정을 할 수 있도록 유용한 정보를 제공, 제공된 회계정보의 적정성을 파악하는 일
	(세무) 세무는 기업의 활동을 위하여 주어진 세법범위 내에서 조세부담을 최소화시키는 조세전략을 포함하고 정확한 과세소득과 과세표준 및 세액을 산출하여 과세당국에 신고·납부하는 일

4. 직무기술서 예시

태도	(예산) 정확성, 분석적 태도, 논리적 태도, 타 부서와의 협조적 태도, 설득력
	(자금) 분석적 사고력
	(회계 감사) 합리적 태도, 전략적 사고, 정확성, 적극적 협업 태도, 법률준수 태도, 분석적 태도, 신속성, 책임감, 정확한 판단력
	(세무) 규정 준수 의지, 수리적 정확성, 주의 깊은 태도
우대 자격증	공인회계사, 세무사, 컴퓨터활용능력, 변호사, 워드프로세서, 전산회계운용사, 사회조사분석사, 재경관리사, 회계관리 등
직업기초능력	의사소통능력, 문제해결능력, 자원관리능력, 대인관계능력, 정보능력, 조직이해능력

5. 직무기술서 내용별 확인사항

항목	확인사항
모집부문	해당 채용에서 선발하는 부문(분야)명 확인 예 사무행정, 전산, 전기
분류체계	지원하려는 분야의 세부직무군 확인
주요기능 및 역할	지원하려는 기업의 전사적인 기능과 역할, 산업군 확인
능력단위	지원분야의 직무수행에 관련되는 세부업무사항 확인
직무수행내용	지원분야의 직무군에 대한 상세사항 확인
전형방법	지원하려는 기업의 신입사원 선발전형 절차 확인
일반요건	교육사항을 제외한 지원 요건 확인(자격요건, 특수한 경우 연령)
교육요건	교육사항에 대한 지원요건 확인(대졸 / 초대졸 / 고졸 / 전공 요건)
필요지식	지원분야의 업무수행을 위해 요구되는 지식 관련 세부항목 확인
필요기술	지원분야의 업무수행을 위해 요구되는 기술 관련 세부항목 확인
직무수행태도	지원분야의 업무수행을 위해 요구되는 태도 관련 세부항목 확인
직업기초능력	지원분야 또는 지원기업의 조직원으로서 근무하기 위해 필요한 일반적인 능력사항 확인

03 입사지원서

1. 입사지원서의 변화

기존지원서		능력중심 채용 입사지원서
직무와 관련 없는 학점, 개인신상, 어학점수, 자격, 수상경력 등을 나열하도록 구성	VS	해당 직무수행에 꼭 필요한 정보들을 제시할 수 있도록 구성

기존지원서		능력중심 채용 입사지원서	
직무기술서	➡	인적사항	성명, 연락처, 지원분야 등 작성 (평가 미반영)
직무수행내용		교육사항	직무지식과 관련된 학교교육 및 직업교육 작성
요구지식 / 기술		자격사항	직무관련 국가공인 또는 민간자격 작성
관련 자격증 사전직무경험		경력 및 경험사항	조직에 소속되어 일정한 임금을 받거나(경력) 임금 없이(경험) 직무와 관련된 활동 내용 작성

2. 교육사항

- 지원분야 직무와 관련된 학교 교육이나 직업교육 혹은 기타교육 등 직무에 대한 지원자의 학습 여부를 평가하기 위한 항목입니다.
- 지원하고자 하는 직무의 학교 전공교육 이외에 직업교육, 기타교육 등을 기입할 수 있기 때문에 전공 제한 없이 직업교육과 기타교육을 이수하여 지원이 가능하도록 기회를 제공합니다.
  (기타교육 : 학교 이외의 기관에서 개인이 이수한 교육과정 중 지원직무와 관련이 있다고 생각되는 교육내용)

구분	교육과정(과목)명	교육내용	과업(능력단위)

3. 자격사항

- 채용공고 및 직무기술서에 제시되어 있는 자격 현황을 토대로 지원자가 해당 직무를 수행하는 데 필요한 능력을 가지고 있는지를 평가하기 위한 항목입니다.
- 채용공고 및 직무기술서에 기재된 직무관련 필수 또는 우대자격 항목을 확인하여 본인이 보유하고 있는 자격사항을 기재합니다.

자격유형	자격증명	발급기관	취득일자	자격증번호

4. 경력 및 경험사항

- 직무와 관련된 경력이나 경험 여부를 표현하도록 하여 직무와 관련한 능력을 갖추었는지를 평가하기 위한 항목입니다.
- 해당 기업에서 직무를 수행함에 있어 필요한 사항만을 기록하게 되어 있기 때문에 직무와 무관한 스펙을 갖추지 않아도 됩니다.
- 경력 : 금전적 보수를 받고 일정기간 동안 일했던 경우
- 경험 : 금전적 보수를 받지 않고 수행한 활동

※ 기업에 따라 경력 / 경험 관련 증빙자료 요구 가능

구분	조직명	직위 / 역할	활동기간(년 / 월)	주요과업 / 활동내용

Tip

입사지원서 작성 방법

○ 경력 및 경험사항 작성

- 직무기술서에 제시된 지식, 기술, 태도와 지원자의 교육사항, 경력(경험)사항, 자격사항과 연계하여 개인의 직무역량에 대해 스스로 판단 가능

○ 인적사항 최소화

- 개인의 인적사항, 학교명, 가족관계 등을 노출하지 않도록 유의

부적절한 입사지원서 작성 사례

- 학교 이메일을 기입하여 학교명 노출
- 거주지 주소에 학교 기숙사 주소를 기입하여 학교명 노출
- 자기소개서에 부모님이 재직 중인 기업명, 직위, 직업을 기입하여 가족관계 노출
- 자기소개서에 석·박사 과정에 대한 이야기를 언급하여 학력 노출
- 동아리 활동에 대한 내용을 학교명과 더불어 언급하여 학교명 노출

04 자기소개서

1. 자기소개서의 변화

- 기존의 자기소개서는 지원자의 일대기나 관심 분야, 성격의 장·단점 등 개괄적인 사항을 묻는 질문으로 구성되어 지원자가 자신의 직무능력을 제대로 표출하지 못합니다.
- 능력중심 채용의 자기소개서는 직무기술서에 제시된 직업기초능력(또는 직무수행능력)에 대한 지원자의 과거 경험을 기술하게 함으로써 평가 타당도의 확보가 가능합니다.

1. 우리 회사와 해당 지원 직무분야에 지원한 동기에 대해 기술해 주세요.

2. 자신이 경험한 다양한 사회활동에 대해 기술해 주세요.

3. 지원 직무에 대한 전문성을 키우기 위해 받은 교육과 경험 및 경력사항에 대해 기술해 주세요.

4. 인사업무 또는 팀 과제 수행 중 발생한 갈등을 원만하게 해결해 본 경험이 있습니까? 당시 상황에 대한 설명과 갈등의 대상이 되었던 상대방을 설득한 과정 및 방법을 기술해 주세요.

5. 과거에 있었던 일 중 가장 어려웠었던(힘들었었던) 상황을 고르고, 어떤 방법으로 그 상황을 해결했는지를 기술해 주세요.

Tip

자기소개서 작성 방법

① 자기소개서 문항이 묻고 있는 평가 역량 추측하기

> 예시
>
> - 팀 활동을 하면서 갈등 상황 시 상대방의 니즈나 의도를 명확히 파악하고 해결하여 목표 달성에 기여했던 경험에 대해서 작성해 주시기 바랍니다.
> - 다른 사람이 생각해내지 못했던 문제점을 찾고 이를 해결한 경험에 대해 작성해 주시기 바랍니다.

② 해당 역량을 보여줄 수 있는 소재 찾기(시간×역량 매트릭스)

예시

시간 ⟷

평가역량 ↕

	2020년	2021년	2022년	2023년
도전정신	*대학 발표수업*	*대학 발표수업*	~~*다이어트 (헬스)*~~	
대인관계	*대학 발표수업*	*대학 발표수업*		*경영 동아리*
의사소통	*편의점 아르바이트*	~~*군대 작업*~~	*봉사 동아리*	
직무역량			*경영 동아리*	*Book Study*
…				

③ 자기소개서 작성 Skill 익히기

- 두괄식으로 작성하기
- 구체적 사례를 사용하기
- '나'를 중심으로 작성하기
- 직무역량 강조하기
- 경험 사례의 차별성 강조하기

CHAPTER

03 인성검사 소개 및 모의테스트

01 인성검사 유형

인성검사는 지원자의 성격특성을 객관적으로 파악하고 그것이 각 기업에서 필요로 하는 인재상과 가치에 부합하는가를 평가하기 위한 검사입니다. 인성검사는 KPDI(한국인재개발진흥원), K-SAD(한국사회적성개발원), KIRBS(한국행동과학연구소), SHR(에스에이치알) 등의 전문기관을 통해 각 기업의 특성에 맞는 검사를 선택하여 실시합니다. 대표적인 인성검사의 유형에는 크게 다음과 같은 세 가지가 있으며, 채용 대행업체에 따라 달라집니다.

1. KPDI 검사

조직적응성과 직무적합성을 알아보기 위한 검사로 인성검사, 인성역량검사, 인적성검사, 직종별 인적성검사 등의 다양한 검사 도구를 구현합니다. KPDI는 성격을 파악하고 정신건강 상태 등을 측정하고, 직무검사는 해당 직무를 수행하기 위해 기본적으로 갖추어야 할 인지적 능력을 측정합니다. 역량검사는 특정 직무 역할을 효과적으로 수행하는 데 직접적으로 관련 있는 개인의 행동, 지식, 스킬, 가치관 등을 측정합니다.

2. KAD(Korea Aptitude Development) 검사

K-SAD(한국사회적성개발원)에서 실시하는 적성검사 프로그램입니다. 개인의 성향, 지적 능력, 기호, 관심, 흥미도를 종합적으로 분석하여 적성에 맞는 업무가 무엇인가 파악하고, 직무수행에 있어서 요구되는 기초능력과 실무능력을 분석합니다.

3. SHR 직무적성검사

직무수행에 필요한 종합적인 사고 능력을 다양한 적성검사(Paper and Pencil Test)로 평가합니다. SHR의 모든 직무능력검사는 표준화 검사입니다. 표준화 검사는 표본집단의 점수를 기초로 규준이 만들어진 검사이므로 개인의 점수를 규준에 맞추어 해석·비교하는 것이 가능합니다. S(Standardized Tests), H(Hundreds of Version), R(Reliable Norm Data)을 특징으로 하며, 직군·직급별 특성과 선발 수준에 맞추어 검사를 적용할 수 있습니다.

02 인성검사와 면접

인성검사는 특히 면접질문과 관련성이 높습니다. 면접관은 지원자의 인성검사 결과를 토대로 질문을 하기 때문입니다. 일관적이고 이상적인 답변을 하는 것이 가장 좋지만, 실제 시험은 매우 복잡하여 전문가라 해도 일정 성격을 유지하면서 답변을 하는 것이 힘듭니다. 또한, 인성검사에는 라이 스케일(Lie Scale) 설문이 전체 설문 속에 교묘하게 섞여 들어가 있으므로 겉치레적인 답을 하게 되면 회답태도의 허위성이 그대로 드러나게 됩니다. 예를 들어 '거짓말을 한 적이 한 번도 없다.'에 '예'로 답하고, '때로는 거짓말을 하기도 한다.'에 '예'라고 답하여 라이 스케일의 득점이 올라가게 되면 모든 회답의 신빙성이 사라지고 '자신을 돋보이게 하려는 사람'이라는 평가를 받을 수 있으므로 주의해야 합니다. 따라서 모의테스트를 통해 인성검사의 유형과 실제 시험 시 어떻게 문제를 풀어야 하는지 연습해 보고 체크한 부분 중 자신의 단점과 연결되는 부분은 면접에서 질문이 들어왔을 때 어떻게 대처해야 하는지 생각해 보는 것이 좋습니다.

03 유의사항

1. 기업의 인재상을 파악하라!

인성검사를 통해 개인의 성격 특성을 파악하고 그것이 기업의 인재상과 가치에 부합하는지를 평가하는 시험이기 때문에 해당 기업의 인재상을 먼저 파악하고 시험에 임하는 것이 좋습니다. 모의테스트에서 인재상에 맞는 가상의 인물을 설정하고 문제에 답해 보는 것도 많은 도움이 됩니다.

2. 일관성 있는 대답을 하라!

짧은 시간 안에 다양한 질문에 답을 해야 하는데, 그 안에는 중복되는 질문이 여러 번 나옵니다. 이때 앞서 자신이 체크했던 대답을 잘 기억해뒀다가 일관성 있는 답을 하는 것이 중요합니다.

3. 모든 문항에 대답하라!

많은 문제를 짧은 시간 안에 풀려다 보니 다 못 푸는 경우도 종종 생깁니다. 하지만 대답을 누락하거나 끝까지 다 못했을 경우 좋지 않은 결과를 가져올 수도 있으니 최대한 주어진 시간 안에 모든 문항에 답할 수 있도록 해야 합니다.

04 KPDI 모의테스트

※ 모의테스트는 질문 및 답변 유형 연습을 위한 것으로 실제 시험과 다를 수 있습니다.
※ 인성검사는 정답이 따로 없는 유형의 검사이므로 결과지를 제공하지 않습니다.

번호	내용	예	아니요
001	나는 솔직한 편이다.	☐	☐
002	나는 리드하는 것을 좋아한다.	☐	☐
003	법을 어겨서 말썽이 된 적이 한 번도 없다.	☐	☐
004	거짓말을 한 번도 한 적이 없다.	☐	☐
005	나는 눈치가 빠르다.	☐	☐
006	나는 일을 주도하기보다는 뒤에서 지원하는 것을 선호한다.	☐	☐
007	앞일은 알 수 없기 때문에 계획은 필요하지 않다.	☐	☐
008	거짓말도 때로는 방편이라고 생각한다.	☐	☐
009	사람이 많은 술자리를 좋아한다.	☐	☐
010	걱정이 지나치게 많다.	☐	☐
011	일을 시작하기 전 재고하는 경향이 있다.	☐	☐
012	불의를 참지 못한다.	☐	☐
013	처음 만나는 사람과도 이야기를 잘 한다.	☐	☐
014	때로는 변화가 두렵다.	☐	☐
015	나는 모든 사람에게 친절하다.	☐	☐
016	힘든 일이 있을 때 술은 위로가 되지 않는다.	☐	☐
017	결정을 빨리 내리지 못해 손해를 본 경험이 있다.	☐	☐
018	기회를 잡을 준비가 되어 있다.	☐	☐
019	때로는 내가 정말 쓸모없는 사람이라고 느낀다.	☐	☐
020	누군가 나를 챙겨주는 것이 좋다.	☐	☐
021	자주 가슴이 답답하다.	☐	☐
022	나는 내가 자랑스럽다.	☐	☐
023	경험이 중요하다고 생각한다.	☐	☐
024	전자기기를 분해하고 다시 조립하는 것을 좋아한다.	☐	☐

025	감시받고 있다는 느낌이 든다.	▢	▢
026	난처한 상황에 놓이면 그 순간을 피하고 싶다.	▢	▢
027	세상엔 믿을 사람이 없다.	▢	▢
028	잘못을 빨리 인정하는 편이다.	▢	▢
029	지도를 보고 길을 잘 찾아간다.	▢	▢
030	귓속말을 하는 사람을 보면 날 비난하고 있는 것 같다.	▢	▢
031	막무가내라는 말을 들을 때가 있다.	▢	▢
032	장래의 일을 생각하면 불안하다.	▢	▢
033	결과보다 과정이 중요하다고 생각한다.	▢	▢
034	운동은 그다지 할 필요가 없다고 생각한다.	▢	▢
035	새로운 일을 시작할 때 좀처럼 한 발을 떼지 못한다.	▢	▢
036	기분 상하는 일이 있더라도 참는 편이다.	▢	▢
037	업무능력은 성과로 평가받아야 한다고 생각한다.	▢	▢
038	머리가 맑지 못하고 무거운 느낌이 든다.	▢	▢
039	가끔 이상한 소리가 들린다.	▢	▢
040	타인이 내게 자주 고민상담을 하는 편이다.	▢	▢

05 SHR 모의테스트

※ 모의테스트는 질문 및 답변 유형 연습을 위한 것으로 실제 시험과 다를 수 있습니다.
※ 인성검사는 정답이 따로 없는 유형의 검사이므로 결과지를 제공하지 않습니다.

※ 이 성격검사의 각 문항에는 서로 다른 행동을 나타내는 네 개의 문장이 제시되어 있습니다. 이 문장들을 비교하여, 자신의 평소 행동과 가장 가까운 문장을 'ㄱ' 열에 표기하고, 가장 먼 문장을 'ㅁ' 열에 표기하십시오.

01 나는 ____________________

문장	ㄱ	ㅁ
A. 실용적인 해결책을 찾는다.	☐	☐
B. 다른 사람을 돕는 것을 좋아한다.	☐	☐
C. 세부 사항을 잘 챙긴다.	☐	☐
D. 상대의 주장에서 허점을 잘 찾는다.	☐	☐

02 나는 ____________________

문장	ㄱ	ㅁ
A. 매사에 적극적으로 임한다.	☐	☐
B. 즉흥적인 편이다.	☐	☐
C. 관찰력이 있다.	☐	☐
D. 임기응변에 강하다.	☐	☐

03 나는 ____________________

문장	ㄱ	ㅁ
A. 무서운 영화를 잘 본다.	☐	☐
B. 조용한 곳이 좋다.	☐	☐
C. 가끔 울고 싶다.	☐	☐
D. 집중력이 좋다.	☐	☐

04 나는 ____________________

문장	ㄱ	ㅁ
A. 기계를 조립하는 것을 좋아한다.	☐	☐
B. 집단에서 리드하는 역할을 맡는다.	☐	☐
C. 호기심이 많다.	☐	☐
D. 음악을 듣는 것을 좋아한다.	☐	☐

05 나는 ______________________

	ㄱ	ㅁ
A. 타인을 늘 배려한다.	☐	☐
B. 감수성이 예민하다.	☐	☐
C. 즐겨하는 운동이 있다.	☐	☐
D. 일을 시작하기 전에 계획을 세운다.	☐	☐

06 나는 ______________________

	ㄱ	ㅁ
A. 타인에게 설명하는 것을 좋아한다.	☐	☐
B. 여행을 좋아한다.	☐	☐
C. 정적인 것이 좋다.	☐	☐
D. 남을 돕는 것에 보람을 느낀다.	☐	☐

07 나는 ______________________

	ㄱ	ㅁ
A. 기계를 능숙하게 다룬다.	☐	☐
B. 밤에 잠이 잘 오지 않는다.	☐	☐
C. 한 번 간 길을 잘 기억한다.	☐	☐
D. 불의를 보면 참을 수 없다.	☐	☐

08 나는 ______________________

	ㄱ	ㅁ
A. 종일 말을 하지 않을 때가 있다.	☐	☐
B. 사람이 많은 곳을 좋아한다.	☐	☐
C. 술을 좋아한다.	☐	☐
D. 휴양지에서 편하게 쉬고 싶다.	☐	☐

09 나는 ______________________

	ㄱ	ㅁ
A. 뉴스보다는 드라마를 좋아한다.	☐	☐
B. 길을 잘 찾는다.	☐	☐
C. 주말엔 집에서 쉬는 것이 좋다.	☐	☐
D. 아침에 일어나는 것이 힘들다.	☐	☐

10 나는 ______________________

	ㄱ	ㅁ
A. 이성적이다.	☐	☐
B. 할 일을 종종 미룬다.	☐	☐
C. 어른을 대하는 게 힘들다.	☐	☐
D. 불을 보면 매혹을 느낀다.	☐	☐

11 나는 ______________________

	ㄱ	ㅁ
A. 상상력이 풍부하다.	☐	☐
B. 예의 바르다는 소리를 자주 듣는다.	☐	☐
C. 사람들 앞에 서면 긴장한다.	☐	☐
D. 친구를 자주 만난다.	☐	☐

12 나는 ______________________

	ㄱ	ㅁ
A. 나만의 스트레스 해소 방법이 있다.	☐	☐
B. 친구가 많다.	☐	☐
C. 책을 자주 읽는다.	☐	☐
D. 활동적이다.	☐	☐

CHAPTER

04 면접전형 가이드

01 면접유형 파악

1. 면접전형의 변화

기존 면접전형에서는 일상적이고 단편적인 대화나 지원자의 첫인상 및 면접관의 주관적인 판단 등에 의해서 입사 결정 여부를 판단하는 경우가 많았습니다. 이러한 면접전형은 면접 내용의 일관성이 결여되거나 직무 관련 타당성이 부족하였고, 면접에 대한 신뢰도에 영향을 주었습니다.

기존 면접(전통적 면접)		능력중심 채용 면접(구조화 면접)
• 일상적이고 단편적인 대화 • 인상, 외모 등 외부 요소의 영향 • 주관적인 판단에 의존한 총점 부여 ⇩ • 면접 내용의 일관성 결여 • 직무관련 타당성 부족 • 주관적인 채점으로 신뢰도 저하	VS	• 일관성 – 직무관련 역량에 초점을 둔 구체적 질문 목록 – 지원자별 동일 질문 적용 • 구조화 – 면접 진행 및 평가 절차를 일정한 체계에 의해 구성 • 표준화 – 평가 타당도 제고를 위한 평가 Matrix 구성 – 척도에 따라 항목별 채점, 개인 간 비교 • 신뢰성 – 면접진행 매뉴얼에 따라 면접위원 교육 및 실습

2. 능력중심 채용의 면접 유형

① 경험 면접
- 목적 : 선발하고자 하는 직무 능력이 필요한 과거 경험을 질문합니다.
- 평가요소 : 직업기초능력과 인성 및 태도적 요소를 평가합니다.

② 상황 면접
- 목적 : 특정 상황을 제시하고 지원자의 행동을 관찰함으로써 실제 상황의 행동을 예상합니다.
- 평가요소 : 직업기초능력과 인성 및 태도적 요소를 평가합니다.

③ 발표 면접
- 목적 : 특정 주제와 관련된 지원자의 발표와 질의응답을 통해 지원자 역량을 평가합니다.
- 평가요소 : 직무수행능력과 인지적 역량(문제해결능력)을 평가합니다.

④ 토론 면접
- 목적 : 토의과제에 대한 의견수렴 과정에서 지원자의 역량과 상호작용능력을 평가합니다.
- 평가요소 : 직무수행능력과 팀워크를 평가합니다.

02 면접유형별 준비 방법

1. 경험 면접

① 경험 면접의 특징

- 주로 직업기초능력에 관련된 지원자의 과거 경험을 심층 질문하여 검증하는 면접입니다.
- 직무능력과 관련된 과거 경험을 평가하기 위해 심층 질문을 하며, 이 질문은 지원자의 답변에 대하여 '꼬리에 꼬리를 무는 형식'으로 진행됩니다.

> - 능력요소, 정의, 심사 기준
>   - 평가하고자 하는 능력요소, 정의, 심사기준을 확인하여 면접위원이 해당 능력요소 관련 질문을 제시합니다.
> - Opening Question
>   - 능력요소에 관련된 과거 경험을 유도하기 위한 시작 질문을 합니다.
> - Follow-up Question
>   - 지원자의 경험 수준을 구체적으로 검증하기 위한 질문입니다.
>   - 경험 수준 검증을 위한 상황(Situation), 임무(Task), 역할 및 노력(Action), 결과(Result) 등으로 질문을 구분합니다.

경험 면접의 형태

〈일대다 면접〉 〈다대다 면접〉

② 경험 면접의 구조

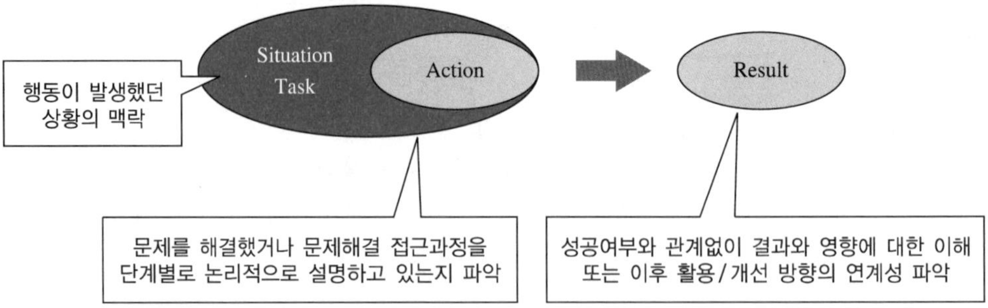

S(Situation)	귀하가 처해 있던 상황에 대해 말해 보시오.
T(Task)	귀하가 수행한 과제 / 과업은 무엇인가?
A(Action)	어떻게 행동(대응)했는가?
R(Result)	그 행동의 결과는 어땠는가?

( )에 관한 과거 경험에 대하여 말해 보시오.

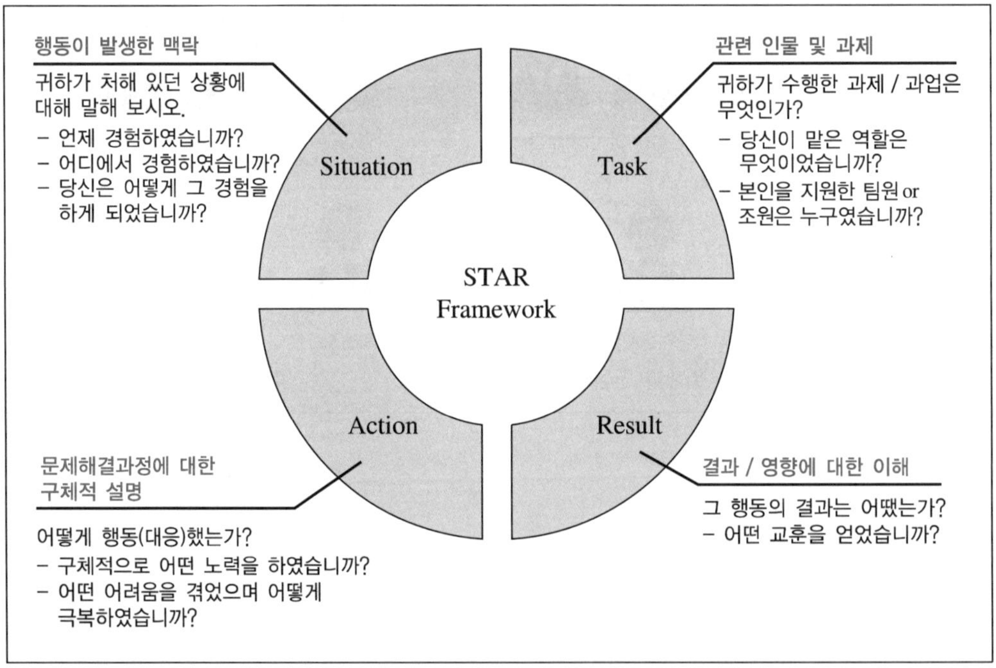

③ 경험 면접 질문 예시(직업윤리)

시작 질문	
1	남들이 신경 쓰지 않는 부분까지 고려하여 절차대로 업무(연구)를 수행하여 성과를 낸 경험을 구체적으로 말해 보시오.
2	조직의 원칙과 절차를 철저히 준수하며 업무(연구)를 수행한 것 중 성과를 향상시킨 경험에 대해 구체적으로 말해 보시오.
3	세부적인 절차와 규칙에 주의를 기울여 실수 없이 업무(연구)를 마무리한 경험을 구체적으로 말해 보시오.
4	조직의 규칙이나 원칙을 고려하여 성실하게 일했던 경험을 구체적으로 말해 보시오.
5	타인의 실수를 바로잡고 원칙과 절차대로 수행하여 성공적으로 업무를 마무리하였던 경험에 대해 말해 보시오.

후속 질문		
상황 (Situation)	상황	구체적으로 언제, 어디에서 경험한 일인가?
		어떤 상황이었는가?
	조직	어떤 조직에 속해 있었는가?
		그 조직의 특성은 무엇이었는가?
		몇 명으로 구성된 조직이었는가?
	기간	해당 조직에서 얼마나 일했는가?
		해당 업무는 몇 개월 동안 지속되었는가?
	조직규칙	조직의 원칙이나 규칙은 무엇이었는가?
임무 (Task)	과제	과제의 목표는 무엇이었는가?
		과제에 적용되는 조직의 원칙은 무엇이었는가?
		그 규칙을 지켜야 하는 이유는 무엇이었는가?
	역할	당신이 조직에서 맡은 역할은 무엇이었는가?
		과제에서 맡은 역할은 무엇이었는가?
	문제의식	규칙을 지키지 않을 경우 생기는 문제점 / 불편함은 무엇인가?
		해당 규칙이 왜 중요하다고 생각하였는가?
역할 및 노력 (Action)	행동	업무 과정의 어떤 장면에서 규칙을 철저히 준수하였는가?
		어떻게 규정을 적용시켜 업무를 수행하였는가?
		규정은 준수하는 데 어려움은 없었는가?
	노력	그 규칙을 지키기 위해 스스로 어떤 노력을 기울였는가?
		본인의 생각이나 태도에 어떤 변화가 있었는가?
		다른 사람들은 어떤 노력을 기울였는가?
	동료관계	동료들은 규칙을 철저히 준수하고 있었는가?
		팀원들은 해당 규칙에 대해 어떻게 반응하였는가?
		규칙에 대한 태도를 개선하기 위해 어떤 노력을 하였는가?
		팀원들의 태도는 당신에게 어떤 자극을 주었는가?
	업무추진	주어진 업무를 추진하는 데 규칙이 방해되진 않았는가?
		업무수행 과정에서 규정을 어떻게 적용하였는가?
		업무 시 규정을 준수해야 한다고 생각한 이유는 무엇인가?

결과 (Result)	평가	규칙을 어느 정도나 준수하였는가?
		그렇게 준수할 수 있었던 이유는 무엇이었는가?
		업무의 성과는 어느 정도였는가?
		성과에 만족하였는가?
		비슷한 상황이 온다면 어떻게 할 것인가?
	피드백	주변 사람들로부터 어떤 평가를 받았는가?
		그러한 평가에 만족하는가?
		다른 사람에게 본인의 행동이 영향을 주었다고 생각하는가?
	교훈	업무수행 과정에서 중요한 점은 무엇이라고 생각하는가?
		이 경험을 통해 느낀 바는 무엇인가?

2. 상황 면접

① 상황 면접의 특징

직무 관련 상황을 가정하여 제시하고 이에 대한 대응능력을 직무관련성 측면에서 평가하는 면접입니다.

- 상황 면접 과제의 구성은 크게 2가지로 구분
  - 상황 제시(Description) / 문제 제시(Question or Problem)
- 현장의 실제 업무 상황을 반영하여 과제를 제시하므로 직무분석이나 직무전문가 워크숍 등을 거쳐 현장성을 높임
- 문제는 상황에 대한 기본적인 이해능력(이론적 지식)과 함께 실질적 대응이나 변수 고려능력(실천적 능력) 등을 고르게 질문해야 함

상황 면접의 형태

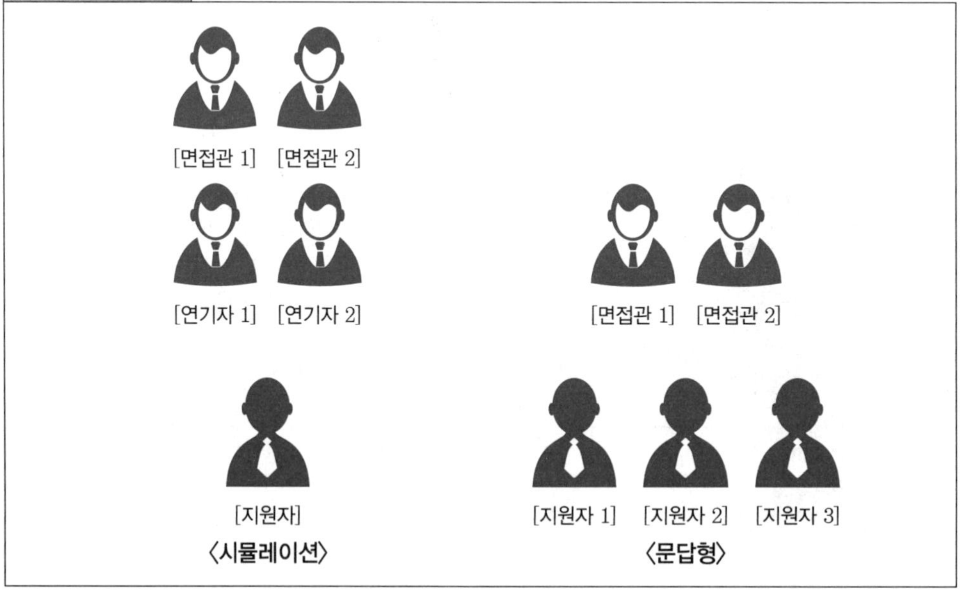

② 상황 면접 예시

상황 제시	인천공항 여객터미널 내에는 다양한 용도의 시설(사무실, 통신실, 식당, 전산실, 창고 면세점 등)이 설치되어 있습니다.	실제 업무 상황에 기반함
	금년에 소방배관의 누수가 잦아 메인 배관을 교체하는 공사를 추진하고 있으며, 당신은 이번 공사의 담당자입니다.	배경 정보
	주간에는 공항 운영이 이루어져 주로 야간에만 배관 교체 공사를 수행하던 중, 시공하는 기능공의 실수로 배관 연결 부위를 잘못 건드려 고압배관의 소화수가 누출되는 사고가 발생하였으며, 이로 인해 인근 시설물에 누수에 의한 피해가 발생하였습니다.	구체적인 문제 상황
문제 제시	일반적인 소방배관의 배관연결(이음)방식과 배관의 이탈(누수)이 발생하는 원인에 대해 설명해 보시오.	문제 상황 해결을 위한 기본 지식 문항
	담당자로서 본 사고를 현장에서 긴급히 처리하는 프로세스를 제시하고, 보수완료 후 사후적 조치가 필요한 부분 및 재발방지 방안에 대해 설명해 보시오.	문제 상황 해결을 위한 추가 대응 문항

3. 발표 면접

① 발표 면접의 특징

- 직무관련 주제에 대한 지원자의 생각을 정리하여 의견을 제시하고, 발표 및 질의응답을 통해 지원자의 직무능력을 평가하는 면접입니다.
- 발표 주제는 직무와 관련된 자료로 제공되며, 일정 시간 후 지원자가 보유한 지식 및 방안에 대한 발표 및 후속 질문을 통해 직무적합성을 평가합니다.

> - 주요 평가요소
>   - 설득적 말하기 / 발표능력 / 문제해결능력 / 직무관련 전문성
> - 이미 언론을 통해 공론화된 시사 이슈보다는 해당 직무분야에 관련된 주제가 발표면접의 과제로 선정되는 경우가 최근 들어 늘어나고 있음
> - 짧은 시간 동안 주어진 과제를 빠른 속도로 분석하여 발표문을 작성하고 제한된 시간 안에 면접관에게 효과적인 발표를 진행하는 것이 핵심

발표 면접의 형태

〈개별 과제 발표〉 〈팀 과제 발표〉

※ 면접관에게 시각적 효과를 사용하여 메시지를 전달하는 쌍방향 커뮤니케이션 방식

※ 심층면접을 보완하기 위한 방안으로 최근 많은 기업에서 적극 도입하는 추세

② 발표 면접 예시

1. 지시문

당신은 현재 A사에서 직원들의 성과평가를 담당하고 있는 팀원이다. 인사팀은 지난주부터 사내 조직문화관련 인터뷰를 하던 도중 성과평가제도에 관련된 개선 니즈가 제일 많다는 것을 알게 되었다. 이에 팀장님은 인터뷰 결과를 종합하려 성과평가제도 개선 아이디어를 A4용지에 정리하여 신속 보고할 것을 지시하셨다. 당신에게 남은 시간은 1시간이다. 자료를 준비하는 대로 당신은 팀원들이 모인 회의실에서 5분 간 발표할 것이며, 이후 질의응답을 진행할 것이다.

2. 배경자료

〈성과평가제도 개선에 대한 인터뷰〉

최근 A사는 회사 사세의 급성장으로 인해 작년보다 매출이 두 배 성장하였고, 직원 수 또한 두 배로 증가하였다. 회사의 성장은 임금, 복지에 대한 상승 등 긍정적인 영향을 주었으나 업무의 불균형 및 성과보상의 불평등 문제가 발생하였다. 또한 수시로 입사하는 신입직원과 경력직원, 퇴사하는 직원들까지 인원들의 잦은 변동으로 인해 평가해야 할 대상이 변경되어 현재의 성과평가제도로는 공정한 평가가 어려운 상황이다.

[생산부서 김상호]
우리 팀은 지난 1년 동안 생산량이 급증했기 때문에 수십 명의 신규인력이 급하게 채용되었습니다. 이 때문에 저희 팀장님은 신규 입사자들의 이름조차 기억 못할 때가 많이 있습니다. 성과평가를 제대로 하고 있는지 의문이 듭니다.

[마케팅 부서 김흥민]
개인의 성과평가의 취지는 충분히 이해합니다. 그러나 현재 평가는 실적기반이나 정성적인 평가가 많이 포함되어 있어 객관성과 공정성에는 의문이 드는 것이 사실입니다. 이러한 상황에서 평가제도를 재수립하지 않고, 인센티브에 계속 반영한다면, 평가제도에 대한 반감이 커질 것이 분명합니다.

[교육부서 홍경민]
현재 교육부서는 인사팀과 밀접하게 일하고 있습니다. 그럼에도 인사팀에서 실시하는 성과평가제도에 대한 이해가 부족한 것 같습니다.

[기획부서 김경호 차장]
저는 저의 평가자 중 하나가 연구부서의 팀장님인데, 일 년에 몇 번 같이 일하지 않는데 어떻게 저를 평가할 수 있을까요? 특히 연구팀은 저희가 예산을 배정하는데, 저에게는 좋지만….

4. 토론 면접

① 토론 면접의 특징

- 다수의 지원자가 조를 편성해 과제에 대한 토론(토의)을 통해 결론을 도출해가는 면접입니다.
- 의사소통능력, 팀워크, 종합인성 등의 평가에 용이합니다.

> • 주요 평가요소
>   – 설득적 말하기, 경청능력, 팀워크, 종합인성
> • 의견 대립이 명확한 주제 또는 채용분야의 직무 관련 주요 현안을 주제로 과제 구성
> • 제한된 시간 내 토론을 진행해야 하므로 적극적으로 자신 있게 토론에 임하고 본인의 의견을 개진할 수 있어야 함

토론 면접의 형태

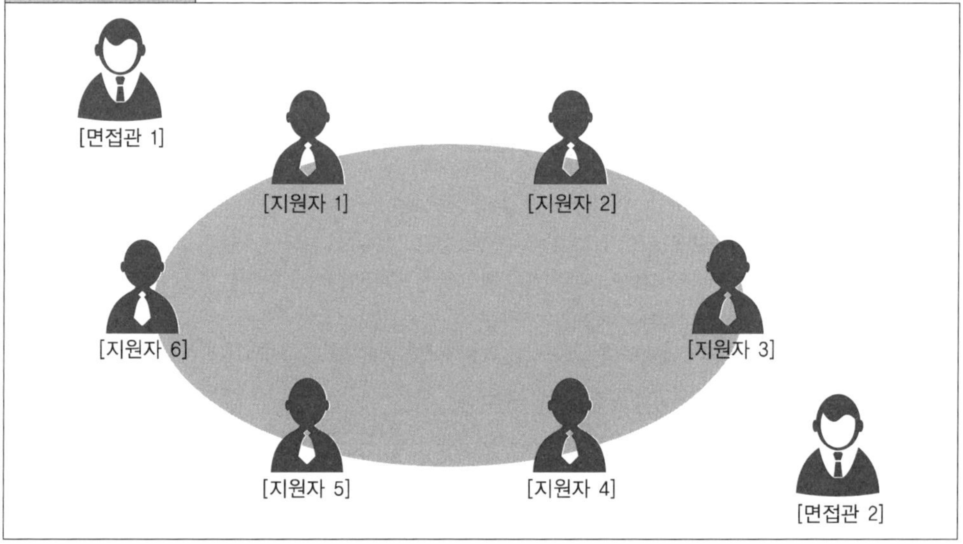

② 토론 면접 예시

고객 불만 고충처리

1. 들어가며

최근 우리 상품에 대한 고객 불만의 증가로 고객고충처리 TF가 만들어졌고 당신은 여기에 지원해 배치받았다. 당신의 업무는 불만을 가진 고객을 만나서 애로사항을 듣고 처리해 주는 일이다. 주된 업무로는 고객의 니즈를 파악해 방향성을 제시해 주고 그 해결책을 마련하는 일이다. 하지만 경우에 따라서 고객의 주관적인 의견으로 인해 제대로 된 방향으로 의사결정을 하지 못할 때가 있다. 이럴 경우 설득이나 논쟁을 해서라도 의견을 관철시키는 것이 좋을지 아니면 고객의 의견대로 진행하는 것이 좋을지 결정해야 할 때가 있다. 만약 당신이라면 이러한 상황에서 어떤 결정을 내릴 것인지 여부를 자유롭게 토론해 보시오.

2. 1분 자유 발언 시 준비사항

- 당신은 의견을 자유롭게 개진할 수 있으며 이에 따른 불이익은 없습니다.
- 토론의 방향성을 이해하고, 내용의 장점과 단점이 무엇인지 문제를 명확히 말해야 합니다.
- 합리적인 근거에 기초하여 개선방안을 명확히 제시해야 합니다.
- 제시한 방안을 실행 시 예상되는 긍정적 · 부정적 영향요인도 동시에 고려할 필요가 있습니다.

3. 토론 시 유의사항

- 토론 주제문과 제공해드린 메모지, 볼펜만 가지고 토론장에 입장할 수 있습니다.
- 사회자의 지정 또는 발표자가 손을 들어 발언권을 획득할 수 있으며, 사회자의 통제에 따릅니다.
- 토론회가 시작되면, 팀의 의견과 논거를 정리하여 1분간의 자유발언을 할 수 있습니다. 순서는 사회자가 지정합니다. 이후에는 자유롭게 상대방에게 질문하거나 답변을 하실 수 있습니다.
- 핸드폰, 서적 등 외부 매체는 사용하실 수 없습니다.
- 논제에 벗어나는 발언이나 지나치게 공격적인 발언을 할 경우, 위에서 제시한 유의사항을 지키지 않을 경우 불이익을 받을 수 있습니다.

03 면접 Role Play

1. 면접 Role Play 편성

- 교육생끼리 조를 편성하여 면접관과 지원자 역할을 교대로 진행합니다.
- 지원자 입장과 면접관 입장을 모두 경험해 보면서 면접에 대한 적응력을 높일 수 있습니다.

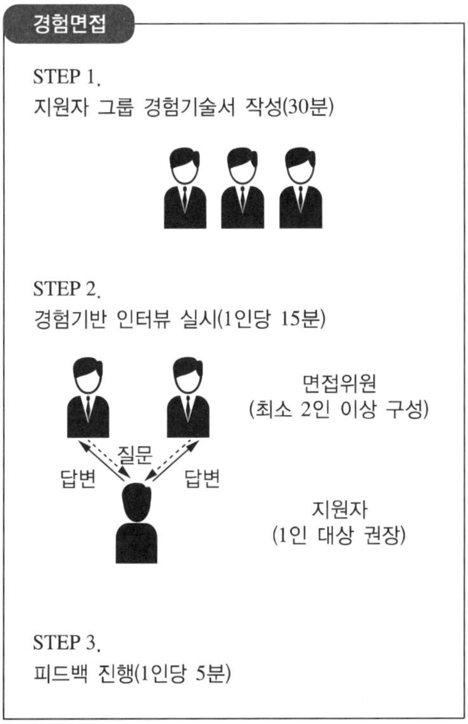

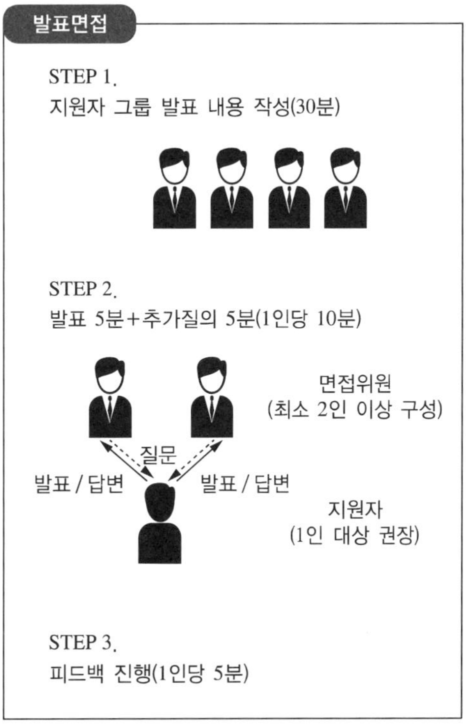

Tip

면접 준비하기

1. 면접 유형 확인 필수
   - 기업마다 면접 유형이 상이하기 때문에 해당 기업의 면접 유형을 확인하는 것이 좋음
   - 일반적으로 실무진 면접, 임원면접 2차례에 거쳐 면접을 실시하는 기업이 많고 실무진 면접과 임원 면접에서 평가요소가 다르기 때문에 유형에 맞는 준비방법이 필요
2. 후속 질문에 대한 사전 점검
   - 블라인드 채용 면접에서는 주요 질문과 함께 후속 질문을 통해 지원자의 직무능력을 판단
     → STAR 기법을 통한 후속 질문에 미리 대비하는 것이 필요

CHAPTER

05 한국가스공사 면접 기출질문

1. 직무PT 면접

- 4차 산업혁명과 관련하여 한국가스공사에서 할 수 있는 일을 발표해 보시오.
- 미세먼지 문제를 해결하기 위하여 한국가스공사가 나아가야 할 방향을 제시해 보시오.
- 개폐기와 차단기의 차이점에 대하여 발표해 보시오.
- 한국가스공사 업무 중 마케팅 방안에 대하여 발표해 보시오.
- 공급관리자 교육참여율을 높이는 방법에 대하여 발표해 보시오.
- 한국가스공사 사업 중 천연가스사업에 대하여 발표해 보시오.
- 기록물관리전문요원으로서 문제 상황에 대하여 어떻게 해결하겠는가?
- 기록물과 도서의 차이점에 대하여 발표해 보시오.
- LNG산업의 미래에 대하여 발표해 보시오.
- 가스산업의 미래에 대하여 발표해 보시오.
- 한국가스공사 관련 민원의 해결방안에 대하여 발표해 보시오.
- 신재생에너지원의 중요도에 대하여 발표해 보시오.
- 안전관리에 대한 아이디어를 제시해 보시오.
- 불산가스 누출 사고에 대한 원인을 검토하고 대책을 강구해 보시오.
- 안전한 가스 저장시설의 운영에 필요한 기술들에 대해서 발표해 보시오.
- 가스 저장시설을 옮기려고 하는데 지역주민들의 반대가 심하다면, 어떻게 해결할 수 있겠는가?
- 원유의 정제과정에 대하여 설명해 보시오.
- 이상기체와 실제기체의 차이를 설명해 보시오.
- 레이놀즈수를 정의하고 층류와 난류의 특성을 설명해 보시오.
- 캐비테이션의 방지법에 관해 설명해 보시오.
- 허용응력설계법과 극한강도설계법에 대해서 설명해 보시오.

2. 직업기초면접

- 살면서 불합리한 일을 개선한 적이 있는가?
- 자기주도적으로 한 일을 말해 보시오.
- 프로젝트를 진행한 경험이 있는가? 있다면 그 경험을 통해 얻은 것과 보완하고 싶은 것을 말해 보시오.
- 지원한 분야와 관련하여 가장 열정적으로 임했던 업무에 대해 말해 보시오.
- 전공에 대한 지식을 업무에 어떻게 녹여낼 것인지 말해 보시오.
- 분쟁 시 어떻게 해결할지 그 과정을 말해 보시오.
- 포기하지 않고 일을 완수한 경험을 말해 보시오.
- 창의적인 경험으로 문제를 해결했던 적이 있는가?
- 트라우마 극복 방법을 말해 보시오.
- 한국가스공사에 지원하게 된 동기는 무엇인가?
- 한국가스공사가 하는 일에 대하여 알고 있는가?
- 지원자가 입사하게 된다면 하고 싶은 업무는 무엇인가?
- 업무와 관련해서 지인과 충돌이 발생한다면 어떻게 대처하겠는가?
- 직장상사가 만취했다면 어떻게 할 것인가?
- 상사와의 의견충돌이 있다면 어떻게 할 것인가?
- 학생과 직장인의 차이점은 무엇이라 생각하는가?
- 지원자만의 좌우명이나 생활신조가 있는가?
- 본인의 성실함에 점수를 준다면 몇 점이라고 생각하는가?
- 가장 최근에 접한 한국가스공사의 기사가 있다면 무슨 내용이었는지 말해 보시오.
- 한국가스공사에 대하여 생각나는 단어 한 가지를 말해 보시오.
- 안전한 업무 추진을 위한 방안으로 무엇이 있겠는가?
- 다른 직장을 다니고 있는데, 이직하려는 이유가 무엇인가?
- 본인의 장단점을 말해 보시오.
- 한국가스공사 채용 준비는 어떻게 했는가?
- 한국가스공사의 현장업무나 교대근무에 지장이 없겠는가?
- 한국가스공사에서 추구하는 인재상을 제시해 보시오.
- 귀하의 모습 중 한국가스공사의 인재상에 부합하는 것이 있는가?
- 부당한 일을 지시하는 상사를 만나면 어떻게 하겠는가?
- 가장 끈기있게 해 본 일은 무엇인가?
- 본인이 입사를 하게 된다면 한국가스공사에 어떻게 기여할 수 있겠는가?
- 최근 본 사람 중 가장 열정적인 사람이 있는가?
- 직장인으로서 양보와 자기주장은 몇 대 몇이 가장 이상적이라고 생각하는가?
- 새로운 사람들을 만날 때, 빨리 친해지는 본인만의 방법이 있는가?
- 팀프로젝트를 진행할 때, 본인이 가장 중요시하는 것은 무엇인가?
- 본인이 해 본 조별과제 중 제일 어려웠던 과제는?
- 신재생에너지에 대하여 아는 대로 말해 보시오.
- 공공기관 이전에 대하여 어떻게 생각하는가?
- 한국가스공사의 비전에 대하여 알고 있는가?
- 봉사활동을 해 본 경험이 있는가?

- 일반근무와 교대근무 중 어떤 근무를 하고싶은가?
- 본인이 가장 힘들었던 경험에 대하여 말해 보시오.
- 입사 후 포부를 밝혀 보시오.
- 도시재생과 관련하여 우리 공사가 해야 할 일이 무엇일지 말해 보시오.
- 공공주택과 임대주택의 차이가 무엇인지 말해 보시오.
- 구도시의 개발 및 활성화에 대한 귀하의 생각을 말해 보시오.
- 서울주택도시공사의 사회적 책무에 대해 말해 보시오.
- 4차 산업혁명 기술이 가져온 주거 환경의 변화에 대해 아는 대로 말해 보시오.
- 기존의 틀을 깨고 새로운 시도를 한 결과 일이 잘 풀리지 않았던 경험을 말해 보시오.
- 거짓말을 해서 사업이 잘 풀리는 상황이 있을 때, 본인은 어떻게 행동할지 말해 보시오.
- 동료직원과 상사의 의견 충돌이 있을 경우 본인은 어떻게 행동할지 말해 보시오.
- 직장 생활에서 중요한 것 한 가지를 말해 보시오.
- 지원한 업무가 본인의 마음에 들지 않을 경우에 어떻게 할 것인지 말해 보시오.
- 우리 공사의 업무를 위해 어떤 노력을 할 수 있는지 말해 보시오.
- 면접장까지 오는 데 얼마나 걸렸는가?
- 한국가스공사를 어떻게 알게 되었는가?
- 3상 발전에 대하여 알고 있는가?
- 커리어 플랜이 어떻게 되는가?
- 제도를 개혁하고 이어나간 경험에 대해 말해 보시오.
- 오지에 발령받는다면 어떻게 할 것인가?
- 갈등을 중재하거나 해결한 경험이 있는가? 이를 통해 어떤 결과를 창출해 냈는가?
- 직장상사와 갈등이 생긴다면 해결방안은 무엇인가?
- 가장 힘들었던 기억과 극복과정에 대해서 말해 보시오.
- 자신은 어떠한 삶을 살아왔다고 생각하는가?
- 일을 처리할 때 혼자 진행하는 것이 좋은가? 팀으로 진행하는 것이 좋은가?
- 조직 생활에서 가장 중요한 요소는 무엇이라고 생각하는가?
- 입사 후 참여하고 싶은 사업을 말해 보시오.
- 본인이 원하지 않는 부서에 배치받았다면 어떻게 할 것인가?
- 현재 우리나라 경제 상황에 대한 의견을 말해 보시오.
- 한국가스공사와 관련된 뉴스나 기사를 보면서 떠오르는 생각은 무엇인지 말해 보시오.
- 행정조직의 개편에 대해서 어떻게 생각하는지 말해 보시오.
- 한국가스공사의 핵심가치 중 가장 중요하게 생각하는 것은 무엇인가?

2024

한국가스공사

고졸/별정직

판매량 1위
YES24 한국가스공사 고졸/별정직

정답 및 해설

NCS+최종점검 모의고사 4회

편저 | SDC(Sidae Data Center)

분석 및 모의고사로
최종합격까지
한 권으로
마무리!

SDC
SDC는 시대에듀 데이터 센터의 약자로
약 30만 개의 NCS · 적성 문제 데이터를
바탕으로 최신 출제경향을 반영하여
문제를 출제합니다.

시대에듀

Add+

2023년 주요 공기업 NCS 기출복원문제

YEAR

2023 주요 공기업 NCS 기출복원문제

01	02	03	04	05	06	07	08	09	10	11	12	13	14	15	16	17	18	19	20
⑤	⑤	④	④	②	⑤	④	①	②	④	④	①	④	③	③	③	②	②	①	④
21	22	23	24	25	26	27	28	29	30	31	32	33	34	35	36	37	38	39	40
①	③	②	③	④	①	④	⑤	②	④	④	①	⑤	④	②	④	⑤	③	①	③
41	42	43	44	45	46	47	48	49	50										
③	③	②	③	②	④	②	⑤	④	④										

01

정답 ⑤

제시문의 세 번째 문단에 따르면 스마트 글라스 내부 센서를 통해 충격과 기울기를 감지할 수 있어, 작업자에게 위험한 상황이 발생할 경우 통보 시스템을 통해 바로 파악할 수 있게 되었음을 알 수 있다.

오답분석

① 첫 번째 문단에 따르면 스마트 글라스를 통한 작업자의 음성인식만으로 철도시설물 점검이 가능해졌음을 알 수 있지만, 다섯 번째 문단에 따르면 아직 유지보수 작업은 가능하지 않음을 알 수 있다.
② 첫 번째 문단에 따르면 스마트 글라스의 도입 이후에도 사람의 작업이 필요함을 알 수 있다.
③ 세 번째 문단에 따르면 스마트 글라스의 도입으로 추락 사고나 그 밖의 위험한 상황을 미리 예측할 수 있어 이를 방지할 수 있게 되었음을 알 수 있지만, 실제로 안전사고 발생 횟수가 감소하였는지는 알 수 없다.
④ 두 번째 문단에 따르면 여러 단계를 거치던 기존 작업 방식에서 스마트 글라스의 도입으로 작업을 한 번에 처리할 수 있게 된 것을 통해 작업 시간이 단축되었음을 알 수 있지만, 작업 인력의 감소 여부는 알 수 없다.

02

정답 ⑤

제시문의 네 번째 문단에 따르면 인공지능 등의 스마트 기술 도입으로 까치집 검출 정확도는 95%까지 상승하였으므로 까치집 제거율 또한 상승할 것임을 예측할 수 있으나, 근본적인 문제인 까치집 생성의 감소를 기대할 수는 없다.

오답분석

① 세 번째 문단과 네 번째 문단에 따르면 정확도가 65%에 불과했던 인공지능의 까치집 식별 능력이 딥러닝 방식의 도입으로 95%까지 상승했음을 알 수 있다.
② 세 번째 문단에서 시속 150km로 빠르게 달리는 열차에서의 까치집 식별 정확도는 65%에 불과하다는 내용으로 보아, 빠른 속도에서는 인공지능의 사물 식별 정확도가 낮음을 알 수 있다.
③ 네 번째 문단에 따르면 작업자의 접근이 어려운 곳에는 드론을 띄워 까치집을 발견 및 제거하는 기술도 시범 운영하고 있다고 하였다.
④ 세 번째 문단에 따르면 실시간 까치집 자동 검출 시스템 개발로 실시간으로 위험 요인의 위치와 이미지를 작업자에게 전달할 수 있게 되었다.

03

정답 ④

제시문의 두 번째 문단에 따르면 CCTV는 열차 종류에 따라 운전실에서 실시간으로 상황을 파악할 수 있는 네트워크 방식과 각 객실에서의 영상을 저장하는 개별 독립 방식으로 설치된다고 하였다. 따라서 개별 독립 방식으로 설치된 일부 열차에서는 각 객실의 상황을 실시간으로 파악하지 못할 수 있다.

오답분석

① 첫 번째 문단에 따르면 2023년까지 현재 운행하고 있는 열차의 모든 객실에 CCTV를 설치하겠다는 내용으로 보아, 현재 모든 열차의 모든 객실에 CCTV가 설치되지는 않았음을 유추할 수 있다.
② 첫 번째 문단에 따르면 2023년까지 모든 열차 승무원에게 바디캠을 지급하겠다고 하였다. 이에 따라 승객이 승무원을 폭행하는 등의 범죄 발생 시 해당 상황을 녹화한 바디캠 영상이 있어 수사의 증거자료로 사용할 수 있게 되었다.
③ 두 번째 문단에 따르면 CCTV는 사각지대 없이 설치되며 일부는 휴대 물품 보관대 주변에도 설치된다고 하였다. 따라서 인적 피해와 물적 피해 모두 예방할 수 있게 되었다.
⑤ 세 번째 문단에 따르면 CCTV 제품 품평회와 시험을 통해 제품의 형태와 색상, 재질, 진동과 충격 등에 대한 적합성을 고려한다고 하였다.

04

정답 ④

작년 K대학교의 재학생 수는 6,800명이고 남학생 수와 여학생 수의 비가 8 : 9이므로, 남학생 수는 $6,800\times\frac{8}{8+9}=3,200$명이고, 여학생 수는 $6,800\times\frac{9}{8+9}=3,600$명이다. 올해 줄어든 남학생 수와 여학생 수의 비가 12 : 13이므로 올해 K대학교에 재학 중인 남학생 수와 여학생 수의 비는 $(3,200-12k):(3,600-13k)=7:8$이다.

$7\times(3,600-13k)=8\times(3,200-12k)$

$\rightarrow 25,200-91k=25,600-96k$

$\rightarrow 5k=400$

$\therefore k=80$

따라서 올해 K대학교에 재학 중인 남학생 수는 $3,200-12\times80=2,240$명이고, 여학생 수는 $3,600-13\times80=2,560$명이므로 올해 K대학교의 전체 재학생 수는 $2,240+2,560=4,800$명이다.

05

정답 ②

마일리지 적립 규정에 회원 등급과 관련된 내용은 없으며, 마일리지 적립은 지불한 운임의 액수, 더블적립 열차 탑승 여부, 선불형 교통카드 Rail+ 사용 여부에 따라서만 결정된다.

오답분석

① KTX 마일리지는 KTX 열차 이용 시에만 적립된다.
③ 비즈니스 등급은 기업회원 여부와 관계없이 최근 1년간의 활동내역을 기준으로 부여된다.
④ 반기 동안 추석 및 설 명절 특별수송기간 탑승 건을 제외하고 4만 점을 적립하면 VIP 등급을 부여받는다.
⑤ VVIP 등급과 VIP 등급 고객은 한정된 횟수 내에서 무료 업그레이드 쿠폰으로 KTX 특실을 KTX 일반실 가격에 구매할 수 있다.

06

정답 ⑤

K공사를 통한 예약 접수는 온라인 쇼핑몰 홈페이지를 통해서만 가능하며, 오프라인(방문) 접수는 우리·농협은행의 창구를 통해서만 이루어진다.

오답분석

① 구매자를 대한민국 국적자로 제한한다는 내용은 없다.
② 단품으로 구매 시 1인당 화종별 최대 3장으로 총 9장, 세트로 구매할 때도 1인당 최대 3세트로 총 9장까지 신청이 가능하며, 세트와 단품은 중복신청이 가능하므로 1인당 구매 가능한 최대 개수는 18장이다.
③ 우리·농협은행의 계좌가 없다면, K공사 온라인 쇼핑몰을 이용하거나 우리·농협은행에 직접 방문하여 구입할 수 있다.
④ 총발행량은 예약 주문 이전부터 화종별 10,000장으로 미리 정해져 있다.

07

정답 ④

우리 · 농협은행 계좌 미보유자인 외국인 A씨가 예약 신청을 할 수 있는 방법은 두 가지이다. 하나는 신분증인 외국인등록증을 지참하고 우리 · 농협은행의 지점을 방문하여 신청하는 것이고, 다른 하나는 K공사 온라인 쇼핑몰에서 가상계좌 방식으로 신청하는 것이다.

오답분석

① A씨는 외국인이므로 창구 접수 시 지참해야 하는 신분증은 외국인등록증이다.
② K공사 온라인 쇼핑몰에서는 가상계좌 방식을 통해서만 예약 신청이 가능하다.
③ 홈페이지를 통한 신청이 가능한 은행은 우리은행과 농협은행뿐이다.
⑤ 우리 · 농협은행의 홈페이지를 통해 예약 접수를 하려면 해당 은행에 미리 계좌가 개설되어 있어야 한다.

08

정답 ①

3종 세트는 186,000원, 단품은 각각 63,000원이므로 5명의 구매 금액을 계산하면 다음과 같다.

- A : (186,000×2)+63,000=435,000원
- B : 63,000×8=504,000원
- C : (186,000×2)+(63,000×2)=498,000원
- D : 186,000×3=558,000원
- E : 186,000+(63,000×4)=438,000원

따라서 가장 많은 금액을 지불한 사람은 D이며, 구매 금액은 558,000원이다.

09

정답 ②

허리디스크는 디스크의 수핵이 탈출하여 생긴 질환이므로 허리를 굽히거나 앉아 있을 때 디스크에 가해지는 압력이 높아져 통증이 더 심해진다. 반면 척추관협착증의 경우 서 있을 때 척추관이 더욱 좁아지게 되어 통증이 더욱 심해진다.

오답분석

① 허리디스크는 디스크의 탄력 손실이나 갑작스런 충격으로 인해 균열이 생겨 발생하고, 척추관협착증은 오랜 기간 동안 황색 인대가 두꺼워져 척추관에 변형이 일어나 발생하므로 허리디스크가 더 급작스럽게 증상이 나타난다.
③ 허리디스크는 자연치유가 가능하지만, 척추관협착증은 불가능하다. 따라서 허리디스크는 주로 통증을 줄이고 안정을 취하는 보존치료를 하지만, 척추관협착증은 변형된 부분을 제거하는 외과적 수술을 한다.
④ 허리디스크와 척추관협착증 모두 척추 중앙의 신경 다발(척수)이 압박받을 수 있으며, 심할 경우 하반신 마비 증세를 보일 수 있으므로 빠른 치료를 받는 것이 중요하다.

10

정답 ④

고령인 사람이 서 있을 때 통증이 나타난다면 퇴행성 척추질환인 척추관협착증(요추관협착증)일 가능성이 높다. 반면 허리디스크(추간판탈출증)는 젊은 나이에도 디스크에 급격한 충격이 가해지면 발생할 수 있고, 앉아 있을 때 통증이 심해진다. 따라서 ㉠에는 척추관협착증, ㉡에는 허리디스크가 들어가야 한다.

11

정답 ④

제시문은 장애인 건강주치의 시범사업을 소개하며 3단계 시범사업에서 기존과 달라지는 내용 위주로 설명하고 있다. 따라서 가장 처음에 와야 할 문단은 3단계 장애인 건강주치의 시범사업을 소개하는 (마) 문단이다. 이어서 장애인 건강주치의 시범사업 세부 서비스를 소개하는 문단이 와야 하는데, 서비스 종류를 소개하는 문장이 있는 (다) 문단이 이어지는 것이 가장 적절하다. 그리고 2번째 서비스인 주장애관리를 소개하는 (가) 문단이 와야 하며, 그 다음으로 3번째 서비스인 통합관리 서비스와 추가적으로 방문 서비스를 소개하는 (라) 문단이 오는 것이 적절하다. 마지막으로 장애인 건강주치의 시범사업에 신청하는 방법을 소개하며 글을 끝내는 것이 적절하므로 (나) 문단이 이어져야 한다. 따라서 글의 순서를 바르게 나열하면 (마) – (다) – (가) – (라) – (나)이다.

12

정답 ①

• 2019년 직장가입자 및 지역가입자 건강보험금 징수율

− 직장가입자 : $\frac{6,698,187}{6,706,712} \times 100 \fallingdotseq 99.87\%$

− 지역가입자 : $\frac{886,396}{923,663} \times 100 \fallingdotseq 95.97\%$

• 2020년 직장가입자 및 지역가입자 건강보험금 징수율

− 직장가입자 : $\frac{4,898,775}{5,087,163} \times 100 \fallingdotseq 96.3\%$

− 지역가입자 : $\frac{973,681}{1,003,637} \times 100 \fallingdotseq 97.02\%$

• 2021년 직장가입자 및 지역가입자 건강보험금 징수율

− 직장가입자 : $\frac{7,536,187}{7,763,135} \times 100 \fallingdotseq 97.08\%$

− 지역가입자 : $\frac{1,138,763}{1,256,137} \times 100 \fallingdotseq 90.66\%$

• 2022년 직장가입자 및 지역가입자 건강보험금 징수율

− 직장가입자 : $\frac{8,368,972}{8,376,138} \times 100 \fallingdotseq 99.91\%$

− 지역가입자 : $\frac{1,058,943}{1,178,572} \times 100 \fallingdotseq 89.85\%$

따라서 직장가입자 건강보험금 징수율이 가장 높은 해는 2022년이고, 지역가입자 건강보험금 징수율이 가장 높은 해는 2020년이다.

13

정답 ④

이뇨제의 1인 투여량은 60mL/일이고 진통제의 1인 투여량은 60mg/일이므로 이뇨제를 투여한 환자 수와 진통제를 투여한 환자 수의 비는 이뇨제 사용량과 진통제 사용량의 비와 같다.

• 2018년 : $3,000 \times 2 < 6,720$
• 2019년 : $3,480 \times 2 = 6,960$
• 2020년 : $3,360 \times 2 < 6,840$
• 2021년 : $4,200 \times 2 > 7,200$
• 2022년 : $3,720 \times 2 > 7,080$

따라서 2018년과 2020년에 진통제를 투여한 환자 수는 이뇨제를 투여한 환자 수의 2배보다 많다.

오답분석

① 2022년에 전년 대비 사용량이 감소한 의약품은 이뇨제와 진통제로, 이뇨제의 사용량 감소율은 $\frac{3,720-4,200}{4,200} \times 100 \fallingdotseq -11.43\%$이고, 진통제의 사용량 감소율은 $\frac{7,080-7,200}{7,200} \times 100 \fallingdotseq -1.67\%$이다. 따라서 전년 대비 2022년 사용량 감소율이 가장 큰 의약품은 이뇨제이다.

② 5년 동안 지사제 사용량의 평균은 $\frac{30+42+48+40+44}{5} = 40.8$정이고, 지사제의 1인 1일 투여량은 2정이다. 따라서 지사제를 투여한 환자 수의 평균은 $\frac{40.8}{2} = 20.4$이므로 18명 이상이다.

③ 이뇨제 사용량은 매년 '증가 – 감소 – 증가 – 감소' 추세이다.

14

정답 ③

분기별 사회복지사 인력의 합은 다음과 같다.

- 2022년 3분기 : 391+670+1,887=2,948명
- 2022년 4분기 : 385+695+1,902=2,982명
- 2023년 1분기 : 370+700+1,864=2,934명
- 2023년 2분기 : 375+720+1,862=2,957명

분기별 전체 보건인력 중 사회복지사 인력의 비율은 다음과 같다.

- 2022년 3분기 : $\frac{2,948}{80,828}\times 100 \fallingdotseq 3.65\%$
- 2022년 4분기 : $\frac{2,982}{82,582}\times 100 \fallingdotseq 3.61\%$
- 2023년 1분기 : $\frac{2,934}{86,236}\times 100 \fallingdotseq 3.40\%$
- 2023년 2분기 : $\frac{2,957}{86,707}\times 100 \fallingdotseq 3.41\%$

따라서 옳지 않은 것은 ③이다.

15

정답 ③

건강생활실천지원금제 신청자 목록에 따라 신청자별로 확인하면 다음과 같다.

- A : 주민등록상 주소지가 시범지역에 속하지 않는다.
- B : 주민등록상 주소지는 관리형에 속하지만, 고혈압 또는 당뇨병 진단을 받지 않았다.
- C : 주민등록상 주소지는 예방형에 속하고, 체질량지수와 혈압이 건강관리가 필요한 사람이므로 예방형이다.
- D : 주민등록상 주소지는 관리형에 속하고, 고혈압 진단을 받았으므로 관리형이다.
- E : 주민등록상 주소지는 예방형에 속하고, 체질량지수와 공복혈당 건강관리가 필요한 사람이므로 예방형이다.
- F : 주민등록상 주소지가 시범지역에 속하지 않는다.
- G : 주민등록상 주소지는 관리형에 속하고, 당뇨병 진단을 받았으므로 관리형이다.
- H : 주민등록상 주소지가 시범지역에 속하지 않는다.
- I : 주민등록상 주소지는 예방형에 속하지만, 필수조건인 체질량지수가 정상이므로 건강관리가 필요한 사람에 해당하지 않는다.

따라서 예방형 신청이 가능한 사람은 C, E이고, 관리형 신청이 가능한 사람은 D, G이다.

16

정답 ③

출산장려금 지급 시기의 가장 우선순위인 임신일이 가장 긴 임산부는 B, C, D임산부이다. 이 중에서 만 19세 미만인 자녀 수가 많은 임산부는 C, D임산부이고, 소득 수준이 더 낮은 임산부는 C임산부이다. 따라서 C임산부가 가장 먼저 출산장려금을 받을 수 있다.

17

정답 ②

제시문은 행위별수가제에 대한 것으로 환자, 의사, 건강보험 재정 등 많은 곳에서 한계점이 있다고 설명하면서 건강보험 고갈을 막기 위해 다양한 지불방식을 도입하는 등 구조적인 개편이 필요함을 설명하고 있다. 따라서 글의 주제로 '행위별수가제의 한계점'이 가장 적절하다.

18

정답 ②

- 구상(求償) : 무역 거래에서 수량・품질・포장 따위에 계약 위반 사항이 있는 경우, 매주(賣主)에게 손해 배상을 청구하거나 이의를 제기하는 일
- 구제(救濟) : 자연적인 재해나 사회적인 피해를 당하여 어려운 처지에 있는 사람을 도와줌

19

정답 ①

- (운동에너지) $=\frac{1}{2}\times$(질량)$\times$(속력)$^2=\frac{1}{2}\times 2\times 4^2=16$J
- (위치에너지)=(질량)$\times$(중력가속도)$\times$(높이)$=2\times 10\times 0.5=10$J
- (역학적 에너지)=(운동에너지)+(위치에너지)$=16+10=26$J

공의 역학적 에너지는 26J이고, 튀어 오를 때 가장 높은 지점에서 운동에너지가 0이므로 역학적 에너지는 위치에너지와 같다. 따라서 공이 튀어 오를 때 가장 높은 지점에서의 위치에너지는 26J이다.

20

정답 ④

출장지까지 거리는 $200\times 1.5=300$km이므로 시속 60km의 속력으로 달릴 때 걸리는 시간은 5시간이고, 약속시간보다 1시간 늦게 도착하므로 약속시간은 4시간 남았다. 300km를 시속 60km의 속력으로 달리다 도중에 시속 90km의 속력으로 달릴 때 약속시간보다 30분 일찍 도착했으므로, 이때 걸린 시간은 $4-\frac{1}{2}=\frac{7}{2}$시간이다.

시속 90km의 속력으로 달린 거리를 $x$km라 하면

$\frac{300-x}{60}+\frac{x}{90}=\frac{7}{2}$

$\rightarrow 900-3x+2x=630$

$\therefore x=270$

따라서 A부장이 시속 90km의 속력으로 달린 거리는 270km이다.

21

정답 ①

상품의 원가를 x원이라 하면 처음 판매가격은 $1.23x$원이다.

여기서 1,300원을 할인하여 판매했을 때 얻은 이익은 원가의 10%이므로

$(1.23x-1,300)-x=0.1x$

$\rightarrow 0.13x=1,300$

$\therefore x=10,000$

따라서 상품의 원가는 10,000원이다.

22

정답 ③

G와 B의 자리를 먼저 고정하고, 양 끝에 앉을 수 없는 A의 위치를 토대로 경우의 수를 계산하면 다음과 같다.

- G가 가운데에 앉고, B가 G의 바로 왼쪽에 앉는 경우의 수

	A	B	G			
		B	G	A		
		B	G		A	

$3\times 4!=72$가지

- G가 가운데에 앉고, B가 G의 바로 오른쪽에 앉는 경우의 수

	A		G	B		
		A	G	B		
			G	B	A	

$3\times 4!=72$가지

따라서 조건과 같이 앉을 때 가능한 경우의 수는 $72+72=144$가지이다.

23

정답 ②

유치원생이 11명일 때 평균 키는 113cm이므로 유치원생 11명의 키의 합은 $113\times11=1,243$cm이다. 키가 107cm인 유치원생이 나갔으므로 남은 유치원생 10명의 키의 합은 $1,243-107=1,136$cm이다. 따라서 남은 유치원생 10명의 평균 키는 $\frac{1,136}{10}=113.6$cm이다.

24

정답 ③

'우회수송'은 사고 등의 이유로 직통이 아닌 다른 경로로 우회하여 수송한다는 뜻이기 때문에 '우측 선로로 변경'은 순화로 적절하지 않다.

오답분석

① '열차시격'에서 '시격'이란 '사이에 뜬 시간'이라는 뜻의 한자어로, 열차와 열차 사이의 간격, 즉 '배차간격'으로 순화할 수 있다.
② '전차선'이란 선로를 의미하고, '단전'은 전기의 공급이 중단됨을 말한다. 따라서 바르게 순화되었다.
④ '핸드레일(Handrail)'은 난간을 뜻하는 영어 단어로, 우리말로는 '안전손잡이'로 순화할 수 있다.
⑤ '키스 앤 라이드(Kiss and Ride)'는 헤어질 때 키스를 하는 영미권 문화에서 비롯된 용어로, '환승정차구역'을 지칭한다.

25

정답 ④

세 번째 문단을 통해 정부가 철도 중심 교통체계 구축을 위해 노력하고 있음을 알 수는 있으나, 구체적으로 시행된 조치는 언급되지 않았다.

오답분석

① 첫 번째 문단을 통해 전 세계적으로 탄소중립이 주목받자 이에 대한 방안으로 등장한 것이 철도 수송임을 알 수 있다.
② 첫 번째 문단과 두 번째 문단을 통해 철도 수송의 확대가 온실가스 배출량의 획기적인 감축을 가져올 것임을 알 수 있다.
③ 네 번째 문단을 통해 '중앙선 안동 ~ 영천 간 궤도' 설계 시 탄소 감축 방안으로 저탄소 자재인 유리섬유 보강근이 철근 대신 사용되었음을 알 수 있다.
⑤ 네 번째 문단을 통해 S철도공단은 철도 중심 교통체계 구축을 위해 건설 단계에서부터 친환경·저탄소 자재를 적용하였고, 탄소 감축을 위해 2025년부터는 모든 철도건축물을 일정한 등급 이상으로 설계하기로 결정하였음을 알 수 있다.

26

정답 ①

제시문을 살펴보면 먼저 첫 번째 문단에서는 이산화탄소로 메탄올을 만드는 곳이 있다며 관심을 유도하고, 두 번째 문단에서 메탄올을 어떻게 만들고 어디에서 사용하는지 구체적으로 설명함으로써 탄소 재활용의 긍정적인 측면을 부각하고 있다. 하지만 세 번째 문단에서는 앞선 내용과 달리 이렇게 만들어진 메탄올의 부정적인 측면을 설명하고, 네 번째 문단에서는 이와 같은 이유로 탄소 재활용에 대한 결론이 나지 않았다며 글이 마무리되고 있다. 따라서 글의 주제로 적절한 것은 탄소 재활용의 이면을 모두 포함하는 내용인 ①이다.

오답분석

② 두 번째 문단에 한정된 내용이므로 제시문 전체를 다루는 주제로 보기에는 적절하지 않다.
③ 지열발전소의 부산물을 통해 메탄올이 만들어진 것은 맞지만, 새롭게 탄생된 연료로 보기는 어려우며, 글의 전체를 다루는 주제로 보기에도 적절하지 않다.
④·⑤ 제시문의 첫 번째 문단과 두 번째 문단에서는 버려진 이산화탄소 및 부산물의 재활용을 통해 '메탄올'을 제조함으로써 미래 원료를 해결할 수 있을 것처럼 보이지만, 이어지는 세 번째 문단과 네 번째 문단에서는 이렇게 만들어진 '메탄올'이 과연 미래 원료로 적합한지 의문점이 제시되고 있다. 따라서 글의 주제로 보기에는 적절하지 않다.

27

정답 ④

A ~ C철도사의 차량 1량당 연간 승차인원 수는 다음과 같다.

• 2020년

– A철도사 : $\frac{775,386}{2,751} \fallingdotseq 281.86$천 명

– B철도사 : $\frac{26,350}{103} \fallingdotseq 255.83$천 명

– C철도사 : $\frac{35,650}{185} \fallingdotseq 192.7$천 명

• 2021년

– A철도사 : $\frac{768,776}{2,731} \fallingdotseq 281.5$천 명

– B철도사 : $\frac{24,746}{111} \fallingdotseq 222.94$천 명

– C철도사 : $\frac{33,130}{185} \fallingdotseq 179.08$천 명

• 2022년

– A철도사 : $\frac{755,376}{2,710} \fallingdotseq 278.74$천 명

– B철도사 : $\frac{23,686}{113} \fallingdotseq 209.61$천 명

– C철도사 : $\frac{34,179}{185} \fallingdotseq 184.75$천 명

따라서 3년간 차량 1량당 연간 평균 승차인원 수는 C철도사가 가장 적다.

오답분석

① 2020 ~ 2022년의 C철도사 차량 수는 185량으로 변동이 없다.

② 2020 ~ 2022년의 연간 승차인원 비율은 모두 A철도사가 가장 높다.

③ A ~ C철도사의 2020년의 전체 연간 승차인원 수는 775,386+26,350+35,650=837,386천 명, 2021년의 전체 연간 승차인원 수는 768,776+24,746+33,130=826,652천 명, 2022년의 전체 연간 승차인원 수는 755,376+23,686+34,179=813,241천 명으로 매년 감소하였다.

⑤ 2020 ~ 2022년의 C철도사 차량 1량당 연간 승차인원 수는 각각 192.7천 명, 179.08천 명, 184.75천 명이므로 모두 200천 명 미만이다.

28

정답 ⑤

2018년 대비 2022년에 석유 생산량이 감소한 국가는 C, F이며, 석유 생산량 감소율은 다음과 같다.

• C : $\frac{4,025,936-4,102,396}{4,102,396} \times 100 \fallingdotseq -1.9\%$

• F : $\frac{2,480,221-2,874,632}{2,874,632} \times 100 \fallingdotseq -13.7\%$

따라서 석유 생산량 감소율이 가장 큰 국가는 F이다.

오답분석

① 석유 생산량이 매년 증가한 국가는 A, B, E, H로 총 4개이다.

② 2018년 대비 2022년에 석유 생산량이 증가한 국가의 석유 생산량 증가량은 다음과 같다.

  • A : 10,556,259−10,356,185=200,074bbl/day
  • B : 8,567,173−8,251,052=316,121bbl/day
  • D : 5,422,103−5,321,753=100,350bbl/day

- E : 335,371－258,963＝76,408bbl/day
- G : 1,336,597－1,312,561＝24,036bbl/day
- H : 104,902－100,731＝4,171bbl/day

따라서 석유 생산량 증가량이 가장 많은 국가는 B이다.

③ E국가의 연도별 석유 생산량을 H국가의 연도별 석유 생산량과 비교하면 다음과 같다.

- 2018년 : $\frac{258,963}{100,731} \fallingdotseq 2.6$
- 2019년 : $\frac{273,819}{101,586} \fallingdotseq 2.7$
- 2020년 : $\frac{298,351}{102,856} \fallingdotseq 2.9$
- 2021년 : $\frac{303,875}{103,756} \fallingdotseq 2.9$
- 2022년 : $\frac{335,371}{104,902} \fallingdotseq 3.2$

따라서 2022년 E국가의 석유 생산량은 H국가의 석유 생산량의 약 3.2배이므로 옳지 않다.

④ 석유 생산량 상위 2개국은 매년 A, B이며, 연도별 석유 생산량의 차이는 다음과 같다.

- 2018년 : 10,356,185－8,251,052＝2,105,133bbl/day
- 2019년 : 10,387,665－8,297,702＝2,089,963bbl/day
- 2020년 : 10,430,235－8,310,856＝2,119,379bbl/day
- 2021년 : 10,487,336－8,356,337＝2,130,999bbl/day
- 2022년 : 10,556,259－8,567,173＝1,989,086bbl/day

따라서 A와 B국가의 석유 생산량의 차이는 '감소－증가－증가－감소' 추세를 보이므로 옳지 않다.

29

정답 ②

제시된 법률에 따라 공무원인 친구가 받을 수 있는 선물의 최대 금액은 1회에 100만 원이다.

$12x<100 \rightarrow x<\frac{100}{12}=\frac{25}{3} \fallingdotseq 8.33$

따라서 A씨는 수석을 최대 8개 보낼 수 있다.

30

정답 ④

거래처로 가기 위해 C와 G를 거쳐야 하므로, C를 먼저 거치는 최소 이동거리와 G를 먼저 거치는 최소 이동거리를 비교해 본다.

- 본사－C－D－G－거래처
  6+3+3+4＝16km
- 본사－E－G－D－C－F－거래처
  4+1+3+3+3+4＝18km

따라서 최소 이동거리는 16km이다.

31

정답 ④

- 볼펜을 30자루 구매하면 개당 200원씩 할인되므로 800×30＝24,000원이다.
- 수정테이프를 8개 구매하면 2,500×8＝20,000원이지만, 10개를 구매하면 개당 1,000원이 할인되어 1,500×10＝15,000원이므로 10개를 구매하는 것이 더 저렴하다.
- 연필을 20자루 구매하면 연필 가격의 25%가 할인되므로 400×20×0.75＝6,000원이다.
- 지우개를 5개 구매하면 300×5＝1,500원이며 지우개에 대한 할인은 적용되지 않는다.

따라서 총금액은 24,000+15,000+6,000+1,500＝46,500원이고 3만 원을 초과했으므로 10% 할인이 적용되어 46,500×0.9＝41,850원이다. 또한 할인 적용 전 금액이 5만 원 이하이므로 배송료 5,000원이 추가로 부과되어 41,850+5,000＝46,850원이 된다. 그런데 만약 비품을 3,600원어치 추가로 주문하면 46,500+3,600＝50,100원이므로 할인 적용 전 금액이 5만 원을 초과하여 배송료가 무료가 되고, 총금액이 3만 원을 초과했으므로 지불할 금액은 10% 할인이 적용된 50,100×0.9＝45,090원이 된다. 그러므로 지불 가능한 가장 저렴한 금액은 45,090원이다.

32

정답 ①

A～E가 받는 성과급을 구하면 다음과 같다.

직원	직책	매출 순이익	기여도	성과급 비율	성과급
A	팀장	4,000만 원	25%	매출 순이익의 5%	1.2×4,000×0.05=240만 원
B	팀장	2,500만 원	12%	매출 순이익의 2%	1.2×2,500×0.02=60만 원
C	팀원	1억 2,500만 원	3%	매출 순이익의 1%	12,500×0.01=125만 원
D	팀원	7,500만 원	7%	매출 순이익의 3%	7,500×0.03=225만 원
E	팀원	800만 원	6%	–	0원

따라서 가장 많은 성과급을 받는 사람은 A이다.

33

정답 ⑤

2023년 6월의 학교폭력 신고 누계 건수는 7,530+1,183+557+601=9,871건으로, 10,000건 미만이다.

오답분석

① • 2023년 1월의 학교폭력 상담 건수 : 9,652−9,195=457건
• 2023년 2월의 학교폭력 상담 건수 : 10,109−9,652=457건
따라서 2023년 1월과 2023년 2월의 학교폭력 상담 건수는 같다.

② 학교폭력 상담 건수와 신고 건수 모두 2023년 3월에 가장 많다.

③ 전월 대비 학교폭력 상담 건수가 가장 크게 감소한 때는 2023년 5월이지만, 학교폭력 신고 건수가 가장 크게 감소한 때는 2023년 4월이다.

④ 전월 대비 학교폭력 상담 건수가 증가한 월은 2022년 9월과 2023년 3월이고, 이때 학교폭력 신고 건수 또한 전월 대비 증가하였다.

34

정답 ④

연도별 전체 발전량 대비 유류·양수 자원 발전량은 다음과 같다.

• 2018년 : $\frac{6,605}{553,256}\times 100 \fallingdotseq 1.2\%$

• 2019년 : $\frac{6,371}{537,300}\times 100 \fallingdotseq 1.2\%$

• 2020년 : $\frac{5,872}{550,826}\times 100 \fallingdotseq 1.1\%$

• 2021년 : $\frac{5,568}{553,900}\times 100 \fallingdotseq 1\%$

• 2022년 : $\frac{5,232}{593,958}\times 100 \fallingdotseq 0.9\%$

따라서 2022년의 유류·양수 자원 발전량은 전체 발전량의 1% 미만이다.

오답분석

① 원자력 자원 발전량과 신재생 자원 발전량은 매년 증가하였다.

② 연도별 석탄 자원 발전량의 전년 대비 감소폭은 다음과 같다.
• 2019년 : 226,571−247,670=−21,099GWh
• 2020년 : 221,730−226,571=−4,841GWh
• 2021년 : 200,165−221,730=−21,565GWh
• 2022년 : 198,367−200,165=−1,798GWh
따라서 석탄 자원 발전량의 전년 대비 감소폭이 가장 큰 해는 2021년이다.

③ 연도별 신재생 자원 발전량 대비 가스 자원 발전량은 다음과 같다.

- 2018년 : $\frac{135,072}{36,905} \times 100 ≒ 366\%$
- 2019년 : $\frac{126,789}{38,774} \times 100 ≒ 327\%$
- 2020년 : $\frac{138,387}{44,031} \times 100 ≒ 314\%$
- 2021년 : $\frac{144,976}{47,831} \times 100 ≒ 303\%$
- 2022년 : $\frac{160,787}{50,356} \times 100 ≒ 319\%$

따라서 연도별 신재생 자원 발전량 대비 가스 자원 발전량이 가장 큰 해는 2018년이다.

⑤ 전체 발전량이 증가한 해는 2020 ~ 2022년이며, 그 증가폭은 다음과 같다.

- 2020년 : 550,826－537,300＝13,526GWh
- 2021년 : 553,900－550,826＝3,074GWh
- 2022년 : 593,958－553,900＝40,058GWh

따라서 전체 발전량의 전년 대비 증가폭이 가장 큰 해는 2022년이다.

35

정답 ②

㉠ 퍼실리테이션(Facilitation)이란 '촉진'을 의미하며, 어떤 그룹이나 집단이 의사결정을 잘하도록 도와주는 일을 가리킨다. 최근 많은 조직에서는 보다 생산적인 결과를 가져올 수 있도록 그룹이 나아갈 방향을 알려 주고, 주제에 대한 공감을 이룰 수 있도록 능숙하게 도와주는 퍼실리테이터를 활용하고 있다. 퍼실리테이션에 의한 문제해결 방법은 깊이 있는 커뮤니케이션을 통해 서로의 문제점을 이해하고 공감함으로써 창조적인 문제해결을 도모한다. 소프트 어프로치나 하드 어프로치 방법은 타협점의 단순 조정에 그치지만, 퍼실리테이션에 의한 방법은 초기에 생각하지 못했던 창조적인 해결 방법을 도출한다. 동시에 구성원의 동기가 강화되고 팀워크도 한층 강화된다는 특징을 보인다. 이 방법을 이용한 문제해결은 구성원이 자율적으로 실행하는 것이며, 제3자가 합의점이나 줄거리를 준비해 놓고 예정대로 결론이 도출되어 가도록 해서는 안 된다.

㉡ 하드 어프로치에 의한 문제해결방법은 상이한 문화적 토양을 가지고 있는 구성원을 가정하여 서로의 생각을 직설적으로 주장하고 논쟁이나 협상을 통해 의견을 조정해 가는 방법이다. 이때 중심적 역할을 하는 것이 논리, 즉 사실과 원칙에 근거한 토론이다. 제3자는 이것을 기반으로 구성원에게 지도와 설득을 하고 전원이 합의하는 일치점을 찾아내려고 한다. 이러한 방법은 합리적이긴 하지만 잘못하면 단순한 이해관계의 조정에 그치고 말아서 그것만으로는 창조적인 아이디어나 높은 만족감을 이끌어내기 어렵다.

㉢ 소프트 어프로치에 의한 문제해결방법은 대부분의 기업에서 볼 수 있는 전형적인 스타일로 조직구성원들은 같은 문화적 토양을 가지고 이심전심으로 서로를 이해하는 상황을 가정한다. 코디네이터 역할을 하는 제3자는 결론으로 끌고 갈 지점을 미리 머릿속에 그려가면서 권위나 공감에 의지하여 의견을 중재하고, 타협과 조정을 통하여 해결을 도모한다. 결론이 애매하게 끝나는 경우가 적지 않으나, 그것은 그것대로 이심전심을 유도하여 파악하면 된다. 소프트 어프로치에서는 문제해결을 위해서 직접 표현하는 것이 바람직하지 않다고 여기며, 무언가를 시사하거나 암시를 통하여 의사를 전달하고 기분을 서로 통하게 함으로써 문제해결을 도모하려고 한다.

36

정답 ④

네 번째 조건을 제외한 모든 조건과 그 대우를 논리식으로 표현하면 다음과 같다.

- $\sim(D \lor G) \rightarrow F$ / $\sim F \rightarrow (D \land G)$
- $F \rightarrow \sim E$ / $E \rightarrow \sim F$
- $\sim(B \lor E) \rightarrow \sim A$ / $A \rightarrow (B \land E)$

네 번째 조건에 따라 A가 투표를 하였으므로, 세 번째 조건의 대우에 의해 B와 E 모두 투표를 하였다. 또한 E가 투표를 하였으므로, 두 번째 조건의 대우에 따라 F는 투표하지 않았으며, F가 투표하지 않았으므로 첫 번째 조건의 대우에 따라 D와 G는 모두 투표하였다. A, B, D, E, G 5명이 모두 투표하였으므로 네 번째 조건에 따라 C는 투표하지 않았다. 따라서 투표를 하지 않은 사람은 C와 F이다.

37

정답 ⑤

VLOOKUP 함수는 열의 첫 열에서 수직으로 검색하여 원하는 값을 출력하는 함수이다. 함수의 형식은 「=VLOOKUP(찾을 값, 범위, 열 번호, 찾기 옵션)」이며 이 중 근삿값을 찾기 위해서는 찾기 옵션에 1을 입력해야 하고, 정확히 일치하는 값을 찾기 위해서는 0을 입력해야 한다. 상품코드 S3310897의 값을 일정한 범위에서 찾아야 하는 것이므로 범위는 절대참조로 지정해야 하며, 크기 '중'은 범위 중 3번째 열에 위치하고, 정확히 일치하는 값을 찾아야 하므로 입력해야 하는 함수식은 「=VLOOKUP("S3310897", $B$2:$E$8, 3, 0)」이다.

오답분석

①·② HLOOKUP 함수를 사용하려면 찾고자 하는 값은 '중'이고, [B2:E8] 범위에서 찾고자 하는 행 'S3310897'은 6번째 행이므로 「=HLOOKUP("중",$B$2:$E$8,6,0)」를 입력해야 한다.

③·④ '중'은 테이블 범위에서 3번째 열이다.

38

정답 ③

Windows Game Bar로 녹화한 영상의 저장 위치는 파일 탐색기를 사용하여 [내 PC] – [동영상] – [캡처] 폴더를 원하는 위치로 옮겨 변경할 수 있다.

39

정답 ①

RPS 제도 이행을 위해 공급의무자는 일정 비율 이상(의무공급비율)을 신재생에너지로 발전해야 한다. 하지만 의무공급비율은 매년 확대되고 있고, 여기에 맞춰 신재생에너지 발전설비를 계속 추가하는 것은 시간적, 물리적으로 어려우므로 공급의무자는 신재생에너지 공급자로부터 REC를 구매하여 의무공급비율을 달성한다.

오답분석

② 신재생에너지 공급자가 공급의무자에게 REC를 판매하기 위해서는 에너지관리공단 신재생에너지센터, 한국전력거래소 등 공급인증기관으로부터 공급 사실을 증명하는 공급인증서를 신청해 발급받아야 한다.

③ 2021년 8월 이후 에너지관리공단에서 운영하는 REC 거래시장을 통해 일반기업도 REC를 구매하여 온실가스 감축실적으로 인정받을 수 있게 되었다.

④ REC에 명시된 공급량은 발전방식에 따라 가중치를 곱해 표기하므로 실제 공급량과 다를 수 있다.

40

정답 ③

빈칸 ㉠의 앞 문장은 공급의무자가 신재생에너지 발전설비 확대를 통한 RPS 달성에는 한계점이 있음을 설명하고, 뒷 문장은 이에 대한 대안으로서 REC 거래를 설명하고 있다. 따라서 빈칸에 들어갈 접속부사는 '그러므로'가 가장 적절하다.

41

정답 ③

오답분석

① 인증서의 유효기간은 발급일로부터 3년이다. 2020년 10월 6일에 발급받은 REC의 만료일은 2023년 10월 6일이므로 이미 만료되어 거래할 수 없다.

② 천연가스는 화석연료이므로 REC를 발급받을 수 없다.

④ 기업에 판매하는 REC는 에너지관리공단에서 거래시장을 운영한다.

42

정답 ③

수소는 연소 시 탄소를 배출하지 않는 친환경에너지이지만, 수소혼소 발전은 수소와 함께 액화천연가스(LNG)를 혼합하여 발전하므로 기존 LNG 발전에 비해 탄소 배출량은 줄어들지만, 여전히 탄소를 배출한다.

오답분석

① 수소혼소 발전은 기존의 LNG 발전설비를 활용할 수 있기 때문에 화석연료 발전에서 친환경에너지 발전으로 전환하는 데 발생하는 사회적·경제적 충격을 완화할 수 있다.

② 높은 온도로 연소되는 수소는 공기 중의 질소와 반응하여 질소산화물(NOx)을 발생시키며, 이는 미세먼지와 함께 대기오염의 주요 원인으로 작용한다.

④ 수소혼소 발전에서 수소를 혼입하는 양이 많아질수록 발전에 사용하는 LNG를 많이 대체하므로 탄소 배출량은 줄어든다.

43

정답 ②

보기에 주어진 문장은 접속부사 '따라서'로 시작하므로 수소가 2050 탄소중립 실현을 위한 최적의 에너지원이 되는 이유 뒤에 와야 한다. 따라서 보기는 수소 에너지의 장점과 이어지는 (나)에 들어가는 것이 가장 적절하다.

44

정답 ③

- 총무팀 : 연필, 지우개, 볼펜, 수정액의 수량이 기준 수량보다 적다.
  - 최소 주문 수량 : 연필 15자루, 지우개 15개, 볼펜 40자루, 수정액 15개
  - 최대 주문 수량 : 연필 60자루, 지우개 90개, 볼펜 120자루, 수정액 60개
- 연구개발팀 : 볼펜, 수정액의 수량이 기준 수량보다 적다.
  - 최소 주문 수량 : 볼펜 10자루, 수정액 10개
  - 최대 주문 수량 : 볼펜 120자루, 수정액 60개
- 마케팅홍보팀 : 지우개, 볼펜, 수정액, 테이프의 수량이 기준 수량보다 적다.
  - 최소 주문 수량 : 지우개 5개, 볼펜 45자루, 수정액 25개, 테이프 10개
  - 최대 주문 수량 : 지우개 90개, 볼펜 120자루, 수정액 60개, 테이프 40개
- 인사팀 : 연필, 테이프의 수량이 기준 수량보다 적다.
  - 최소 주문 수량 : 연필 5자루, 테이프 15개
  - 최대 주문 수량 : 연필 60자루, 테이프 40개

따라서 비품 신청 수량이 바르지 않은 팀은 마케팅홍보팀이다.

45

정답 ②

N사에서 A지점으로 가려면 1호선으로 역 2개를 지난 후 2호선으로 환승하여 역 5개를 더 가야 한다.
따라서 편도로 이동하는 데 걸리는 시간은 $(2\times2)+3+(2\times5)=17$분이므로 왕복하는 데 걸리는 시간은 $17\times2=34$분이다.

46

정답 ④

- A지점 : $(900\times2)+(950\times5)=6{,}550$m
- B지점 : $900\times8=7{,}200$m
- C지점 : $(900\times2)+(1{,}300\times4)=7{,}000$m 또는 $(900\times5)+1{,}000+1{,}300=6{,}800$m
- D지점 : $(900\times5)+(1{,}000\times2)=6{,}500$m 또는 $(900\times2)+(1{,}300\times3)+1{,}000=6{,}700$m

따라서 이동거리가 가장 짧은 지점은 D지점이다.

47

정답 ②

• A지점 : 이동거리는 6,550m이고 기본요금 및 거리비례 추가비용은 2호선 기준이 적용되므로 1,500+100=1,600원이다.
• B지점 : 이동거리는 7,200m이고 기본요금 및 거리비례 추가비용은 1호선 기준이 적용되므로 1,200+50×4=1,400원이다.
• C지점 : 이동거리는 7,000m이고 기본요금 및 거리비례 추가비용은 4호선 기준이 적용되므로 2,000+150=2,150원이다.
  또는 이동거리가 6,800m일 때, 기본요금 및 거리비례 추가비용은 4호선 기준이 적용되므로 2,000+150=2,150원이다.
• D지점 : 이동거리는 6,500m이고 기본요금 및 거리비례 추가비용은 3호선 기준이 적용되므로 1,800+100×3=2,100원이다.
  또는 이동거리가 6,700m일 때, 기본요금 및 거리비례 추가비용은 4호선 기준이 적용되므로 2,000+150=2,150원이다.

따라서 이동하는 데 드는 비용이 가장 적은 지점은 B지점이다.

48

정답 ⑤

미국 컬럼비아 대학교에서 만들어낸 치즈케이크는 7겹으로, 7가지의 반죽형 식용 카트리지로 만들어졌다. 따라서 페이스트를 층층이 쌓아서 만드는 FDM 방식을 사용하여 제작하였음을 알 수 있다.

오답분석

① PBF / SLS 방식 3D 푸드 프린터는 설탕 같은 분말 형태의 재료를 접착제나 레이저로 굳혀 제작하는 것이므로 설탕케이크 장식을 제작하기에 적절한 방식이다.
② 3D 푸드 프린터는 질감을 조정하거나, 맛을 조정하여 음식을 제작할 수 있으므로 식감 등으로 발생하는 편식을 줄일 수 있다.
③ 3D 푸드 프린터는 음식을 제작할 때 개인별로 필요한 영양소를 첨가하는 등 사용자 맞춤 식단을 제공할 수 있다는 장점이 있다.
④ 네 번째 문단에서 현재 3D 푸드 프린터의 한계점을 보면 디자인적·심리적 요소로 인해 3D 푸드 프린터로 제작된 음식에 거부감이 들 수 있다고 하였다.

49

정답 ④

(라) 문장이 포함된 문단은 3D 푸드 프린터의 장점에 대해 설명하는 문단이며, 특히 대체육 프린팅의 장점에 대해 소개하고 있다. 그러나 (라) 문장은 대체육의 단점에 대해 서술하고 있으므로 네 번째 문단에 추가로 서술하거나 삭제하는 것이 적절하다.

오답분석

① (가) 문장은 컬럼비아 대학교에서 3D 푸드 프린터로 만들어 낸 치즈케이크의 특징을 설명하는 문장이므로 적절하다.
② (나) 문장은 현재 주로 사용되는 3D 푸드 프린터의 작동 방식을 설명하는 문장이므로 적절하다.
③ (다) 문장은 3D 푸드 프린터의 장점을 소개하는 세 번째 문단의 중심내용이므로 적절하다.
⑤ (마) 문장은 3D 푸드 프린터의 한계점인 '디자인으로 인한 심리적 거부감'을 서술하고 있으므로 적절하다.

50

정답 ④

네 번째 문단은 3D 푸드 프린터의 한계 및 개선점을 설명한 문단으로, 3D 푸드 프린터의 장점을 설명한 세 번째 문단과 역접관계에 있다. 따라서 ㉣에는 '그러나'가 적절한 접속부사이다.

오답분석

① ㉠ 앞에서 서술된 치즈케이크의 특징이 대체육과 같은 다른 관련 산업에서 주목하게 된 이유가 되므로 '그래서'는 적절한 접속부사이다.
② ㉡ 앞의 문장은 3D 푸드 프린터의 장점을 소개하는 세 번째 문단의 중심내용이고 뒤의 문장은 이에 대한 예시를 설명하고 있으므로 '예를 들어'는 적절한 접속부사이다.
③ ㉢의 앞과 뒤는 다른 내용이지만 모두 3D 푸드 프린터의 장점을 나열한 것이므로 '또한'은 적절한 접속부사이다.
⑤ ㉤의 앞과 뒤는 다른 내용이지만 모두 3D 푸드 프린터의 단점을 나열한 것이므로 '게다가'는 적절한 접속부사이다.

얼마나 많은 사람들이 책 한 권을 읽음으로써

인생에 새로운 전기를 맞이했던가.

– 헨리 데이비드 소로 –

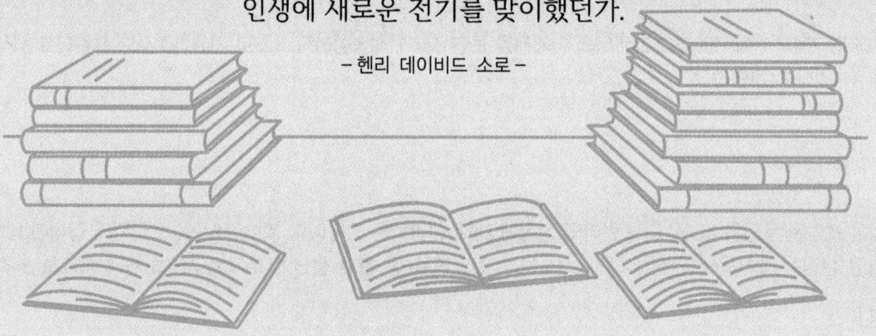

PART 1

직업기초능력

CHAPTER

01 의사소통능력

출제유형분석 01 실전예제

01

정답 ①

제시문의 두 번째 문단에 따르면 선물환거래는 금리차익을 얻는 것과 투기적 목적 등을 가지고 있다.

오답분석

②·④ 선물환거래에 대한 내용이다.
③·⑤ 옵션에 대한 내용이다.

02

정답 ⑤

제시문의 첫 번째 문단에 따르면 평균 비용이 한계 비용보다 큰 경우, 공공요금을 평균 비용 수준에서 결정하면 수요량이 줄면서 거래량이 따라 줄고, 결과적으로 생산량도 감소한다. 이는 사회 전체의 관점에서 볼 때 자원이 효율적으로 배분되지 못하는 상황이다.

오답분석

①·④ 첫 번째 문단을 통해 확인할 수 있다.
② 마지막 문단을 통해 확인할 수 있다.
③ 두 번째 문단을 통해 확인할 수 있다.

03

정답 ①

일반 시민들이 SNS를 통해 문제를 제기하면서 전통적 언론에서 뒤늦게 그 문제에 대해 보도하는 현상이 생기게 된 것이다.

오답분석

㉠·㉢ 현대의 전통적 언론도 의제설정기능을 수행할 수는 있지만, 과거 언론에 비해 의제설정기능의 역할이 약화되었다.
㉣ SNS로 인해 역의제설정 현상이 강해지고 있다.

출제유형분석 02 실전예제

01

정답 ②

제시문에서는 OECD 회원국 가운데 꼴찌를 차지한 한국인의 부족한 수면 시간에 대해 언급하며, 이로 인해 수면장애 환자가 늘어나고 있음을 설명하고 있다. 또한 불면증, 수면무호흡증, 렘수면 행동장애 등 다양한 수면장애를 설명하며, 이러한 수면장애들이 심혈관계질환, 치매, 우울증 등의 원인이 될 수 있다는 점을 통해 심각성을 이야기한다. 마지막으로 이러한 수면장애를 방치해서는 안 되며, 전문적인 치료가 필요하다고 제시하고 있다. 따라서 제시문을 바탕으로 '한국인의 수면 시간'과 관련된 글을 쓴다고 할 때, 주제로 적절하지 않은 것은 수면 마취제와 관련된 내용인 ②이다.

02

정답 ⑤

제시문에서는 현대 사회의 소비 패턴이 '보이지 않는 손' 아래의 합리적 소비에서 벗어나 과시 소비가 중심이 되었으며, 그 이면에는 소비를 통해 자신의 물질적 부를 표현함으로써 신분을 과시하려는 욕구가 있다고 설명하고 있다. 따라서 제시문의 제목으로 가장 적절한 것은 ⑤이다.

03

정답 ④

제시문은 통계 수치의 의미를 정확하게 이해하고 도구와 방법을 올바르게 사용해야 하며, 특히 아웃라이어의 경우를 생각해야 한다고 주장하고 있다.

오답분석

① · ② 집단을 대표하는 수치로서의 '평균' 자체가 숫자 놀음과 같이 부적당하다고는 언급하지 않았다.
③ 아웃라이어가 있는 경우에는 평균보다는 최빈값이나 중앙값이 대푯값으로 더 적당하다.
⑤ 내용이 적절하지 않은 것은 아니지만, 통계의 유용성은 글의 도입부에 잠깐 인용되었을 뿐, 글의 중심 내용으로 볼 수 없다.

출제유형분석 03 실전예제

01

정답 ②

제시문은 가격을 결정하는 요인과 이를 통해 일반적으로 할 수 있는 예상을 언급하고, 현실적인 여러 요인으로 인해 나타날 수 있는 '거품 현상'이 무엇인지를 설명하는 글이다. 따라서 (가) 수요와 공급에 의해 결정되는 가격 → (마) 상품의 가격에 대한 일반적인 예상 → (다) 현실적인 가격 결정 요인 → (나) 이로 인해 예상치 못하게 나타나는 '거품 현상' → (라) '거품 현상'에 대한 구체적인 설명의 순서로 나열해야 한다.

02

정답 ⑤

제시문은 무협 소설에서 나타나는 '협(俠)'의 정의와 특징에 대하여 설명하는 글이다. 따라서 (라) 무협 소설에서 나타나는 협의 개념 → (다) 협으로 인정받기 위한 조건 중 하나인 신의 → (가) 협으로 인정받기 위한 추가적인 조건 → (나) 앞선 사례를 통해 나타나는 협의 원칙과 정의의 순서로 나열해야 한다.

출제유형분석 04 실전예제

01

정답 ③

레일리 산란의 세기는 보랏빛이 가장 강하지만 우리 눈은 보랏빛보다 파란빛을 더 잘 감지하기 때문에 하늘이 파랗게 보이는 것이다.

오답분석

① · ② 첫 번째 문단을 통해 추론할 수 있다.
④ 빛의 진동수는 파장과 반비례하고, 레일리 산란의 세기는 파장의 네제곱에 반비례한다. 즉, 빛의 진동수가 2배가 되면 파장은 1/2배가 되고, 레일리 산란의 세기는 $2^4=16$배가 된다.
⑤ 마지막 문단을 통해 추론할 수 있다.

02

정답 ⑤

㉠의 변혁은 4차 산업혁명으로 인한 변화이다. 다양한 연령대의 아동들을 혼합반으로 구성하는 것은 4차 산업혁명과 관련이 없을 뿐만 아니라 4차 산업혁명을 통해 교육 분야에서 개인 맞춤형 서비스를 제공할 수 있을 것이라는 예측과도 거리가 멀다.

오답분석

① 고도화된 언어 인지와 자동번역 기술의 발달로 나타나는 사례에 해당한다.
② 경계 감시, 위험임무 수행에 무인 시스템과 로봇·드론 기술이 도입된 사례에 해당한다.
③ 분석력, 예측력이 높은 인공지능이 의료 분야에서 활용되는 사례에 해당한다.
④ 인공지능 기술로 교통 빅데이터를 분석·예측하여 교통정보를 공유하는 사례에 해당한다.

03

정답 ③

제시문의 흐름상 하향식 방법에 대한 설명에 이어 상향식 방법에 대한 설명이 나와야 하므로, 이어질 내용으로 적절한 것은 ③이다.

04

정답 ①

합리주의적인 언어 습득의 이론에서 어린이가 언어를 습득하는 것은 거의 전적으로 타고난 특수한 언어 학습 능력과 일반 언어 구조에 대한 추상적인 선험적 지식에 의해서 이루어지는 것이다. 반면 경험주의 이론은 경험적인 훈련(후천적)이 핵심이다.

출제유형분석 05 실전예제

01

정답 ⑤

재산이 많은 사람은 약간의 세율 변동에도 큰 영향을 받는다. 따라서 '영향이 크기 때문에'로 수정해야 한다.

02

정답 ①

문맥의 흐름상 '겉에 나타나 있거나 눈에 띄다.'의 의미를 지닌 '드러나다'의 쓰임은 적절하다. 한편, '들어나다'는 사전에 등록되어 있지 않은 단어로 '드러나다'의 잘못된 표현이다.

03

정답 ①

㉠에서 다섯 번째 줄의 접속어 '그러나'를 기준으로 앞부분은 사물인터넷 사업의 경제적 가치 및 외국의 사물인터넷 투자 추세, 뒷부분은 우리나라의 사물인터넷 사업 현황에 대하여 설명하고 있다. 따라서 두 문단으로 나누는 것이 적절하다.

오답분석

② 문장 앞부분에서 '통계에 따르면'으로 시작하고 있으므로, 이와 호응되는 서술어를 능동 표현인 '예상하며'로 바꾸는 것은 어색하다.
③ 우리나라의 사물인터넷 시장이 선진국에 비해 확대되지 못하고 있는 것은 사물인터넷 관련 기술을 확보하지 못한 결과이다. 따라서 수정하는 것은 적절하지 않다.
④ 문맥상 '기술력을 갖추다.'라는 의미가 되어야 하므로 '확보'로 바꾸어야 한다.
⑤ 사물인터넷의 의의와 기대효과로 글을 마무리하고 있는 문장이므로 삭제할 필요는 없다.

출제유형분석 06 실전예제

01

정답 ④

먹고 난 뒤의 그릇을 씻어 정리하는 일을 뜻하는 어휘는 '설거지'이다.

오답분석

① ~로서 : 지위나 신분 또는 자격을 나타내는 격조사
② 왠지 : 왜 그런지 모르게. 또는 뚜렷한 이유도 없이
③ 드러나다 : 가려 있거나 보이지 않던 것이 보이게 됨
⑤ 밑동 : 긴 물건의 맨 아랫동아리

02

정답 ②

'찌개 따위를 끓이거나 설렁탕 따위를 담을 때 쓰는 그릇'을 뜻하는 어휘는 '뚝배기'이다.

오답분석

① '손가락 따위로 어떤 방향이나 대상을 집어서 보이거나 말하거나 알리다.'의 의미를 가진 어휘는 '가리키다'이다.
③ '사람들의 관심이나 주의가 집중되는 사물의 중심 부분'의 의미를 가진 어휘는 '초점'이다.
④ '액체 따위를 끓여서 진하게 만들다. 약재 따위에 물을 부어 우러나도록 끓이다.'의 의미를 가진 어휘는 '달이다'이다(다려 → 달여).
⑤ '길게 뻗어 나가면서 다른 물건을 감기도 하고 땅바닥에 퍼지기도 하는 식물의 줄기'의 의미를 가진 어휘는 '넝쿨', '덩굴'이다.

03

정답 ③

㉠ 연임 : 원래 정해진 임기를 다 마친 뒤에 다시 계속하여 그 직위에 머무름
㉡ 부과 : 세금이나 부담금 따위를 매기어 부담하게 함
㉢ 임차 : 돈을 내고 남의 물건을 빌려 씀

오답분석

- 역임 : 여러 직위를 두루 거쳐 지냄
- 부여 : 사람에게 권리·명예·임무 따위를 지니도록 해 주거나 사물이나 일에 가치·의의 따위를 붙임
- 임대 : 돈을 받고 자기의 물건을 남에게 빌려줌

출제유형분석 07 실전예제

01

정답 ①

조직은 다양한 사회적 경험과 사회적 지위를 토대로 한 개인의 집단이므로 동일한 내용을 제시하더라도 각 구성원은 서로 다르게 받아들이고 반응한다. 제시된 사례에서는 이로 인해 갈등이 발생하였다.

오답분석

②·③·④·⑤ 제시된 갈등 상황에서는 메시지 이해 방식, 표현 및 전달 방식, 서로 간의 선입견 등의 문제보다는 서로 다른 의견이 문제가 되고 있으므로 적절하지 않다.

02

정답 ③

언쟁하기란 단지 논쟁을 위해 상대방의 말에 귀를 기울이는 것으로, 상대방이 무슨 주제를 꺼내든지 설명하는 것을 무시하고 자신의 생각만을 늘어놓는 것이다. 하지만 C사원의 경우 K사원과 언쟁을 하려 한다기보다는 K사원의 고민에 귀 기울이며 동의하고 있다. 또한 K사원이 앞으로 취해야 할 행동에 대해 자신의 생각을 조언하고 있다.

오답분석

① 짐작하기란 상대방의 말을 듣고 받아들이기보다 자신의 생각에 들어맞는 단서들을 찾아 자신의 생각을 확인하는 것으로, A사원의 경우 K사원의 말을 듣고 받아들이기보단, P부장이 매일매일 체크한다는 것을 단서로 K사원에게 문제점이 있다고 보고 있다.
② 판단하기란 상대방에 대한 부정적인 선입견 또는 상대방을 비판하기 위해 상대방의 말을 듣지 않는 것을 말한다. B사원은 K사원이 예민하다는 선입견 때문에 P부장의 행동보다 K사원의 행동을 문제시하고 있다.
④ 슬쩍 넘어가기란 대화가 너무 사적이거나 위협적이면 주제를 바꾸거나 농담으로 넘기려 하는 것으로 문제를 회피하려 해 상대방의 진정한 고민을 놓치는 것을 말한다. D사원의 경우 K사원의 부정적인 감정을 회피하기 위해 다른 주제로 대화방향을 바꾸고 있다.
⑤ 비위 맞추기란 상대방을 위로하기 위해 혹은 비위를 맞추기 위해 너무 빨리 동의하는 것을 말한다. E사원은 K사원을 지지하고 동의하는 데 너무 치중함으로써 K사원이 충분히 자신의 감정과 상황을 표현할 시간을 주지 못하고 있다.

03

정답 ⑤

김과장은 직원들에 대한 높은 관심으로 간섭하려는 경향이 있고, 남에게 자신의 업적을 이야기하며 인정받으려 하는 욕구가 강하다. 따라서 김과장은 타인에 대한 높은 관심과 간섭을 자제하고, 지나친 인정욕구에 대한 태도를 성찰할 필요성이 있다.

오답분석

① 김과장이 독단적으로 결정했다는 내용은 언급되어 있지 않다.
② 직원들은 김과장의 지나친 관심으로 힘들어하고 있는 상황이므로 적절하지 않은 조언 내용이다.
③ 직원들에게 지나친 관심을 보이는 김과장에게는 적절하지 않은 조언 내용이다.
④ 인정이 많다거나 직원들의 요구를 거절하지 못한다는 내용은 제시문에서 찾을 수 없다.

04

정답 ③

상대방에게 잘못을 지적하며 질책을 해야 할 때는 '칭찬의 말+질책의 말+격려의 말'의 순서인 샌드위치 화법으로 표현하는 것이 좋다. 즉, 칭찬을 먼저 한 다음 질책의 말을 하고, 끝에 격려의 말로 마무리한다면 상대방은 크게 반발하지 않고 질책을 받아들이게 될 것이다.

오답분석

① 상대방의 잘못을 지적할 때는 지금 당장의 잘못에만 한정해야 하며, 추궁하듯이 묻지 않아야 한다.
② 상대방의 말이 끝나기 전에 어떤 답을 할까 궁리하는 것은 좋지 않다.
④ 상대방을 설득해야 할 때는 일방적으로 강요하거나 상대방에게만 손해를 보라는 식으로 대화해서는 안 된다. 먼저 양보해서 이익을 공유하겠다는 의지를 보여주는 것이 좋다.
⑤ 상대방에게 명령을 해야 할 때는 강압적으로 말하기보다는 '~해 주는 것이 어떻겠습니까?'와 같이 부드럽게 표현하는 것이 효과적이다.

05

정답 ⑤

좋은 경청은 상대방과 상호작용하고, 말한 내용에 관해 생각하고, 무엇을 말할지 기대하는 것을 의미한다. 질문에 대한 답이 즉각적으로 이루어질 수 없다고 하더라도 질문을 하려고 하면 오히려 경청하는 데 적극적 태도를 갖게 되고 집중력이 높아질 수 있다.

06

정답 ③

직업생활에서 요구되는 문서적인 의사소통능력은 문서로 작성된 글이나 그림을 읽고 내용을 이해하고 요점을 판단하며, 이를 바탕으로 목적과 상황에 적합하도록 아이디어와 정보를 전달할 수 있는 등 문서를 작성하는 능력을 말한다. 반면, 언어적인 의사소통능력은 상대방의 이야기를 듣고 의미를 파악하며, 이에 적절히 반응하고 자신의 의사를 목적과 상황에 맞게 설득력을 가지고 표현하는 능력을 말한다.

- 문서적인 의사소통 : ㉠, ㉢, ㉤
- 언어적인 의사소통 : ㉡, ㉣

CHAPTER

02 수리능력

출제유형분석 01 실전예제

01

정답 ③

합격자 수를 x명이라고 하면 불합격자 수는 $(100-x)$명이다.

전체 응시자의 점수의 합은 $64\times100=6,400$점이고, 이는 합격자 점수와 불합격자 점수의 합과 같다.

$80x+60(100-x)=6,400$

→ $20x=400$

∴ $x=20$

따라서 합격률은 $\frac{20}{100}\times100=20\%$이다.

02

정답 ④

할인받기 전 민석이가 지불할 금액은 $(25,000\times2)+(8,000\times3)=74,000$원이다.

통신사 할인과 깜짝 할인을 적용한 후의 금액은 $[(25,000\times2\times0.85)+(8,000\times3\times0.75)]\times0.9=54,450$원이다.

따라서 할인된 총금액은 $74,000-54,450=19,550$원이다.

03

정답 ②

천희의 수학시험 점수를 x점이라고 하면, 네 사람의 수학시험 점수 평균이 105점이므로

$\frac{101+105+108+x}{4}=105$

→ $x+314=420$

∴ $x=106$

따라서 천희의 수학시험 점수는 106점이다.

04

정답 ⑤

작년 A제품의 생산량을 x개, B제품의 생산량을 y개라고 하자.

$x+y=1,000$ … ㉠

$\frac{10}{100}\times x-\frac{10}{100}\times y=\frac{4}{100}\times1,000$ → $x-y=400$ … ㉡

㉠과 ㉡을 연립하면 $x=700$, $y=300$이다.

따라서 올해에 생산된 A제품의 수는 $700\times1.1=770$개이다.

05

정답 ③

K랜드 이용 횟수를 x회라고 하자. 이를 토대로 K랜드 이용 금액을 구하면 다음과 같다.

• 비회원 이용 금액 : $20,000\times x$원

• 회원 이용 금액 : $50,000+20,000\times\left(1-\frac{20}{100}\right)\times x$원

회원 가입한 것이 이익이 되려면 비회원 이용 금액이 회원 이용 금액보다 더 비싸야 한다. 그러므로 다음 식이 성립한다.

$20,000\times x>50,000+20,000\times\left(1-\frac{20}{100}\right)\times x$

→ $20,000x>50,000+16,000x$

→ $4,000x>50,000$

∴ $x>12.5$

따라서 K랜드를 최소 13번 이용해야 회원 가입한 것이 이익임을 알 수 있다.

06

정답 ④

산책로의 길이를 xm라 하면, 40분 동안의 민주와 세희의 이동거리는 다음과 같다.

(민주의 이동거리)$=40\times40=1,600$m

(세희의 이동거리)$=45\times40=1,800$m

40분 후에 두 번째로 마주친 것이므로 다음 식이 성립한다.

$1,600+1,800=2x$

→ $2x=3,400$

∴ $x=1,700$

따라서 산책로의 길이는 1,700m이다.

07

정답 ④

제시된 그림의 운동장 둘레는 왼쪽과 오른쪽 반원을 합친 지름이 50m인 원의 원주[(지름)×(원주율)]와 위, 아래 직선거리 90m를 더하면 된다. 따라서 학생이 운동장 한 바퀴를 달린 거리는 $(50\times3)+(90\times2)=330$m이다.

08

정답 ①

할인되지 않은 KTX 표의 가격을 x원이라 하자.

표를 40% 할인된 가격으로 구매하였으므로 구매 가격은 $(1-0.4)x=0.6x$원이다.

환불 규정에 따르면 하루 전에 표를 취소하는 경우 70%의 금액을 돌려받을 수 있으므로 이를 식으로 정리하면 다음과 같다.

$0.6x\times0.7=16,800$

→ $0.42x=16,800$

∴ $x=40,000$

따라서 할인되지 않은 KTX 표의 가격은 40,000원이다.

출제유형분석 02 실전예제

01

정답 ③

참여율이 4번째로 높은 해는 2020년이다.

(전년 대비 참여율의 증가율)$=\frac{\text{(해당연도 참여율)}-\text{(전년도 참여율)}}{\text{(전년도 참여율)}}\times 100$이므로

2020년의 전년 대비 참여율의 증가율은 $\frac{6.9-5.7}{5.7}\times 100 ≒ 21\%$이다.

02

정답 ①

800g 소포의 개수를 x개, 2.4kg 소포의 개수를 y개라 하면 다음 식이 성립한다.

$800\times x+2{,}400\times y \le 16{,}000 \rightarrow x+3y \le 20$ ⋯ ㉠

B회사는 동일지역, C회사는 타지역이므로

$4{,}000\times x+6{,}000\times y=60{,}000 \rightarrow 2x+3y=30 \rightarrow 3y=30-2x$ ⋯ ㉡

㉡을 ㉠에 대입하면

$x+30-2x \le 20 \rightarrow x \ge 10$ ⋯ ㉢

이때 ㉡, ㉢을 동시에 만족하는 값은 $x=12$, $y=2$이다.

따라서 A회사는 800g 소포는 12개, 2.4kg 소포는 2개 보냈음을 알 수 있다.

출제유형분석 03 실전예제

01

정답 ④

합격자 중 남성의 비율은 $\frac{1{,}699}{1{,}699+624}\times 100=\frac{1{,}699}{2{,}323}\times 100 ≒ 73.1\%$이므로 80% 미만이다.

오답분석

① 총입사지원자의 합격률은 $\frac{1{,}699+624}{10{,}891+3{,}984}\times 100=\frac{2{,}323}{14{,}875}\times 100 ≒ 15.6\%$이므로 15% 이상이다.

② 여성 입사지원자 대비 여성 합격자의 비중은 $\frac{624}{3{,}984}\times 100 ≒ 15.7\%$이므로 20% 미만이다.

③ 총입사지원자 중에서 여성의 비중은 $\frac{3{,}984}{14{,}875}\times 100 ≒ 26.8\%$이므로 30% 미만이다.

⑤ 남성 입사지원자의 합격률은 $\frac{1{,}699}{10{,}891}\times 100 ≒ 15.6\%$이고, 여성 입사지원자의 합격률은 $\frac{624}{3{,}984}\times 100 ≒ 15.7\%$이므로 옳다.

02

정답 ②

오존전량의 증감 추이는 '감소 – 감소 – 감소 – 증가 – 증가 – 감소'이므로 옳지 않은 설명이다.

오답분석

① 이산화탄소의 농도는 계속해서 증가하고 있는 것을 확인할 수 있다.
③ 2023년 오존전량은 2017년 대비 335−331=4DU 증가했다.
④ 2023년 이산화탄소의 농도는 2018년 대비 395.7−388.7=7ppm 증가했다.
⑤ 전년 대비 2023년 오존전량의 감소율은 $\frac{343-335}{343}\times100 \fallingdotseq 2.33$%p이므로 2.5%p 미만이다.

03

정답 ①

ㄱ. 자체 재원조달금액 중 국내투자에 사용되는 금액이 차지하는 비중은 $\frac{2,682}{4,025}\times100 \fallingdotseq 66.6$%이므로 옳다.
ㄴ. 주어진 자료를 보면 해외재원은 국내투자와 해외투자로 양분되나 국내투자분에 해당하는 내용이 없으므로 옳다.

오답분석

ㄷ. 국내재원 중 정부조달금액이 차지하는 비중은 $\frac{2,288}{6,669}\times100 \fallingdotseq 34.3$%이므로 40% 미만이다.
ㄹ. 국내재원 중 해외투자금액 대비 국내투자금액의 비율은 $\frac{5,096}{1,573}\times100 \fallingdotseq 323.9$%이므로 3배 이상이다.

04

정답 ③

대치동의 증권자산은 23.0−17.7−3.1=2.2조 원이고, 서초동의 증권자산은 22.6−16.8−4.3=1.5조 원이므로 옳은 설명이다.

오답분석

① 압구정동의 가구 수는 $\frac{14.4조}{12.8억}$=11,250가구, 여의도동의 가구 수는 $\frac{24.9조}{26.7억} \fallingdotseq$ 9,300가구이므로 압구정동의 가구 수가 더 많다.
② 이촌동의 가구 수가 2만 이상이려면 총자산이 7.4×20,000=14.8조 원 이상이어야 한다. 그러나 이촌동은 총자산이 14.4조 원인 압구정동보다도 순위가 낮으므로 이촌동의 가구 수는 2만 가구 미만이다.
④ 여의도동의 부동산자산은 12.3조 원 미만이다. 따라서 여의도동의 증권자산은 최소 3조 원 이상이다.
⑤ 도곡동의 총자산 대비 부동산자산의 비율은 $\frac{12.3}{15.0}\times100=82$%이고, 목동의 총자산 대비 부동산자산의 비율은 $\frac{13.7}{15.5}\times100 \fallingdotseq$ 88.39%이므로 옳지 않은 설명이다.

05

정답 ②

뉴질랜드 무역수지는 9월에서 10월까지 증가했다가 11월에 감소한 후 12월에 다시 증가했다.

오답분석

① 한국의 무역수지가 전월 대비 증가한 달은 9월, 10월, 11월이며, 증가량이 가장 많았던 달은 45,309−41,983=3,326백만 USD인 11월이다.
③ 그리스의 12월 무역수지는 2,426백만 USD이며 11월 무역수지는 2,409백만 USD이므로, 12월 무역수지의 전월 대비 증가율은 $\frac{2,426-2,409}{2,409}\times100 \fallingdotseq 0.7$%이다.
④ 10월부터 12월 사이 한국의 무역수지는 '증가 → 감소'의 추이이다. 이와 같은 양상을 보이는 나라는 독일과 미국으로 2개국이다.
⑤ 제시된 자료를 통해 확인할 수 있다.

CHAPTER

03 문제해결능력

출제유형분석 01 실전예제

01

정답 ④

여섯 번째 조건대로라면 의사의 왼쪽 자리에 앉은 사람이 검은색 원피스를 입었으므로 여자이고, 의사가 남자인 경우와 여자인 경우로 나누어 생각한다.

- 의사가 여자인 경우

  검은색 원피스를 입은 여자가 교사가 아닌 경우와 교사인 경우로 나누어 생각한다.

  i) 검은색 원피스를 입은 여자가 교사가 아닌 경우

  의사가 밤색 티셔츠를 입고, 반대편에 앉은 남자가 교사가 되며, 그 옆의 남자가 변호사이고 흰색 니트를 입는다. 그러면 검은색 원피스를 입은 여자가 자영업자가 되어야 하는데, 다섯 번째 조건에 따르면 자영업자는 남자이므로 주어진 조건에 어긋난다.

  ii) 검은색 원피스를 입은 여자가 교사인 경우

  건너편에 앉은 남자는 밤색 티셔츠를 입었고 자영업자이며, 그 옆의 남자는 변호사이고 흰색 니트를 입는다. 이 경우 의사인 여자는 남성용인 파란색 재킷을 입어야 하므로 주어진 조건에 어긋난다.

- 의사가 남자인 경우

  마찬가지로 검은색 원피스를 입은 여자가 교사가 아닌 경우와 교사인 경우로 나누어 생각한다.

  i) 검은색 원피스를 입은 여자가 교사가 아닌 경우

  검은색 원피스를 입은 여자가 아닌 또 다른 여자가 교사이고, 그 옆에 앉은 남자는 자영업자이다. 이 경우, 검은색 원피스를 입은 여자가 변호사가 되는데, 네 번째 조건에 따르면 변호사는 흰색 니트를 입어야 하므로 주어진 조건에 어긋난다.

  ii) 검은색 원피스를 입은 여자가 교사인 경우

  검은색 원피스를 입은 여자의 맞은편에 앉은 남자는 자영업자이고 밤색 니트를 입으며, 그 옆에 앉은 여자는 변호사이고 흰색 니트를 입는다. 따라서 의사인 남자는 파란색 재킷을 입고, 모든 조건이 충족된다.

02

정답 ②

11주 차까지 쓰레기 배출이 가능한 요일을 표로 정리하면 다음과 같다.

구분	일요일	월요일	화요일	수요일	목요일	금요일	토요일
1주 차	A		B		C		D
2주 차		E		A		B	
3주 차	C		D		E		A
⋮	⋮	⋮	⋮	⋮	⋮	⋮	⋮
8주 차		A		B		C	
9주 차	D		E		A		B
10주 차		C		D		E	
11주 차	A		B		C		D

따라서 11주 차 일요일에 A동이 다시 쓰레기를 배출할 수 있다.

오답분석

① 2주 차만 보더라도 옳은 설명임을 알 수 있다.
③ A동이 쓰레기 배출 가능한 요일을 순서대로 나열하면 '일 – 수 – 토 – 화 – 금 – 월 –목 – 일'이므로, 모든 요일에 쓰레기를 배출할 수 있다.
④ 처음 2주 차까지 살펴보면, 2주에 걸쳐 모두 7번의 쓰레기 배출이 이루어지므로 A, B 두 동은 2주 동안 쓰레기를 2회 배출한다.
⑤ B동이 수요일에 쓰레기를 처음 버리는 주는 8주 차이다.

03

정답 ②

다음의 논리 순서를 따라 주어진 조건을 정리하면 쉽게 접근할 수 있다.

- 세 번째 조건 : 한국은 월요일에 대전에서 연습을 한다.
- 다섯 번째 조건 : 미국은 월요일과 화요일에 수원에서 연습을 한다.
- 여섯 번째 조건 : 미국은 목요일에 인천에서 연습을 한다.
- 일곱 번째 조건 : 금요일에 중국과 미국은 각각 서울과 대전에서 연습을 한다.
- 여덟 번째 조건 : 한국은 월요일에 대전에서 연습하므로, 화요일과 수요일에 이틀 연속으로 인천에서 연습을 한다.

이때, 미국은 자연스럽게 수요일에 서울에서 연습함을 유추할 수 있고, 한국은 금요일에 인천에서 연습을 할 수 없으므로, 목요일에는 서울에서, 금요일에는 수원에서 연습함을 알 수 있다. 그리고 만약 중국이 수요일과 목요일에 이틀 연속으로 수원에서 연습을 하게 되면 일본은 수원에서 연습을 못하게 되므로, 중국은 월요일과 목요일에 각각 인천과 수원에서 연습하고, 화요일과 수요일에 대전에서 이틀 연속으로 연습해야 함을 유추할 수 있다. 나머지는 일본이 모두 연습하면 된다. 이 사실을 종합하여 주어진 조건을 표로 정리하면 다음과 같다.

구분	월요일	화요일	수요일	목요일	금요일
서울	일본	일본	미국	한국	중국
수원	미국	미국	일본	중국	한국
인천	중국	한국	한국	미국	일본
대전	한국	중국	중국	일본	미국

따라서 수요일에 대전에서는 중국이 연습을 한다.

오답분석

①·③·④·⑤ 조건을 정리한 표에서 쉽게 확인할 수 있다.

04

정답 ③

다음 논리 순서에 따라 주어진 조건을 정리하면 쉽게 접근할 수 있다.

- 여섯 번째, 여덟 번째 조건 : G는 첫 번째 자리에 앉는다.
- 일곱 번째 조건 : C는 세 번째 자리에 앉는다.
- 네 번째, 다섯 번째 조건 : 만약 A와 B가 네 번째, 여섯 번째 또는 다섯 번째, 일곱 번째 자리에 앉으면, D와 F는 나란히 앉을 수 없다. 따라서 A와 B는 두 번째, 네 번째 자리에 앉는다. 이때, 남은 자리는 다섯, 여섯, 일곱 번째 자리이므로, D와 F는 다섯, 여섯 번째 또는 여섯, 일곱 번째 자리에 앉게 되고, 나머지 한 자리에 E가 앉는다.

이 사실을 종합하여 주어진 조건을 표로 정리하면 다음과 같다.

구분	첫 번째	두 번째	세 번째	네 번째	다섯 번째	여섯 번째	일곱 번째
경우 1	G	A	C	B	D	F	E
경우 2	G	A	C	B	F	D	E
경우 3	G	A	C	B	E	D	F
경우 4	G	A	C	B	E	F	D
경우 5	G	B	C	A	D	F	E
경우 6	G	B	C	A	F	D	E
경우 7	G	B	C	A	E	D	F
경우 8	G	B	C	A	E	F	D

따라서 어떠한 경우에도 C의 옆자리에는 항상 A와 B가 앉는다.

오답분석

① 조건에서 D와 F는 나란히 앉는다고 하였다.
②·④ 경우 4, 8인 때에만 성립한다.
⑤ B는 어떠한 경우에나 두 번째 또는 네 번째에 앉는다.

05

정답 ④

주어진 조건을 정리하면 다음과 같은 순서로 위치한다.
초밥가게 – × – 카페 – × – 편의점 – 약국 – 옷가게 – 신발가게 – × – ×

오답분석

① 카페와 옷가게 사이에 3개의 건물이 있다.
② 초밥가게와 약국 사이에 4개의 건물이 있다.
③ 편의점은 5번째 건물에 있다.
⑤ 옷가게는 7번째 건물에 있다.

06

정답 ⑤

다섯 번째 조건에 의해 나타날 수 있는 경우는 다음과 같다.

구분	1순위	2순위	3순위
경우 1	A	B	C
경우 2	B	A	C
경우 3	A	C	B
경우 4	B	C	A

- 두 번째 조건 : 경우 1+경우 3=11
- 세 번째 조건 : 경우 1+경우 2+경우 4=14
- 네 번째 조건 : 경우 4=6

따라서 C에 3순위를 부여한 사람의 수는 경우 1과 경우 2를 더한 값을 구하면 되므로, 14−6=8명이다.

출제유형분석 02 실전예제

01

정답 ④

간선노선과 보조간선노선을 구분하여 노선번호를 부여하면 다음과 같다.

- 간선노선
  - 동서를 연결하는 경우 : (가), (나)에 해당하며, 남에서 북으로 가면서 숫자가 증가하고 끝자리에는 0을 부여하므로 (가)는 20, (나)는 10이다.
  - 남북을 연결하는 경우 : (다), (라)에 해당하며, 서에서 동으로 가면서 숫자가 증가하고 끝자리에는 5를 부여하므로 (다)는 15, (라)는 25이다.
- 보조간선노선
  - (마) : 남북을 연결하는 모양에 가까우므로 (마)의 첫자리는 남쪽 시작점의 간선노선인 (다)의 첫자리와 같은 1이 되어야 하고, 끝자리는 5를 제외한 홀수를 부여해야 하므로 가능한 노선번호는 11, 13, 17, 19이다.
  - (바) : 동서를 연결하는 모양에 가까우므로 (바)의 첫자리는 바로 아래쪽에 있는 간선노선인 (나)의 첫자리와 같은 1이 되어야 하고, 끝자리는 0을 제외한 짝수를 부여해야 하므로 가능한 노선번호는 12, 14, 16, 18이다.

따라서 가능한 조합은 ④이다.

02

정답 ④

알파벳 순서에 따라 숫자로 변환하면 다음과 같다.

A	B	C	D	E	F	G	H	I	J	K	L	M
1	2	3	4	5	6	7	8	9	10	11	12	13
N	O	P	Q	R	S	T	U	V	W	X	Y	Z
14	15	16	17	18	19	20	21	22	23	24	25	26

'INTELLECTUAL'의 품번을 규칙에 따라 정리하면 다음과 같다.

- 1단계 : 9(I), 14(N), 20(T), 5(E), 12(L), 12(L), 5(E), 3(C), 20(T), 21(U), 1(A), 12(L)
- 2단계 : $9+14+20+5+12+12+5+3+20+21+1+12=134$
- 3단계 : $|(14+20+12+12+3+20+12)-(9+5+5+21+1)|=|93-41|=52$
- 4단계 : $(134+52)\div4+134=46.5+134=180.5$
- 5단계 : 180.5를 소수점 첫째 자리에서 버림하면 180이다.

따라서 제품의 품번은 '180'이다.

03

정답 ⑤

규칙에 따라 사용할 수 있는 숫자는 1, 5, 6을 제외한 나머지 2, 3, 4, 7, 8, 9로 총 6개이다. (한 자리 수)$\times$(두 자리 수)$=156$이 되는 수를 알기 위해서는 156의 소인수를 구해보면 된다. 156의 소인수는 3, 2^2, 13으로 여기서 156이 되는 수의 곱 중에 조건을 만족하는 것은 2×78과 4×39이다. 따라서 선택지 중에 A팀 또는 B팀에 들어갈 수 있는 암호배열은 '39'이다.

04

정답 ④

파일 이름에 주어진 규칙을 적용하여 암호를 구하면 다음과 같다.

1. 비밀번호 중 첫 번째 자리에는 파일 이름의 첫 문자가 한글일 경우 @, 영어일 경우 #, 숫자일 경우 *로 특수문자를 입력한다.
   - 2022매운전골Cset3인기준recipe8 → *
2. 두 번째 자리에는 파일 이름의 총 자리 개수를 입력한다.
   - 2022매운전골Cset3인기준recipe8 → *23
3. 세 번째 자리부터는 파일 이름 내에 숫자를 순서대로 입력한다. 숫자가 없을 경우 0을 두 번 입력한다.
   - 2022매운전골Cset3인기준recipe8 → *23202238
4. 그 다음 자리에는 파일 이름 중 한글이 있을 경우 초성만 순서대로 입력한다. 없다면 입력하지 않는다.
   - 2022매운전골Cset3인기준recipe8 → *23202238ㅁㅇㅈㄱㅇㄱㅈ
5. 그 다음 자리에는 파일 이름 중 영어가 있다면 뒤에 덧붙여 순서대로 입력하되, a, e, i, o, u만 'a=1, e=2, i=3, o=4, u=5'로 변형하여 입력한다(대문자·소문자 구분 없이 모두 소문자로 입력한다).
   - 2022매운전골Cset3인기준recipe8 → *23202238ㅁㅇㅈㄱㅇㄱㅈcs2tr2c3p2

따라서 주어진 파일 이름의 암호는 '*23202238ㅁㅇㅈㄱㅇㄱㅈcs2tr2c3p2'이다.

출제유형분석 03 실전예제

01

정답 ②

국내 금융기관에 대한 SWOT 분석 결과를 정리하면 다음과 같다.

강점(Strength)	약점(Weakness)
• 높은 국내 시장 지배력 • 우수한 자산건전성 • 뛰어난 위기관리 역량	• 은행과 이자수익에 편중된 수익구조 • 취약한 해외 비즈니스와 글로벌 경쟁력
기회(Opportunity)	**위협(Threat)**
• 해외 금융시장 진출 확대 • 기술 발달에 따른 핀테크의 등장 • IT 인프라를 활용한 새로운 수익 창출	• 새로운 금융 서비스의 등장 • 글로벌 금융기관과의 경쟁 심화

㉠ SO전략은 강점을 살려 기회를 포착하는 전략으로, 강점인 국내 시장점유율을 기반으로 핀테크 사업에 진출하려는 ㉠은 적절한 SO전략으로 볼 수 있다.

㉢ ST전략은 강점을 살려 위협을 회피하는 전략으로, 강점인 우수한 자산건전성을 강조하여 글로벌 금융기관과의 경쟁에서 우위를 차지하려는 ㉢은 적절한 ST전략으로 볼 수 있다.

오답분석

㉡ WO전략은 약점을 보완하여 기회를 포착하는 전략이다. 그러나 위기관리 역량은 국내 금융기관이 지니고 있는 강점에 해당하므로 WO전략으로 적절하지 않다.

㉣ 해외 비즈니스 역량을 강화하여 해외 금융시장에 진출하는 것은 약점을 보완하여 기회를 포착하는 WO전략에 해당한다.

02

정답 ①

ㄱ·ㄷ. 제시된 자료는 K섬유회사의 SWOT 분석을 통해 강점(S), 약점(W), 기회(O), 위기(T) 요인을 분석한 것으로, SO전략과 WO전략은 발전 방안으로서 적절하다.

오답분석

ㄴ. ST전략으로 경쟁업체에 특허 기술을 무상 이전하는 것은 경쟁이 더 심화될 수 있으므로 적절하지 않다.

ㄹ. WT전략에서는 기존 설비에 대한 재투자보다는 수요에 맞게 다양한 제품을 유연하게 생산할 수 있는 신규 설비에 대한 투자가 필요하다.

03

정답 ④

ㄴ. 다수의 풍부한 경제자유구역 성공 사례를 활용하는 것은 강점에 해당되지만, 외국인 근로자를 국내주민과 문화적으로 동화시키려는 시도는 위협을 극복하는 것과는 거리가 멀다. 따라서 해당 전략은 ST전략으로 적절하지 않다.

ㄹ. 경제자유구역 인근 대도시와의 연계를 활성화하면 오히려 인근 기성 대도시의 산업이 확장된 교통망을 바탕으로 경제자유구역의 사업을 흡수할 위험이 커진다. 또한 인근 대도시와의 연계 확대는 경제자유구역 내 국내·외 기업 간의 구조 및 운영상 이질감을 해소하는 데 직접적인 도움이 된다고 보기 어렵다.

오답분석

ㄱ. 경제호황으로 인해 자국을 벗어나 타국으로 진출하려는 해외기업이 증가하는 기회상황에서 성공적 경험으로 축적된 우리나라의 경제자유구역 조성 노하우로 이들을 유인하여 유치하는 전략은 SO전략에 해당한다.

ㄷ. 기존에 국내에 입주한 해외기업의 동형화 사례를 활용하여 국내기업과 외국계 기업의 운영상 이질감을 해소하여 생산성을 증대시키는 전략은 WO전략에 해당한다.

출제유형분석 04 실전예제

01

정답 ①

갑돌이가 인출하지 않고 현금을 들고 갔더라도 600달러 이상이면 신고를 해야 한다.

오답분석

② 600달러 이상인 경우에 세관신고가 필요하다.
③ 5월이면 변경된 제도가 적용된 후이므로 600달러 이상 신용카드 결제를 했다면 관세청에 실시간으로 통보된다.
④ 신용카드 사용내역이 실시간으로 제출되는 시점은 4월부터이므로 3월에 5,000달러 이상 카드로 결제한 내역은 4월에 국세청에 보고된다.
⑤ 5,000달러 이상을 가족 여러 명의 개인 카드로 사용할 경우 각각의 금액이 적어지므로 관세청에 내역이 들어가지 않을 수도 있다.

02

정답 ①

오답분석

② 서랍장의 가로 길이와 붙박이 수납장 문을 여는 데 필요한 간격과 폭을 더한 길이는 각각 1,100mm, 1,200mm(=550+650)이고, 사무실 문을 여닫는 데 필요한 1,000mm의 공간을 포함하면 총길이는 3,300mm이다. 따라서 사무실의 가로 길이인 3,000mm를 초과하므로 불가능한 배치이다.
③ 서랍장과 캐비닛의 가로 길이는 각각 1,100mm, 1,000mm이고, 사무실 문을 여닫는 데 필요한 1,000mm의 공간을 포함하면 총길이는 3,100mm이다. 따라서 사무실의 가로 길이인 3,000mm를 초과하므로 불가능한 배치이다.
④ 회의 탁자의 세로 길이와 서랍장의 가로 길이는 각각 2,110mm, 1,100mm이고, 붙박이 수납장 문을 여는 데 필요한 간격과 폭을 더한 길이인 1,200mm(=550+650)를 포함하면 총길이는 4,410mm이다. 따라서 사무실의 세로 길이인 3,400mm를 초과하므로 불가능한 배치이다.
⑤ 회의 탁자의 가로 길이와 서랍장의 가로 길이는 각각 1,500mm, 1,100mm이고, 사무실 문을 여닫는 데 필요한 1,000mm의 공간을 포함하면 총길이는 3,600mm이다. 따라서 사무실의 세로 길이인 3,400mm를 초과하므로 불가능한 배치이다.

03

정답 ①

하수처리시설별 평가 결과를 표로 나타내면 다음과 같다.

구분	생물화학적 산소요구량	화학적 산소요구량	부유물질	질소 총량	인 총량	평가
A처리시설	4(정상)	10(정상)	15(주의)	10(정상)	0.1(정상)	우수
B처리시설	9(주의)	25(주의)	25(심각)	22(주의)	0.5(주의)	보통
C처리시설	18(심각)	33(심각)	15(주의)	41(심각)	1.2(심각)	개선필요

따라서 A처리시설은 우수를, B처리시설은 보통을, C처리시설은 개선필요를 평가받았다.

04

정답 ④

제시문에서 '심각' 지표를 가장 우선으로 개선하라고 하였으므로, '심각' 지표를 받은 부유물질을 가장 먼저 개선해야 한다.

오답분석

① 생물화학적 산소요구량은 4가 아닌 9이므로 '주의' 지표이다.
② 부유물질이 '심각' 지표이므로, 가장 먼저 개선해야 한다.
③ 질소 총량과 인 총량을 개선하여도 '주의' 지표가 2개, '심각' 지표가 1개이므로, 평가결과는 '보통'이다.
⑤ '정상' 지표가 하나도 없기 때문에 4개 지표를 '정상' 지표로 개선해야 '우수' 단계가 될 수 있다.

출제유형분석 05 실전예제

01

정답 ②

창의적 사고는 선천적으로 타고 날 수도 있지만, 후천적 노력에 의해 개발이 가능하기 때문에 조언으로 적절하지 않다.

오답분석

① 새로운 경험을 찾아 나서는 사람은 적극적이고, 모험심과 호기심 등을 가진 사람으로 창의력 교육훈련에 필요한 요소를 가지고 있는 사람이다.
③ 창의적인 사고는 창의력 교육훈련을 통해 후천적 노력에 의해서도 개발이 가능하다.
④ 창의력은 본인 스스로 자신의 틀에서 벗어나도록 노력하는 것으로 통상적인 사고가 아니라, 기발하고 독창적인 것을 말한다.
⑤ 창의적 사고는 전문지식보다 자신의 경험 및 기존의 정보를 특정한 요구 조건에 맞추거나 유용하도록 새롭게 조합시킨 것이다.

02

정답 ②

창의적 사고를 개발하는 방법

- 자유 연상법 : 어떤 생각에서 다른 생각을 계속해서 떠올리는 작용을 통해 어떤 주제에서 생각나는 것을 계속해서 열거해 나가는 방법 예 브레인스토밍
- 강제 연상법 : 각종 힌트에서 강제적으로 연결지어서 발상하는 방법 예 체크리스트
- 비교 발상법 : 주제와 본질적으로 닮은 것을 힌트로 하여 새로운 아이디어를 얻는 방법 예 NM법, Synetics

03

정답 ③

브레인스토밍(Brainstorming)

- 한 사람이 생각하는 것보다 다수가 생각하는 것이 아이디어가 많다.
- 아이디어 수가 많을수록 질적으로 우수한 아이디어가 나올 수 있다.
- 아이디어는 비판이 가해지지 않으면 많아진다.

오답분석

① 스캠퍼(Scamper) 기법 : 창의적 사고를 유도하여 신제품이나 서비스 등을 생각하는 발상 도구이다.
② 여섯 가지 색깔 모자(Six Thinking Hats) : 각각 중립적, 감정적, 부정적, 낙관적, 창의적, 이성적 사고를 뜻하는 여섯 가지 색의 모자를 차례대로 바꾸어 쓰면서 모자 색깔이 뜻하는 유형대로 생각해 보는 방법이다.
④ TRIZ(Teoriya Resheniya Izobretatelskikh Zadatch) : 문제에 대하여 이상적인 결과를 정하고, 그 결과를 얻는 데 모순이 되는 것을 찾아 모순을 극복할 수 있는 해결안을 찾는 40가지 방법에 대한 이론이다.
⑤ Logic Tree : 문제의 원인을 깊이 파고들거나 해결책을 구체화할 때 제한된 시간 안에 넓이와 깊이를 추구하는 데 도움이 되는 기술로, 주요 과제를 나무 모양으로 분해하여 정리하는 기술이다.

04

정답 ④

퍼실리테이션은 커뮤니케이션을 통한 문제해결 방법으로, 구성원의 동기 강화, 팀워크 향상 등을 이룰 수 있다. 구성원이 자율적으로 실행하는 것으로 제3자가 합의점이나 줄거리를 준비해놓고 예정대로 결론을 도출하는 것이 아니다.

05

정답 ①

분석적 사고

- 성과 지향의 문제 : 기대하는 결과를 명시하고 효과적으로 달성하는 방법을 사전에 구상하고 실행에 옮긴다.
- 가설 지향의 문제 : 현상 및 원인분석 전에 지식과 경험을 바탕으로 일의 과정이나 결과, 결론을 가정한 다음 검증 후 사실일 경우 다음 단계의 일을 수행한다.
- 사실 지향의 문제 : 일상 업무에서 일어나는 상식, 편견을 타파하여 사고와 행동을 객관적 사실로부터 시작한다.

06

정답 ④

㉠은 Logic Tree에 대한 설명으로 문제 도출 단계에서 사용되며, ㉡은 3C 분석 방법에 대한 설명으로 문제 인식 단계의 환경 분석 과정에서 사용된다. ㉢은 Pilot Test에 대한 설명으로 실행 및 평가 단계에서 사용된다. 마지막으로 ㉣은 해결안을 그룹화하는 방법으로 해결안을 도출하는 해결안 개발 단계에서 사용된다. 따라서 문제해결절차에 따라 문제해결 방법을 나열하면 ㉡ → ㉠ → ㉣ → ㉢의 순서가 된다.

CHAPTER

04 자원관리능력

출제유형분석 01 실전예제

01

정답 ④

팀원의 모든 스케줄이 비어 있는 시간대인 16:00 ~ 17:00가 가장 적절하다.

02

정답 ③

밴쿠버 지사에 메일이 도착한 밴쿠버 현지 시각은 4월 22일 오전 12시 15분이지만, 업무 시간이 아니므로 메일을 읽을 수 없다. 따라서 밴쿠버 지사에서 가장 빠르게 메일을 읽을 수 있는 시각은 전력 점검이 끝난 4월 22일 오전 10시 15분이다. 모스크바는 밴쿠버와 10시간의 시차가 있으므로 이때의 모스크바 현지 시각은 4월 22일 오후 8시 15분이다.

03

정답 ⑤

㉢ 시간계획을 하는 데 있어서 가장 중요한 것은 그 계획을 따르는 것이지만, 너무 계획에 얽매여서는 안 된다. 이를 방지하기 위해 융통성 있는 시간계획을 세워야 한다.

㉣ 시간계획을 세우더라도 실제 행동할 때는 차이가 발생하기 마련이다. 자신은 뜻하지 않았지만 다른 일을 해야 할 상황이 발생할 수 있기 때문이다. 따라서 이를 염두하고 시간계획을 세우는 것이 중요하다.

㉤ 이동시간이나 기다리는 시간 등 자유로운 여유 시간도 시간계획에 포함하여 활용해야 한다.

04

정답 ③

같은 시간을 어떻게 활용하느냐에 따라 시간의 가치는 달라진다. 누구에게나 하루 24시간이라는 시간이 주어지지만, 시간관리를 어떻게 하느냐에 따라 하루의 가치가 달라지는 것이다. 이를 제시문의 단어로 표현해 보면 효과적인 시간관리란 모두에게 똑같이 주어지는 크로노스의 시간을 내용으로 규정되는 카이로스의 시간으로 관리하는 것으로 나타낼 수 있다. 따라서 빈칸에 들어갈 내용으로 가장 적절한 것은 ③이다.

05

정답 ②

시간계획의 기본원리 설명에 기본 원칙으로 '60 : 40의 원칙'을 정의하였다. 마지막 문장에서는 좀 더 구체적으로 설명해 주는 것이므로 바로 앞 문장을 한 번 더 되풀이한다고 생각하면 된다. 따라서 ㉠은 계획 행동, ㉡은 계획 외 행동, ㉢은 자발적 행동이다.

06

정답 ④

• 규모가 큰 업무나 등가의 업무는 따로 처리하라.
→ 규모가 큰 업무나 등가의 업무는 모아서 한꺼번에 처리하라.
• 의도적으로 외부의 방해를 받아들여라.
→ 의도적으로 외부의 방해를 차단하라.
• 큰 규모의 업무는 한 번에 해결하라.
→ 큰 규모의 업무는 세분화하라.
• 중점 과제는 나중에 처리하라.
→ 중점 과제를 먼저 처리하라.

출제유형분석 02 실전예제

01

정답 ⑤

• A팀장은 1박으로만 숙소를 예약하므로 S닷컴을 통해 예약할 경우 할인적용을 받지 못한다.
• M투어를 통해 예약하는 경우 3박 이용 시 다음 달에 30% 할인 쿠폰 1매가 제공되므로 9월에 30% 할인 쿠폰을 1개 사용할 수 있으며, A팀장은 총숙박비용을 최소화하고자 하므로 9월 또는 10월에 30% 할인 쿠폰을 사용할 것이다.
• H트립을 이용하는 경우 6월부터 8월 사이 1박 이상 숙박 이용내역이 있을 시 10% 할인받을 수 있으므로 총 5번의 숙박 중 7월과 8월에 10% 할인을 받을 수 있다.
• T호텔스의 경우 멤버십 가입 여부에 따라 숙박비용을 비교해야 한다.

위의 조건을 고려하여 예약 사이트별 숙박비용을 계산하면 다음과 같다.

예약 사이트	총숙박비용
M투어	(120,500×4)+(120,500×0.7×1)=566,350원
H트립	(111,000×3)+(111,000×0.9×2)=532,800원
S닷컴	105,500×5=527,500원
T호텔스	• 멤버십 미가입 : 105,000×5=525,000원 • 멤버십 가입 : (105,000×0.9×5)+20,000=492,500원

따라서 숙박비용이 가장 낮은 예약 사이트는 T호텔스이며, 총숙박비용은 492,500원이다.

02

정답 ①

무조건 비용을 적게 들이는 것이 좋은 것은 아니다. 예를 들어 한 기업에서 개발 프로젝트를 한다고 할 때, 개발 비용을 실제보다 높게 책정하면 경쟁력을 잃어버리게 되고, 낮게 책정하면 프로젝트 자체가 이익을 주는 것이 아니라 오히려 적자가 나는 경우가 발생할 수 있다. 따라서 책정 비용과 실제 비용의 차이를 줄이고, 비슷한 상태가 가장 이상적인 상태라고 할 수 있다.

03

정답 ③

잔액에는 당월 실적이 아닌 배정액에서 누적 실적(Ⓛ)을 뺀 값을 작성한다.

04

정답 ①

• (가) 적자 발생 : 예산을 실제보다 낮게 책정하면 프로젝트 자체가 이익을 주는 것이 아니라 오히려 적자가 나는 경우가 발생할 수 있다.
• (나) 경쟁력 손실 : 예산을 실제보다 높게 책정하면 비용이 제품에 반영되어 경쟁력을 잃어버리게 된다.
• (다) 이상적 상태 : 예산과 실제 비용이 비슷한 상태가 가장 이상적인 상태라고 할 수 있다.

출제유형분석 03 실전예제

01

정답 ①

물적 자원관리 과정

- 사용 물품과 보관 물품의 구분 : 반복 작업 방지, 물품 활용의 편리성
- 동일 및 유사 물품으로의 분류 : 통일성의 원칙, 유사성의 원칙
- 물품 특성에 맞는 보관 장소 선정 : 물품의 형상, 물품의 소재

02

정답 ⑤

RFID 태그의 종류에 따라 반복적으로 데이터를 기록하는 것이 가능하며, 물리적인 손상이 없는 한 반영구적으로 이용할 수 있다.

RFID 기술

RFID 무선 주파수(RF; Radio Frequency)를 이용하여 대상을 식별(IDentification)하는 것으로, 정보가 저장된 RFID 태그를 대상에 부착한 뒤 RFID 리더를 통하여 정보를 인식한다. 기존의 바코드를 읽는 것과 비슷한 방식으로 이용되나, 바코드와 달리 물체에 직접 접촉하지 않고도 데이터를 인식할 수 있으며, 여러 개의 정보를 동시에 인식하거나 수정할 수 있다. 또한, 바코드에 비해 많은 양의 데이터를 허용함에도 데이터를 읽는 속도가 매우 빠르며 데이터의 신뢰도 또한 높다.

03

정답 ①

세상에 존재하는 모든 물체는 물적자원에 포함된다.

04

정답 ④

물품 보관 시에는 물품의 특성에 따라 보관 장소를 달리하여야 한다. 제시문처럼 종이와 유리, 플라스틱 같이 재질이 다를 경우에는 서로 부딪힘으로써 발생하는 각종 파손의 우려를 대비해 재질별로 보관하는 장소를 달리하여야 한다. 또한 상대적으로 무게와 부피가 클수록 아래로, 작을수록 위로 보관해야 파손을 줄일 수 있으며, 사용빈도 또한 높은 것은 출입구에 가까운 쪽으로 낮은 것은 출입구에서 먼 쪽으로 보관함으로써 활용빈도가 높은 물품을 반복적으로 가져다 쓸 때의 사고를 줄일 수 있다. 따라서 물품 보관 장소를 선정할 때 고려해야 할 요소로 적절하지 않은 것은 '모양'이다.

05

정답 ①

두 번째 조건에서 총구매 금액이 30만 원 이상이면 총금액에서 5% 할인을 해주므로 한 벌당 가격이 300,000÷50=6,000원 이상인 품목은 할인 적용이 들어간다. 업체별 품목 금액을 보면 모든 품목이 6,000원 이상이므로 5% 할인 적용 대상이다. 따라서 모든 품목이 할인 조건이 적용되어 정가로 비교가 가능하다.

마지막 조건에서 차순위 품목이 1순위 품목보다 총금액이 20% 이상 저렴한 경우 차순위를 선택하므로 한 벌당 가격으로 계산하면 1순위인 카라 티셔츠의 20% 할인된 가격은 8,000×0.8=6,400원이다. 정가가 6,400원 이하인 품목은 A업체의 티셔츠이므로 팀장은 1순위 카라 티셔츠보다 2순위인 A업체의 티셔츠를 구입할 것이다.

출제유형분석 04 실전예제

01

정답 ④

B동의 변학도는 매주 월, 화 오전 8시부터 오후 3시까지 하는 카페 아르바이트 때문에 화 ~ 금 오전 9시 30분부터 오후 12시까지 진행되는 '그래픽 편집 달인 되기' 교육을 수강할 수 없다.

02

정답 ②

- C사원은 혁신성, 친화력, 책임감이 '상 – 상 – 중'으로 영업팀의 핵심역량가치에 부합하며, 창의성과 윤리성은 '하'이지만 영업팀에서 중요하게 생각하지 않는 역량이기에 영업팀으로의 부서배치가 적절하다.
- E사원은 혁신성, 책임감, 윤리성이 '중 – 상 – 하'로 지원팀의 핵심역량가치에 부합하므로 지원팀으로의 부서배치가 적절하다.

03

정답 ④

영리기반 공유경제 플랫폼은 효율적이지만, 노동자의 고용안정성을 취약하게 하고 소수에게 이익이 독점되는 문제가 있다.

04

정답 ①

㉠은 능력주의, ㉡은 적재적소주의, ㉢은 적재적소주의, ㉣은 능력주의이다. 개인에게 능력을 발휘할 수 있는 기회와 장소를 부여하고, 그 성과를 바르게 평가한 뒤 평가된 능력과 실적에 대해 그에 상응하는 보상을 주는 능력주의 원칙은 적재적소주의 원칙의 상위개념이라고 할 수 있다. 즉, 적재적소주의는 능력주의의 하위개념에 해당한다.

CHAPTER

05 정보능력

출제유형분석 01 실전예제

01

정답 ①

정보관리의 3원칙
- 목적성 : 사용목표가 명확해야 한다.
- 용이성 : 쉽게 작업할 수 있어야 한다.
- 유용성 : 즉시 사용할 수 있어야 한다.

02

정답 ⑤

제시문에서 '응용프로그램과 데이터베이스를 독립시킴으로써 데이터를 변경시키더라도 응용프로그램은 변경되지 않는다.'라고 하였다. 따라서 데이터의 논리적 의존성이 아니라, 데이터의 논리적 독립성이 적절하다.

오답분석

① '다량의 데이터는 사용자의 질의에 대한 신속한 응답 처리를 가능하게 한다.'라는 내용은 실시간 접근성에 해당한다.
② '삽입, 삭제, 수정, 갱신 등을 통하여 항상 최신의 데이터를 유동적으로 유지할 수 있으며'라는 내용을 통해 데이터베이스는 그 내용을 변화시키면서 계속적인 진화를 하고 있음을 알 수 있다.
③ '여러 명의 사용자가 동시에 공유가 가능하고'라는 부분에서 동시 공유가 가능함을 알 수 있다.
④ '각 데이터를 참조할 때는 사용자가 요구하는 내용에 따라 참조가 가능함'이라는 문장을 통해 내용에 의한 참조인 것을 알 수 있다.

03

정답 ③

고객의 신상정보의 경우 유출하거나 삭제하는 것 등의 행동을 해서는 안 되며, 거래처에서 빌린 컴퓨터에서 나왔기 때문에 거래처 담당자에게 되돌려주는 것이 가장 적절하다.

출제유형분석 02 실전예제

01

정답 ③

SUM 함수는 인수들의 합을 구할 때 사용한다.
- [B12] : 「=SUM(B2:B11)」
- [C12] : 「=SUM(C2:C11)」

오답분석

① REPT : 텍스트를 지정한 횟수만큼 반복한다.
② CHOOSE : 인수 목록 중에서 하나를 고른다.
④ AVERAGE : 인수들의 평균을 구한다.
⑤ DSUM : 지정한 조건에 맞는 데이터베이스에서 필드 값들의 합을 구한다.

02

정답 ⑤

매출액 중 최댓값을 구해야 하므로 MAX 함수를 사용한다. 매출 현황은 [B2] 셀에서 [B11] 셀까지이므로 입력해야 할 함수식은 「=MAX(B2:B11)」이다.

오답분석

①·③ MIN 함수는 최솟값을 구하는 함수이다.
②·④ 함수의 참조 범위가 잘못되었다.

03

정답 ②

- [D11] 셀에 입력된 COUNTA 함수는 범위에서 비어있지 않은 셀의 개수를 구하는 함수이다. [B3:D9] 범위에서 비어있지 않은 셀의 개수는 숫자 '1' 10개와 '재제출 요망'으로 입력된 텍스트 2개로, 「=COUNTA(B3:D9)」의 결괏값은 12이다.
- [D12] 셀에 입력된 COUNT 함수는 범위에서 숫자가 포함된 셀의 개수를 구하는 함수이다. [B3:D9] 범위에서 숫자가 포함된 셀의 개수는 숫자 '1' 10개로, 「=COUNT(B3:D9)」의 결괏값은 10이다.
- [D13] 셀에 입력된 COUNTBLANK 함수는 범위에서 비어있는 셀의 개수를 구하는 함수이다. [B3:D9] 범위에서 비어있는 셀의 개수는 9개로, 「=COUNTBLANK(B3:D9)」의 결괏값은 9이다.

04

정답 ⑤

- COUNTIF : 지정한 범위 내에서 조건에 맞는 셀의 개수를 구한다.
- 함수식 : =COUNTIF(D3:D10,">=2023-07-01")

오답분석

① COUNT : 범위에서 숫자가 포함된 셀의 개수를 구한다.
② COUNTA : 범위가 비어있지 않은 셀의 개수를 구한다.
③ SUMIF : 주어진 조건에 의해 지정된 셀들의 합을 구한다.
④ MATCH : 배열에서 지정된 순서상의 지정된 값에 일치하는 항목의 상대 위치 값을 찾는다.

05

정답 ③

오답분석

①·② AND 함수는 인수의 모든 조건이 참(TRUE)일 경우에 성별을 구분하여 표시할 수 있으므로 적절하지 않다.
④ 함수식에서 "남자"와 "여자"가 바뀌었다.
⑤ 함수식에서 "2"와 "3"이 아니라, "1"과 "3"이 들어가야 한다.

출제유형분석 03 실전예제

01

정답 ②

증감 연산자(++, --)는 피연산자를 1씩 증가시키거나 감소시킨다. 수식에서 증감 연산자가 피연산자의 후위에 사용되었을 때는 값을 먼저 리턴하고 증감시킨다.

temp=i++;은 temp에 i를 먼저 대입하고 난 뒤 i 값을 증가시키기 때문에 temp는 10, i는 11이 된다. temp=i--; 역시 temp에 먼저 i 값을 대입한 후 감소시키기 때문에 temp는 11, i는 10이 된다.

02

정답 ③

char *arr[]={"AAA","BBB","CCC"}의 각각 문자열에 접근하기 위해서는 *(arr)=AAA, *(arr+1)=BBB, *(arr+2)=CCC 형태로 접근하여 문자열을 출력할 수 있다. 따라서 *(arr+1)을 출력하게 되면 BBB가 된다.

PART 2

최종점검 모의고사

제 1 회 최종점검 모의고사

01	02	03	04	05	06	07	08	09	10	11	12	13	14	15	16	17	18	19	20
④	⑤	①	④	②	③	④	③	①	①	①	⑤	④	⑤	④	④	②	③	②	⑤
21	22	23	24	25	26	27	28	29	30	31	32	33	34	35	36	37	38	39	40
②	⑤	③	②	③	③	③	④	⑤	④	③	①	④	①	①	⑤	③	③	②	②
41	42	43	44	45	46	47	48	49	50										
①	⑤	①	①	③	⑤	③	③	④	①										

01

정답 ④

제시문은 2019년에 발생한 코로나19 대유행과 이에 따른 공공의료의 중요성과 필요성에 대해 강조하는 글이다. 따라서 주제로 가장 적절한 것은 ④이다.

02

정답 ⑤

예방을 위한 검사 및 검체 체취, 밀접 접촉자 추적, 격리 및 치료 등와 과정에서 필요한 인력과 시간이 요구되는 것이므로 ㉠에 들어갈 가장 적절한 단어는 '소요(필요로 하거나 요구되는 바)'이다.

오답분석

① 대비 : 앞으로 일어날지도 모르는 어떠한 일에 대응하기 위하여 미리 준비함
② 대체 : 다른 것으로 대신함
③ 제공 : 무엇을 내주거나 갖다 바침
④ 초과 : 일정한 수나 한도 따위를 넘음

03

정답 ①

제시문은 사회 윤리의 중요성과 특징, 향후 발전 방법에 대하여 설명하고 있다. 이때 글의 구조를 파악해 보면 (가)는 대전제, (다)는 소전제, (나)는 결론의 구조를 취하고 있으며, (마)는 (다)에 대한 보충 설명, (라)는 (마)에 대한 보충 설명을 하고 있다. 따라서 (가) 현대 사회에서 대두되는 사회 윤리의 중요성 → (다) 개인의 윤리와 다른 사회 윤리의 특징 → (마) 개인 윤리와 사회 윤리의 차이점 → (라) 개인과 사회의 차이와 특성 → (나) 현대 사회의 특성에 맞는 사회 윤리의 정의의 순서로 나열하는 것이 적절하다.

04

정답 ④

제시문의 두 번째 문단에서 전기자동차 산업이 확충되고 있음을 언급하면서, 구리가 전기자동차의 배터리를 만드는 데 핵심 재료임을 이야기하고 있다. 따라서 핵심 내용으로 가장 적절한 것은 ④이다.

오답분석

①·⑤ 제시문에서 언급하고 있는 내용이나, 핵심 내용으로 보기는 어렵다.
② 제시문에서 '그린 열풍'을 언급하고 있으나, 그 이유는 제시되어 있지 않다.
③ 제시문에서 산업금속 공급난이 우려된다고 하나, 그로 인한 문제가 제시되어 있지는 않다.

05

정답 ②

세 번째 문단을 통해 국가 주요 정책이나 환경에 대한 관심이 상표 출원에 많은 영향을 미치고 있음을 알 수 있다.

오답분석

① 환경과 건강에 대한 관심이 증가하면서 앞으로도 친환경 관련 상표 출원은 증가할 것으로 유추할 수 있다.
③ 친환경 상표가 가장 많이 출원된 제품이 화장품인 것은 맞지만 그 안전성에 대해서는 언급하고 있지 않기 때문에 유추하기 어렵다.
④ 2007년부터 2017년까지 영문자 ECO가 상표 출원 실적이 가장 높았으며 그다음은 그린, 에코 순이다. 제시문의 내용만으로는 유추하기 어렵다.
⑤ 출원 건수는 상품류를 기준으로 한다. ECO 달세제, ECO 별세제는 모두 친환경 세제라는 상품류에 속하므로 단류 출원 1건으로 계산한다.

PART 2

06

정답 ③

4차 산업혁명 시대를 맞아 산업 전반으로 부상한 기술의 핵심 키워드는 AICBM, 즉 AI(인공지능), IoT(사물인터넷), Cloud(클라우딩), Big Data(빅데이터), Moblie(모바일 기기)이다.
(나)에서는 이러한 기술 분야에 대한 간략한 사업 내용을 다음과 같이 소개하고 있다.

- 경영지원 및 전력계통 전 분야 활용 가능한 전력시장 특화 AI솔루션 확보(AI)
- 유무선 융합 및 고정밀 기술을 적용한 전력설비 감시용 지능형 단말장치 개발(IoT)
- K공사 및 전력 그룹사 지원 에너지 클라우드 실증센터 구축 및 운영(Cloud)
- 데이터 분석 및 시각화 도구를 탑재한 빅데이터 통합 플랫폼의 고도화(Big Data)
- 스마트 시티 및 미래 에너지 사업에 대비한 모바일 어플리케이션 개발 및 서비스 확대(Mobile)

07

정답 ④

통계 자료에서 가장 많이 사용된 알파벳이 E이므로, 철수가 사용한 규칙 α에서는 E를 A로 변경하게 된다. 따라서 암호문에 가장 많이 사용된 알파벳은 A일 가능성이 높으므로 적절하게 수정된 것이다.

오답분석

①·②·③·⑤ 제시문에서 사용된 기존의 문장이 적절한 것들이므로 수정이 필요 없다.

08

정답 ③

제시된 상황은 김대리가 공급업체 담당자를 설득해서 공급업체의 요청을 해결해야 하는 상황이다. 자신의 의견에 공감할 수 있도록 논리적으로 이야기하는 것은 상대방을 설득할 때 사용하는 적절한 의사표현방법이다.

오답분석

① 상대방을 칭찬할 때 사용하는 의사표현방법이다.
② 상대방의 요구를 거절할 때 사용하는 의사표현방법이다.
④ 상대방에게 부탁해야 할 때 사용하는 의사표현방법이다.
⑤ 상대방의 잘못을 지적해야 할 때 사용하는 의사표현방법이다.

09

정답 ①

김대리는 우선적으로 가격 인상과 납기 조정에 대한 공급처 담당자의 요청을 거절해야 한다. ㉠과 ㉡은 상대방의 요구를 거절할 때 사용하는 의사표현방법이다.

오답분석

㉢ 충고를 할 때 사용하는 의사표현방법이다.
㉣ 설득을 할 때 사용하는 의사표현방법이다.

10

정답 ①

ㄱ. 에스페란토의 문자는 영어 알파벳 26개 문자에서 4개 문자를 빼고, 6개 문자를 추가하였으므로 총 $26-4+6=28$개의 문자로 만들어졌다.
ㄷ. 단어의 강세는 항상 뒤에서 두 번째 모음에 있다고 하였으므로 '어머니(patrino)'와 '장모(bopatrino)'에서 강세가 있는 모음은 뒤에서 두 번째 모음인 i로 서로 같다.

오답분석

ㄴ. 에스페란토는 어간에 품사 고유의 어미를 붙이는데, 명사 '사랑(amo)'의 경우 명사를 나타내는 '–o'를 붙인 것으로 어간은 'am–'인 것을 알 수 있다. 따라서 미래 시제를 나타내는 경우는 어간에 '–os'를 붙이므로 에스페란토로 '사랑할 것이다.'는 어간 'am–'에 '–os'가 결합한 'amos'이다.
ㄹ. 자멘호프의 구상은 '1민족 2언어주의'에 입각하여 같은 민족끼리는 모국어를, 다른 민족과는 에스페란토를 사용하자는 것이었다. 따라서 동일한 언어를 사용하는 하와이 원주민끼리는 모국어를 사용해야 한다.

11

정답 ①

퍼낸 소금물의 양을 xg이라고 하면 다음과 같다.

$$\frac{6}{100}\times700-\frac{6}{100}x+\frac{13}{100}x=\frac{9}{100}\times700$$

$\rightarrow 4,200-6x+13x=6,300$

$\rightarrow 7x=2,100$

$\therefore x=300$

12

정답 ⑤

A, B기차의 길이를 각각 am, bm라고 가정하고 터널을 지나는 시간에 대한 방정식을 세우면 다음과 같다.

- A기차 : $\frac{600+a}{36}=25 \rightarrow 600+a=900 \rightarrow a=300$
- B기차 : $\frac{600+b}{36}=20 \rightarrow 600+b=720 \rightarrow b=120$

따라서 A기차의 길이는 300m이며, B기차의 길이는 120m이다.

13

정답 ④

진수, 민영, 지율, 보라 네 명의 최고점을 각각 a, b, c, d점이라고 하자.

$a+2b=10$ ⋯ ㉠

$c+2d=35$ ⋯ ㉡

$2a+4b+5c=85$ ⋯ ㉢

㉢과 ㉠을 연립하면 $2\times10+5c=85 \rightarrow 5c=65 \rightarrow c=13$

c의 값을 ㉡에 대입하여 d를 구하면 $13+2d=35 \rightarrow 2d=22 \rightarrow d=11$

따라서 보라의 최고점은 11점이다.

14

정답 ⑤

제시된 조건을 분석하면 다음과 같다.

• 첫 번째 조건에 의해 ㉠~㉣ 중 연도별로 8위를 두 번 한 두 나라는 ㉠과 ㉣이므로 둘 중 한 곳이 한국, 나머지 한 곳이 캐나다임을 알 수 있다.

• 두 번째 조건에 의해 2022년 대비 2023년의 이산화탄소 배출량 증가율은 ㉡과 ㉢이 각각 $\frac{556-535}{535}\times100 \fallingdotseq 3.93\%$와 $\frac{507-471}{471}\times100 \fallingdotseq 7.64\%$이므로 ㉢은 사우디가 되며, 따라서 ㉡은 이란이 된다.

• 세 번째 조건에 의해 이란의 수치는 고정값으로 놓고 2017년을 기점으로 ㉠이 ㉣보다 배출량이 많아지고 있으므로 ㉠이 한국, ㉣이 캐나다임을 알 수 있다.

따라서 ㉠~㉣은 순서대로 한국, 이란, 사우디, 캐나다이다.

15

정답 ④

2022년 7월부터 2023년 12월까지 매출액은 1,520－510＝1,010만 원 감소했으므로, 평균적으로 매달 약 60만 원 정도 감소하였다.

오답분석

①・② A국 여행자가 감소하는 2022년 7월 이후 매출이 줄어들고 있으므로 옳다.
③ 여행자 수 그래프가 거의 평행하게 변화하므로 옳다.
⑤ 그래프를 보고 2023년 2~3월 A국 여행자들이 급감했음을 알 수 있다.

16

정답 ④

ㄱ. 2022년과 2023년 외용약 등의 생산품목 수를 제외한 모든 일반의약품 품목 수가 전문의약품 품목 수보다 적은 것을 확인할 수 있다.

ㄴ. 전체 수입경구약 품목 수는 2022년 대비 2023년에 $\frac{926-916}{916}\times100 \fallingdotseq 1.1\%$ 증가하였다.

ㄹ. 2021년 수치가 제시되어 있지 않으므로 2022년의 전년 대비 증가율은 알 수 없다.

오답분석

ㄷ. 2023년 경구약 전문의약품의 생산금액은 수입금액의 $\frac{96,478}{20,545} \fallingdotseq 4.7$배이다.

17

정답 ②

• 산지에서 구매한 가격을 a원이라 하면

협동조합이 도매상에 판매한 가격 : $\left(1+\frac{20}{100}\right)\times a=1.2a$원

• 도매상의 판매가를 x원이라 하면 $\frac{80}{100}x=1.2a \rightarrow x=1.5a$

소매상의 판매가 : $\left(1+\frac{20}{100}\right)\times1.5a=1.8a$원

따라서 협동조합의 최초 구매가격 대비 80% 상승했다.

18

정답 ③

먼저 각 테이블의 메뉴 구성을 살펴보면 전체 메뉴는 5가지이며 각 2그릇씩 주문이 되었다는 것을 알 수 있다. 즉, 1번부터 5번까지의 주문 총액을 2로 나누어 주면 전체 메뉴의 총합을 알 수 있다. 실제로 구해 보면 테이블 1 ~ 5까지의 총합은 90,000원이며, 이것을 2로 나눈 45,000원이 전체 메뉴의 총합이 된다. 여기서 테이블 1부터 3까지만 따로 떼어놓고 본다면 다른 것은 모두 1그릇씩이지만 짜장면만 2그릇이 된다. 즉, 테이블 1 ~ 3까지의 총합(=51,000원)과 45,000원의 차이가 바로 짜장면 1그릇의 가격이라는 것이다. 따라서 짜장면 1그릇의 가격은 6,000원임을 알 수 있다.

19

정답 ②

ㄱ. 남성 박사학위 취득자 중 50세 이상이 차지하는 비율은 $\frac{1,119}{5,730}\times 100 \fallingdotseq 19.5\%$이고, 여성 박사학위 취득자 중 50세 이상이 차지하는 비율은 $\frac{466}{2,966}\times 100 \fallingdotseq 15.7\%$이다. 따라서 남성 박사학위 취득자 중 50세 이상이 차지하는 비율이 더 높다.

ㄷ. 남성과 여성의 연령대별 박사학위 취득자 수가 많은 순위는 30세 이상 35세 미만>35세 이상 40세 미만>50세 이상>40세 이상 45세 미만>45세 이상 50세 미만>30세 미만 순서로 동일하다.

오답분석

ㄴ. 공학계열 박사학위 취득자 중 남성의 비율은 $\frac{2,441}{2,441+332}\times 100 \fallingdotseq 88.0\%$, 사회계열 박사학위 취득자 중 남성의 비율은 $\frac{1,024}{1,024+649}\times 100 \fallingdotseq 61.2\%$, 자연계열 박사학위 취득자 중 남성의 비율은 $\frac{891}{891+513}\times 100 \fallingdotseq 63.5\%$이므로 남성의 비율이 높은 순위는 공학계열>자연계열>사회계열 순서이다.

ㄹ. 연령별 남녀 박사학위 취득자 수의 차이를 구해보면, 30세 미만은 196−141=55명, 30세 이상 35세 미만은 1,811−825=986명, 35세 이상 40세 미만은 1,244−652=592명, 40세 이상 45세 미만은 783−465=318명, 45세 이상 50세 미만은 577−417=160명, 50세 이상은 1,119−466=653명이다. 따라서 연령대가 올라갈수록 남녀 박사학위 취득자 수의 차이가 점점 커지고 있다는 설명은 옳지 않다.

20

정답 ⑤

운항편의 수치는 여객과 화물을 모두 포함한 수치이다. 따라서 여객에 이용된 운항편이 총 몇 대인지 알 수 없으므로 계산할 수 없다.

오답분석

① 운항편이 가장 많은 요일은 토요일이고, 토요일에 여객은 953,945명, 화물은 48,033톤으로 가장 높은 수치를 보이고 있다.

② $\frac{21,615}{11,715} \fallingdotseq 1.85$이므로 1.5배 이상이다.

③ 자료를 통해 알 수 있다.

④ '감소 – 증가 – 감소 – 증가 – 증가 – 감소'로 같다.

21

정답 ②

가대리와 마대리의 진술이 서로 모순이므로, 둘 중 한 사람은 거짓을 말하고 있다.

i) 가대리의 진술이 거짓인 경우

가대리의 말이 거짓이라면 나사원의 말도 거짓이 되고, 라사원의 말도 거짓이 되므로 모순이 된다.

ii) 가대리의 진술이 진실인 경우

가대리, 나사원, 라사원의 말이 진실이 되고, 다사원과 마대리의 말이 거짓이 된다.

진실

- 가대리 : 가대리 · 마대리 출근, 결근 사유 모름
- 나사원 : 다사원 출근, 가대리 진술은 진실
- 라사원 : 나사원 진술은 진실

거짓
• 다사원 : 라사원 결근 → 라사원 출근
• 마대리 : 라사원 결근, 라사원이 가대리한테 결근 사유 전함 → 라사원 출근, 가대리는 결근 사유 듣지 못함
따라서 나사원이 출근하지 않았다.

22

정답 ⑤

가장 높은 등급을 1등급, 가장 낮은 등급을 5등급이라 하면, 네 번째 조건에 의해 A는 3등급을 받는다. 또한 첫 번째 조건에 의해 E는 4등급 또는 5등급이다. 이때, 두 번째 조건에 의해 C가 5등급, E가 4등급을 받고, 세 번째 조건에 의해 B는 1등급, D는 2등급을 받는다. 측정결과를 표로 정리하면 다음과 같다.

등급	1등급	2등급	3등급	4등급	5등급
환자	B	D	A	E	C

따라서 건강관리 안내문 발송 대상자는 C와 E이다.

PART 2

23

정답 ③

A사원은 자사의 수익과 성과가 적은 이유를 단순히 영업에서의 문제로 판단하고, 타사에 근무하는 친구의 경험만을 바탕으로 이에 대한 해결 방안을 제시하였다. 따라서 문제를 각각의 요소로 나누어 판단하는 분석적 사고가 부족한 사례로 볼 수 있다. A사원은 먼저 문제를 각각의 요소로 나누고, 그 요소의 의미를 도출한 후 우선순위를 부여하여 구체적인 문제해결방법을 실행해야 한다.

24

정답 ②

수준 높은 금융 서비스를 통해 글로벌 경쟁에서 우위를 차지하는 것은 강점을 이용해 글로벌 금융사와의 경쟁 심화라는 위협을 극복하는 ST전략이다.

오답분석

① 해외 비즈니스TF팀을 신설해 해외 금융시장 진출을 확대하는 것은 글로벌 경쟁력이 낮다는 약점을 극복하고 해외 금융시장 진출 확대라는 기회를 활용하는 WO전략이다.
③ 탄탄한 국내 시장점유율이 국내 금융그룹의 핀테크 사업 진출의 기반이 되는 것은 강점을 통해 기회를 살리는 SO전략이다.
④ 우수한 자산건전성 지표를 홍보하여 고객 신뢰를 회복하는 것은 강점으로 위협을 극복하는 ST전략이다.
⑤ 외화 자금 조달 리스크가 약점이므로 기회를 통해 약점을 보완하는 WO전략이다.

25

정답 ③

B안의 가중치는 전문성인데 자원봉사제도는 (−)이므로 적절하지 않은 판단이다.

오답분석

① 전문성 면에서는 유급법률구조제도가 (+), 자원봉사제도가 (−)이므로 옳은 설명이다.
② A안에 가중치를 적용할 경우 접근용이성과 전문성에 가중치를 적용하므로 두 정책목표 모두에서 (+)를 보이는 유급법률구조제도가 가장 적절하다.
④ B안에 가중치를 적용할 경우 전문성에 가중치를 적용하므로 (+)를 보이는 유급법률구조제도가 가장 적절하며, A안에 가중치를 적용할 경우 ②에 의해 유급법률구조제도가 가장 적절하다. 따라서 어떤 것을 적용하더라도 결과는 같다.
⑤ 비용저렴성을 달성하려면 (+)를 보이는 자원봉사제도가 가장 유리하다.

26

정답 ③

먼저 이슈 분석은 현재 수행하고 있는 업무에 가장 큰 영향을 미치는 핵심이슈 설정, 이슈에 대한 일시적인 결론을 예측해보는 가설 설정, 가설검증계획에 의거하여 분석결과를 이미지화하는 Output 이미지 결정의 절차를 거쳐 수행된다. 다음으로 데이터 분석은 목적에 따라 데이터 수집 범위를 정하는 데이터 수집계획 수립, 정량적이고 객관적인 사실을 수집하는 데이터 수집, 수집된 정보를 항목별로 분류·정리한 후 의미를 해석하는 데이터 분석의 절차를 거쳐 수행된다. 마지막으로 원인 파악 단계에서는 이슈와 데이터 분석을 통해서 얻은 결과를 바탕으로 최종 원인을 확인한다.

따라서 원인 분석 단계는 ㉢ → ㉤ → ㉠ → ㉡ → ㉥ → ㉣의 순서로 진행된다.

27

정답 ③

ㄱ. B의 마지막 발언에 따르면 중생대에 우리나라 바다에서 퇴적된 해성층이 있었을 가능성이 있으므로 거짓이다.

ㄴ. B의 견해에 따르면 공룡 화석은 중생대에만 한정되어 생존하였다고 말하고 있다. 따라서 공룡 화석이 암모나이트 화석과 같은 중생대 표준화석이 아니라고 말할 수 없으므로 거짓이다.

ㅂ. 공룡 화석이 나왔으므로 경상도 지역에는 중생대 지층이 없다는 판단은 거짓이다.

오답분석

ㄷ. B의 마지막 발언에 따르면 우리나라 바다에서도 퇴적된 해성층이 있었을 가능성이 있으므로 암모나이트 화석이 발견될 가능성이 있다.

ㄹ. 육지의 표준화석인 공룡 화석과 바다의 표준화석인 암모나이트 화석이 같이 발견되었으므로 타당한 판단이다.

ㅁ. 일본 북해도에서 암모나이트가 발견되었으므로 바다에서 퇴적된 해성층이 분포되어 있다고 말할 수 있다.

28

정답 ④

인적사항이 변경되지 않은 19세 이상의 대한민국 국민은 사전등록절차 없이 자동출입국 심사대를 이용할 수 있으므로 ④의 19세 F씨는 사전등록 없이 자동출입국 심사대 이용이 가능하다.

오답분석

① 35세 A씨는 19세 이상이므로 사전등록절차 없이 자동출입국 심사대를 이용할 수 있으나, 7세인 A씨의 아들 B군은 사전등록이 필요하다.

② 인적사항이 변경된 C씨의 경우 사전등록이 필요하다.

③ 17세 미만인 외국인의 경우 사전등록이 필요하므로 외국인 등록이 되어있더라도 15세인 D씨는 사전등록이 필요하다.

⑤ 출입국관리 공무원의 대면심사가 필요한 체류만료일이 1개월 이내인 외국인의 경우 자동출입국 심사대 이용이 제한되므로 E씨의 자동출입국 심사대 이용은 제한된다.

29

정답 ⑤

각 펀드의 총점을 통해 비교 결과를 유추하면 다음과 같다.

- A펀드 : 한 번은 우수(5점), 한 번은 우수 아님(2점)
- B펀드 : 한 번은 우수(5점), 한 번은 우수 아님(2점)
- C펀드 : 두 번 모두 우수 아님(2점+2점)
- D펀드 : 두 번 모두 우수(5점+5점)

각 펀드의 비교 대상은 다른 펀드 중 두 개이며, 총 4번의 비교를 했다고 하였으므로 다음과 같은 경우를 고려할 수 있다.

i)

A		B		C		D	
B	D	A	C	B	D	A	C
5	2	2	5	2	2	5	5

표의 결과를 정리하면 D>A>B, A>B>C, B·D>C, D>A·C이므로 D>A>B>C이다.

ii)

A		B		C		D	
B	C	A	D	A	D	C	B
2	5	5	2	2	2	5	5

표의 결과를 정리하면 B>A>C, D>B>A, A・D>C, D>C・B이므로 D>B>A>C이다.

iii)

A		B		C		D	
D	C	C	D	A	B	A	B
2	5	5	2	2	2	5	5

표의 결과를 정리하면 D>A>C, D>B>C, A・B>C, D>A・B이므로 D>A・B>C이다.

ㄱ. 세 가지 경우에서 모두 D펀드는 C펀드보다 우수하다.
ㄴ. 세 가지 경우에서 모두 B펀드보다 D펀드가 우수하다.
ㄷ. 마지막 경우에서 A펀드와 B펀드의 우열을 가릴 수 있으면 A~D까지 우열순위를 매길 수 있다.

30

정답 ④

A가 서브한 게임에서 전략팀이 득점하였으므로 이어지는 서브권은 A가 가지며, 총 4점을 득점한 상황이므로 팀 내에서 선수끼리 자리를 교체하여 A가 오른쪽에서 서브를 해야 한다. 그리고 서브를 받는 총무팀은 서브권이 넘어가지 않았기 때문에 선수끼리 코트 위치를 바꾸지 않는다. 따라서 ④가 정답이다.

31

정답 ③

각 팀장이 가장 선호하는 인력 배치 유형은 다음과 같다.

팀장	인력 배치 유형	내용
오팀장	적성배치	팀원들이 자신의 적성에 맞고 흥미를 가지고 있는 업무를 할 때 성과가 높아진다는 가정하에, 각 팀원의 적성 및 흥미에 따라 배치하는 인력 배치 유형이다.
이팀장	질적배치	팀원들을 개개인의 능력이나 성격 등과 가장 적합한 적재적소에 배치하여 팀원 개개인의 능력을 최대로 발휘해 줄 것을 기대하는 것으로서, 작업이나 직무가 요구하는 요건과 개인이 보유하고 있는 조건이 서로 균형 있고 적합하게 대응되어야 하는 인력 배치 유형이다.
김팀장	양적배치	작업량과 여유 또는 부족 인원을 감안해서 소요 인원을 결정하여 배치하는 인력 배치 유형이다.

32

정답 ①

오팀장이 선호하는 인력 배치 유형은 적성배치이다. 이는 팀원들이 각자의 적성에 맞고 흥미를 가지고 있는 업무를 할 때 성과가 높아진다고 가정하여 배치하는 것이다.

오답분석

② 양적배치 : 작업량과 조업도, 여유 또는 부족 인원을 감안하여 소요 인원을 결정 및 배치하는 것에 해당한다.
③ 질적배치 : 능력이나 성격 등과 가장 적합한 위치에 배치하는 것에 해당한다.
④ 능력주의 : 개인에게 능력을 발휘할 수 있는 기회와 장소를 부여하는 것으로 효과적인 인력배치를 위한 3가지 원칙 중 하나에 해당한다.
⑤ 균형주의 : 효과적인 인력배치를 위한 3가지 원칙 중 하나로, 모든 팀원에 대한 평등한 적재적소, 즉 팀 전체의 적재적소를 고려할 필요가 있다는 것이다.

33

정답 ④

전자제품의 경우 관세와 부가세가 모두 동일하며, 전자제품의 가격이 다른 가격보다 월등하게 높기 때문에 대소 비교는 전자제품만 비교해도 된다. 이 중 A의 TV와 B의 노트북은 가격이 동일하기 때문에 굳이 계산할 필요가 없고, TV와 노트북을 제외한 휴대폰과 카메라만 비교하면 된다. B의 카메라가 A의 휴대폰보다 비싸기 때문에 B가 더 많은 관세를 낸다.

구분	전자제품	전자제품 외
A	TV(110만), 휴대폰(60만)	화장품(5만), 스포츠용 헬멧(10만)
B	노트북(110만), 카메라(80만)	책(10만), 신발(10만)

B가 내야 할 세금을 계산해 보면 우선 카메라와 노트북의 관세율은 18%로, 190×0.18=34.2만 원이다. 이때, 노트북은 100만 원을 초과하므로 특별과세 110×0.5=55만 원이 더 과세된다. 나머지 품목들의 세금은 책이 10×0.1=1만 원, 신발이 10×0.23=2.3만 원이다. 따라서 B가 내야 할 관세 총액은 34.2+55+1+2.3=92.5만 원이다.

34

정답 ①

평가지표 결과와 지표별 가중치를 이용하여 지원자들의 최종 점수를 계산하면 다음과 같다.

- A지원자 : (3×3)+(3×3)+(5×5)+(4×4)+(4×5)+5=84점
- B지원자 : (5×3)+(5×3)+(2×5)+(3×4)+(4×5)+5=77점
- C지원자 : (5×3)+(3×3)+(3×5)+(3×4)+(5×5)=76점
- D지원자 : (4×3)+(3×3)+(3×5)+(5×4)+(4×5)+5=81점
- E지원자 : (4×3)+(4×3)+(2×5)+(5×4)+(5×5)=79점

따라서 K공사에서 올해 채용할 지원자는 A, D지원자이다.

35

정답 ①

등수별 선호도가 가장 높은 상품은 1등은 무선 청소기, 2등은 에어프라이어와 전기그릴, 3등은 백화점 상품권 2매이다. 2등은 선호도가 동일하므로 세 번째 조건에서 1등으로 선정된 상품의 총금액보다 저렴한 상품을 택해야 한다. 에어프라이어와 전기 그릴을 구매할 경우 각각에 해당하는 비용을 계산하면 다음과 같다.

- 에어프라이어(특가 상품으로 15% 할인) 2개 구매할 경우
  300,000×0.85×2=510,000원
- 전기 그릴(온라인 구매로 8% 할인) 2개 구매할 경우
  250,000×0.92×2=460,000원

2등 상품 두 가지 모두 1등 상품인 무선 청소기(80만 원)보다 더 저렴하므로 두 상품 중 가장 비싼 에어프라이어를 구매한다. 따라서 모든 상품의 구매비용은 800,000+510,000+(50,000×2×3)=1,610,000원이다.

36

정답 ⑤

등수별 가장 낮은 선호도의 상품을 제외하고 상품의 구매비용을 구하면 다음과 같다.

등수	구매 개수	품목	할인 혜택 적용 후 구매금액
1등	1개	무선 청소기	800,000원
		호텔 숙박권	600,000×0.93=558,000원
2등	2개	에어프라이어	300,000×0.85×2=510,000원
		전기 그릴	250,000×0.92×2=460,000원
3등	3개	백화점 상품권 2매	50,000×2×3=300,000원
		커피 쿠폰	50,000×3=150,000원

① (호텔숙박권)+(에어프라이어)+(커피 쿠폰)=558,000+510,000+150,000=1,218,000원

② (호텔숙박권)+(전기 그릴)+(커피 쿠폰)=558,000+460,000+150,000=1,168,000원

③ (무선 청소기)+(전기 그릴)+(백화점 상품권)=800,000+460,000+300,000=1,560,000원

④ (무선 청소기)+(에어프라이어)+(백화점 상품권)=800,000+510,000+300,000=1,610,000원
⑤ (무선 청소기)+(에어프라이어)+(커피 쿠폰)=800,000+510,000+150,000=1,460,000원
따라서 최대한 예산에 가까운 상품 목록은 1등 무선 청소기, 2등 에어프라이어, 3등 커피 쿠폰이다.

37

정답 ③

엘리베이터는 한 번에 최대 세 개 층을 이동할 수 있으며, 올라간 다음에는 반드시 내려와야 한다는 조건에 따라 청원경찰이 최소 시간으로 6층을 순찰하고, 다시 1층으로 돌아올 수 있는 방법은 다음과 같다.
1층 → 3층 → 2층 → 5층 → 4층 → 6층 → 3층 → 4층 → 1층
이때, 이동에만 소요되는 시간은 총 2+1+3+1+2+3+1+3=16분이다.
따라서 청원경찰이 6층을 모두 순찰하고 1층으로 돌아오기까지 소요되는 시간은 총 60(10분×6층)+16=76분=1시간 16분이다.

38

정답 ③

매출 순이익은 [(판매 가격)−(생산 단가)]×(판매량)이므로 메뉴별 매출 순이익을 계산하면 다음과 같다.

메뉴	예상 월간 판매량(개)	생산 단가(원)	판매 가격(원)	매출 순이익(원)
A	500	3,500	4,000	250,000=(4,000−3,500)×500
B	300	5,500	6,000	150,000=(6,000−5,500)×300
C	400	4,000	5,000	400,000=(5,000−4,000)×400
D	200	6,000	7,000	200,000=(7,000−6,000)×200
E	150	3,000	5,000	300,000=(5,000−3,000)×150

따라서 매출 순이익이 가장 높은 C를 메인 메뉴로 선택하는 것이 가장 합리적인 판단이다.

39

정답 ②

K회사의 보관 방식에 따라 원재료를 입고 순서대로 보관할 때 필요한 상자 개수는 다음과 같다.

원재료	입고 일시	무게(kg)	필요 상자 개수
ⓐ	2024.05.01 09:00	5	1
ⓑ	2024.05.01 10:12	7	
ⓒ	2024.05.01 13:15	4	2
ⓑ	2024.05.01 14:19	6	
ⓒ	2024.05.01 15:20	8	3
ⓐ	2024.05.01 15:30	6	4
ⓐ	2024.05.01 16:14	2	
ⓒ	2024.05.01 16:49	3	
ⓐ	2024.05.01 17:02	5	5
ⓑ	2024.05.01 17:04	4	
ⓒ	2024.05.01 19:04	8	6
ⓑ	2024.05.01 21:49	5	7

따라서 필요한 상자는 총 7개이다.

40

정답 ②

K회사의 보관 방식에 따라 원재료를 무게 순으로 보관할 때는 다음과 같다.

원재료	무게(kg)	필요 상자 개수
ⓒ	8	1
ⓒ	8	2
ⓑ	7	3
ⓑ	6	4
ⓐ	6	
ⓐ	5	5
ⓐ	5	
ⓑ	5	6
ⓒ	4	
ⓑ	4	7
ⓒ	3	
ⓐ	2	

따라서 4번째 상자에는 ⓐ, ⓑ가 있다.

41

정답 ①

트로이목마(Trojan Horse)는 겉으로 봤을 때 유용하거나 정상적인 프로그램인 것처럼 위장하고, 사용자가 이를 설치하거나 실행하면 시스템의 내부 정보를 탈취하거나 파일을 변조·삭제하는 악성코드이다.

오답분석

② 웜(Worm) : 네트워크를 바탕으로 스스로를 복제하여 다른 컴퓨터로 전파하는 악성코드이다.
③ 랜섬웨어(Ransomware) : 무단으로 컴퓨터의 파일들을 암호화하고, 가상화폐 등 금전을 요구하는 악성코드이다.
④ 스파이웨어(Spyware) : 무단으로 설치되어 금융정보, 비밀번호 등 사용자의 정보들을 몰래 수집하고 외부로 전송하는 악성코드이다.
⑤ 애드웨어(Adware) : 소프트웨어를 설치하거나 실행할 때, 자동적으로 광고를 노출시키거나 설치를 유도하는 악성코드이다.

42

정답 ⑤

금융거래 시 신용카드 번호와 같은 금융정보 등을 저장할 경우 암호화하여 저장하고, 되도록 PC방, 공용 컴퓨터와 같은 개방 환경을 이용하지 않도록 해야 한다.

43

정답 ①

Windows [제어판]의 [접근성 센터]에는 돋보기, 내레이터, 화상 키보드, 고대비 설정과 같은 시각 장애에 도움을 줄 수 있는 기능이 포함되어 있다.

44

정답 ①

특정 값의 변화에 따른 결괏값의 변화를 알아보는 경우는 '시나리오'와 '데이터 표' 2가지가 있는데, 이 중 표 형태로 표시해주는 것은 '데이터 표'에 해당한다. 또한 비슷한 형식의 여러 데이터 결과를 요약해주는 경우는 '부분합'과 '통합'이 있으며, 이 중 통합하여 요약해주는 것은 '통합'(데이터 통합)에 해당한다. 참고로 '부분합'은 하나로 통합하지 않고 그룹끼리 모아서 계산한다.

45

정답 ③

최댓값을 구하는 메소드는 max이고, 최솟값을 구하는 메소드는 min이다. data 리스트에 있는 값들에서 최댓값과 최솟값을 구하므로 max(data)와 min(data)을 사용한다.

46

정답 ⑤

「=SUM(합계를 구할 처음 셀:합계를 구할 마지막 셀)」으로 표시해야 한다. 판매수량과 추가판매를 더하는 것은 비연속적인 셀을 더하는 것이므로 연속하는 영역을 입력하고 ','로 구분해준 뒤 다음 영역을 다시 지정해야 한다. 따라서 [B6] 셀에 들어갈 수식으로는 「=SUM(B2:B5,C2,C5)」이 옳다.

47

정답 ③

'MAX(B7:E7)' 함수 값은 [B7:E7] 범위에서 가장 큰 값인 91이며, COUNTA 함수는 범위에서 비어있지 않은 셀의 개수를 세주는 함수로 'COUNTA(B6:E6)'의 함수 값은 4가 된다. 따라서 'AVERAGE(91,4)'가 되며 91과 4의 평균인 47.5가 된다.

오답분석

① 'LARGE(B2:E2,3)' 함수 값은 [B2:E2] 범위에서 3번째로 큰 값인 80이며, 'SMALL(B5:E5,2)' 함수 값은 [B5:E5] 범위에서 2번째로 작은 값인 79이다. 따라서 'AVERAGE(80,79)'가 되며 80과 79의 평균인 79.5가 된다.
② 'MAX(B3:E3)' 함수 값은 [B3:E3] 범위에서 가장 큰 값인 95이며, 'MIN(B7:E7)' 함수 값은 [B7:E7] 범위에서 가장 작은 값인 79이다. 따라서 'SUM(95,79)'이 되며 95와 79의 합인 174가 된다.
④ MAXA 함수는 논리값과 텍스트도 포함하여 최댓값을 나타내는 함수로 'MAXA(B4:E4)'의 함수 값은 [B4:E4] 범위의 최댓값인 94가 된다. COUNT 함수는 범위에서 숫자가 포함된 셀의 개수를 세주는 함수로 'COUNT(B3:E3)'의 함수 값은 4가 된다. 따라서 'SUM(94,4)'이 되며 94와 4의 합인 98이 된다.
⑤ 'SMALL(B3:E3,3)' 함수 값은 [B3:E3] 범위에서 3번째로 작은 값인 93이며, 'LARGE(B7:E7,3)' 함수 값은 [B7:E7] 범위에서 3번째로 큰 값인 80이다. 따라서 'AVERAGE(93,80)'가 되며 93과 80의 평균인 86.5가 된다.

48

정답 ③

서식지정자 lf는 double형 실수형 값을 표시할 때 쓰이며, %.2lf의 .2는 소수점 2자리까지 표시한다는 의미이다. 따라서 해당 프로그램의 실행 결과는 11.30이다.

49

정답 ④

50 나누기 5를 정수로 변환한 값인 10이 출력된다.

50

정답 ①

i에 0을 저장하고, i 값이 5보다 작을 때까지 i에 1을 더한다. j에는 0부터 i 값과 같거나 작을 때까지 j 값에 1을 더한 횟수만큼 *를 출력한다. *는 5개가 될 때까지 다음 줄에 출력되어 ①처럼 출력된다.

제 2 회 최종점검 모의고사

01	02	03	04	05	06	07	08	09	10	11	12	13	14	15	16	17	18	19	20
③	②	⑤	③	③	⑤	①	⑤	②	①	③	②	④	①	②	②	④	③	①	②
21	22	23	24	25	26	27	28	29	30	31	32	33	34	35	36	37	38	39	40
④	③	⑤	③	①	④	①	③	③	②	③	④	④	⑤	①	④	③	④	③	②
41	42	43	44	45	46	47	48	49	50										
④	②	③	④	⑤	②	①	④	③	④										

01

정답 ③

용융 탄산염형 연료전지는 고온에서 고가의 촉매제가 필요하지 않고, 열병합에 용이한 덕분에 발전 사업용으로 활용할 수 있다. 또한 고체 산화물형 연료전지는 800 ~ 1,000℃의 고온에서 작동하여 발전 시설로서 가치가 크다. 따라서 발전용으로 적절한 연료전지는 용융 탄산염형 연료전지와 고체 산화물형 연료전지이다.

오답분석

① 알칼리형 연료전지는 연료나 촉매에서 발생하는 이산화탄소를 잘 버티지 못한다는 단점 때문에 1960년대부터 우주선에 주로 사용해 왔다.
② 인산형 연료전지는 진한 인산을 전해질로, 백금을 촉매로 사용한다.
④ 고체 산화물형 연료전지는 전해질을 투입하지 않는 것이 아니라, 전해질이 고체 세라믹이어서 전지의 부식 문제를 보완한 형태이다.
⑤ 고분자 전해질형 연료전지는 수소에 일산화탄소가 조금이라도 들어갈 경우 백금과 루테늄의 합금을 촉매로 사용한다.

02

정답 ②

제시문과 ②의 '나누다'는 '즐거움이나 고통, 고생 따위를 함께하다.'의 의미이다.

오답분석

① 몫을 분배하다.
③ 여러 가지가 섞인 것을 구분하여 분류한다.
④ 같은 핏줄을 타고나다.
⑤ 말이나 이야기, 인사 따위를 주고받다.

03

정답 ⑤

㉤의 앞뒤 문장은 생활 속에서 초미세먼지에 적절히 대응하기 위한 방안을 나열하고 있으므로 ㉤에는 문장을 병렬적으로 연결할 때 사용하는 접속어인 '그리고'가 들어가는 것이 적절하다.

04

정답 ③

ㄱ. 조하는 달의 변화에 따라 시행되기도 하였는데, 달의 변화를 기준으로 작성된 달력에 따라 매월 1일에 해당되는 삭일과 보름달이 뜨는 망일에 시행되는 삭망조하가 그것이라고 하였으므로 옳은 내용이다.
ㄴ. 정실조하의 참여대상은 왕세자, 모든 관원, 제방객사인데 반해, 상참의 참여대상은 상참관이므로 옳은 내용이다.
ㄷ. 사정전에서 열리는 조회는 상참인데, 상참은 매일 열린다고 하였으므로 옳은 내용이다.

오답분석

ㄹ. 조회에 대한 사항은 '예전'의 '조의 조항'에 집약되어 있다고 하였으므로 옳지 않은 내용이다.

05

정답 ③

사례에 나타난 의사 표현에 영향을 미치는 요소는 연단공포증이다. 연단공포증은 90% 이상의 사람들이 호소하는 불안이므로, 이러한 심리현상을 잘 통제하면서 구두표현을 한다면 청자는 그것을 더 인간다운 것으로 생각하게 될 것이다. 이러한 공포증은 본질적인 것이기 때문에 완전히 치유할 수는 없으나, 노력에 의해서 심리적 불안을 얼마간 유화시킬 수 있다. 따라서 완전히 치유할 수 있다는 ③은 적절하지 않다.

06

정답 ⑤

'그러한' 등의 지시어와 '그러나', '그래서', '따라서' 등의 접속어를 토대로 문맥을 가장 자연스럽게 하는 순서를 확인할 수 있다. (라)의 '그러한 편견'은 제시된 단락에서 DNA를 '일종의 퇴화 물질로 간주'하던 인식을 가리키며, (나)의 '유전 정보'는 (라)에서 바이러스가 주입한 유전 정보이다. (가)는 (라)에서 언급한 '아무도 몰랐다'라는 문제를 해결하기 위한 조사에 대한 설명이며, (다)는 (가)에서 실시한 조사의 결과로 드러난 사실을 설명한 것이다. 따라서 (라) – (나) – (가) – (다) 순이 적절하다.

07

정답 ①

두 번째 문단에서 '강한 핵력의 강도가 겨우 0.5% 다르거나 전기력의 강도가 겨우 4% 다를 경우에도 탄소나 산소는 우주에서 합성되지 않는다. 따라서 생명 탄생의 가능성도 사라진다.'라고 했으므로 탄소가 없어도 생명은 자연적으로 진화할 수 있다고 한 ①은 제시문의 결론을 지지하고 있지 않다.

08

정답 ⑤

제시문은 인간의 호흡기에 질식사 가능성이라는 불합리한 점이 있게 된 원인에 대해 진화론적으로 규명하고 있다. 몸집이 커지면서 호흡기가 생긴 후 다시 허파가 생기다 보니 이상적인 구조(질식사 가능성 차단)와는 거리가 멀어졌다. 즉, 환경에 적응하려는 각각의 변화 단계에서 '당시에는 최선의 선택'이었으나, 결과적으로는 이상적인 구조가 아니게 된 것이다.

09

정답 ②

바다거북에게 장애가 되는 요인(갈증)이 오히려 목표를 이루게 한다(바다로 향하게 함)는 것이 제시문을 포함한 이어질 내용의 주제로 가장 적절하다.

10

정답 ①

제시문은 '발전'에 대한 개념을 설명하고 있다. 빈칸 앞에서는 '발전'에 대해 '모든 형태의 변화가 전부 발전에 해당하는 것은 아니다.'라고 하면서 '교통신호등'을 예로 들고, 빈칸 뒤에서는 '사태의 진전 과정에서 나중에 나타나는 것은 적어도 그 이전 단계에 내재적으로나마 존재했던 것의 전개에 해당한다는 것이다.'라고 상술하고 있다. 여기에 첫 번째 문장까지 고려한다면, ①의 내용이 빈칸에 들어가는 것이 가장 자연스럽다.

11

정답 ③

(좋아하는 색이 다를 확률)=1−(좋아하는 색이 같을 확률)

i) 2명 모두 빨간색을 좋아할 확률 : $\left(\frac{2}{10}\right)^2$

ii) 2명 모두 파란색을 좋아할 확률 : $\left(\frac{3}{10}\right)^2$

iii) 2명 모두 검은색을 좋아할 확률 : $\left(\frac{5}{10}\right)^2$

따라서 학생 2명을 임의로 선택할 때, 좋아하는 색이 다를 확률은 $1-\left(\frac{4}{100}+\frac{9}{100}+\frac{25}{100}\right)=1-\frac{38}{100}=\frac{62}{100}=\frac{31}{50}$ 이다.

12

정답 ②

누리가 15km를 간 뒤에 수연이가 출발했으므로 수연이가 자전거로 40km를 이동했을 때 누리는 걸어서 40−15=25km를 이동했다. 누리의 걸을 때 속력을 $x$km/h, 수연이가 자전거를 타고 움직일 때 속력을 $(x+10)$km/h라고 하자.

$\frac{40}{x+10}=\frac{25}{x} \rightarrow 40x=25(x+10) \rightarrow x=\frac{50}{3}$

따라서 두 사람이 함께 운동한 시간은 $\frac{25}{\frac{50}{3}}=\frac{3}{2}$시간, 즉 1시간 30분이다.

13

정답 ④

대안별 평가점수의 합계를 구하면 다음과 같다. 따라서 2순위는 ㉠과 ㉣, 4순위는 ㉡과 ㉢ 중 한 개가 차지하게 된다.

㉠	㉡	㉢	㉣	㉤
33	19	19	33	18

그런데 ㉠과 ㉣은 총점은 동일하지만 법적 실현가능성 점수에서 ㉠이 앞서므로 1순위는 ㉠, 2순위는 ㉣이 되며, ㉡과 ㉢은 총점뿐만 아니라 법적 실현가능성 점수, 효과성 점수까지 동일하므로 행정적 실현가능성에서 점수가 높은 ㉡이 3순위, ㉢이 4순위가 된다.

14

정답 ①

지급 방식에 따라 가입자 A～D의 탄소포인트를 계산하면 다음과 같다.

구분	A	B	C	D
전기	0	10,000	10,000	5,000
수도	2,500	2,500	1,250	2,500
가스	5,000	5,000	5,000	2,500
총합	7,500	17,500	16,250	10,000

이에 따라 탄소포인트를 가장 많이 지급받는 가입자는 B, 가장 적게 지급받는 가입자는 A임을 알 수 있다.

15

정답 ②

- (가) : A유형의 시험체 강도 평균은 24.2MPa이며, 기준강도는 24MPa이다. 그러므로 각 시험체 강도가 모두 기준강도에서 3.5MPa을 뺀 값(20.5MPa) 이상이어야 한다. A유형의 3개의 시험체는 모두 이 조건을 충족하므로 판정결과는 합격이다.
- (나) : C유형의 시험체 강도 평균은 35.1MPa이며, 기준강도는 35MPa이다. 그러므로 각 시험체 강도가 모두 기준강도에서 3.5MPa을 뺀 값(31.5MPa) 이상이어야 한다. C유형의 3개의 시험체는 모두 이 조건을 충족하므로 판정결과는 합격이다.
- (다) : E유형의 시험체 강도 평균은 45.5MPa이며, 기준강도는 45MPa이다. 그러므로 각 시험체 강도가 모두 기준강도의 90%(40.5MPa) 이상이어야 한다. 그러나 E유형의 시험체 1은 이 조건을 충족하지 못하므로 판정결과는 불합격이다.

16

정답 ②

전국 컴퓨터 대수 중 스마트폰 비율은 8.7%로, 전체 컴퓨터 대수 중 노트북 비율의 30%인 $20.5 \times 0.3 \fallingdotseq 6.15\%$ 이상이다.

오답분석

① 서울 업체가 보유한 노트북 수는 $605,296 \times 0.224 \fallingdotseq 135,586$대이므로 20만 대 미만이다.

③ 대전 업체의 데스크톱 보유 대수는 $68,270 \times 0.662 \fallingdotseq 45,195$대, 울산은 $42,788 \times 0.675 \fallingdotseq 28,882$대이고, 전국 데스크톱 대수는 $2,597,791 \times 0.594 \fallingdotseq 1,543,088$대이다. 따라서 대전과 울산에서 보유하고 있는 데스크톱이 전체 데스크톱에 차지하는 비율은 $\frac{45,195+28,882}{1,543,088} \times 100 \fallingdotseq 4.9\%$이므로 옳은 설명이다.

④ PDA 보유 대수는 전북이 $88,019 \times 0.003 \fallingdotseq 264$대이며, 전남의 15%인 $91,270 \times 0.015 \times 0.15 \fallingdotseq 205$대 이상이므로 옳은 설명이다.

⑤ 강원 업체의 태블릿 PC 보유 대수는 $97,164 \times 0.04 \fallingdotseq 3,887$대이고, 경북의 노트북 보유 대수는 $144,644 \times 0.069 \fallingdotseq 9,980$대이다. 따라서 경북의 노트북 보유 대수가 강원의 태블릿 PC 보유 대수보다 $9,980-3,887=6,093$대 더 많다.

PART 2

17

정답 ④

ㄱ. 초등학생의 경우 남성의 스마트폰 중독 비율이 33.35%로 29.58%인 여성보다 높은 것을 알 수 있지만, 중・고교생의 경우 남성의 스마트폰 중독 비율이 32.71%로 32.72%인 여성보다 0.01%p가 낮다.

ㄷ. 대도시에 사는 초등학생 수를 a명, 중・고생 수를 b명, 전체 인원을 $(a+b)$명이라고 하면, 대도시에 사는 학생 중 스마트폰 중독 인원에 관한 방정식은 다음과 같다.

$(30.80 \times a)+(32.40 \times b)=31.95 \times (a+b) \rightarrow 1.15 \times a=0.45 \times b \rightarrow b \fallingdotseq 2.6a$

따라서 대도시에 사는 중・고교생 수가 초등학생 수보다 2.6배 많다.

ㄹ. 초등학생의 경우 기초수급가구의 경우 스마트폰 중독 비율이 30.35%로, 31.56%인 일반 가구의 경우보다 스마트폰 중독 비율이 낮다. 중・고교생의 경우에도 기초수급가구의 경우 스마트폰 중독 비율이 31.05%로, 32.81%인 일반가구의 경우보다 스마트폰 중독 비율이 낮다.

오답분석

ㄴ. 한부모・조손 가족의 스마트폰 중독 비율은 초등학생의 경우가 28.83%로, 중・고교생의 70%인 $31.79 \times 0.7 \fallingdotseq 22.3\%$ 이상이므로 옳은 설명이다.

18

정답 ③

ㄷ. 2023년 1분기 전체 대출금 합계에서 도매 및 소매업 대출금이 차지하는 비중은 $\frac{110,526.2}{865,254.0} \times 100 \fallingdotseq 12.8\%$이므로 옳지 않은 설명이다.

ㄹ. 2023년 2분기에 대출금이 전 분기 대비 감소한 산업은 광업, 공공행정 등 기타서비스 2개 산업뿐이다. 증가한 산업 수는 이를 제외한 15개 산업으로 $\frac{2}{15} \times 100 \fallingdotseq 13\%$이므로 옳지 않은 설명이다.

오답분석

ㄱ. 전 분기 대비 2023년 2분기에 전체 대출금 합계는 증가하였으나, 광업 대출금은 감소하였다. 따라서 2023년 2분기에 전 분기 대비 광업이 차지하는 비중이 감소하였음을 알 수 있다.

ㄴ. 2023년 1분기 대비 2분기의 전문, 과학 및 기술 서비스업의 대출금 증가율은 $\frac{12,385.7-11,725.2}{11,725.2} \times 100 \fallingdotseq 5.6\%$이므로 옳은 설명이다.

19

정답 ①

임의로 전체 신입사원을 100명이라 가정하고 성별과 경력 유무로 구분하여 표로 나타내면 다음과 같다.

(단위 : 명)

구분	여성	남성	합계
경력 없음	60−20=40	20	60
경력 있음	100×0.2=20	20	100×0.8−60+20=40
합계	100×0.6=60	40	100

따라서 여성 신입사원 한 명을 뽑았을 때 경력자가 뽑힐 확률은 $\frac{20}{60}=\frac{1}{3}$이다.

20

정답 ②

2023년 1위 흑자국 중국의 흑자액은 10위 흑자국인 인도의 흑자액의 $\frac{47,779}{4,793}$ ≒ 9.97배이므로 10배 미만이다.

오답분석

① 2021년부터 2023년까지 폴란드를 제외한 9개국은 모두 흑자국에 2번 이상을 포함된 것을 확인할 수 있다.

③ 싱가포르의 2021년 대비 2023년의 흑자액은 $\frac{11,890}{5,745}$ ≒ 2.07배이므로 옳은 설명이다.

④ 베트남의 2021년 대비 2023년의 흑자 증가율은 $\frac{8,466-4,780}{4,780}\times100$ ≒ 77.1%p이므로 가장 높다.

⑤ 조사기간 동안 싱가포르와 베트남만이 매년 순위가 상승했다.

21

정답 ④

ㄴ. 간편식 점심에 대한 회사원들의 수요가 증가함에 따라 계절 채소를 이용한 샐러드 런치 메뉴를 출시하는 것은 강점을 통해 기회를 포착하는 SO전략에 해당한다.

ㄹ. 경기 침체로 인한 외식 소비가 위축되고 있는 상황에서 주변 회사와의 제휴를 통해 할인 서비스를 제공하는 것은 약점을 보완하여 위협을 회피하는 WT전략에 해당한다.

오답분석

ㄱ. 다양한 연령층을 고려한 메뉴가 강점에 해당하기는 하나, 샐러드 도시락 가게에서 한식 도시락을 출시하는 것은 적절한 전략으로 볼 수 없다.

ㄷ. 홍보 및 마케팅 전략의 부재가 약점에 해당하므로 약점을 보완하기 위해서는 적극적인 홍보 활동을 펼쳐야 한다. 따라서 홍보 방안보다 먼저 품질 향상 방안을 마련하는 것은 적절한 전략으로 볼 수 없다.

22

정답 ③

보유한 글로벌 네트워크를 통해 해외 시장에 진출하는 것은 강점을 활용하여 기회를 포착하는 SO전략이다.

오답분석

① SO전략은 강점을 활용하여 외부환경의 기회를 포착하는 전략이므로 적절하다.

② WO전략은 약점을 보완하여 외부환경의 기회를 포착하는 전략이므로 적절하다.

④ ST전략은 강점을 활용하여 외부환경의 위협을 회피하는 전략이므로 적절하다.

⑤ WT전략은 약점을 보완하여 외부환경의 위협을 회피하는 전략이므로 적절하다.

23

정답 ⑤

문제 인식 단계

㉠ 환경 분석 : 문제가 발생하였을 경우 가장 먼저 해야 하는 일로, 주로 3C 분석이나 SWOT 분석 방법을 사용한다.
㉡ 주요 과제 도출 : 환경 분석을 통해 현상을 파악한 후에는 주요 과제 도출의 단계를 거친다. 과제 도출을 위해서는 다양한 과제 후보안을 도출해내는 일이 선행되어야 한다.
㉢ 과제 선정 : 도출된 여러 과제안들 중 효과 및 실행 가능성 등을 평가하여 우선순위를 부여하고 가장 우선순위가 높은 안을 선정한다.

24

정답 ③

선택 1 ~ 4의 3가지 변인 적용에 따른 독감 여부를 정리하면 다음과 같다.

구분	수분섭취	영양섭취	예방접종	독감 여부
선택 1	○	×	×	×
선택 2	×	○	○	×
선택 3	○	○	○	×
선택 4	○	○	×	○

ㄴ. 선택 1, 4를 비교해 보면 수분섭취와 예방접종의 차이는 없으나, 영양섭취에서 차이가 있음을 알 수 있다. 이때, 영양섭취를 한 선택 4와 달리 영양섭취를 하지 않은 선택 1에서 독감에 걸리지 않았으므로 영양섭취를 하지 않아 독감에 걸리지 않았을 것으로 추정할 수 있다.
ㄹ. 선택 3, 4를 비교해 보면 수분섭취와 영양섭취의 차이는 없으나, 예방접종에서 차이가 있음을 알 수 있다. 이때, 예방접종을 하지 않은 선택 4와 달리 예방접종을 한 선택 3에서 독감에 걸리지 않았으므로 예방접종을 하면 독감에 걸리지 않는 것으로 추정할 수 있다.

오답분석

ㄱ. 선택 1, 2를 비교해 보면 수분섭취 여부와 관계없이 모두 독감에 걸리지 않았으므로 수분섭취와 독감의 상관관계는 알 수 없다.
ㄷ. 선택 2, 4를 비교해 보면 수분섭취와 예방접종에서 차이가 있음을 알 수 있다. 따라서 독감에 걸리는 원인을 예방접종 한 가지로만 볼 수 없다. 게다가 예방접종을 한 선택 2에서 독감에 걸리지 않았으므로 예방접종을 하여 독감에 걸렸을 것이라는 추정은 옳지 않다.

25

정답 ①

조건을 충족하는 경우를 표로 정리하면 다음과 같다.

구분	첫 번째	두 번째	세 번째	네 번째	다섯 번째	여섯 번째
경우 1	교육	보건	농림	행정	국방	외교
경우 2	교육	보건	농림	국방	행정	외교
경우 3	보건	교육	농림	행정	국방	외교
경우 4	보건	교육	농림	국방	행정	외교

따라서 교육부는 항상 첫 번째 또는 두 번째에 감사를 시작한다.

26

정답 ④

문제해결은 조직, 고객, 개인의 세 가지 측면에서 도움을 줄 수 있다.

- 조직 측면 : 자신이 속한 조직의 관련 분야에서 세계 일류 수준을 지향하며, 경쟁사와 대비하여 탁월하게 우위를 확보하기 위해서 끊임없는 문제해결이 요구된다.
- 고객 측면 : 고객이 불편하게 느끼는 부분을 찾아 개선하고, 고객감동을 통한 고객만족을 높이는 측면에서 문제해결이 요구된다.
- 개인 측면 : 불필요한 업무를 제거하거나 단순화하여 업무를 효율적으로 처리하게 됨으로써 자신을 경쟁력 있는 사람으로 만들어 나가는 데 문제해결이 요구된다.

따라서 ④의 '산업 발전에 도움'은 위의 세 가지 측면에 해당한다고 보기 어렵다.

27

정답 ①

전략적 사고란 당면하고 있는 문제와 그 해결방법에만 집착하지 말고, 그 문제와 해결방안이 상위 시스템과 어떻게 연결되어 있는지 생각하는 사고이다. 본사의 규정 변화가 영업점에 미칠 영향을 분석하는 것은 문제나 해결방안이 하위 시스템과 어떻게 연결되어 있는지를 생각하는 것이다.

오답분석

② 문제와 해경방안이 상위 시스템 또는 다른 문제와 어떻게 연결되어 있는지를 생각하는 전략적 사고에 해당한다.
③ 경영성과와 같은 객관적 사실로부터 사고와 행동을 시작하는 사실 지향의 문제적 사고는 분석적 사고에 해당한다.
④ 전체를 각각의 요소로 나누어 그 요소의 의미를 도출하는 것은 분석적 사고에 해당한다.
⑤ 기대하는 결과를 명시하고 효과적으로 달성하는 방법을 여러 요소의 측면에서 도출한 분석적 사고에 해당한다.

28

정답 ③

자유연상법은 창의적 사고를 기를 수 있는 방법으로, 어떤 생각에서 다른 생각을 계속해서 떠올리는 작용을 통해 어떤 주제에서 생각나는 것을 계속해서 열거해 나가는 발산적 사고 방법이다.

오답분석

① 강제연상법 : 각종 힌트에 강제적으로 연결지어서 발상하는 방법이다.
② 비교발상법 : 주제의 본질과 닮은 것을 힌트로 발상하는 방법이다.

29

정답 ③

브레인스토밍을 위한 인원은 5 ~ 8명 정도가 적당하며, 주제에 대한 전문가를 절반 이하로 구성하고, 다양한 분야의 사람들을 참석시키는 것이 다양한 의견을 도출하는 지름길이다.

오답분석

① A : 주제를 구체적이고 명확하게 선정한다.
② B : 구성원의 다양한 의견을 도출할 수 있는 사람을 리더로 선출한다.
④ D : 발언은 누구나 자유롭게 하고, 모든 발언 내용 기록 후 구조화한다.
⑤ E : 제시된 아이디어는 비판해서는 안 되며, 실현 가능한 아이디어를 평가한다.

30

정답 ②

갑, 을, 병 직원의 공정 순서에 따른 시간을 표로 나타내면 다음과 같다. 선행공정에 따른 순서가 알맞고, A공정이 동시에 진행되지 않으므로 가장 적절한 생산 공정 순서이다. 표에 제시된 숫자는 공정의 소요시간을 나타낸다.

<table>
<tr><th>구분</th><th colspan="2">1</th><th colspan="2">2</th><th colspan="2">3</th><th colspan="2">4</th><th colspan="2">5</th><th colspan="2">6</th><th colspan="2">7</th><th colspan="2">8</th></tr>
<tr><td>갑</td><td colspan="2">E</td><td colspan="3">D</td><td colspan="4">C</td><td colspan="1">B</td><td colspan="2">A</td><td colspan="4"></td></tr>
<tr><td>을</td><td colspan="2"></td><td colspan="4">C</td><td colspan="2">E</td><td colspan="3">D</td><td colspan="1">B</td><td colspan="2">A</td><td colspan="2"></td></tr>
<tr><td>병</td><td colspan="4"></td><td colspan="2">E</td><td colspan="3">D</td><td colspan="1">B</td><td colspan="4">C</td><td colspan="2">A</td></tr>
</table>

오답분석

① 을과 병 직원의 A공정이 30분 겹치므로 불가능하다.

<table>
<tr><th>구분</th><th colspan="2">1</th><th colspan="2">2</th><th colspan="2">3</th><th colspan="2">4</th><th colspan="2">5</th><th colspan="2">6</th><th colspan="2">7</th><th colspan="2">8</th></tr>
<tr><td>갑</td><td colspan="1">B</td><td colspan="2">E</td><td colspan="2">A</td><td colspan="3">D</td><td colspan="4">C</td><td colspan="4"></td></tr>
<tr><td>을</td><td colspan="2"></td><td colspan="1">B</td><td colspan="4">C</td><td colspan="2">E</td><td colspan="3">D</td><td colspan="2">A</td><td colspan="2"></td></tr>
<tr><td>병</td><td colspan="4"></td><td colspan="4">C</td><td colspan="1">B</td><td colspan="2">E</td><td colspan="2">A</td><td colspan="3">D</td></tr>
</table>

③ 갑 직원은 D공정이 선행공정인 E공정보다 먼저 배치되었고, 을 직원은 A, D공정이 각각 선행공정인 B, E공정보다 먼저 배치되었다.

④ 병 직원의 공정 순서에서 A, D공정이 각각 선행공정인 B, E공정보다 먼저 배치되었다.

⑤ 을과 병 직원의 A공정이 동시에 진행되므로 불가능하다.

<table>
<tr><th>구분</th><th colspan="2">1</th><th colspan="2">2</th><th colspan="2">3</th><th colspan="2">4</th><th colspan="2">5</th><th colspan="2">6</th><th colspan="2">7</th><th colspan="2">8</th></tr>
<tr><td>갑</td><td colspan="4">C</td><td colspan="2">E</td><td colspan="1">B</td><td colspan="2">A</td><td colspan="3">D</td><td colspan="4"></td></tr>
<tr><td>을</td><td colspan="2"></td><td colspan="1">B</td><td colspan="2">E</td><td colspan="2">A</td><td colspan="3">D</td><td colspan="4">C</td><td colspan="2"></td></tr>
<tr><td>병</td><td colspan="4"></td><td colspan="1">B</td><td colspan="2">A</td><td colspan="2">E</td><td colspan="4">C</td><td colspan="3">D</td></tr>
</table>

31

정답 ③

사장은 최소비용으로 최대인원을 채용하는 것을 목적으로 하고 있다. 가장 낮은 임금의 인원을 최우선으로 배치하되, 동일한 임금의 인원은 가용한 시간 내에 분배하여 배치하는 것이 해당 목적을 달성하는 방법이다. 이를 적용하면 다음과 같이 인원을 배치할 수 있다.

<table>
<tr><th>구분</th><th colspan="2">월</th><th colspan="2">화</th><th colspan="2">수</th><th colspan="2">목</th><th colspan="2">금</th></tr>
<tr><td>08:00</td><td rowspan="7">기존 직원</td><td rowspan="2">김갑주</td><td rowspan="7">기존 직원</td><td rowspan="2">김갑주</td><td rowspan="7">기존 직원</td><td rowspan="2">김갑주</td><td rowspan="7">기존 직원</td><td rowspan="2">김갑주</td><td rowspan="7">기존 직원</td><td rowspan="2">김갑주</td></tr>
<tr><td>09:00</td></tr>
<tr><td>10:00</td><td rowspan="2">한수미</td><td rowspan="2">한수미</td><td rowspan="2">한수미</td><td rowspan="2">한수미</td><td rowspan="2">한수미</td></tr>
<tr><td>11:00</td></tr>
<tr><td>12:00</td><td rowspan="4">조병수</td><td rowspan="4">조병수</td><td rowspan="4">조병수</td><td rowspan="4">조병수</td><td rowspan="4">조병수</td></tr>
<tr><td>13:00</td></tr>
<tr><td>14:00</td></tr>
<tr><td>15:00</td><td rowspan="5">강을미</td><td rowspan="5">강을미</td><td rowspan="5">강을미</td><td rowspan="5">강을미</td><td rowspan="5">강을미</td></tr>
<tr><td>16:00</td><td rowspan="4">채미나</td><td rowspan="4">채미나</td><td rowspan="4">채미나</td><td rowspan="4">채미나</td><td rowspan="4">채미나</td></tr>
<tr><td>17:00</td></tr>
<tr><td>18:00</td></tr>
<tr><td>19:00</td></tr>
</table>

8시부터 근무는 김갑주가 임금이 가장 낮다. 이후 10시부터는 임금이 같은 한수미도 근무가 가능하므로, 최대인원을 채용하는 목적에 따라 한수미가 근무한다. 그다음 중복되는 12시부터는 조병수가 임금이 더 낮으므로 조병수가 근무하며, 임금이 가장 낮은 강을미는 15시부터 20시까지 근무한다. 조병수 다음으로 중복되는 14시부터 가능한 최강현은 임금이 비싸므로 근무하지 않는다(최소비용이 최대인원보다 우선하기 때문). 그다음으로 중복되는 16시부터는 채미나가 조병수와 임금이 같으므로 채미나가 근무한다.

32

정답 ④

- 기존 직원 : 11,000원×7시간=77,000원
- 김갑주, 한수미 : 11,000원×2시간=22,000원
- 조병수, 채미나 : 10,500원×4시간=42,000원
- 강을미 : 10,000원×5시간=50,000원

→ 77,000+(22,000×2)+(42,000×2)+50,000=255,000원

∴ (임금)=255,000원×5일=1,275,000원

33

정답 ④

7월 19~20일에 연차를 쓴다면 작년투자현황 조사를 1, 4일에, 잠재력 심층조사를 6, 7일에, 1차 심사를 11~13일에, 2차 심사를 15, 18, 21일에 하더라도, 최종결정과 선정결과 발표 사이에 두어야 하는 간격 하루가 부족하므로, 신규투자처 선정 일정에 지장이 가게 된다. 따라서 불가능하다.

34

정답 ⑤

최대한 일정을 당겨서 작년투자현황 조사를 1, 4일에, 잠재력 심층조사를 6, 7일에, 1차 심사를 11~13일에, 2차 심사를 15, 18, 19일에 해야만 신규투자처 선정 일정에 지장이 가지 않는다. 따라서 19일까지는 연차를 쓸 수 없다. 따라서 19일까지 2차 심사를 마치고 20~21일에 연차를 사용한다면 22일에 최종결정, 25일 혹은 26일에 발표를 할 수 있다.

35

정답 ①

과목별 의무 교육이수 시간은 다음과 같다.

구분	글로벌 경영	해외사무영어	국제회계
의무 교육 시간	$\frac{15점}{1점/h}$=15시간	$\frac{60점}{1점/h}$=60시간	$\frac{20점}{2점/h}$=10시간

이제까지 B과장이 이수한 시간을 계산해 보면, 글로벌 경영과 국제회계의 초과 이수 시간은 2+14=16시간이며, 해외사무영어의 부족한 시간은 10시간이다. 초과 이수 시간을 점수로 환산하여 부족한 해외사무영어 점수 10점에 16×0.2=3.2점을 제외하면 6.8점이 부족하다.

따라서 미달인 과목은 해외사무영어이며, 부족한 점수는 6.8점임을 알 수 있다.

36

정답 ④

제시된 자료에 따라 사고 건수당 벌점을 고려하여 직원별 벌점을 계산하면 다음과 같다.

(단위 : 점)

직원	수신물 오분류	수신물 분실	미발송	발신물 분실	벌점차감 혜택	총벌점
A	−	2×4=8	−	4×6=24	×	32
B	2×2=4	3×4=12	3×4=12	−	○(−5)	23
C	2×2=4	−	3×4=12	1×6=6	×	22
D	−	2×4=8	2×4=8	2×6=12	×	28
E	1×2=2	−	3×4=12	2×6=12	×	26

B, E는 전분기 총사고 건수가 0건으로 이번 분기 벌점차감 혜택이 적용되어야 하지만, E의 경우 이번 분기 발신사고 건수가 5건이므로 혜택을 받지 못한다.

따라서 두 번째로 높은 벌점을 부여받는 수발실 직원은 D이다.

37

정답 ③

벌점이 낮을수록 등수가 높으므로 이를 고려해 각 직원이 지급받을 성과급을 계산하면 다음과 같다.

직원	총 벌점	등수	지급비율	성과급 지급액
A	32점	5	50%(30점 초과)	50만 원
B	23점	2	90%	90만 원
C	22점	1	100%	100만 원
D	28점	4	80%	80만 원
E	26점	3	90%	90만 원

따라서 B직원과 E직원이 지급받을 성과급 총액은 90+90=180만 원이다.

38

정답 ④

K회사의 대표이사는 좋은 직원 덕분에 빠르게 제품을 개발하고 회사가 급성장할 수 있었다고 언급하며 사람을 잘 뽑은 것이 첫 번째, 두 번째, 세 번째 이유라고 말했다. 즉, 급성장의 모든 원인을 인적자원의 중요성에 두고 있다.

39

정답 ③

'가족, 친구, 선후배 등의 관계를 형성하고 있는 사람들을 선별하여 일할 수 있는 환경을 만든다.'에 대한 언급은 제시문에 없다.

오답분석

① 인재를 뽑을 것을 가장 중요하게 생각하고 있다.
②·⑤ 직급에 상관없이 성과에 따라 인센티브를 제공하였으며, 틀에 얽매인 사고방식을 타파하기 위해 자유로운 분위기를 유지하고 있다.
④ K회사는 직원 1명을 뽑더라도 계약직으로 쓰지 않아 신분이 보장되고 안정적으로 근무할 수 있게 했다.

40

정답 ②

하루에 6명 이상 근무해야 하기 때문에 2명까지만 휴가를 중복으로 쓸 수 있다. G사원이 4일 동안 휴가를 쓰면서 최대 휴가 인원이 2명만 중복되게 하려면 6 ~ 11일만 가능하다.

오답분석

① G사원은 4일 이상 휴가를 사용해야 하기 때문에 3일인 5 ~ 7일은 불가능하다.
③·④·⑤ 4일 이상 휴가를 사용하지만 하루에 6명 미만의 인원이 근무하게 되어 불가능하다.

41

정답 ④

삽입 상태가 아닌 수정 상태일 때만 〈Space Bar〉는 오른쪽으로 이동하면서 한 문자씩 삭제한다.

42

정답 ②

「=SMALL(B3:B9,2)」은 [B3:B9] 범위에서 2번째로 작은 값을 구하는 함수이므로 7이 출력된다.
「=MATCH(7,B3:B9,0)」는 [B3:B9] 범위에서 7의 위치 값을 나타내므로 값은 4가 나온다.
따라서 「=INDEX(A3:E9,4,5)」의 결괏값은 [A3:E9]의 범위에서 4행, 5열에 위치한 대전이다.

43

정답 ③

디지털 컴퓨터와 아날로그 컴퓨터의 비교

구분	디지털 컴퓨터	아날로그 컴퓨터
입력형태	숫자, 문자	전류, 전압, 온도
출력형태	숫자, 문자	곡선, 그래프
연산형식	산술, 논리 연산	미적분 연산
구성회로	논리 회로	증폭 회로
연산속도	느림	빠름
정밀도	필요 한도까지	제한적임
기억기능	기억이 용이하며 반영구적	기억에 제약이 있음
사용분야	범용	특수 목적용

44

정답 ④

문자열에서 strip() 메소드를 사용하면 좌우의 공백을 제거할 수 있다.

오답분석

① split() 메소드는 문자열이 있을 때 공백을 기준으로 문자열을 나눈다.
② data 출력이 아닌, 새로운 data1 문자열을 만들어 출력했다.
③ f-string을 사용하면 변수처럼 문자열 사이에 타입과 상관없이 값을 출력한다.
⑤ ticker.upper() 메소드는 문자열을 대문자로 변경한다.

45

정답 ⑤

int는 정수형 타입으로 할당되는 메모리의 크기는 4바이트다. int의 데이터 표현 범위는 −2,147,483,648부터 2,147,483,647이다. 해당 타입이 표현할 수 있는 범위를 벗어난 데이터를 저장하면 오버플로우가 발생한다. num에 1234567891011121314151617181920을 저장하면 입력한 상수가 커서 실행되지 않는다.

46

정답 ②

RIGHT는 오른쪽에서부터 문자를 추출하는 함수이다. RIGHT(문자열,추출할 문자 수)이므로 「=RIGHT(A3,4)」가 옳다.

47

정답 ①

SUMIFS 함수는 주어진 조건에 의해 지정된 셀들의 합을 구하는 함수로, 「=SUMIFS(합계범위,조건범위,조건 값)」로 구성된다. 여기서 '조건 값'으로 숫자가 아닌 텍스트를 직접 입력할 경우에는 반드시 큰따옴표를 이용해야 한다. 즉, 「=SUMIFS(F2:F9,D2:D9,"남")」로 입력해야 한다.

48

정답 ④

오답분석

ㄱ. 스팸메일을 열게 되면 바이러스가 침투할 수 있기 때문에 읽지 않고 삭제하여야 한다.
ㄷ. 사이트 내에 바이러스가 침투했을 수 있기 때문에 ActiveX 컨트롤은 반드시 필요한 부분만 설치해야 한다.

49

정답 ③

제시된 차트에는 데이터 레이블이 표시되어 있지 않다. 데이터 레이블이 표시되어 있다면 정확한 수치가 그래프 위에 나타난다.

50

정답 ④

비교적 가까운 거리에 흩어져 있는 컴퓨터들을 서로 연결하여 여러 가지 서비스를 제공하는 네트워크는 근거리 통신망에 해당한다. 근거리 통신망의 작업 결과를 공유하기 위해서는 네트워크상의 작업 그룹명을 동일하게 하여야 가능하다.

“오늘 당신의 노력은 아름다운 꽃의 물이 될 것입니다.”

그러나, 이 꽃을 볼 때 사람들은 이 꽃의 아름다움과 향기만을 사랑하고 칭찬하였지, 이 꽃을 그렇게 아름답게 어여쁘게 만들어 주는 병 속의 물은 조금도 생각지 않는 것이 보통입니다.

만일 이 꽃병 속에 들어 있는 물을 죄다 쏟아 버리고 빈 병에다 이 꽃을 꽂아 보십시오.

아무리 아름답고 어여쁜 꽃이기로서니 단 한 송이의 꽃을 피울 수 있으며, 단 한 번이라도 꽃 향기를 날릴 수 있겠습니까?

우리는 여기서 아무리 본바탕이 좋고 아름다운 꽃이라도 보이지 않는 물의 숨은 힘이 없으면 도저히 그 빛과 향기를 자랑할 수 없는 것을 알았습니다.

– 방정환의「우리 뒤에 숨은 힘」중 –

배우고 때로 익히면, 또한 기쁘지 아니한가.

– 공자 –

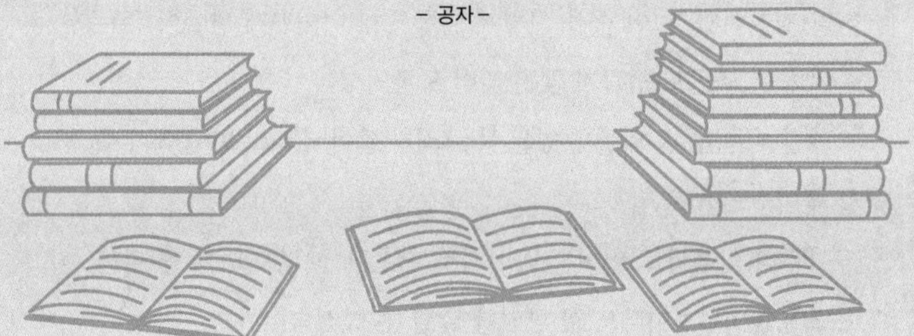

한국가스공사 고졸 / 별정직 필기전형 답안카드

성 명

지원 분야

문제지 형별기재란	
(　　　)형	Ⓐ Ⓑ

수 험 번 호						
⓪	⓪	⓪	⓪	⓪	⓪	⓪
①	①	①	①	①	①	①
②	②	②	②	②	②	②
③	③	③	③	③	③	③
④	④	④	④	④	④	④
⑤	⑤	⑤	⑤	⑤	⑤	⑤
⑥	⑥	⑥	⑥	⑥	⑥	⑥
⑦	⑦	⑦	⑦	⑦	⑦	⑦
⑧	⑧	⑧	⑧	⑧	⑧	⑧
⑨	⑨	⑨	⑨	⑨	⑨	⑨

감독위원 확인
㉑ 인

1	①	②	③	④	⑤	21	①	②	③	④	⑤	41	①	②	③	④	⑤
2	①	②	③	④	⑤	22	①	②	③	④	⑤	42	①	②	③	④	⑤
3	①	②	③	④	⑤	23	①	②	③	④	⑤	43	①	②	③	④	⑤
4	①	②	③	④	⑤	24	①	②	③	④	⑤	44	①	②	③	④	⑤
5	①	②	③	④	⑤	25	①	②	③	④	⑤	45	①	②	③	④	⑤
6	①	②	③	④	⑤	26	①	②	③	④	⑤	46	①	②	③	④	⑤
7	①	②	③	④	⑤	27	①	②	③	④	⑤	47	①	②	③	④	⑤
8	①	②	③	④	⑤	28	①	②	③	④	⑤	48	①	②	③	④	⑤
9	①	②	③	④	⑤	29	①	②	③	④	⑤	49	①	②	③	④	⑤
10	①	②	③	④	⑤	30	①	②	③	④	⑤	50	①	②	③	④	⑤
11	①	②	③	④	⑤	31	①	②	③	④	⑤						
12	①	②	③	④	⑤	32	①	②	③	④	⑤						
13	①	②	③	④	⑤	33	①	②	③	④	⑤						
14	①	②	③	④	⑤	34	①	②	③	④	⑤						
15	①	②	③	④	⑤	35	①	②	③	④	⑤						
16	①	②	③	④	⑤	36	①	②	③	④	⑤						
17	①	②	③	④	⑤	37	①	②	③	④	⑤						
18	①	②	③	④	⑤	38	①	②	③	④	⑤						
19	①	②	③	④	⑤	39	①	②	③	④	⑤						
20	①	②	③	④	⑤	40	①	②	③	④	⑤						

※ 본 답안지는 마킹연습용 모의 답안지입니다.

한국가스공사 고졸 / 별정직 필기전형 답안카드

성 명

지원 분야

문제지 형별기재란	
(　　　)형	Ⓐ Ⓑ

수 험 번 호						
⓪	⓪	⓪	⓪	⓪	⓪	⓪
①	①	①	①	①	①	①
②	②	②	②	②	②	②
③	③	③	③	③	③	③
④	④	④	④	④	④	④
⑤	⑤	⑤	⑤	⑤	⑤	⑤
⑥	⑥	⑥	⑥	⑥	⑥	⑥
⑦	⑦	⑦	⑦	⑦	⑦	⑦
⑧	⑧	⑧	⑧	⑧	⑧	⑧
⑨	⑨	⑨	⑨	⑨	⑨	⑨

감독위원 확인
인

1	①	②	③	④	⑤	21	①	②	③	④	⑤	41	①	②	③	④	⑤
2	①	②	③	④	⑤	22	①	②	③	④	⑤	42	①	②	③	④	⑤
3	①	②	③	④	⑤	23	①	②	③	④	⑤	43	①	②	③	④	⑤
4	①	②	③	④	⑤	24	①	②	③	④	⑤	44	①	②	③	④	⑤
5	①	②	③	④	⑤	25	①	②	③	④	⑤	45	①	②	③	④	⑤
6	①	②	③	④	⑤	26	①	②	③	④	⑤	46	①	②	③	④	⑤
7	①	②	③	④	⑤	27	①	②	③	④	⑤	47	①	②	③	④	⑤
8	①	②	③	④	⑤	28	①	②	③	④	⑤	48	①	②	③	④	⑤
9	①	②	③	④	⑤	29	①	②	③	④	⑤	49	①	②	③	④	⑤
10	①	②	③	④	⑤	30	①	②	③	④	⑤	50	①	②	③	④	⑤
11	①	②	③	④	⑤	31	①	②	③	④	⑤						
12	①	②	③	④	⑤	32	①	②	③	④	⑤						
13	①	②	③	④	⑤	33	①	②	③	④	⑤						
14	①	②	③	④	⑤	34	①	②	③	④	⑤						
15	①	②	③	④	⑤	35	①	②	③	④	⑤						
16	①	②	③	④	⑤	36	①	②	③	④	⑤						
17	①	②	③	④	⑤	37	①	②	③	④	⑤						
18	①	②	③	④	⑤	38	①	②	③	④	⑤						
19	①	②	③	④	⑤	39	①	②	③	④	⑤						
20	①	②	③	④	⑤	40	①	②	③	④	⑤						

※ 본 답안지는 마킹연습용 모의 답안지입니다.

한국가스공사 고졸 / 별정직 필기전형 답안카드

성 명

지원 분야

문제지 형별기재란	
(　　　)형	Ⓐ Ⓑ

수 험 번 호						
⓪	⓪	⓪	⓪	⓪	⓪	⓪
①	①	①	①	①	①	①
②	②	②	②	②	②	②
③	③	③	③	③	③	③
④	④	④	④	④	④	④
⑤	⑤	⑤	⑤	⑤	⑤	⑤
⑥	⑥	⑥	⑥	⑥	⑥	⑥
⑦	⑦	⑦	⑦	⑦	⑦	⑦
⑧	⑧	⑧	⑧	⑧	⑧	⑧
⑨	⑨	⑨	⑨	⑨	⑨	⑨

감독위원 확인
㊞ 인

1	①	②	③	④	⑤	21	①	②	③	④	⑤	41	①	②	③	④	⑤
2	①	②	③	④	⑤	22	①	②	③	④	⑤	42	①	②	③	④	⑤
3	①	②	③	④	⑤	23	①	②	③	④	⑤	43	①	②	③	④	⑤
4	①	②	③	④	⑤	24	①	②	③	④	⑤	44	①	②	③	④	⑤
5	①	②	③	④	⑤	25	①	②	③	④	⑤	45	①	②	③	④	⑤
6	①	②	③	④	⑤	26	①	②	③	④	⑤	46	①	②	③	④	⑤
7	①	②	③	④	⑤	27	①	②	③	④	⑤	47	①	②	③	④	⑤
8	①	②	③	④	⑤	28	①	②	③	④	⑤	48	①	②	③	④	⑤
9	①	②	③	④	⑤	29	①	②	③	④	⑤	49	①	②	③	④	⑤
10	①	②	③	④	⑤	30	①	②	③	④	⑤	50	①	②	③	④	⑤
11	①	②	③	④	⑤	31	①	②	③	④	⑤						
12	①	②	③	④	⑤	32	①	②	③	④	⑤						
13	①	②	③	④	⑤	33	①	②	③	④	⑤						
14	①	②	③	④	⑤	34	①	②	③	④	⑤						
15	①	②	③	④	⑤	35	①	②	③	④	⑤						
16	①	②	③	④	⑤	36	①	②	③	④	⑤						
17	①	②	③	④	⑤	37	①	②	③	④	⑤						
18	①	②	③	④	⑤	38	①	②	③	④	⑤						
19	①	②	③	④	⑤	39	①	②	③	④	⑤						
20	①	②	③	④	⑤	40	①	②	③	④	⑤						

※ 본 답안지는 마킹연습용 모의 답안지입니다.

한국가스공사 고졸 / 별정직 필기전형 답안카드

성 명

지원 분야

문제지 형별기재란	
( )형	Ⓐ Ⓑ

수 험 번 호						
⓪	⓪	⓪	⓪	⓪	⓪	⓪
①	①	①	①	①	①	①
②	②	②	②	②	②	②
③	③	③	③	③	③	③
④	④	④	④	④	④	④
⑤	⑤	⑤	⑤	⑤	⑤	⑤
⑥	⑥	⑥	⑥	⑥	⑥	⑥
⑦	⑦	⑦	⑦	⑦	⑦	⑦
⑧	⑧	⑧	⑧	⑧	⑧	⑧
⑨	⑨	⑨	⑨	⑨	⑨	⑨

감독위원 확인
ⓘ인

1	①	②	③	④	⑤	21	①	②	③	④	⑤	41	①	②	③	④	⑤
2	①	②	③	④	⑤	22	①	②	③	④	⑤	42	①	②	③	④	⑤
3	①	②	③	④	⑤	23	①	②	③	④	⑤	43	①	②	③	④	⑤
4	①	②	③	④	⑤	24	①	②	③	④	⑤	44	①	②	③	④	⑤
5	①	②	③	④	⑤	25	①	②	③	④	⑤	45	①	②	③	④	⑤
6	①	②	③	④	⑤	26	①	②	③	④	⑤	46	①	②	③	④	⑤
7	①	②	③	④	⑤	27	①	②	③	④	⑤	47	①	②	③	④	⑤
8	①	②	③	④	⑤	28	①	②	③	④	⑤	48	①	②	③	④	⑤
9	①	②	③	④	⑤	29	①	②	③	④	⑤	49	①	②	③	④	⑤
10	①	②	③	④	⑤	30	①	②	③	④	⑤	50	①	②	③	④	⑤
11	①	②	③	④	⑤	31	①	②	③	④	⑤						
12	①	②	③	④	⑤	32	①	②	③	④	⑤						
13	①	②	③	④	⑤	33	①	②	③	④	⑤						
14	①	②	③	④	⑤	34	①	②	③	④	⑤						
15	①	②	③	④	⑤	35	①	②	③	④	⑤						
16	①	②	③	④	⑤	36	①	②	③	④	⑤						
17	①	②	③	④	⑤	37	①	②	③	④	⑤						
18	①	②	③	④	⑤	38	①	②	③	④	⑤						
19	①	②	③	④	⑤	39	①	②	③	④	⑤						
20	①	②	③	④	⑤	40	①	②	③	④	⑤						

※ 본 답안지는 마킹연습용 모의 답안지입니다.

성 명

지원 분야

문제지 형별기재란	
(　　　)형	Ⓐ Ⓑ

수 험 번 호						
⓪	⓪	⓪	⓪	⓪	⓪	⓪
①	①	①	①	①	①	①
②	②	②	②	②	②	②
③	③	③	③	③	③	③
④	④	④	④	④	④	④
⑤	⑤	⑤	⑤	⑤	⑤	⑤
⑥	⑥	⑥	⑥	⑥	⑥	⑥
⑦	⑦	⑦	⑦	⑦	⑦	⑦
⑧	⑧	⑧	⑧	⑧	⑧	⑧
⑨	⑨	⑨	⑨	⑨	⑨	⑨

감독위원 확인
(인)

한국가스공사 고졸 / 별정직 필기전형 답안카드

1	①	②	③	④	⑤	21	①	②	③	④	⑤	41	①	②	③	④	⑤
2	①	②	③	④	⑤	22	①	②	③	④	⑤	42	①	②	③	④	⑤
3	①	②	③	④	⑤	23	①	②	③	④	⑤	43	①	②	③	④	⑤
4	①	②	③	④	⑤	24	①	②	③	④	⑤	44	①	②	③	④	⑤
5	①	②	③	④	⑤	25	①	②	③	④	⑤	45	①	②	③	④	⑤
6	①	②	③	④	⑤	26	①	②	③	④	⑤	46	①	②	③	④	⑤
7	①	②	③	④	⑤	27	①	②	③	④	⑤	47	①	②	③	④	⑤
8	①	②	③	④	⑤	28	①	②	③	④	⑤	48	①	②	③	④	⑤
9	①	②	③	④	⑤	29	①	②	③	④	⑤	49	①	②	③	④	⑤
10	①	②	③	④	⑤	30	①	②	③	④	⑤	50	①	②	③	④	⑤
11	①	②	③	④	⑤	31	①	②	③	④	⑤						
12	①	②	③	④	⑤	32	①	②	③	④	⑤						
13	①	②	③	④	⑤	33	①	②	③	④	⑤						
14	①	②	③	④	⑤	34	①	②	③	④	⑤						
15	①	②	③	④	⑤	35	①	②	③	④	⑤						
16	①	②	③	④	⑤	36	①	②	③	④	⑤						
17	①	②	③	④	⑤	37	①	②	③	④	⑤						
18	①	②	③	④	⑤	38	①	②	③	④	⑤						
19	①	②	③	④	⑤	39	①	②	③	④	⑤						
20	①	②	③	④	⑤	40	①	②	③	④	⑤						

※ 본 답안지는 마킹연습용 모의 답안지입니다.

성 명

지원 분야

문제지 형별기재란	
( )형	Ⓐ Ⓑ

수 험 번 호						
⓪	⓪	⓪	⓪	⓪	⓪	⓪
①	①	①	①	①	①	①
②	②	②	②	②	②	②
③	③	③	③	③	③	③
④	④	④	④	④	④	④
⑤	⑤	⑤	⑤	⑤	⑤	⑤
⑥	⑥	⑥	⑥	⑥	⑥	⑥
⑦	⑦	⑦	⑦	⑦	⑦	⑦
⑧	⑧	⑧	⑧	⑧	⑧	⑧
⑨	⑨	⑨	⑨	⑨	⑨	⑨

감독위원 확인
(인)

한국가스공사 고졸 / 별정직 필기전형 답안카드

1	① ② ③ ④ ⑤	21	① ② ③ ④ ⑤	41	① ② ③ ④ ⑤
2	① ② ③ ④ ⑤	22	① ② ③ ④ ⑤	42	① ② ③ ④ ⑤
3	① ② ③ ④ ⑤	23	① ② ③ ④ ⑤	43	① ② ③ ④ ⑤
4	① ② ③ ④ ⑤	24	① ② ③ ④ ⑤	44	① ② ③ ④ ⑤
5	① ② ③ ④ ⑤	25	① ② ③ ④ ⑤	45	① ② ③ ④ ⑤
6	① ② ③ ④ ⑤	26	① ② ③ ④ ⑤	46	① ② ③ ④ ⑤
7	① ② ③ ④ ⑤	27	① ② ③ ④ ⑤	47	① ② ③ ④ ⑤
8	① ② ③ ④ ⑤	28	① ② ③ ④ ⑤	48	① ② ③ ④ ⑤
9	① ② ③ ④ ⑤	29	① ② ③ ④ ⑤	49	① ② ③ ④ ⑤
10	① ② ③ ④ ⑤	30	① ② ③ ④ ⑤	50	① ② ③ ④ ⑤
11	① ② ③ ④ ⑤	31	① ② ③ ④ ⑤		
12	① ② ③ ④ ⑤	32	① ② ③ ④ ⑤		
13	① ② ③ ④ ⑤	33	① ② ③ ④ ⑤		
14	① ② ③ ④ ⑤	34	① ② ③ ④ ⑤		
15	① ② ③ ④ ⑤	35	① ② ③ ④ ⑤		
16	① ② ③ ④ ⑤	36	① ② ③ ④ ⑤		
17	① ② ③ ④ ⑤	37	① ② ③ ④ ⑤		
18	① ② ③ ④ ⑤	38	① ② ③ ④ ⑤		
19	① ② ③ ④ ⑤	39	① ② ③ ④ ⑤		
20	① ② ③ ④ ⑤	40	① ② ③ ④ ⑤		

※ 본 답안지는 마킹연습용 모의 답안지입니다.

한국가스공사 고졸 / 별정직 필기전형 답안카드

성 명

지원 분야

문제지 형별기재란	
(　　　)형	Ⓐ Ⓑ

수 험 번 호						
⓪	⓪	⓪	⓪	⓪	⓪	⓪
①	①	①	①	①	①	①
②	②	②	②	②	②	②
③	③	③	③	③	③	③
④	④	④	④	④	④	④
⑤	⑤	⑤	⑤	⑤	⑤	⑤
⑥	⑥	⑥	⑥	⑥	⑥	⑥
⑦	⑦	⑦	⑦	⑦	⑦	⑦
⑧	⑧	⑧	⑧	⑧	⑧	⑧
⑨	⑨	⑨	⑨	⑨	⑨	⑨

감독위원 확인
인

1	①	②	③	④	⑤	21	①	②	③	④	⑤	41	①	②	③	④	⑤
2	①	②	③	④	⑤	22	①	②	③	④	⑤	42	①	②	③	④	⑤
3	①	②	③	④	⑤	23	①	②	③	④	⑤	43	①	②	③	④	⑤
4	①	②	③	④	⑤	24	①	②	③	④	⑤	44	①	②	③	④	⑤
5	①	②	③	④	⑤	25	①	②	③	④	⑤	45	①	②	③	④	⑤
6	①	②	③	④	⑤	26	①	②	③	④	⑤	46	①	②	③	④	⑤
7	①	②	③	④	⑤	27	①	②	③	④	⑤	47	①	②	③	④	⑤
8	①	②	③	④	⑤	28	①	②	③	④	⑤	48	①	②	③	④	⑤
9	①	②	③	④	⑤	29	①	②	③	④	⑤	49	①	②	③	④	⑤
10	①	②	③	④	⑤	30	①	②	③	④	⑤	50	①	②	③	④	⑤
11	①	②	③	④	⑤	31	①	②	③	④	⑤						
12	①	②	③	④	⑤	32	①	②	③	④	⑤						
13	①	②	③	④	⑤	33	①	②	③	④	⑤						
14	①	②	③	④	⑤	34	①	②	③	④	⑤						
15	①	②	③	④	⑤	35	①	②	③	④	⑤						
16	①	②	③	④	⑤	36	①	②	③	④	⑤						
17	①	②	③	④	⑤	37	①	②	③	④	⑤						
18	①	②	③	④	⑤	38	①	②	③	④	⑤						
19	①	②	③	④	⑤	39	①	②	③	④	⑤						
20	①	②	③	④	⑤	40	①	②	③	④	⑤						

※ 본 답안지는 마킹연습용 모의 답안지입니다.

한국가스공사 고졸 / 별정직 필기전형 답안카드

성 명

지원 분야

문제지 형별기재란	
(　　　)형	Ⓐ Ⓑ

수 험 번 호						
⓪	⓪	⓪	⓪	⓪	⓪	⓪
①	①	①	①	①	①	①
②	②	②	②	②	②	②
③	③	③	③	③	③	③
④	④	④	④	④	④	④
⑤	⑤	⑤	⑤	⑤	⑤	⑤
⑥	⑥	⑥	⑥	⑥	⑥	⑥
⑦	⑦	⑦	⑦	⑦	⑦	⑦
⑧	⑧	⑧	⑧	⑧	⑧	⑧
⑨	⑨	⑨	⑨	⑨	⑨	⑨

감독위원 확인
㉄

1	①	②	③	④	⑤	21	①	②	③	④	⑤	41	①	②	③	④	⑤
2	①	②	③	④	⑤	22	①	②	③	④	⑤	42	①	②	③	④	⑤
3	①	②	③	④	⑤	23	①	②	③	④	⑤	43	①	②	③	④	⑤
4	①	②	③	④	⑤	24	①	②	③	④	⑤	44	①	②	③	④	⑤
5	①	②	③	④	⑤	25	①	②	③	④	⑤	45	①	②	③	④	⑤
6	①	②	③	④	⑤	26	①	②	③	④	⑤	46	①	②	③	④	⑤
7	①	②	③	④	⑤	27	①	②	③	④	⑤	47	①	②	③	④	⑤
8	①	②	③	④	⑤	28	①	②	③	④	⑤	48	①	②	③	④	⑤
9	①	②	③	④	⑤	29	①	②	③	④	⑤	49	①	②	③	④	⑤
10	①	②	③	④	⑤	30	①	②	③	④	⑤	50	①	②	③	④	⑤
11	①	②	③	④	⑤	31	①	②	③	④	⑤						
12	①	②	③	④	⑤	32	①	②	③	④	⑤						
13	①	②	③	④	⑤	33	①	②	③	④	⑤						
14	①	②	③	④	⑤	34	①	②	③	④	⑤						
15	①	②	③	④	⑤	35	①	②	③	④	⑤						
16	①	②	③	④	⑤	36	①	②	③	④	⑤						
17	①	②	③	④	⑤	37	①	②	③	④	⑤						
18	①	②	③	④	⑤	38	①	②	③	④	⑤						
19	①	②	③	④	⑤	39	①	②	③	④	⑤						
20	①	②	③	④	⑤	40	①	②	③	④	⑤						

※ 본 답안지는 마킹연습용 모의 답안지입니다.

2024 최신판 시대에듀 한국가스공사 고졸 / 별정직 NCS + 최종점검 모의고사 4회 + 무료NCS특강

개정2판1쇄 발행	2024년 06월 25일 (인쇄 2024년 06월 05일)
초 판 발 행	2022년 06월 20일 (인쇄 2022년 03월 31일)
발 행 인	박영일
책 임 편 집	이해욱
편 저	SDC(Sidae Data Center)
편 집 진 행	김재희 · 강승혜
표지디자인	박수영
편집디자인	장하늬 · 곽은슬
발 행 처	(주)시대고시기획
출 판 등 록	제10-1521호
주 소	서울시 마포구 큰우물로 75 [도화동 538 성지 B/D] 9F
전 화	1600-3600
팩 스	02-701-8823
홈 페 이 지	www.sdedu.co.kr

I S B N	979-11-383-7337-1 (13320)
정 가	25,000원

한국 가스공사

고졸/별정직

NCS+최종점검 모의고사 4회

최신 출제경향 전면 반영

시대에듀가 합격을 준비하는
당신에게 제안합니다.
결심하셨다면 지금 당장 실행하십시오.
시대에듀와 함께라면 문제없습니다.
성공의 기회!
시대에듀를 잡으십시오.
NEXT STEP!
기회란 포착되어 활용되기 전에는 기회인지조차 알 수 없는 것이다.
- 마크 트웨인 -